21世纪经济管理新形态教材·营销学系列

Brand Manageme

品牌管理

（第二版）

王海忠 ◎ 主编

清华大学出版社
北京

内 容 简 介

本书以企业培育、经营、打造全球知名品牌为目的和宗旨,围绕品牌经营遵循的规律,构建关键知识模块。本书的主体知识体系提炼为"4S 品牌战略框架",即:品牌启动(Starting-up of brand)、品牌强化(Strengthening of brand)、品牌扩展(Scaling-up of brand)、品牌长青(Sustaining of brand)。以这四大模块为主线,全书的主要章节内容包括:品牌与品牌演进史、自主品牌、品牌的顾客本位、感知质量、品牌定位、品牌要素战略、品牌营销策略、品牌杠杆战略、品牌延伸战略、品牌组合战略、品牌更新战略、品牌防御与保护、品牌文化、品牌管理体系、品牌评估等。本书的品牌经营管理思想、观点、知识体系具有国际前沿性、权威性,实现了全球范围内的知识创新和突破。

本书不仅在品牌管理的知识体系上具有国际前沿性、权威性和创新性,在知识体系的呈现与体例方面也体现出时代感和国际感。每章除主体内容之外,还包括开篇案例、品牌前沿、品牌案例、本章小结、术语中英文对照、思考与讨论、实战模拟、延伸阅读等,有助于读者多维度理解、运用、拓展品牌管理知识。

丰富的案例是本书的重要特色之一,这些案例权威、经典、前沿、鲜活。华为、大疆、吉利、美的、海尔……它们,是中国品牌的名片。哈雷·戴维森、哥伦比亚咖啡、维多利亚的秘密、科罗娜啤酒、雷克萨斯、海底捞、三只松鼠……它们,从不同角度,诠释了品牌经典。

我们为使用本书作为教材的读者提供了丰富的学习资源,包括:国际高品质的讲义(PPT)、权威全面的试题库、前沿经典的延展阅读、国际规范的研讨式案例范本及教学笔记(teaching notes)等。

本书封面贴有清华大学出版社防伪标签,无标签者不得销售。
版权所有,侵权必究。举报:010-62782989,beiqinquan@tup.tsinghua.edu.cn。

图书在版编目(CIP)数据

品牌管理/王海忠主编. —2 版. —北京:清华大学出版社,2021.8(2024.7重印)
21 世纪经济管理新形态教材. 营销学系列
ISBN 978-7-302-57035-6

Ⅰ.①品… Ⅱ.①王… Ⅲ.①品牌-企业管理-高等学校-教材 Ⅳ.①F273.2

中国版本图书馆 CIP 数据核字(2020)第 238218 号

责任编辑:刘志彬
封面设计:李召霞
责任校对:王荣静
责任印制:刘海龙

出版发行:清华大学出版社
网　　址:https://www.tup.com.cn,https://www.wqxuetang.com
地　　址:北京清华大学学研大厦 A 座　　邮　编:100084
社 总 机:010-83470000　　邮　购:010-62786544
投稿与读者服务:010-62776969,c-service@tup.tsinghua.edu.cn
质 量 反 馈:010-62772015,zhiliang@tup.tsinghua.edu.cn
课 件 下 载:https://www.tup.com.cn,010-83470332

印 装 者:三河市科茂嘉荣印务有限公司
经　　销:全国新华书店
开　　本:185mm×260mm　　印　张:24.5　　字　数:573 千字
版　　次:2014 年 10 月第 1 版　2021 年 8 月第 2 版　印　次:2024 年 7 月第 7 次印刷
定　　价:69.00 元

产品编号:090589-01

作者简介

王海忠，中山大学市场营销学科带头人、中国品牌研究中心（CBC）主任、教授/博导。担任国家自然科学基金项目的会议评审专家。担任中国市场营销权威学术期刊《营销科学学报》联合主编（清华、北大合办）、中国高校市场学研究会副会长、中国管理现代化研究会营销管理专委会副主任。兼任国家工信部"工业企业品牌培育专家委员会"成员；国家质检总局首席质量官"品牌管理"主讲教授。市场营销与品牌研究成果发表于全球顶尖期刊 Journal of Marketing（UTD 期刊，美国市场营销学会会刊），以及《管理世界》《管理科学学报》等国内权威期刊。主持国家自然科学基金重点项目、国家教育部重大课题攻关项目等重点重大项目多项。本科生和博士生层次的教学教育成果，分别获得特等奖（国家一级学会中国高等院校市场学研究会，2020 年）、一等奖（中山大学，2021 年）等荣誉或奖励。出版品牌著作三部曲：《品牌管理》（品牌管理类本科教材全国使用量领先）、《高级品牌管理》（品牌管理类 MBA、EMBA 教材全国使用量领先）、《战略品牌管理》（藤校合作，中国版）。他在自主品牌战略、"中国制造"品牌战略等方面的政策报告，被中央有关部门刊物综合采用并供中央领导参阅；相关思想观点被《人民日报》、新华社、中央广播电视总台等权威媒体引用或转载。

获市场营销博士学位；清华大学博士后。美国密歇根大学 Ross 商学院访问学者；美国哈佛商学院案例教学研修班（PCMPCL）结业。他在市场营销与品牌管理领域的学术研究成果具有国际影响力。现兼任美国华盛顿大学、新西兰奥克兰大学等世界百强名校（QS）客座教授/研究员。多次受邀到澳大利亚西澳大学、新西兰奥克兰大学等世界百强名校（QS）作学术讲座。为美国 Google（中国）、日本永旺（中国）、中国银行（总行）、招商银行（总行）、美的集团（总部）等全球《财富》500 强企业提供品牌营销咨询与培训服务。

前　言

这些年来，我的中心工作之一是不断优化《品牌管理》教科书，力求带给读者国际高品质的知识收益。

一、关键时刻：以品牌为杠杆，提升中国企业全球影响力

从规模上看，中国企业毫无疑问已是全球大企业俱乐部的核心成员。2019 年，如果不统计来自中国香港和台湾地区的企业，全球《财富》500 强的中国企业数量达到 121 家，与美国持平。这是中国企业"创造历史"的标志性年份。

试问：中国企业完胜了吗？

如果比较全球《财富》500 强的中美企业盈利状况，2019 年全球《财富》500 强中国企业的累计营业收入 8.4 万亿美元、利润 4388 亿美元；而美国《财富》500 强企业相应指标分别为 9.4 万亿美元、7301 亿美元，中国企业的收入和利润均落后于美国企业。其中，美国企业收入为中国企业收入的 1.1 倍，而利润则是 1.7 倍。美国企业的利润率为 7.7%，平均利润额为 60 亿美元；而中国企业利润率为 5.2%，平均利润额为 34 亿美元。

中国企业进一步努力的方向在哪里？

品牌，正是帮助中国企业从全球规模升级为全球影响力和盈利能力的利器！

迄今，进入全球知名品牌俱乐部的中国企业还极少。但希望之光已经显现。以相对权威的 Interbrand "全球品牌价值排行榜"为例，自 1987 年推出以来，直到 2014 年中国首次有华为入围"全球品牌百强榜"，名列第 94 位；到 2020 年，华为一直七年稳居榜单且名次总体不断上升（最高为 2018 年，第 68 位）。分析近 10 年来 Interbrand "全球品牌价值百强榜"，全球一共只有 15 个左右国家的品牌入围，而美国品牌的席位一直最多，占 50 席左右。"全球品牌百强榜"不仅表明公司的规模，更反映公司在全球的盈利能力和影响力。中国企业何时才能建立起强大的全球盈利能力和影响力呢？当中国有一批品牌（如 10 家以上）入围"全球品牌百强榜"时，中国企业的全球盈利能力和影响力就大大提升了。

华为 2014 年首次入围 Interbrand "全球品牌百强榜"是一个标志性事件。它标志着华

为从通过研发创造附加值，转型为同时通过研发和品牌无形影响力来创造附加值。这也印证了微笑曲线理论，技术是附加值微笑曲线之一端，而另一端正好是品牌。华为2010年成为全球最大电信设备供应商，迈进了爱立信、思科等所占据的世界大企业俱乐部。此前，华为依靠技术硬核创造了实力。2010年开始，华为通过提升品牌来提高附加值、盈利能力、影响力。打造品牌的工作，让华为成为一家具有魅力、影响力、领导力的公司。今天，华为已成为成熟的欧洲市场的领导品牌，华为5G技术在欧洲市场广受认可。华为在美国市场具有同样的影响力。美国前商务部部长罗斯2019年年底时表示"美国用两三年时间就会超越华为"。可见，华为已成为美国同行追赶的目标。华为的成功表明，中国企业要想提升全球盈利能力和影响力，必须提升品牌，注重在技术创新中提升品牌引领作用。

二、主体结构：准确把握创建国际知名品牌的核心逻辑

企业如何培育出一个有全球影响力的品牌？品牌经营遵循其固有规律和逻辑。本书在借鉴欧美企业的品牌管理历史经验的基础上，综合考虑移动互联网时代特征并结合中国经济社会背景，提出中国市场品牌培育与经营管理的核心知识体系。本书的主体内容反映了培育强大品牌的四大核心知识模块，它们来源于作者多年来系统的品牌理论研究和丰富的企业实践研究。这四大核心知识模块包括：

（1）品牌启动（Starting-up of brand），涉及企业在创建及培育品牌的始终需要准确把握的战略方向问题。

（2）品牌强化（Strengthening of brand），涉及企业发展过程中先做实做强品牌，培育品牌的市场竞争力、实力和无形资产。

（3）品牌扩展（Scaling-up of brand），涉及企业将品牌培育强壮之后，科学有效利用品牌无形资产进行公司新业务扩张和价值倍增的战略问题。

（4）品牌长青（Sustaining of brand），涉及企业的品牌防御与保护，并为品牌注入文化与精神内涵的长期战略问题。这样能让品牌历久弥新、历久弥坚。

这四大核心知识模块的英文名称的第一个字母都是S。所以，本书将它概括性、简洁化地称为"4S品牌战略框架"。这一战略框架准确把握住企业品牌经营管理的关键逻辑，为企业的品牌培育、经营、管理指明了方向。本书围绕这四大核心知识体系，组成五篇十三章。

第一篇导论，包括第一章。该章首先厘清了品牌管理领域的几个关键概念（包括品牌、品牌化、品牌价值、品牌资产和品牌权益等）。这有利于读者准确理解、把握品牌管理所涉及的核心问题。其次，该章分别阐述了品牌对于消费者、企业、社会的价值。最后，该章划分了欧洲、美国、中国三大重要经济体的品牌演进。以史为鉴、古为今用。以历史纵深视角回顾评析品牌，是一本品牌权威著作需要肩负的责任与使命。本书在同类著作中，首次分析研究划分出世界三大重要经济体的品牌演进史。欧洲比美国具有更悠久的商业文明史。本书在国际上首次划分了欧洲品牌演进史。至于美国品牌演进史，国际文献研究到

1985年，本书首次将1985年之后的美国品牌演进分为两个阶段：1986—2000年的服务业品牌的发展、2000年以来互联网品牌的发展。本书首次将中国品牌5000年演进史划分为四个阶段。虽然，中国有世界上最早的商业历史，但种种原因，中国品牌演进史的阶段划分仍是空白，本书希望在这一艰巨工程中作探索性努力。

第二篇至第五篇是全书的核心内容。

第二篇"品牌启动"，包括第二章至第五章，一共包括四章。品牌启动旨在让企业认识到，企业在品牌创建、培育、经营管理的整个过程中，应该秉持的正确理念与战略方向。首先，"自主品牌"（第二章）是企业培育和经营管理品牌必须把握的第一个方向性问题。其次，企业需要认识到品牌的市场表现与影响力源于顾客心智。只有先在顾客心智留下深刻印记和美好印象，品牌才能从商品市场获得市场份额和利润，并进而为公司在资本市场的良好表现作出重要贡献。这是第三章"品牌的顾客本位"的主要思想。再次，"品牌"一词须诠释为"先有品""再创牌"。因此，第四章提出品质是品牌的根基的理念。读者从该章可以意识到，那些拥有众多国际知名品牌的国家，也涌现出系统的、丰富的品质管理思想或学说。最后，品牌定位（第五章）是品牌创建与经营的又一方向性问题。每家公司，无论身处什么行业，要想获得顾客青睐，必须进驻到顾客心智的合适位置，并不断巩固。这就是品牌定位。

第三篇"品牌强化"，包括第六章至第八章，一共三章。第六章"品牌要素战略"强调，设计满足人们感官需要的品牌符号是品牌创建的基础性工作。品牌名、标识、包装、标语、域名，甚至气味、触感、嗅觉、听觉等是品牌成为其自身并区别于其他品牌的可视元素（Tangible elements）。它们共同成为品牌内涵或意义的载体。第七章"品牌营销策略"聚焦于品牌经营的零售终端策略和新型传播策略。品牌的零售终端有助于品牌向顾客传递体验；而非媒体、自媒体等新型传播媒体对创建品牌影响力具有独特作用。第八章"品牌杠杆战略"涉及品牌从富有无形资产的外部实体（如人、事、物等）"借力""借势"的战略，以期在构筑品牌影响力方面起到事半功倍的效果。品牌杠杆战略拓展了传统品牌管理的视野，但同时也加大了品牌管理的幅度。

第四篇"品牌扩展"包括企业利用已培育品牌的无形资产进行新业务扩张、实现价值倍增的一系列战略问题。它一共包括两章。第九章"品牌延伸战略"表明，当品牌培育强大之后，企业应该遵循科学原理，利用现有品牌无形资产帮助公司开拓新业务、寻求新发展空间。第十章 "品牌组合战略"旨在帮助公司理顺内部的多个品牌之间的品牌关系、促进多品牌之间协同增效。企业发展过程中，因拓展新业务、品牌并购、品牌合作、品牌代理等各种战略，必然会进入多品牌状态。因此，企业需要认识到品牌组合的意义，并管理好品牌组合。

第五篇"品牌长青"，它包括第十一章至第十三章，一共包括三章。第十一章"品牌文化"强调通过为品牌注入文化符号与基因，让品牌历久弥新，持续传递影响力、魅力。第十二章"品牌管理体系"涉及促进品牌建设遵循正确方向，并取得良好市场表现的各种管理章程、制度、组织、执行反馈等系统。第十三章"品牌评估"强调适时评估品牌、及时监测品牌市场表现，为企业及时调整品牌战略与策略提供品牌情报支撑。品牌评估有助于监测品牌健康状态。

总之，本书围绕创建国际知名品牌的核心逻辑，组织、讲解国际先进的品牌经营管理知识体系。

三、本书的国际知识创新

本书提出的品牌经营管理核心知识体系具有国际范畴的创新与突破。兹列举部分创新点，并解释说明如下。

第一章"品牌与品牌演进史"。本书首次划分了欧洲品牌演进史和中国品牌演进史的阶段，首次对美国1985年以来的品牌演进史进行了划分。品牌历史演进带给读者纵深感，这是一本国际主流教材应该具备的思想厚度。本书期望通过这一工作推动品牌管理学科与知识体系的深化。

第二章"自主品牌"。欧美主流教材中没有提及"自主品牌"概念。它们提及的"制造商品牌"（Manufacturer brand）、"商店品牌"（Store brand）或"私有商标"（Private label）等概念，与自主品牌的内涵存在本质差异。"自主品牌"概念反映了新兴市场国家的企业在参与国际市场时遇到的与早期欧美企业明显不同的环境。"自主品牌"理念表明后起国家的企业不再仅满足于以出口加工（OEM）方式参与国际市场，而是希望用"自主品牌"面对国际市场的顾客，表明自己的价值主张。本书首次将"自主品牌"列入企业的战略方向性决策范畴，构成品牌经营管理的核心知识体系，这对国际品牌知识体系具有重要的弥补和推动作用。

第四章"感知质量"。本书首次将"感知质量"正式纳入品牌管理教材的核心内容。国际知名品牌的成功实践告诉我们，品牌经营遵循的逻辑是"先有品、再创牌"。本书认为，将质量管理思想排除在品牌管理主流教科书内容体系之外，会让读者对"品牌"的理解产生偏颇。本书重点介绍了全球知名的质量管理大师的学说，以及主要发达经济体在国家层面设置的质量奖励体系。拥有大量全球知名品牌的国家，都产生了丰硕的质量管理学说，都在国家层面设立了权威的国家级质量奖。这一点值得中国的企业界、学术界、政府公共治理领域深思！

第五章"品牌定位"。本书首次提出企业在开发品牌定位时的4Cs战略框架，即：消费者洞察（Customer insight）、竞争者分析（Competitor analysis）、公司自身分析（Company analysis）、品类决策（Category membership decision）。本书还首次提出了执行品牌定位的5Ps流程，即：宣传推广（Promotion）、地点决策（Place）、实体展示（Physical evidence）、定价（Price）、坚守（Persistence）。

第六章"品牌要素战略"。本书首次引入了实践前沿的感官品牌战略（Sensory branding），强调通过打造品牌在视觉、听觉、触觉、嗅觉、味觉等要素上的独特性，为消费者创造感官体验，引起消费者对品牌积极的态度和情感反应。本书在国际上还首次将商标知识产权的防御和保护作为品牌管理教材的主体内容。我们系统地介绍了商标遭受侵蚀带来的负面后果（包括品牌弱化、品牌丑化和品牌退化等），提出了系统的品牌商标保护战略（如联合商标注册、防御性商标注册和国际商标注册等）。这些都是现行教材所缺失的。

第七章"品牌营销策略"。本书的重点是品牌的终端渠道策略，以及运用非媒体和自媒体的品牌传播策略。渠道终端是顾客品牌体验的场所，是品牌与竞争对手博弈并赢得顾客的"临门一脚"，也是经理人倾注营销精力和资源的重要前沿阵地。但现行的品牌管理教材还没有站在企业视角专门讲解品牌的渠道终端策略。本书正式提出非媒体和自媒体的品牌传播功能，首次提出员工（如一线员工、高层管理者等）、有形设施等非媒体发挥着品牌的媒体传播功能；企业自媒体（如官网、公司刊物、公众号等）也已成为传播品牌的重要渠道。本书认为，数字时代将品牌本身打造成为一个链接力强的媒体成为重要的营销策略。

第十章"品牌组合战略"。本书首次将公司战略规划与品牌结合起来。实践中，公司战略目标依靠战略业务单元（SBU）来实现，而战略业务单元的增长要落实到具体的品牌及品牌组合上。但长期以来，战略管理和品牌管理的主流教科书均没有将公司战略规划与品牌有机结合起来。本书在品牌管理主流教材中首次将公司战略（包括远景、目标、计划、业务增长等）与品牌组合战略（包括纵向和横向组合战略）结合起来，让公司战略通过品牌及其组合得以实现。

第十一章"品牌文化"。本书首次将品牌文化作为主体内容纳入品牌管理教材。本书认为，品牌的文化影响力虽然对消费者来说具有抽象性，但品牌的经营管理者却可以通过具体的营销策略，为品牌注入文化内涵，让消费者切实体验品牌文化。本书首次总结出塑造品牌文化的系列战略，包括创造象征性符号、营造品牌仪式、塑造品牌人物、创建品牌社区、建立品牌博物馆、讲述品牌故事等。

四、本书的体例创新

为了从多个维度帮助读者更好地理解和运用主体知识，本书在知识体系的展现风格上希望能体现出鲜明的时代感与国际感。兹列举部分描述如下。

"开篇案例"。每章以开篇案例导入，这些案例属于中国的创新品牌，有助于读者准确把握本章的主旨，并从中领略中国品牌的魅力。华为、大疆、吉利、美的、海尔、王老吉……它们都是中国的品牌名片。

"品牌前沿"。每章正文之中穿插这一模块，通过介绍某特定理论点的前沿研究结论，帮助读者理解该章的关联知识点。

"品牌案例"。每章正文之中穿插多个小案例，旨在为读者提供品牌最佳实践。哈雷·戴维森摩托、哥伦比亚咖啡、维多利亚的秘密、科罗娜啤酒、雷克萨斯……它们从不同方面创造了国际品牌的经典。

"小结"。每章正文内容结束时，通过"小结"来回顾该章涉及的重要知识点或关键品牌实践问题。

"术语中英文对照"。读者通过回顾每章术语中英文表达，可以对关键概念的学术表述形成统一规范。

"思考与讨论"。每章围绕该章核心知识点设计思考和讨论题，便于读者领会该章知识主旨及其灵活多样的应用情景。

"实战模拟"。"实战模拟"旨在提高读者对品牌营销实际问题的分析与决策能力，其配有相应的讨论题，读者可以运用本章或本书其他章节的相关理论，解决实际品牌问题。

五、品牌管理规范化量表与教学资源

1. 品牌管理规范化量表

中山大学中国品牌研究中心根据本书品牌战略与管理的核心知识模块，构建了品牌管理规范化量表（Brand Operation Standard Scale，简称 BOSS 量表），用以测量企业在品牌培育与经营管理上的规范化水平。总体上看，企业在品牌培育和经营管理方面的规范化程度表现为五个不同等级。企业在品牌管理规范化量表（BOSS）的得分越高，表明企业的品牌管理规范化程度越高，企业在品牌营销领域的经验越丰富，专业化技能越高。限于篇幅，本书没有附上品牌管理规范化量表及其具体使用细则，读者可以来邮索取。

2. 教学资源

本教材配备了完整的和国际高品质的教学资源，目的在于促进品牌管理课程的国际高水平的卓越教学。兹列举部分高品质教学资源如下。

①教学讲义。我们为本书制作了完整的教学讲义 PPT。PPT 讲义包括了每章的正文、案例、实战模拟。PPT 讲义内容每一版都进行了更新。使用本书的高校教师，可以与清华大学出版社或我本人联系，获取每年的《品牌管理》PPT 讲义。

②试题库。我们为每章设计了测试题并附参考答案。我们提供的测试题丰富多样，符合国际高品质标准。这些试题可供教学班级用于平时的月测，以及半期和期末考试之用。测试题偏重于具有客观答案的题型，欢迎高校教师根据自身情况灵活调整使用。

③延展阅读。本书在有关篇章增加了"延展阅读"材料，这些材料多属于相关主题的权威、前沿、创新文献，有助于读者更好地理解各章相关的理论或实践前沿。我们为每篇延展阅读材料，设计了相应的拓展思考题。

真诚欢迎读者对进一步完善本书提出宝贵建议。欢迎高校教师分享使用本书的心得体会。读者可通过上述邮箱来信讨论。此外，我本人每年会根据相关主办机构的安排，出席全国性教学研讨会（工商管理硕士 MBA 教学研讨会和工商管理本科教学研讨会），现场分享教学及学科研究动态。届时，我很高兴与使用本书的高校教师面对面分享卓越教学、科研、学科发展、人才培养等方面的心得体会。

六、致谢

本书撰写过程中，得到了我指导的研究生们的得力协助、参与。几位博士毕业生，参与了部分章节的部分撰写工作，他们是：柳武妹（兰州大学管理学院教授、博导）、陈增祥（中山大学国际金融学院副教授、博导）、钟科（海南大学管理学院副教授、博导）、江红艳（中国矿业大学管理学院教授、博导）、杨晨（华南理工大学工商管理学院副教授）。本书第一版和第二版撰写期间，当时在校的几位博士和硕士研究生参与了部分案例的收集和撰写工作，他们是：刘笛、王畯阳、曾文君、陈艺毅、赖嘉圳、袁赟、沈曼琼、胡桂梅、欧阳建颖、陈宣臻、李倩仪等。参与本书工作的研究生们思路活跃，观点新颖，做事严谨认真，本书能得以最终出版，离不开他们的积极参与和热心奉献。真诚感谢参与本书工作的各位研究生。

谨对学术同行的建设性意见表达衷心感谢。在本书撰写过程中，我征求了国内外品牌营销领域学术同行对本书内容结构及篇章布局的建议，得到了他们的建设性意见。在他们反馈的意见基础上，我随后增加了相关内容，调整了有关章节的顺序。在此列出这些学者，谨向他们致以诚挚谢意。他们是（以姓氏汉语拼音或英语字母顺序为序）：

范秀成（复旦大学管理学院）
彭泗清（北京大学光华管理学院）
于春玲（清华大学经济管理学院）
朱　睿（长江商学院）

符国群（北京大学光华管理学院）
王　高（中欧国际工商学院）
赵　平（清华大学经济管理学院）

AHLUWALIA, Rohini, Carlson School of Management, University of Minnesota, USA

FANG, Xiang, Spears School of Business, Oklahoma State University, USA

MAO, Huifang, School of Business, University of Central Florida, USA

WEI, Jack, Yujie, Richard College of Business, University of West Georgia, USA

ZHANG, Yinlong, School of Business, University of Texas at San Antonio, USA

BATRA, Rajeev, Ross School of Business, University of Michigan, USA

LEI, Jill Jing, The Faculty of Economics and Commerce, University of Melbourne, Australia

TSE, David, Faculty of Economics and Business, Hong Kong University, Hong Kong, China

ZHANG, Meng, Business School, The Chinese University of Hong Kong, Hong Kong, China

ZHOU, Lianxi, Goodman School of Business, Brock University, Canada

谨对长期使用本教材的读者和用户致以诚挚感谢。本书第一版出版之后，众多高校将其确定为本科生的教材，以及MBA、EMBA、硕士生的学习参考书。这些院校既包括综合型大学（如南京大学、浙江大学、中山大学、东北大学、四川大学、兰州大学等），也包括财经类大学（如中南财经政法大学、西南财经大学等），师范类大学（如华南师范大学、华中师范大学、陕西师范大学等），农业类大学（如华中农业大学、华南农业大学等），甚至艺体类大学（如中国传媒大学等）等各种类型的高等院校。众多政府部门及事业单位（如商务部外贸发展局、国家质量技术监督总局质量管理司、中国进出口商品交易会广交会、商务部中国五矿化工进出口商会、国家工商行政管理总局中华商标协会、农业部农业干部管理学院等），将本书选为干部管理培训或前沿专题研讨班的指定参考教材。众多大型企业集团（包括国企、民企、外企等），如美的集团（《财富》500强）、日本永旺集团（《财富》500强）、南方航空、华润集团、中国石油、中国银行、招商银行等，将本书选作管理层培训教材或公司内部读物。这些使用单位和读者用户来信向作者表达了感谢。他们反映，本书完整的知识体系、丰富的实践案例素材让他们受益良多。同时，他们也对本书提出了进一步完善的建议。很多同行多次向我建议再版本书。本书第二版得以出版，要感谢这些读者和用户的厚爱。

谨对给予长期合作支持的企业界朋友致以真诚感谢。本书主体结构知识体系的形成，背后得益于众多企业的创始人、高层管理者和品牌营销经理人的支持。感谢这些企业的邀请，每年提供机会让作者深入多家企业调研品牌营销实践，与品牌营销实践界的接触，拓宽了作者的品牌视野。兹列出部分企业，谨表达作者的诚挚谢意。境内企业包括（排名不分先后）：美的集团、金域医学检验、迈瑞、格兰仕、万和、海信科龙、TCL、志高、坚美（铝业）、华兴（玻璃）、东鹏（陶瓷）、茵蔓服装（淘品牌）、立白、王老吉、中国银行、招商银行、南方航空、南方电网、华润集团、中国石油、广药集团、三九健康网、健客网等。境外企业包括（排名不分先后）：谷歌、Kotra（韩国）、宝洁、富士、永旺、SK（韩国）等。

感谢我一届又一届的学生。博士生和硕士生多年来在"双周研讨会"上一直闪现着新颖观点，给我的品牌思想不断注入清新元素；EMBA、MBA学员们分享的品牌营销实践，驱动我思考品牌营销理论在实践中的灵活性应用；而企业内部的高管培训让我接触到很多意味深长的企业发展历程与品牌故事。

本书得以出版，要感激我的妻子和儿子。他们的支持和理解，为我多年来的教学科研等创造性工作提供了宽松的环境。

最后，敬请各位同仁、朋友、读者不吝赐教，向我反映本书需要改进完善之处。

王海忠
2021年4月20日

目　录

第一篇　导　　论

第一章　品牌与品牌演进史 ... 3

　　开篇案例　华为：国际知名品牌之路 ... 4
　　第一节　品牌及其社会经济意义 ... 8
　　第二节　欧美品牌的历史演进 ... 30
　　第三节　中国品牌的历史演进 ... 41
　　第四节　品牌管理战略框架与本书结构 ... 54
　　【本章小结】 ... 56
　　【术语（中英文对照）】 ... 56
　　【即测即练】 ... 57
　　【思考与讨论】 ... 57
　　【实战模拟】 ... 57
　　【延伸阅读1】 ... 57
　　【延伸阅读2】 ... 58

第二篇　品　牌　启　动

第二章　自主品牌 ... 61

　　开篇案例　大疆：中国科技品牌全球崛起的秘诀 ... 62
　　第一节　自主品牌的内涵及意义 ... 66
　　第二节　自主品牌的主要特征 ... 67
　　第三节　自主品牌战略 ... 74

【本章小结】 ... 77
【术语（中英文对照）】 ... 78
【即测即练】 ... 78
【思考与讨论】 ... 78
【实战模拟】 ... 78
【延伸阅读】 ... 79

第三章 品牌的顾客本位 ... 80

开篇案例 唯品会：品质生活带来幸福体验 ... 81
第一节 顾客为本的品牌权益 ... 83
第二节 顾客心智的品牌知识 ... 85
第三节 构筑顾客为本的品牌权益的逻辑 ... 90
【本章小结】 ... 97
【术语（中英文对照）】 ... 97
【即测即练】 ... 98
【思考与讨论】 ... 98
【实战模拟】 ... 98

第四章 感知质量 ... 99

开篇案例 海尔：质量"偏执"的品牌文化 ... 100
第一节 质量管理理念 ... 102
第二节 感知质量——顾客驱动的质量观 ... 112
第三节 感知质量提升战略 ... 118
【本章小结】 ... 120
【术语（中英文对照）】 ... 121
【即测即练】 ... 121
【思考与讨论】 ... 121
【实战模拟】 ... 121

第五章 品牌定位 ... 122

开篇案例 王老吉凉茶：老字号如何换新颜 ... 123
第一节 品牌定位的内涵与意义 ... 126
第二节 确立品牌定位的 4Cs 框架 ... 128

第三节　品牌定位的战略与策略 ·· 137
　　第四节　品牌更新 ·· 143
　【本章小结】 ·· 154
　【术语（中英文对照）】 ·· 155
　【即测即练】 ·· 155
　【思考与讨论】 ·· 155
　【实战模拟】 ·· 155
　【延伸阅读】 ·· 156

第三篇　品 牌 强 化

第六章　品牌要素战略 ·· 159
　　开篇案例　谭木匠：小木梳，大品牌 ·· 160
　　第一节　品牌要素的内涵和意义 ·· 162
　　第二节　设计品牌要素 ·· 163
　　第三节　增强品牌感官 ·· 173
　　第四节　品牌防御与保护 ·· 179
　【本章小结】 ·· 191
　【术语（中英文对照）】 ·· 192
　【即测即练】 ·· 192
　【思考与讨论】 ·· 192
　【实战模拟】 ·· 192

第七章　品牌营销策略 ·· 194
　　开篇案例　立白的分销商亲情模式 ·· 195
　　第一节　品牌的终端渠道策略 ·· 197
　　第二节　品牌传播策略 ·· 202
　【本章小结】 ·· 216
　【术语（中英文对照）】 ·· 217
　【即测即练】 ·· 218
　【思考与讨论】 ·· 218
　【实战模拟】 ·· 218

第八章 品牌杠杆战略 ... 219

开篇案例　吉利汽车：品牌并购助力汽车梦 ... 220
第一节　品牌杠杆的内涵与意义 ... 222
第二节　国家与区域杠杆 ... 226
第三节　代言人与赞助杠杆 ... 234
第四节　品牌联盟杠杆 ... 239
第五节　品牌杠杆战略的创新意义 ... 243
【本章小结】 ... 247
【术语（中英文对照）】 ... 247
【即测即练】 ... 248
【思考与讨论】 ... 248
【实战模拟】 ... 248

第四篇　品牌扩展

第九章 品牌延伸战略 ... 251

开篇案例　云南白药牙膏品牌：中药核心资产如何成功外溢 ... 252
第一节　品牌延伸的内涵与意义 ... 254
第二节　品牌延伸策略 ... 258
第三节　品牌延伸的实施步骤 ... 264
第四节　垂直品牌延伸 ... 265
【本章小结】 ... 269
【术语（中英文对照）】 ... 270
【即测即练】 ... 270
【思考与讨论】 ... 270
【实战模拟】 ... 270

第十章 品牌组合战略 ... 271

开篇案例　海尔集团的品牌组合战略 ... 272
第一节　品牌组合的内涵及意义 ... 274
第二节　管理品牌组合 ... 278
第三节　实施品牌纵向组合 ... 280

第四节　实施品牌横向组合 ··· 285
　　【本章小结】 ·· 289
　　【术语（中英文对照）】 ··· 290
　　【即测即练】 ·· 290
　　【思考与讨论】 ·· 290
　　【实战模拟】 ·· 290
　　【延伸阅读】 ·· 291

第五篇　品　牌　长　青

第十一章　品牌文化 ··· 295
　　开篇案例　全聚德品牌的中华美食文化 ································· 296
　　第一节　品牌文化的内涵与意义 ·· 298
　　第二节　塑造品牌文化 ·· 301
　　第三节　品牌文化对企业的挑战 ·· 305
　　【本章小结】 ·· 307
　　【术语（中英文对照）】 ··· 307
　　【即测即练】 ·· 307
　　【思考与讨论】 ·· 308
　　【实战模拟】 ·· 308

第十二章　品牌管理体系 ·· 309
　　开篇案例　华为独特的品牌管理制度 ····································· 310
　　第一节　品牌管理体系的内涵和形态 ····································· 313
　　第二节　品牌管理规章 ·· 319
　　第三节　品牌管理岗位与人员 ·· 325
　　【本章小结】 ·· 328
　　【术语（中英文对照）】 ··· 329
　　【即测即练】 ·· 329
　　【思考与讨论】 ·· 329
　　【实战模拟】 ·· 330

第十三章　品牌评估 ··· 331
　　开篇案例　品牌并购，奠定美的集团国内领导地位 ··············· 332

第一节　顾客心智视角的品牌评估 ··· 335
第二节　商品市场产出视角的品牌评估 ··· 348
第三节　金融市场视角的品牌评估 ·· 354
【本章小结】·· 359
【术语（中英文对照）】·· 359
【即测即练】·· 360
【思考与讨论】·· 360
【实战模拟】·· 360
【延伸阅读】·· 360

附录一　新华社专访　打造卓越品牌需要"四项修炼"——访中国品牌研究中心主任王海忠 ·· 362

附录二　中国社会科学网专访　创建成功品牌的四项"修炼"——访中山大学管理学院教授王海忠 ·· 363

附录三　经济观察报专访　对话王海忠：中国品牌的全球坐标 ··················· 364

参考文献 ·· 365

第一篇 导 论
(Introduction)

第一章 品牌与品牌演进史

第一章
品牌与品牌演进史

> 品牌表面上是不断变化的过程——否则它就不入"流";更深层面上品牌又需要恒久不变的价值
>
> ——汤姆·布劳恩《品牌的哲学》

学习目的

学习本章之后,读者将对以下品牌问题有更清晰、准确和透彻的理解:
- 什么是品牌?品牌和品牌化的内涵有何不同?
- 品牌资产、品牌价值和品牌权益的内涵有何差异?
- 品牌对顾客、公司、社会的价值表现在哪些方面?
- 品牌适用于哪些行业或部门?
- 欧洲、美国、中国的品牌管理演进经历了哪些阶段?
- 培育卓越品牌的战略逻辑或框架是什么?

本章案例

- 华为:国际知名品牌之路
- 英特尔的品牌玄机
- 哈雷俱乐部
- Gore-tex——要素品牌也"贴心"
- 全食超市——讲故事,塑品牌

开篇案例　　　　　　　　　　华为：国际知名品牌之路

2018年10月，全球权威品牌咨询公司Interbrand揭晓了2018全球最佳品牌榜，华为作为中国唯一登榜品牌以76亿美元的品牌价值创下榜单第68位的佳绩。相较去年，华为品牌价值排名提升2位，品牌价值额度提升14%。自从2014年首次登上Interbrand全球最佳品牌榜单，排第94位，此后在榜单的位置稳步提升。2015年，华为排名上升至第88位；2016年，华为排名一跃至第72位；2017年华为排名上升位于第70位。

华为凭什么能够进入全球品牌百强并连续五年逐年上升？本书开篇以华为成就全球知名品牌的过程为例，旨在引导更多企业创出国际知名品牌。

华为技术有限公司（简称华为）于1987年在广东省深圳市注册成立，是全球领先的信息与通信技术（ICT）解决方案供应商，专注于ICT领域，坚持稳健经营、持续创新、开放合作，在电信运营商、企业、终端和云计算等领域构筑了端到端的解决方案优势，为运营商客户、企业客户和个体消费者提供有竞争力的ICT解决方案、产品和服务，并致力于使能未来信息社会、构建更美好的全联接世界。目前，华为约有18万名员工，业务遍及全球170多个国家和地区，服务全世界三分之一以上的人口。以下是华为成就全球知名品牌的三个阶段及其采取的相应战略。

1. 占领新兴市场：根据地战略与"农村包围城市"（1996—2002年）

在国际化的起步阶段，华为以新兴市场和发展中市场为突破口求真务实获取销售订单与市场份额，积蓄能量。在发展中国家实现规模突破后，再逐渐向发达国家迈进。华为的国际化扩张依循着由近及远、先易后难、从边缘到主流的路径。这条路径与方法也是华为在国内市场扩张过程中屡试不爽的有效策略，对于如何选择"农村市场"、如何建立"根据地"、如何"从易向难"拓展的具体做法，华为并不陌生。唯一需要克服的是文化差异，因此华为在一开始选择的也是差异较小的中国香港、东南亚和俄罗斯市场。表1-1对华为品牌国际化区域路径的描述清晰地显示出华为的国际化的地域特征。

表1-1　华为的国际化路径

	建立"根据地"，辐射周边区域市场		
	时间	"根据地"市场	拓展区域
农村包围城市，先易后难	1996	内地	中国香港试水
	1997	俄罗斯	辐射独联体国家
	1998	印度	辐射南亚
	2000	北非	辐射中东
	2006	英法主流运营商认可	获取整个西欧市场

华为依照其聚焦优势资源攻克重点市场的"压强理论"，国际化早期采用了"根据地"策略。首先，聚焦战略。立足某一市场，建立直销团队，不惜以人海战术向海外派

驻员工，试图将国内市场的成功经验复制到与国内市场环境相近的区域。为此，攻克当地重点客户，成为当地领先品牌，建立"品牌根据地"以获得市场竞争优势，积蓄资源并为下一步扩张做准备。其次，扩大品牌势力范围。采取"品牌根据地"向外渗透，发展新"品牌根据地"并设法连接起来，从而顺利建立较大区域的"品牌根据地"。此时采用蚕食进攻方法，以根据地为核心区域向周边市场扩张。

华为对根据地的选择有三种标准。（1）地缘上接近原有的"品牌根据地（中国内地）"的市场。华为早期拓展中国香港和俄罗斯市场。（2）选择市场形态、竞争环境、消费结构上与原"品牌根据地"（中国内地）较为相似的市场。如，华为从1997年开始重点拓展东南亚市场。（3）选择具有战略意义的市场区域。比如西欧市场，从2001年开始，以10G SDH光网络产品进入德国为起点，通过与当地知名代理商合作，华为的产品成功进入德国、法国、西班牙、英国等西方发达国家。

在华为进行国际化营销之初，国际市场的主要客户对"中国"的刻板印象来自于《红高粱》《末代皇帝》等影视文化作品。他们认为中国不可能有高科技公司。为此，华为制定了"先营销中国，再营销华为"的策略：一方面紧跟中国外交路线，准确把握国家的外交动向，借企业负责人陪同国家领导人出访进行商业拓展；另一方面，通过"新东方丝绸之路计划""东方快车""欧洲参展计划"等方式破解客户对"中国制造"的刻板印象。

至2005年，华为先后创建了8个海外地区部和一家海外合资企业，在近90个国家和地区建立了代表处和工程服务网络，而国内市场部从原来与国际市场部平级的单元，降格为中国地区部，仅作为华为全球市场体系中9个平行的地区市场部之一。作为根据地的8个海外地区部已经将产品与服务输送到全球主要市场，以根据地为基础的市场扩展成功实现"星火燎原"之势。

2. 突破欧洲市场：与国际玩家"竞"与"合"（2003—2006年）

对于华为而言，国际营销不可能仅满足于新兴国家市场的需求，北美、欧洲、日本这些被视作通信设备的主流市场是华为在这一阶段极力希望突破的重点。但以华为当时的技术实力和品牌声望，希望快速全面突破这些市场几乎不可能。华为审时度势在对北美和日本市场进行了初步的调研和试探之后，发现北美和日本的技术壁垒非常高，需要更强大的技术能力，于是决定将国际主流市场的突破口选在欧洲。在这个区域市场的扩张中，华为继续沿用"农村包围城市"、先易后难的策略。从东欧到北欧，从南欧到西欧，从中小运营商入手再切入主流运营商。

第一，与国际主流玩家的竞争战略——软硬结合，服务先行。

（1）"软"：以土地换和平，与国际友商形成技术和品牌联盟。任正非在这个阶段提出以土地换和平，以市场换友商，以利益换伙伴，促成价值链共同繁荣的思路。华为开始通过合资与合作的方式学习先进技术，实现技术版图的拓展。华为在实施品牌联盟策略时，把握四个原则。其一，对方必须拥有华为在短期内无法通过内生而获得的技术。

其二，华为拥有对方缺少的资源。如较低成本研发团队或中国市场拓展能力。其三，华为可以通过合资或设立合作研发中心的方式，通过自身的团队快速学习对方的技术开发能力并内化为华为自身的知识。其四，有较为清晰的联盟时间限制。在达成目标之后，将会以全部出售或全部回购等方式结束品牌联盟。本阶段的经典案例，如与3COM、与赛门铁克等的合作，华为都依循这几个原则。

（2）"硬"：与国际主流玩家争夺国际主流运营商，借客户之力提升自身品牌影响力。在进入国际主流市场的进程中，必然会遭遇领先者的阻击。华为深知与强者单挑，"输了不丢人、打平可当胜"的道理。在思科诉华为知识产权侵权的一年中，华为在国际市场凯歌连连。华为于2004年实现了海外市场20亿美元的销售目标，2005年华为国际市场销售首次超过国内市场。此次案件中，思科诉华为不仅没能阻止华为开拓国际市场的步伐，反而将全球眼光聚集到华为身上来，使全世界的电信运营商都想了解"让思科都畏惧"的中国企业华为。全球目光聚集，加上华为的创新和价格优势，使华为在国际化进程上迈出了历史性的一步。

此外，发达国家的电信运营商一般都会对战略合作伙伴设定极高的门槛，并要经过严格的认定。如英国电信对华为的认证就做了整整两年，华为在这期间充分利用客户的苛刻要求，苦练内功，甚至提出"先僵化，后优化，再固化"的策略，提出"要穿美国鞋，就必须削足适履"的口号，表达了坚强的意志。华为这种以客户需求为导向，以客户为师的策略在欧洲市场的拓展中取得丰硕成果。2004年和2005年，华为先后成为英国电信和沃达丰电信的优选供应商，标志着华为已经进入国际顶尖通信设备制造商的"富豪俱乐部"。

（3）服务先行——服务打击技术。早期在国际市场上与对手竞争时，华为在技术上并不占优势。在这个以技术为核心的市场中，技术却不是全部。欧洲企业普遍反应较慢，用户提出一个修改建议，它们可能要花一年甚至一年半才能改进。而华为，只要用户有需求，总是加班加点，只要一个月就能改进。华为用服务（速度）打击竞争对手的领先技术，如此拓展市场屡试不爽。尤其是在拓展重点区域市场的第一个订单时，服务和响应速度成为其撒手锏。"快速响应客户的要求"这一点至今仍然写在华为品牌承诺的重要位置。华为在撬开俄罗斯、荷兰和法国等国家的市场大门时，采用的就是服务至上的策略。对这些国家的中小型运营商而言，服务是打动它们的利器。

3. 成就全球品牌领袖（2007年至今）

（1）营销转型，加强在消费产品上的品牌推广。虽然，过去20年中华为在移动通信和网络设备领域向全球主流厂商发起了凌厉攻势，但是，消费者并不熟悉它。之前，华为的手机业务不过是为电信运营商提供定制机型。2011年开始，华为就决定在终端消费品业务上突飞猛进，以推动公司持续成长。2012年之后，华为将自己的业务板块从原来只有运营商网络，拓展到企业业务和消费者业务。而华为对自身的定位也从为运营商服务的技术型公司，调整为"丰富人们的沟通与生活，提升工作效率"。这是一个巨型公司拓展自己业务和激活内部活力基因的必然选择。2011年7月，央视CCTV-5所有关于意大利超级杯足球赛报道中出现了一个以往从未在体育赛事报道中出现却家喻户晓的品牌——华为。这是向来低调的华为终端首次冠名大规模体育赛事活动，冠名品牌为"华为—云手机"。而在国际市场上，华为终端的品牌推广活动早已展开，其中华为在2010年曾经以"你从来不知道，其实你是知道的"的广告语，向日本消费者推销其移动上网终端产品。这句广告语恰好点明了华为的营销转型：从要素市场走向消费市场。华为推出面向终端消费者的手机之后，手机业务团队经历了从满足运营商需求到满足零售商与消费者需求的初期不适，但是到2012年，华为智能手机卖出了2000万部，2013年则是近6000万部。2014年9月，华为在IFA展会期间，高调发布了其Mate系列新旗舰Ascend Mate7，低调的任正非也到场为新手机造势。

（2）华为形象全球提升：更国际化、更开放、更亲近、更自信。直到2010年，华为一直被国内外媒体和业界视为"神秘"，因为华为创始人任正非及公司高层很少公开接受媒体采访；也很少正式、公开地回应外界对华为的种种说法。任正非主要通过"内部讲话"来向外部传达华为的理念。但是，华为也意识到，当与爱立信、思科等规模相当之后，外界对于华为的兴趣更浓，华为必须变得更公众化。2013年4月23日的华为第10届全球分析师大会可以看作是华为变得更公开、更透明、更公众化的节点；是华为真正成为"全球品牌"的关键转折点。这次大会在深圳洲际酒店召开，汇聚了全球20多个国家的数百名分析师、金融家和国际媒体代表。这次大会体现了华为多方面的改变。其一，华为更国际化。不仅应邀出席会议者来自全球各地，而且参与到此次会议中的华为员工也是不同肤色、不同人种，外籍员工已经占到华为员工总人数的20%。这些文化背景迥异、操着不同口音的中西面孔交流相当融洽。大会的"官方语言"是英语。华为中、高层的中国演讲者——不管是"海归"还是"土鳖"——大多能用流利，或者经过反复操练而变得流利的英语演讲和回答问题。国际化不是体现在表面，而是在思维。演讲者已经完全站在全球，而非中国的视角分析战略、阐释观点，中国以外的业务已经占到华为营收总量2/3；华为宣称，要在4~5年内将欧洲的员工从目前的5500人增加到1.3万人，把欧洲变为华为的"第二故乡"。其二，华为更开放。尚未走向公众资本市场的华为在对自身财务业绩的公开透明程度上几乎不亚于上市公司，对于公司未来短期和长期战略方向的表露也毫不含糊。到2017年，华为保持年均10%的年均增长；长远来看，华为"2012实验室"要建立像"太平洋一样粗的数据流管道"是能够实现的，而华为目前的三大业务——运营商业务、企业业务和消费者终端业务都是围绕这一目标而诞生的业务。其三，华为更自信。华为已提出新口号："Make it possible"（让可能成真），这一口号也成为本届全球分析师大会的主题。"Dare to dream"（敢于梦想）则成为华为手机广告的口号。华为的自信可见一斑。

（3）尝试进入门槛最高的北美和日本。与思科以和为贵了结知识产权官司，与3COM成功合资、友好分手之后，华为已经赢得了进入美国市场所需要的品牌力、技术力和拓展力。2009年8月美国WiMax网络运营商Clearwire公司表示，继摩托罗拉、三星、思科、Ciena和Dragon Wave之后，华为技术有限公司也已被其选定成为自己的WiMAX网络基础设施供应商。Clearwire公司是美国最大的Wimax运营商。在远东，日本运营商一直对技术指标细节的要求近乎完美，但现在也逐渐考虑华为作为其设备供应商。而更令人惊喜的是，一直在终端领域表现差强人意的华为成为日本无线上网终端产品的第一品牌。

4. 从"让世界尊敬"的华为，到"让世界钟爱"的华为

华为的改变——更国际化、更开放、更亲近、更自信，让世界感到华为不只是拥有创新技术和过硬产品，华为还很可亲、可爱。因此，如今的华为变得与全球公众和产业界越来越融合。如果说，对华为事业有奠基功劳的技术与产品质量让它赢得世界的尊敬，那么，近几年华为在营销、品牌方面的改变，则让它赢得全世界的爱。华为如何赢得"世界的尊敬"，又如何从"让世界尊敬"，演进到"让世界钟爱"，这个过程，对于无数正在奋起的中国企业，具有莫大的启示！

资料来源：王海忠. 重构世界品牌版图[M]. 北京：北京大学出版社，2013.

越来越多的人、企业或组织已经认识到品牌的重要性。如同开篇案例所示，品牌思维与品牌战略创造了华为的商业传奇。品牌适合于有形产品、无形服务，还能将一个概念（或观念）植入人们心智，引导人们的价值取向。本章是全书的导入，重点讨论什么是品牌，品牌对个人、公司和社会有何价值，欧美国家的品牌演进史，中国品牌演进史。最后对本书主体结构——4S品牌战略框架作一鸟瞰。

第一节　品牌及其社会经济意义

一、品牌及其含义

（一）品牌

人类的品牌活动源于远古时代。最初，农夫通过对其牲畜刻下印记的办法，来识别各自所拥有的牲畜，便于市场交换。西文"品牌"（Brand）一词源于古斯堪的纳维亚语"布兰朵"（Brandr），有"燃""烙"之意。在中国古代，和西文"品牌"近似的术语有"招牌"等，用于区别"店铺"。这说明，品牌最原始的功能在于"印记""识别"等。品牌的这一基本功能一直延续至今。

品牌的现代定义来自美国营销学会（AMA）。在其营销词典中，它把"品牌"定义为：

品牌是一个"名称、专有名词、标记、符号，或设计，或所有上述这些元素的组合，用于识别一个供应商或一群供应商的商品与服务，并由此区别与其他竞争者的商品与服务"。理论上讲，只要某个企业创建了一个新的商标、标识，或者新的产品符号，它就开始了创建一个品牌的活动。但是，每年市场上新出现的商标、标识数量惊人，但真正能进入消费者记忆的却寥寥无几，这就说明，仅仅是注册一个商标，或创建一个标识或符号，并无太多实质意义。商标能够产生价值的关键在于这个品牌名、商标、标识或符号在顾客心目能够产生积极印象，由此产生对市场的正面影响。因此，为了厘清品牌的内涵，我们需要从狭义和广义两个层次来理解。

1. 狭义的品牌概念

美国营销学会对品牌的上述定义，属于狭义的品牌概念。国际品牌权威学者凯勒（Keller）称之为"小品牌"概念。狭义层次的品牌概念认为，品牌就是品牌名、商标、标识、符号、包装，或其他可以识别企业产品（或服务）并将之区别于竞争者的产品（或服务）的一系列有形物（Tangible objects）的组合。这些有形物又称之为"品牌要素"（Brand elements）。例如，2012年1月11日，"淘宝商城"正式更名为"天猫商城"（英文名为Tmall），定义为B2C综合性购物网站，同年3月29日天猫发布了全新的品牌标识形象。狭义层次的品牌概念表明，品牌以有形载体的形式外显。虽然它是基本的和必不可少的，但它对企业的指导意义却是不够的。企业如果仅仅设计出人们容易识别的品牌有形要素而不对这些要素赋予积极的内涵，那么，品牌仍然不能在顾客心里留下正面印象，也就无法在市场上产生正面影响力。

2. 广义的品牌概念

广义的品牌概念是指，品牌有形要素在顾客心目中建立起来的品牌意识（Brand awareness）和品牌联想（Brand associations），以及由此促使顾客对其产品的正面感受、积极评价和购买等的总和。或者说，广义上讲，品牌就是顾客对产品（或服务）及其供应商的所有体验和认知的总和。国际品牌权威学者凯勒称之为"大品牌"概念。广义的品牌概念认为，强有力的品牌存在于顾客（或消费者）的心智。

正如阿里巴巴集团将B2C购买网站更名为"天猫"，是想向消费者传达一个定位和风格清晰的电子商务消费平台。猫是性感而有品位的。阿里巴巴希望"天猫商城"能代表时尚、性感、潮流、品质。因而，"品牌"一词的精粹在于其广义概念。宝洁（P&G）公司前首席行政官雷富礼（Alan George）曾说："一个成功的品牌，即是消费者永远不变的承诺及约定。公司一定要坚守此种约定的价值才行，并且以从不怠慢的努力缩短与消费者之间的距离，并要不断地让消费者感到惊喜。"中国吉利创始人李书福也认为，品牌是活的、有灵魂的、有血有肉的。联合利华（Unilever）前董事长Michael Perry说："品牌代表消费者在其生活中对产品及服务的感受，以及由此而产生的信任、相关性、意义的总和。"这些企业家或高层管理者所使用的"品牌"一词，反映了广义层面的品牌概念。企业需要具备广义层面的品牌意识，让品牌具有丰富内涵。

3. 品牌化的含义

上述有关品牌的定义，是把品牌当作物、事或人来认识的，"品牌"是作为名词而存在的。"品牌化"（Branding）则不同，它是指对产品或服务设计品牌名、标识、符号、包装等可视要素（Tangible objects），以及声音、触觉、嗅觉等感官刺激（Sensory stimulus），以推动产品（或服务）具备市场标的和商业化价值的整个过程。此时，"品牌"当作动词来使用。

"品牌化"是创建和培育品牌的起点，也是品牌管理者的常规性工作。新成立的公司要给产品设计品牌名、标识和包装等；品牌投放市场之后，要适时对品牌标识、包装、标语（Slogan）等进行调整；大公司或历史悠久的公司，还可能需要推出新的品牌名，或对现有品牌的某些元素进行更新。所有这些都是"品牌化"的内容。英特尔作为一个 B2B 的公司，其品牌价值 2018 年位居全球第 11 名，品牌化对其迈向全球知名品牌具有里程碑意义。品牌案例 1.1 说明了英特尔品牌化道路的开启之旅的一些细节。

品牌案例 1.1　　　　　　　　英特尔的品牌玄机

英特尔生产微处理器，这是个人电脑的心脏。它所推出的一系列微处理器——从 8086、286、386 到 486、586——成功地横行整个市场。可惜，当时英特尔并没有为这些"X86"申请注册商标。因此，其他厂商（如 AMD、晶片科技公司、Cyrix 等），也都可以在自己生产的微处理器上，加上"X86"的字眼。

1991 年对于英特尔迈向世界一流品牌具有里程碑意义。这一年，英特尔启动了"品牌化"（branding）工程。英特尔先要求知名电脑厂商（如 IBM、康柏、戴尔等）在电脑说明书、外包装和广告上贴上"Intel Inside"的商标，英特尔承诺会从它们的销售额中拨出最高达 3% 的回扣给这些成品电脑厂商，以作为广告费用的补助。此外，如果电脑厂商们还将"Intel Inside"商标印在售出的电脑主机上，那么它们获得的回扣将提高到 5%。

英特尔为了此项品牌化运动编制了每年 1 亿美元的预算。结果，在短短 18 个月内，"Intel Inside"的广告高达 9 万页以上；如果将这个数字换算成曝光次数，"Intel Inside"商标的曝光次数更高达 100 亿次。仅仅通过 18 个月，成品电脑的商业用户对"英特尔"品牌的知晓度（awareness），从原来的 46% 提升增加到 80%。这相当于别的品牌多年营销的结果。

英特尔的品牌价值也因此而提高。仅在 1992 年，也就是"Intel Inside"广告推出之后 1 年，英特尔的全球营业额增长了 63%。对于那些不采用"英特尔"微处理器的成品电脑，成品电脑厂商不得不以折价方式促销。

为什么一个"Intel Inside"商标有如此大的影响力？在这项计划中，英特尔并没有在广告中直接告诉消费者英特尔的微处理器比其他厂商的微处理器要好。而且，事实上很多消费者根本就搞不清楚"微处理器"是什么东西。但是，消费者会认为：这些成品电脑大品牌（如 IBM、康柏等）如此特别地告诉我们，它们采用的是英特尔的微处理器，这么做一定有它的道理，这个叫作微处理器的东西一定很重要，而英特尔的"Intel Inside"一定是最好的微处理器品牌。虽然我可以花点时间研究、了解一下微处理器是什么东西，看看英特尔比其他品牌好在什么地方。但我也可以干脆多花点钱，买一台有英特尔微处理器的电脑。

资料来源：David A.Aaker. Building Strong Brands[M]. The Free Press, 1996.

（二）品牌与产品的区别与联系

从市场营销视角看，产品是指市场上任何可以满足某种消费需求和欲求的东西，包括有形产品、无形服务、零售商、人、非营利组织、地区或观念等。至于品牌和产品的关系，简而言之，产品是品牌赖以存在的基础，产品是品牌的载体，但品牌的含义更为广泛。品牌与产品的关系可以通过以下几方面来理解。

1. "产品"强调功能属性，"品牌"强调感觉和象征意义

"产品"一词在营销学意义上，给人传递的第一印象是"功能属性"（或功能利益），"产品"暗含以功能属性满足顾客需求的"物体"。品牌则不同，除将功能属性视为基础与必需之外，更强调产品的内涵、价值观、感觉和象征意义，它是对产品及其背后的公司文化等所有感知和感觉的总和。无品牌名的产品，被称为"初级品"（Commodity）；但初级品有了品牌名，就能获得额外收益。哈佛商学院教授莱维特（Levitt）在其名篇《营销短视病》中提出的营销理念认为，品牌包括产品，但比产品含义更为丰富。莱维特说："新的竞争不是在公司工厂所生产出来的物品之间开展，而是在公司工厂所生产的东西的附加物之间开展，这些附加物以包装、服务、广告、顾客咨询、融资、配送、仓储，以及其他人们所看重的形式而存在着。"可见，品牌除包含功能特性之处，还具有象征意义、情感、精神等无形收益。

2. 品牌使产品具有人的特征

品牌具有拟人化的功能，它使产品具备人的某些特征，而没有品牌名的产品难以拟人化。所以，品牌使产品"活了"。人们可以从麦当劳这个品牌联想到麦当劳叔叔，但人们不可能从无品牌名的汉堡包联想到任何人的形象。同样，汽车轮胎本身并不具备人性，但米其林品牌的轮胎则让人联想到米其林轮胎先生（Mr. Michelin）。可以说，"品牌"的出现将"物"赋予人的灵性。

3. 品牌给产品增加了附加值

产品因有了品牌名而更容易辨识。而公司营销活动又赋予品牌名在信任、情感、象征性和体验等方面的内涵和联想。这就使产品超越了仅具有功能的基本标准，而带给产品附加值。所以，产品因有了品牌能带给顾客更大的心理满足。

品牌既通过产品功能表现，也通过非产品功能相关的表现，来增加附加值和创造竞争优势。两者孰轻孰重，则依产品类别不同而定。华为、三一重工、3M、微软、通用电气、索尼等公司因其经营的产品需要技术等硬性门槛，品牌打造重在以卓越的产品功能表现为基础，从而创造品牌优势。而可口可乐、香奈儿、上海滩（中式服装奢侈品牌，英文名为Shanghai Tang）、例外（国产服饰品牌，英文名为EXCEPTION de MIXMIND）等，因其经营的产品需要形象等软性门槛，品牌打造重在通过创造非产品功能相关的形象联想或内涵为基础。

二、品牌价值、品牌资产、品牌权益的联系与区别

品牌价值、品牌资产、品牌权益是体现品牌经济价值的三个关联概念。这三个概念的共同点是都强调了品牌在经济价值上的重要性，但它们具有各自不同的使用语境。

1. 品牌价值

"品牌价值"（Brand value）一词的关键在于"价值"（Value），它源于经济学上的"价值"概念。"品牌价值"概念表明，品牌具有使用价值和价值。仅从价值来看，"品牌价值"的核心内涵是，品牌具有用货币金额表示的"财务价值"，以便品牌用于市场交换。20世纪80年代以来的品牌并购，凸现了"品牌价值"这一概念的重要性。品牌价值的构成，包括了培育品牌的成本和品牌在未来可实现的预期增值。前者包括了创建和维护品牌的各种投入，如设计费、注册费、广告费、渠道开拓费用等。品牌增值则是内含于品牌的可在未来为企业带来的超额预期收益。一般来说，卓越品牌的品牌价值要远远超过投入在品牌上的各种成本的总和。

"品牌价值"一词将品牌的经济价值以企业高管人员简单易懂、清晰明白的货币总量（人民币或美元）来表示，对于人们认识品牌的重要性具有一目了然的作用。但是，如何才能让品牌具有如此大的"价值"，"品牌价值"一词无法解答这个问题，它无法揭示构筑品牌价值的内在要素或过程。

2. 品牌资产

"品牌资产"（Brand asset）一词的关键在于"资产"（Asset），它更多是会计学上的含义。和其他易于理解的有形资产一样，品牌是一种无形资产。因此，品牌除了本身具有经济价值（可以估值）之外，还可以为其所有者带来稳定的超额收益，是企业创造经济价值不可缺少的一种资源。"品牌资产"一词表明，品牌是企业无形资产的重要组成部分。从会计学角度来看，无形资产指特定主体控制的、不具有独立实体、对生产经营持续发挥作用并带来经济利益的一切经济资源。品牌具有上述三方面的无形资产特征。

此外，相比于其他公司资产，品牌作为一种资产，还具有：无形性、长期积累性、投资和使用的交叉性、构成及估价的复杂性等特征。由于会计学在计量品牌这一无形资产的价值方面，全世界没有形成统一的认识，因此，品牌作为无形资产的重要性在财务会计领域，还没有充分体现出来。但无论是财务会计领域，还是市场营销领域，都承认品牌是一种重要的无形资产。

3. 品牌权益

"品牌权益"（Brand equity）一词更多是一个市场营销概念。最早是由20世纪80年代西方广告学界提出来的一个概念，之后在品牌管理领域广泛应用。本书认为，品牌之所以对市场上各利益相关方（如顾客、渠道成员、合作伙伴等）有影响力，根源在于公司在品牌上投入的营销活动在人们心里累积起来产生了积极的品牌印象，而这种品牌印象使得品

牌不仅在当期还会在未来为公司带来增值。这就是品牌权益的意义所在。之所以使用"权益"（Equity）一词，是因为品牌的影响力需要长期的高质量的营销活动累积才能产生；同样，当期针对品牌的营销活动能够在未来产生收益或回报。

美国营销科学研究院（MSI）将品牌权益定义为品牌的顾客、渠道成员、母公司等对于品牌的联想和行为，这些联想和行为使产品可以获得比没有品牌条件下更多的销售额和利润；同时赋予品牌超过竞争者的强大、持久和差别化的竞争优势。

美国加州大学伯克利分校的戴维·阿克（David Aaker）教授认为，品牌权益是指与品牌、品牌名和品牌标识等相关的一系列资产或负债，它们可以增加或减少通过产品或服务带给企业或顾客的价值。他进一步把品牌权益分解为感知品质、品牌认知、品牌联想、品牌忠诚、其他专有资产（如专利、商标、渠道关系等）五个维度，并认为这些权益要素都能给企业带来多种利益和价值。

美国达特茅斯商学院凯文·凯勒（Kevin Keller）教授首次提出顾客为本的品牌权益（Customer-based brand equity）概念，认为品牌权益是因顾客心智中建立起的品牌知识导致的顾客对公司品牌营销活动的差别化反应；而品牌之所以对企业、经销商等利益相关方有价值，根源在于品牌在顾客心中建立起了品牌印记或品牌知识网络（Brand knowledge network）。

品牌价值、品牌资产、品牌权益三个概念分别适合于不同的情景。当强调品牌具有经济价值，能作为经济物在市场上估价和交易时，人们常常使用"品牌价值"一词。Interbrand每年公布的"全球品牌百强排行榜"（Best Global Brands Top 100）就是使用"品牌价值"概念。例如，2018年Interbrand排行榜显示，中国华为品牌价值位列全球第68名，估值为76亿美元。当强调品牌是一种无形资产时，品牌就如同固定资产一样，对于企业是有价值的并能为企业带来收益。此时，使用"品牌资产"概念。当强调品牌对顾客、对经销商、对公司等具有影响力，拥有强大品牌就拥有当期或未来的市场话语权时，此时是强调"品牌权益"。如果通俗地区别三者的差异，我们认为可以这样理解：品牌价值是"大众术语"，公众对此概念易于理解；品牌资产是"会计学术语"；品牌权益则是"营销学术语"。

三、品牌的社会经济意义

品牌具有巨大的社会经济价值。在此，我们分别从品牌对顾客、公司和社会三个视角，分析相比于无品牌的社会，品牌带来的社会经济价值。

（一）品牌对顾客的价值

对于顾客而言，品牌的价值体现在它简化了顾客购买决策过程，品牌为顾客在评估、选择和购买产品时提供了评估或判断上的捷径。

1. 品牌可降低顾客的购买风险

无品牌时代，顾客无法追溯到产品的制造者，因而产品若出现质量事故便无法找到责任承担者。品牌的出现提高了顾客对购买和消费产品的安全感，减少了顾客购买和消费的风险。

2. 品牌降低了搜寻产品的成本

从经济学角度看，市场存在信息不对称性，顾客要选择产品必须搜寻很多的信息。而品牌可以作为有效传递质量信息的信号来发挥功能。当顾客知道某个品牌并对它有一定熟悉度之后，就降低了产品搜索的成本。因为，品牌名本身就暗含了丰富的产品功能信息和体验性信息，顾客会减少因信息搜索而产生的成本。不同功能利益和象征性利益的品牌，为顾客搜索其所要选择的产品提供了参考框架。

3. 品牌表明了对顾客的承诺

顾客对品牌的信任表明，顾客相信这种品牌会有相应的功能表现。品牌声誉是建立在长期的产品功能、促销、定价、服务等基础之上的，代表了对顾客的承诺。只要品牌对产品效用、利益、优势的承诺持续兑现，品牌与顾客之间的契约关系就能不断强化。

总之，当商业社会遵守契约精神，品牌释放的信息真实可信时，顾客因有品牌而使日常生活更加简单、安全和幸福。在人们的生活越来越复杂和节奏越来越快时，品牌简化了消费者的购买决策过程，减少了购买风险。

（二）品牌对公司的价值

对于公司而言，品牌的价值体现在以下几个方面。

1. 品牌是公司对其产品进行法律保护的载体

品牌名及其附属物（如商标、标识、广告语、包装等）属于知识产权，公司作为其法定所有者，拥有受法律保护的权利。因而，品牌名及其附属物通过商标注册，可以用于保护公司产品的独特性能、工艺、包装等。从这个角度，拥有品牌所有权是公司安全投资品牌的前提。

2. 品牌是公司及其产品实现差异化的武器

经由品牌构筑的产品差异化是竞争对手难以模仿的。生产工艺、产品设计相对更为有形，因而更容易被模仿。但经由公司多年的研发、生产及营销活动，品牌在市场上、在顾客心中留下的清晰、独特印象，从而形成品牌形象，这种品牌形象更为抽象、无形，与顾客之间的情感联系更加紧密、持久，因而更难以被竞争者所模仿。早在 1922—1956 年任桂格燕麦片公司 CEO 的约翰·斯图亚特（John Stuart）就说过："如果公司被拆分，我愿意给你厂房、设备等有形资产，而我只需要品牌和商标，但相信我一定会比你经营得更好。"从这个意义上讲，品牌是能够给公司现在及未来带来经济产出的一种权益。品牌是比工厂、资本、技术更重要的持续竞争优势（Sustainable competition advantage）的来源。

3. 品牌是公司的合法资产

品牌是公司过去多年长期投资形成的更为无形和更具持久影响力的资产，它能进行估价和买卖交易。品牌作为合法资产，可以在市场上出售为其所有者——公司，带来当期收益。

此外，品牌还能给其所有者带来未来收益。20 世纪 80 年代兴起的品牌并购中的品牌估价，其主要依据就是品牌能够在未来带给市场和顾客的影响力。公司收购品牌的关键动机在于品牌能增加公司的未来市场收益。品牌交易中的溢价的基础，就是品牌能在未来带来的额外利润。因而，品牌又表明了某种未来收益，是一种权益（Equity）。

据 Interbrand 的测算，对于快速周转消费品而言，公司的绝大部分价值来源于无形资产和商誉，有形资产净值只占总价值的 10%。在无形资产和商誉中，品牌价值占有非常突出的地位。可口可乐、微软、IBM 等的品牌价值占到公司在资本市场的市值的比例分别高达 67.5%、59.9%、53.4%。

（三）品牌对社会的价值

品牌对社会具有良性促进作用，主要体现在：品牌是人与人之间共享价值观的介质，品牌能够帮助人们建立自我认知。这源于品牌的象征作用。品牌能让顾客投射自我形象。认同某一品牌，表明顾客是什么类型的人，或者顾客想要成为什么样的人。因此，购买某一品牌成为他们传递价值观的手段。偏爱同一品牌的顾客往往拥有共同的价值观或精神特质。此时，品牌起到了人与人之间寻找共同价值观或个性的纽带作用。品牌把具有共同价值主张或生活方式的人联系在一起。

时任哈佛商学院市场营销教授苏珊·福妮尔（Susan Fournier）曾这样写道：社会对传统和社区的摒弃，抛下很多拥有"空虚自我"的个体，而与大众品牌建立联结可以抚慰这些"空虚自我"，并在这个变幻莫测的世界，为人们提供一个稳定的心灵港湾。这说明，在后现代社会，人通过拥有品牌，从而建立与品牌之间的情感关系，可以起到支撑社会持续安全的作用。因而，某种程度上，传统社会里由兄弟姐妹关系、宗教、社区所起到的自我认同和人间依恋，在物质社会的今天已经部分地由品牌肩负起这个角色。品牌案例 1.2 "哈雷俱乐部"就是以哈雷品牌为情感纽带的消费者分享平台。

品牌案例 1.2　　　　　　　　　　　　**哈雷俱乐部**

哈雷·戴维森（Harley Davidson）于 1903 年在威斯康辛州的密尔沃基创建，曾多次获美国"年度最佳公司"提名及 400 名最佳公司之一。它跻身美国十大最流行的品牌。哈雷为其品牌拥有者于 1983 年建立了"哈雷俱乐部"（Harley Owners Group，简称 H.O.G），它目前已在北美、欧洲、亚洲拥有超过 100 万的会员，是一个地地道道的国际性组织。

哈雷的顾客为何愿意彼此聚集和交流？这是一种社会交往的需要，哈雷俱乐部会员经常聚集在一起，结队骑摩托车外出，这类活动了增进哈雷顾客之间的情感纽带，并表达了"生之为骑，骑即生活"的共同生活方式。"逍遥骑士"们还共享改装摩托车的经验和展示改装的作品，以表达个性，获得俱乐部成员的认可。哈雷之所以能把全球上百万品牌跟随者聚集在一起，是因为这些顾客拥有共同的文化和价值观。哈雷逐渐形成了"独特、开放、自由、神圣、美国精神、哈雷传统和男子气概"等文化内核。HOG 通过精心培育这种哈雷亚文化，将消费者、机车和哈雷公司紧紧地联系在一起。

为了强化他们共同拥有的亚文化，哈雷品牌经理人还创建了系列的可识别的哈雷品牌要素，如：纯金属的坚硬质地、大排量大油门的轰鸣；雄鹰标志；黑皮摩托夹克；各种哈雷用品……这些用品是哈雷顾客相互认同的文化标签。

四、品牌的适用范围

"品牌"一词的根本内涵是:拥有符号元素并通过营销活动使这些元素在人们心中形成广泛认知和美好联想。根据这一内核,品牌的适用范围可以分为微观、中观、宏观等不同层次的含义。

(一)品牌的微观应用

微观层面,品牌适用于一切营利性的工商企业——包括提供有形产品和无形服务的企业,它们是迄今品牌的最核心和最主要的应用范畴。绝大多数品牌领域的理论、方法都源自微观层次的品牌应用。本书也重点从这个层次探讨品牌管理的理论、方法和应用。

1. 消费品

消费品是最先引入品牌理念的行业。宝洁早在 1931 年就引入了品牌经理制,而后,强生、通用磨坊(General Mills)、通用电气相继学习宝洁经验,引入了品牌经理制。消费品公司建立起的一系列品牌营销使一些原本在消费者心目中认为是无差异的通用品(Commodity)最先涌现出强大品牌,曾经被认为普通不过的商品由此变得高度差异化了。例如,可口可乐、海飞丝洗发水、强生婴儿沐浴露、佳洁士牙膏、舒肤佳香皂等。在中国,品牌化战略也让很多消费品行业涌现出很多知名品牌:调味品(如海天)、腌菜(如乌江榨菜)、牙膏(如云南白药牙膏)、香皂(如雕牌)等。若以品牌为企业销售或利润所作的贡献大小(百分比)来衡量的话,品牌对消费品的贡献率是最大的。这不难理解,在 Interbrand 每年测量和公布的世界品牌 100 强中,消费品品牌(包括快速周转消费品、耐用消费品、选用品等)占有最大比例。以 2012 年为例,消费品品牌占据了 Interbrand 品牌百强榜 60% 的席位,如可口可乐、苹果、三星、丰田、奔驰、宝马、惠普、吉列、路易威登、诺基亚、本田、百事可乐、耐克等。

2. B2B

在 B2B 行业,公司的品牌活动重点放在了公司(Corporate)而非业务(Business)层次。尽管 B2B 的顾客多是公司客户,但强大的 B2B 品牌也针对公众实施营销推广与传播,从而建立起积极的公司形象和企业声誉。这样,B2B 公司从公众层面获得的品牌知名度和美誉度大大帮助它们开拓公司客户和赢得政府采购。不少 B2B 品牌入榜 Interbrand 世界百强排行榜,其品牌影响力非常显赫,如:华为、IBM、英特尔、思科、埃哲森、3M 等。电脑芯片属于 B2B 产品,品牌案例 1.1 中的 Intel Inside 的品牌转型对芯片公司英特尔迈向国际一流品牌具有里程碑意义。品牌案例 1.3 显示一个要素产品同时面向成品商、零售商、消费者的多层次品牌营销模式。

品牌案例 1.3   Gore-tex——要素品牌也"贴心"

戈尔(Gore)公司总部位于美国特拉华州的纽瓦克市。2012 财年全球销售额超过 32 亿美元,并在全球拥有超过 10000 位员工,业务分布在全球 30 多个国家。戈尔差不多每年都会被评选为全美"最适合工作的100家公司"。该排名自1984年推出以来,每年都能入选的美国公司只有少数几家,而戈尔位列其一。

戈尔是研发和生产高性能纺织品的先驱,公司最闻名的产品是其防水透气的GORE-tex®纺织面料。Gore-tex纺织面料是既能保持透气性又能提供防风防水屏障。这种面料虽然不是直接供消费者购买的成品,但却广为消费者熟悉和欢迎。这主要得益于戈尔公司出色的B2B品牌战略管理。戈尔公司除了针对模块供应商、成品生产商和零售商做营销之外,还与终端顾客建立良好联系,实现对消费者的"拉"式营销,贴近消费者的"心"。

1. 公司品牌战略,界定明确的品牌等级

戈尔公司创始以来一直采用单一品牌战略,并为下属子品牌提供品牌背书。戈尔公司的品牌Logo,如图1-1所示,简洁大方,"GORE"也不再仅仅代表着创始人戈尔先生,而是一种品牌承诺和品质保证。

Gore-tex是纺织品牌标识,由暗黄和黑色两种主色构成,中间是"Gore-tex"字样,下面是公司品牌GORE为Gore-tex做品牌担保,上方是"Guaranteed to keep you dry",即"保证让您保持干爽"的品牌承诺。戈尔公司提供一些独特的测试设备以确保所有的产成品都能达到品质标准,保证最终消费者在穿着时能够体验到"防水、防风、透气"的产品性能,以及"保证让您保持干爽"的品牌承诺。

图1-1 Gore-tex 纺织品牌标识

2. 品牌联盟战略,多层次营销传播

戈尔公司是中间要素产品创建知名品牌的经典案例,它借用品牌联盟战略,与成品商、零售商建立了良好的营销合作关系,并通过有效的多层营销和"推拉"结合战略,使Gore-tex纺织品牌与消费者贴近,建立起Gore-tex鲜明的品牌和牢固的市场地位。每一层营销传播都接近了与最终消费者的距离。

第一层营销:与成品品牌合作,吸引消费者参与

Gore-tex的产品不直接面对终端消费者,但它通过与产成品品牌商的合作,加深了自身品牌在消费者心智中的体验和印象。此外,借助与不同的产成品品牌商的合作,Gore-tex扩大了在终端消费者人群中的影响力和知名度,也提高了在行业内的市场占有率。与Gore-tex合作营销的产成品品牌包括全球各国的知名的户外用品品牌,如德国Adidas、法国AIGLE、意大利AKU、加拿大ARC'TERYX、英国Berghaus、西班牙BESTARD、韩国BLACK YAK、瑞士OZARK,包括上装、下装和户外鞋等。这些品牌使用了Gore-tex面料,Gore-tex就以Logo、标签等方式出现在这些产品上。这种与成品品牌标识同时出现的策略,大大提高了Gore-tex的曝光度,并时时提醒消费者作为产品要素的Gore-tex的重要价值。Gore-tex与成品品牌商的联合营销的形式包括:广告联合、促销联合、联合公益赞助、联合赛事赞助、共同举办新品上市发布会等。这些营销活动除了提高Gore-tex品牌的曝光度之外,还强化了Gore-tex的品牌内涵。

第二层营销:与零售终端合作,向消费者传递品牌形象

Gore-tex通过向终端零售店授权的方式,建立起品牌在终端零售商的产品形象展示,直接影响消费者对Gore-tex品牌的第一印象,如图1-2所示。Gore-tex还通过在终端零售店主办一些体验营销活动,加强与消费者的接触,增强与消费者的融入度(customer engagement)。此外,通过与零售商的合作,有助于减少假货进入有影响力的零售终端,能够加强对消费者权益的保护,这维护了Gore-tex品牌形象。对终端市场的良好控制,可以提高竞争对手进入零售市场的门槛。

第三层营销:针对消费者的营销沟通,强化品牌与消费者的关系纽带

Gore-tex"体验无止境"的户外理念,通过整合营销的立体传播策略,运用广告、网络、传播、活动促销、DM、直邮等渠道,将Gore-tex的核心品牌价值,直接向消费者传播,提高要素品牌在消费者心目中的影响力和知名度。

Gore-tex品牌通过体验营销的方式与消费者进行深度沟通。例如,打造"户外英雄"团队;传递"体验无止境"户外生活理念;赞助"梦想实现"活动,如图1-3所示。这些直接面向消费者的营销活动的核心目的是接近消费者,塑造Gore-tex品牌在消费者心目中的高认知度。这样通过影响消费者,进而影响成品品牌的合作。这就使"拉式营销"的效应得以实现。

图1-2 戈尔认证销售点的"授权零售店"铜牌　　图1-3 Gore-tex品牌的消费者体验活动广告

户外运动在中国还处于发展阶段,消费市场虽然庞大但还不够成熟。Gore-tex要素品牌也期望通过对中国户外市场的教育和培养,让更多的人了解户外运动,参与户外运动,热爱户外运动,并在这个过程中成为Gore-tex的忠实客户。

总之,虽然Gore-tex面料并不是消费者直接要使用的成品,但戈尔公司仍然实施了

大量创新的、大胆的品牌营销活动。其结果，一方面提高了 Gore-tex 作为面料或要素，在户外用品成品品牌中价值和贡献；另一方面也建立了自身品牌在个体消费者心目中的喜好度，进一步提升自身的溢价能力。

3. 高科技产品

"高科技"一般是指一种人才密集、知识密集、技术密集、资金密集、风险密集、竞争性很强，对人类社会未来发展和进步具有重大影响的前沿科学技术。高科技的"高"，是相对于常规技术和传统技术而言的。因此，"高科技"并不是一个一成不变的概念，而是相对的，带有一种历史的、发展的、动态的概念。今天的高科技，在明天就可能变成了常规科技和传统科技。因为高科技投入大、竞争激烈，产品更新又快，因而，拥有卓越品牌对于高科技企业具有重要价值。以下是高科技产品的几个品牌战略特点。

首先，树立品牌导向而非技术导向。对于高科技企业，仅有"技术最好""最新""最伟大"的产品是绝对不够的，品牌营销的技巧也起着重要作用。我们熟悉的高科技企业，如华为、英特尔（相对于其竞争对手 AMD）、微软、苹果、谷歌、脸书、阿里巴巴、百度、腾讯等都谙熟品牌营销之道，这是它们超越竞争对手的重要原因。

其次，创新品牌营销模式。高科技产品的生命周期短，市场快速变化，逼使高科技企业通过品牌营销创新，取得销售和利润业绩回报，并让品牌为公司带来持续溢价。高科技产品除了借鉴消费品营销手段，在大众市场投入广告之外，还常常创新营销模式，例如：新产品发布会、产品英雄等成为抢夺媒体争相报道的热点，不断占据公众的目光，等等。

再次，CEO（或产品英雄）的品牌化。高科技公司 CEO（或产品英雄）成为品牌代言人，起着关键作用。一方面，高科技企业不仅受到其客户关注，更受到公众关注，因而，其 CEO 容易成为公众人物——Facebook 的扎克伯格、苹果的乔布斯、微软的盖茨、思科的钱伯斯……莫不如此。打造 CEO 的形象直接关系到公众对这家高科技公司的认可，CEO 品牌化成为高科技行业打造品牌的惯用手法。另一方面，这也是高科技行业特有的营销资源。高科技产品在技术和人才上投入很大，营销预算由此变得很小，CEO 品牌化反倒增加了品牌的公众曝光率，提升了品牌传播的效率和效果。此外，在普通公众对高科技产品的功能难以说清道明的情况下，通过 CEO 之口传播，其公众教育效果远大于常规的营销传播。

最后，高层的品牌意识决定能否创建强大品牌。高科技公司常常受制于技术专家，公司高层往往是从工程部门提拔上去的，这是高科技公司缺少宏观品牌思维的组织氛围。因而，高科技公司很容易落入"品牌属于工程师，而不是顾客"的陷阱。高科技行业的高层管理者树立品牌思维，强化顾客导向具有重要的意义。迄今的最佳实践是，创业团队中如果具有技术狂人和营销奇人的梦幻组合，则最有机会顺利打造出强大的高科技品牌。

4. 服务业

20 世纪的最后 30 年里，最成功实现品牌化的例子出现在服务行业。在美国，1980 年代中期以后的品牌管理创新主要由麦当劳、联邦快递、星巴克、迪士尼、西南航空等服务企业贡献出来。以 2012 年为例，麦当劳、迪士尼、美国运通信用卡、UPS、J.P.Morgan、汇丰、花旗、肯德基、维萨信用卡、必胜客、万事达信用卡等服务品牌进入全球100品牌榜。在中国，也涌现出顺丰等快递品牌；长隆等休闲旅游品牌。它们的品牌管理实践也丰富了中国企业的品牌管理理论。

首先，服务品牌化是由服务特性决定的。品牌命名、品牌标识和符号等品牌化活动，会让无形的和抽象的服务，变得具体、生动。另外，不同服务员工提供的服务在质量上具有多变性和不稳定性，这会让顾客产生心理担忧，此时品牌会让服务供应商规范服务操作流程和标准，提高服务供给的质量稳定性，对顾客起到减缓焦虑和担忧的作用。

其次，品牌化有助于服务性企业向顾客展示多样化的服务项目。如同制造性企业具有多种产品组合一样，服务性企业也提供不同的服务项目。不同的服务项目针对的顾客群体和满足的需求不一样，此时，服务品牌化就把不同的服务项目命以不同的名称并取得相应的商标注册，如此，品牌化有助于企业梳理服务组合，是服务企业竞争的有力武器。例如，麦当劳公司名下的汉堡产品就有：巨无霸、麦香鸡、麦香鱼等品牌，还有麦乐送（送餐服务品牌）、麦咖啡等。如果没有这些服务品牌，麦当劳就无法清晰表明其覆盖的服务内容。

5. 零售商

商店卖什么决定了商店的品质。零售商通过其出售的产品、提供的服务、定价、选址等以在顾客心目中创建品牌形象和定位。零售商实施品牌化战略主要出于三方面的考虑。

首先，品牌为零售商出售的产品树立差异化形象提供了保证。美国全食食品超市（Whole Foods）定位于出售天然和有机食品，它通过品牌化战略把自己的高品质产品和竞争对手区别开来，满足了目标顾客需求，也为公司创造了溢价。"品牌案例 1.4：全食超市——讲故事，塑品牌"讲述了这家零售商通过讲述品牌故事，建立品牌联想的营销手法。

其次，零售商的品牌化战略有助于创建其独特的服务体验。当不同零售商相互之间在出售的产品上没有明显差异时，服务体验是零售商差异化的基础。

再次，零售商的品牌化战略有助于其推出商店品牌（Store brands）或私有商标（Private label）。商店品牌或私有品牌是相对于制造商品牌（Manufacturer brands）而言的，是零售商以自己的店名来出售传统上由制造商生产的产品。零售商可以通过自有生产车间也可以通过委托加工（OEM）的方式制造出有形产品，再冠以店名在自己店内出售。据悉，英国是商店品牌最普遍的国家，五六家大型零售连锁店的食品和日用消费品自有品牌销量几乎占全国销量的一半，其中领先的零售商如 Sainsbury、乐购（Tesco）等大量出售自有品牌产品；而马莎（Marks & Spencer）则只出售自有品牌的商品。

品牌案例1.4　　　　　　全食超市——讲故事，塑品牌

"罗西是一只生活在有机农场的鸡，天天过着幸福的生活，直到被送进屠宰场，经过一道道工序，变成了摆放在加州格兰戴尔（Glendale，California）全食超市（Whole Foods）冰床上的精美袋装鸡肉。罗西的一生是在加州葡萄美酒之乡的定制鸡舍中度过的。她的鸡舍通风、采光良好，陶质的地面上铺有干净的谷壳。她生前不是悠闲地啄食黄澄澄的玉米粒，就是在鸡舍外的院子中散步。和多数食品店出售的家禽不同，罗西从来没用过抗生素或生长激素。"

这样美丽的语言，竟然是在描写一只鸡。这段话出现在美国全食超市专为迎合讲究健康饮食的消费者而精心制作的宣传手册里。这些用再生纸印制的小册子摆放在禽肉制品的冰床旁边。正是因为那上面所宣传的优点，罗西的肉每磅要卖3.29美元，是普通鸡肉价格的两倍多。

美国全食食品超市（Whole Foods, NASDAQ: WFMI）由时年25岁的麦基（John Mackey）在1978年从美国得克萨斯州奥斯汀大学城一家店面起家。它充分利用了消费者对有机和天然产品日益增长的兴趣，专注于出售天然食品和有机食品。这里的食品品种齐全，新鲜味美，但价格却比别家高出许多。在这里，你绝对看不到含有杀虫剂、生长激素或转基因的食品。所以，尽管以沃尔玛（Wal-Mart）为代表的超级购物中心通过低价、折扣等方式竞争，全食超市因定位准确，每年保持两位数的销售增长率，远远超过了其竞争对手。

2004年，全食超市在曼哈顿的时代华纳中心开设了旗舰店，面积超过5000平方米，成为纽约最大超市。同年，"全食食品超市"在伦敦收购了天然食品超市"Fresh & Wild"的6家分店。"全食食品超市"志在全球。2004年，英国《金融时报》评价"全食食品超市"是"美国成长最迅速的大型零售商"。

全食食品超市作为零售商非常擅长打造品牌，如上所述，它通过为其产品编写品牌故事的方式，把店内出售的每件好东西，描绘得形象、生动、有趣。让顾客对"全食"充满想象。凭借这种独到的讲故事塑品牌策略，全食超市获得了可观的利润，在强手如云的食品业中一枝独秀。

6. 在线品牌

互联网产业的发展是21世纪以来最引人注目的经济现象。这个行业已经涌现不少有影响力的在线品牌。谷歌、亚马逊、Ebay、雅虎、Facebook等在线或电子商务品牌虽只有几年或十来年的发展历程，但已经跻身全球品牌100强排行榜。在线品牌兼有高科技品牌和服务业品牌的特征。实施品牌化战略的必要性体现在以下几点。

首先，知识密集与技术风险，迫使互联网企业通过品牌化为公司创造"先入"优势。

其次，产品生命周期短和行业竞争激烈，推动互联网公司通过品牌化快速吸引用户流量，拥有用户流量是创造盈利模式的先决条件。

最后，实施品牌战略有助于创建在线品牌特有的品牌体验。不论是线上的网页浏览、用户交流，还是线下的送货与退货服务，在线品牌需要超越传统服务业，创造内容更丰富的用户体验。品牌化有助于在线企业表明想要传达什么样的品牌体验。

随着越来越多的品牌转移到线上或虚拟空间与用户接触、体验和完成销售交易，品牌开始投入资源，开发、创建自己在线上或数字空间的品牌代理，他们是具有拟人外表并受计算机或人控制的即时互动代理。拥有或运用这些数字代理，将为品牌带来更为神奇的市场营销积极效果。因此，学术界将此称之为"品牌化身"（用英文 avatar 来表示，即 brand avatar），将运用品牌化身的营销新实践称之为"化身营销"（Avatar marketing）。品牌前沿 1-1 介绍了品牌数字化身这一新理论。

品牌前沿 1-1　　　　　　　　　新理论：品牌数字化身

当消费者越来越多的购买、享乐和消遣行为都发现在数字空间时，品牌就必须紧跟消费者的行为轨迹，重视创建在数字空间的无形资产和影响力。企业如何与消费者在数字空间建立情感联结？如何在数字空间共创品牌无形资产？人工智能技术让品牌创建在数字空间与消费者接触的虚拟代理形象。品牌的虚拟代理形象应该如何设计？它又会如何影响消费者的线上体验？现有品牌营销理论无法解释这些新问题。新近，本书作者与美国学者合作，在 Journal of Marketing 开创性地提出品牌数字化身营销（Avatar marketing）新理论，提出品牌数字化身的"形"（即外观）与"神"（即行为）的设计原理及其对用户线上体验和公司数字营销绩效的影响。这一成果对推动品牌管理研究具有划时代的意义。

1. 研究背景与方法

数字居民正在呈爆发式增长，人们生活的很大部分已转入虚拟世界。据载，截至 2020 年 3 月，我国网络购物用户规模达 7.10 亿，占网民整体的 78.6%。网络视频（含短视频）、网络音乐和网络游戏的用户规模分别为 8.50 亿、6.35 亿和 5.32 亿，使用率分别为 94.1%、70.3% 和 58.9%。受益于人工智能技术的赋能，品牌商开始有条件设计出高度人格化特征（形与神）的数字化身（Avatar），来保持与人们在数字空间的亲近关系，传递"善解人意"的品牌体验。"化身"一词（Avatar）源于梵语，最初指"神的力量在人间的显现"。品牌的数字化身是由计算机或人控制的、具有拟人化外观和即时交互能力的虚拟数字代表（如淘宝的阿里小蜜、京东的 JIMI、滴滴的小滴，等等）。品牌的数字化身营销是指品牌方根据线上用户体验的产品类型、购买所涉及的功能风险、财务风险和隐私风险，数字平台类型（移动还是固定），以及公司所拥有的技术支持与人力资源保障等因素，决定设计何种外形与智能行为的数字代理，以及如何促进数字代理传递优异顾客体验的各种面向用户的策略、活动、项目等的总称。

2. 研究内容与发现

（1）品牌数字化身的构成与分类

作者根据"形象—行为相似性"框架（Form-Behavior Similarity），确定出品牌化身的两个维度，即：形象相似性（Form realism）和行为相似性（Behavioral realism）。形象相似性主要指品牌数字化身的可视化、拟人化外观与真实的人的形象的接近程度，表现在外形的空间维度、动态性、拟人特征等方面，而行为相似性主要指数字化身在满足顾客线上体验需求的行为表现能力方面与真实的人的行为的接近程度，表现在沟通方式（如文字还是语音）、回应速度、社交化等方面。我们可以将品牌数字化身的这两个维度，象征性地理解为化身的"形"与"神"。

根据"形象—行为相似性"框架推理，化身与线上行为主体（线上用户，即真人）之间的相似性程度越高，化身的影响效应就越大。形象与行为之间存在相互影响关系，主要表现为行为相似性可以弥补形象相似性的不足；形象相似性可以提高行为相似性的预期。但是，形象相似性与行为相似性不一致时，化身的作用会发生改变。例如，仿真机器人具有高度的形象相似性，但其行为与真人却有非常大的差异，导致"恐怖谷"效应，使人感到厌恶和不安。因此，形象与行为的要素组合会形成不同效应的品牌数字化身。该研究的第一项重要工作是将品牌数字化身划分为四种类型："低形象—低行为""高形象—低行为""低形象—高行为""高形象—高行为"。如图1-4所示。

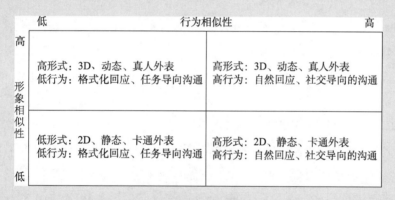

图1-4 品牌数字化身的分类

①低形象—低行为相似性的化身

形象相似性低的化身表现为2D、静态、卡通等外表特征，行为相似性低的化身表现为格式化（或程式化）回应、任务导向（而非社交导向）的沟通等行为特征。这种数字化身的好处是信息冗余小，操作简单，服务效率高，适合回答即时的、简单的、程式化的问题。但这种数字化身与用户的接触时间较少，缺乏共情能力和社交能力，不利于建立品牌关系。例如，美国好事达保险公司（Allstate）推出的智能客服Abie，只有一个简单的卡通头像，它为用户提供7×24小时的全天候服务，回答基本的操作问题。但Abie工作效率很高，每月处理25000次查询，能大大缓解人工客服的压力

②高形象—低行为相似性的化身

形象相似性高的化身表现为3D、动态、真人外表等特征。形象相似性高但行为相似性低的品牌数字化身具有外表吸引力，这潜意识地提高了用户对品牌数字化身的行为预期。可是，品牌化身的沟通行为却是格式化的、任务导向的、一点也不共情的，这种数字化身带给人们的体验并不好，往往被称为"人工智障"。例如，宜家（IKEA）线上客

服 Anna 是高度拟人化且有吸引力的女性形象。在视觉上 Anna 过于接近真人，这导致顾客经常向她问及与购物不相关的话题（有时甚至提出涉及两性情感的问题），这些问题超出了 Anna 程序中设定的答案，Anna 无法回答，用户体验不是很好。因此，2016 年宜家（IKEA）停用了 Anna。

③低形象—高行为相似性的化身

行为相似性高是指数字化身能够自然回应用户提出的问题，并在互动过程中表现出社交导向等高级行为特征，高度行为相似性的数字化身往往会给人创造惊喜感。形象相似性低但行为相似性高的数字化身，虽然没有高度拟人化的外表，但行为上的优势足以弥补形象上的不足。自然回应和社交导向可以增强用户与化身之间的关系，能够带来积极的用户线上体验。例如，2015 年，阿里巴巴推出个性化智能服务助理"阿里小蜜"。阿里小蜜只是一只低拟人化的蜜蜂，但功能却十分强大。除了回答常见问题之外，阿里小蜜还可以提供"千人千面"的个性化定制服务。随着与用户互动次数的增加，阿里小蜜还会自我学习成长，提高服务的准确度，形成与用户独一无二的的"默契"。

④高形象—高行为相似性的化身

形象与行为相似性程度都高的品牌数字化身常常被称为"虚拟人"或"数字人"。它们能够给用户带来很积极的线上体验。2019 年 6 月，P&G 旗下 SK-Ⅱ 品牌与人工智能公司 Soul Machines 公司合作成功开发推出了虚拟品牌大使 Yumi。Yumi 是 SK-Ⅱ 品牌的第一张数字化"脸"，是 P&G 数字化转型的重要体现。Yumi 是一名年轻女性，拥有端正的五官和动态的表情，情感丰富，能和顾客自然对话，不仅仅提供推荐美容产品，还能帮助消费者学会如何保养皮肤。Yumi 非常值得顾客信赖。Yumi 先在日本出道，后进入美国市场。她不仅仅是一位虚拟网红，还能与人互动，给人温暖。这些"数字人"是目前最为先进的化身，既可以保证服务效率，又可以建立长期的品牌关系。但"数字人"开发成本非常高，适合高风险或专业性很强的行业。

（2）品牌数字化身营销的十大推论

作为品牌数字化身的开创性研究，此项研究的另一个重要内容是在回顾计算机科学、心理学、社会学、传播学、市场营销学等多学科相关结论基础上，结合全球范围内数字营销前沿实践，提出品牌的十大数字化身营销推论，指出品牌的数字化身营销应该遵循的原理或方向。

推论 1：当公司设计的品牌数字化身的形象越是接近于真人时，线上用户对其行为就形成越高的预期，即要求其行为也要越接近于真人。

推论 2：品牌数字化身的形象和行为之间的不匹配具有非对称效应，即：品牌化身的行为相似性比形象相似性更大时，会带来正面的线上体验；但品牌化身的形象相似性比行为相似性更大时，却会带来负面的线上体验。

推论 3：当品牌数字化身的形象相似性超过行为相似性时，数字化身带给线上用户正面的情感反应（affective response），进而引起正面的公司绩效产出（如购买可能性）；但此时数字化身会带给线上用户负面的认知（cognitive）和社交反应（social response），进而引起负面的公司绩效产出。

推论4：当品牌数字化身的行为相似性超过形象相似性时，数字化身带给线上用户正面的认知（cognitive）和社交反应（social response），进而引起正面的公司绩效产出（如购买可能性）。

推论5：品牌数字化身的形象相似性对行为相似性预期的正面影响效应（即推论1）在这些购买情形下更为强烈，即：功能风险更高；财务风险更高；产品更昂贵。

推论6：当品牌数字化身的形象相似性超过行为相似性时，数字化身带给线上用户正面的情感反应这一效应在这些购买情形下将被弱化，即：功能风险更高；财务风险更高；产品更昂贵。

推论7：当品牌数字化身的形象相似性超过行为相似性时，数字化身带给线上用户负面的认知和社交反应这一效应在这些购买情形下将被强化，即：功能风险更高；财务风险更高；产品更昂贵。

推论8：当品牌数字化身的行为相似性超过形象相似性时，数字化身带给线上用户正面的认知和社交反应这一效应在这些购买情形下将被强化，即：功能风险更高；财务风险更高；隐私风险更高。

推论9：当品牌数字化身的形象相似性增加时（相对于行为相似性），移动设备（如手机）和固定设备（如电脑）相比，更能强化数字化身对用户情感反应的正面影响效应。

推论10：当品牌数字化身的行为相似性增加时（相对于形象相似性），移动设备（如手机）和固定设备（如电脑）相比，更能强化数字化身对用户社交反应的正面影响效应。

3. 理论及实践意义

数字化身是品牌在数字空间建立品牌—用户关系的钥匙。中美学者团队的这一前瞻性研究成果，首次正式提出了品牌数字化身及品牌化身营销的新概念、新理论，开辟了新的研究领地。"形象—行为相似性"框架是企业为品牌设计数字化身的战略指南，企业需要根据产品类型，用户购买所涉及的功能风险、财务风险和隐私风险，以及使用的硬件设备（移动的还是固定的）等因素，来设计品牌数字化身的外观并赋予相匹配的智能行为，以便带给用户积极的情感、认知、社交体验，提升线上营销绩效。这是关于品牌营销领域的全球前沿性、权威性学术研究，对品牌数字化身的外表（即"形"）与智能行为（即"神"）如何相互影响，又如何共同影响企业的数字营销绩效，影响的机理是怎样的等数字营销领域带有重大的、根本性的问题，给予了科学推断。这一学术成果对品牌数字营销理论和实践具有划时代的深远意义。

资料来源：Fred Miao, Irina Kozlenkova, Haizhong Wang, Tao Xie and Robert Palmatier, The Emerging Theory of Avatar Marketing, The Journal of Marketing[J]. 2021（DOI: 10.1177/0022242921996646）

（二）品牌的中观应用

品牌除了适用于工商企业之外，还适用于体育、艺术、娱乐等不以营利为目的的组织。

1. 体育产业

体育组织或项目在创建品牌方面，已有相当多的创新性贡献。很多体育组织已不再只依赖观众出场率、财务收入等硬性指标来评价自己的表现，它们通过创建品牌名、品牌符号、遴选品牌代理人（体育组织的精神领袖）等基础工作，借助广告、促销、赞助、特许和衍生品开发等营销手段，打造出公众熟知和喜爱的体育品牌。例如，曼联创建于1878年，绿茵场上蝉联冠军的次数表明了其内在的足球功底，20世纪50年代因其蝉联冠军次数最多，影响力在英国和欧洲达到顶峰。1980年代之后，得益于卫星电视的广泛使用，曼联得以及时接触全世界球迷，品牌知名度和美誉度大幅提升。到了1990年代，曼联成长为全球最负盛名也是盈利最丰厚的职业运动队。曼联在英国拥有近1000万的球迷，全球球迷过亿。尽管美国人并不如其他国家那样喜欢足球，但耐克公司却在2001年与曼联签订长达13年、价值5亿美元的赞助费。曼联，如同汇丰银行、英国航空、劳斯莱斯、BBC、牛津等一样，成为了英国的符号。于是，当2005年美国人Malcolm Glazer想以15亿美元买下曼联球队时，直接引发英国球迷游行抗议。

2. 影视文化产业

影视文化产业同样需要通过打造品牌构筑产业竞争优势。那些"大片"能成功推出续集作品，为其国家的影视产业竞争力做出了巨大贡献。2015—2017年北美票房排行榜（IMDB.com）显示，年度票房排名前十的电影（三年共30部电影）中，续集电影共达16部，占比超过50%。"大片"取得的票房也是骄人的，《哈利·波特》系列八部影片全球票房超过77亿美元，007系列影片全球票房超过60亿美元。

"哈利·波特"可谓是最成功的影视娱乐品牌。《哈利·波特》系列小说被翻译成七十四种语言，在全世界两百多个国家累计销量达五亿多册，位列史上非宗教类图书首位。《哈利·波特》系列共有七本，其中前六部描写的是哈利·波特（主人公）在霍格沃茨魔法学校（情境）六年的学习生活和冒险故事。第七本描写的是哈利·波特在校外寻找魂器并消灭伏地魔的故事。这个人物让数不清的读者为之倾倒。作者罗琳富有想象力的故事编排带给无数人欢笑与泪水，带给全世界的"哈迷"一个美丽的梦。《哈利·波特》以小说而闻名，但带动了一系列相关文化内容的开发，包括电影、游戏、道具、相关玩具、系列景点、系列公园与游乐园、相关书籍、相关主题城市等。《哈利·波特》的成功对影视文化业的品牌有何启示？

影视文化业（含电视、电影、音乐、图书等），品牌的作用异常突出。这些都是体验性产品，购买者无法通过观察来形成质量判断，因而这些产品需要塑造品牌。以下是影视文化业创品牌的特点。

首先，影视作品传达的理念、先期权威评论、口碑、人物形象塑造等，是影视文化业品牌营销的重要内容。这些信息成为人们购买影视文化产品的重要线索。《哈利·波特》以其主人公（哈利·波特）、情节（霍格沃茨魔法学校的学习生活和冒险故事）、导演等形成一套模式来吸引观众,从而塑造成有影响力的品牌。

其次,续集能不断提升品牌影响力。《哈利·波特》的七集如同新产品成功上市的七个阶段,让品牌故事更曲折诱人和婉转动听,更能形成品牌精神。经过研究发现,影视作品续集的命名也有规律可循,往往采用两种命名策略。一种是数字片名策略,它是在原影视片名后面加上数字的命名方式(如《蜘蛛侠3》);另一种是文字片名策略,它是在原影视片名后加上新的文字以表明续集内容的片名方式(如《复仇者联盟:奥创纪元》)。一般情况下,续集作品采用文字片名策略会促使消费者产生更多的想象,从而带来更高的观影意愿,更容易取得市场成功。但文字片名策略在前瞻性题材的续集片中更能取得正面的市场表现,而回溯性题材的续集使用数字片名更能取得正面的市场表现。①

最后,衍生品开发如同影视品牌延伸。这是做大文化产业的战略举措。《哈利·波特》如果没有相关玩具、系列景点、系列公园与游乐园、相关主题城市等的开发,品牌就不会接触广大公众,品牌故事就不会如此丰富;社会经济收益就不会如此有规模,而主业也就难以壮大。

(三)品牌的宏观应用

宏观层面,品牌适用于城市(或地区)与国家、个人(公众人物)、思想或理念等。

1. 城市与地区

地区或城市品牌战略(英文术语为 Place Branding,或 City Branding)。城市(或地区)品牌中的"城市"在行政区划上可以是街道/镇、县、市、省甚至中央人民政府等不同层次。本书将"城市品牌"定义为,地方政府为了更好地向外界推介当地,采取品牌化行动,设计城市标志、挖掘城市精神内核、提炼城市口号,通过各种营销手段传播这些城市品牌要素,提升城市知名度,塑造积极的城市形象,以吸引个人或商业机构前来短期旅游或长期居住、投资等。本书将城市品牌战略总结为 4Ps 框架,以此推动地区社会经济发展,提升当地居民的生活质量,提升游客和投资者的满意度。具体而言,城市或地区品牌的 4Ps 框架如下。

(1)禀赋自信(Pride)

创建城市或地区品牌的第一个 P 强调"禀赋自信"的重要性——自信是城市或地区创建品牌的前提。自信心态是指地方政府应树立对本地区的自信心和自豪感,努力挖掘本地区的自然、历史、文化资源,合理开发,大胆向外推广,将资源优势转化为社会经济财富,促进本地区社会经济发展。

只要坚持"禀赋自信"理念,不论一个地区或城市的自然、经济、历史、文化处于什么环境,都能找到可以开发利用的资源,都能找到推动本地区发展的道路。例如,当新加坡 1959 年获得自治时,荷兰经济学家艾伯特·文森姆曾带领联合国小组为这个新兴城市国家的经济发展作指导,他将新加坡形容为"一辆破车,而不是劳斯莱斯"。新加坡没有天然资源,劳动力基本上未经培训,国内市场如此狭小。但新加坡只用了不到一代人的时

---

① 有关电影续集片名的策略及市场效应,更多内容请参考王海忠,欧阳建颖,陈宣臻. 续集电影的片名策略及其市场效应研究[J]. 管理科学学报,2019,12(6)。

间就成为了发达经济体。在这个过程中，新加坡政府对自身禀赋的自信是一切发展的前提。有了禀赋自信，新加坡将其地理区位视为优势，从而吸引各国投资者、国际组织到新加坡设立亚洲总部；新加坡将其亚洲身份视为优势，将其新加坡航空公司打造成为"亚洲服务"和"亚洲文化"的使者；新加坡也将其公民视为优势，通过成人教育与培训，将本来教育水平不高的人口转变成为训练有素的技能劳动力，使其胜任经济从制造业向服务业、知识产业的转型。

（2）参与者战略（Participate）

谁负责城市品牌创建？需要哪些利益相关方参与城市品牌创建活动？城市品牌是一项长期的活动，关系到在城市居住、投资、旅游等的所有公众的利益，因此，城市品牌活动的主导者应该是地方政府，但需要商界、组织和个人的共同参与。因此，参与者战略可以简洁归纳为"政府主导，企业主体，公众参与"。

例如，韩国首尔的城市品牌建设活动由首尔市政府部门主导。2003年设立"城市营销担当官室"，隶属于城市弘报规划局，负责把首尔作为国际一流城市对外进行宣传，策划城市营销推广活动。此外还设有首尔弘报担当官室，负责就市政政策民市民沟通（民意调研）。产业局则负责营销首尔投资环境形象和吸引力。带有政策研究性质的SDI首尔营销研究中心，负责研究提升首尔城市形象的资源，策划营销方案。还有首尔外国人服务中心、首尔特别市文化局负责各自相应的内容。但首尔在创建城市品牌过程中，非常重视社会组织的参与，例如，首尔市政府重视与首尔足球职业队FC的合作，2004年双方结成战略合作伙伴，首尔世界杯体育场可以作为FC的主赛场，双方共同使用"Hi Seoul"城市品牌口号。类似的，首尔市政府还与首尔职业篮球队、首尔职业棒球队合作。首尔市政府还注重与中小企业的合作。2003年10月首尔市政府首选11家中小企业，它们分布在通信、消费品、文化、服装领域，这些企业在对外展览或组团时也使用"Hi Seoul"的城市品牌口号，市政府优先对这些中小企业给予营销和资金支持。

（3）城市定位战略（Positioning）

城市品牌定位是指通过对某城市及其相似城市的对比分析，开发出独特的城市品牌元素，在公众心目中打造独一无二的城市印象，塑造城市的鲜明个性。禀赋自信战略（Pride）使地方政府坚信可以挖掘到有助于本地区发展的资源要素，而定位战略（Positioning）则进一步界定出哪种资源要素及配套营销战略最适合本地区实际，最凸显本地区的发展特色。例如，2008年以来，中国各省市纷纷打造地区旅游品牌，而杭州抓住了其历史名城所独具的休闲氛围、文化内涵、精致山水以及宜居特点，推出"生活品质之城"的城市品牌口号。

（4）项目开发战略（Project）

地方政府要打造好城市名片，必须借助重大项目。项目是城市发展和提升影响力的依托与载体。可以说，国际名城需要依靠项目来成就。本书把城市品牌的项目分为两类。一类是自创项目（俗称为"创"），是指地方政府根据本地资源与条件，亲手打造出的、在本地定期举办或永久性建在本地的项目。另一类是借用项目（俗称为"借"），是指地方政府邀请全国性或国际性的重大赛事或活动在本地定期或不定期举办，城市也可借此活动，扩大对外影响力。韩国首尔通过系列重大全球性活动，建立起国际知名城市地位，其中属于

"借"的项目就主要包括：第 10 届亚运会（1986）、第 24 届奥运会（1988）、韩日世界杯足球赛（2002）等。世界互联网大会（World Internet Conference，简称 WIC），是由中国倡导并每年在浙江省乌镇举办的世界性互联网盛会，它属于典型的"创"的项目，首届大会于 2014 年 11 月 19 日至 21 日举办。WIC 旨在搭建中国与世界互联互通的国际平台，面向全世界塑造出中国在国际互联网及数字产业的引领形象；同时，举办地乌镇的互联网、数字经济产业的企业也已超过 500 家。

2. 个人品牌

当产品是人的时候，品牌的命名通常是很直接的，人名就是品牌名。通常这些人物具有为他人所易于理解和喜欢（或不喜欢）、准确界定的个人形象。

打造个人品牌尤其适合于公众人物，如政治家、娱乐明星、运动员、企业家等。某种程度上，这些公众人物为了赢得公众的认同与接纳经常开展竞争，他们如果能向公众传达一种强烈的理想形象，个人品牌就会取得成功，而其背后的组织（如明星经纪公司等）以及名人本身都会因个人品牌溢价而获利。

创建个人品牌并非只有公众或知名人物才需要。要想事业成功，每个人都需要具有个人品牌理念。我们需要让某些人（同事、上司、同行或某些公众）知道你是谁？你有何技术、天赋、态度与主张？一个人在事业中建立起声誉，实际上就是在创立自己的品牌。恰到好处的个人知名度与美誉度是无价之宝。

3. 思想与价值观

要想他人接受你的思想和价值观，同样要运用品牌的理念与方法。在社会运动中，非营利组织往往通过品牌化过程，将思想或主张传达给公众。例如，设计一个短语、口号、符号来传达某个理念，促成人们养成某种正面的社会行为、规避某些有害的行为。例如，世界野生生物基金会（World Wildlife Fund，简称 WWF）是在全球享有盛誉的、最大的独立性非政府环境保护组织，1961 年成立。WWF 致力于保护世界生物多样性及生物的生存环境，所有的努力都是在减少人类对这些生物及其生存环境的影响。WWF 的使命是：遏制地球自然环境的恶化，创造人类与自然和谐相处的美好未来。为此 WWF 致力于：保护世界生物多样性；确保可再生自然资源的可持续利用；推动降低污染和减少浪费性消费的行动。

独特的、强烈的和积极的价值观反映了一个民族或国家的文化，它最能持久地影响世人。如何宣扬这些价值观？品牌的理念及其相关技术同样适合于价值观的培育和宣导。例如，韩国在向世界传递其价值观时，常借助于韩剧等文化产品。2003 年 9 月 15 日，《大长今》最先在韩国播放，尔后迅速在中国台湾、中国香港、日本和中国内地热播，收视率很高。《大长今》大篇幅介绍韩国料理的制作和针灸方法，还有韩服、韩国建筑和道德伦理等。《大长今》将中医说成"韩医"，把麻药、针灸等都说成是韩国人发明的。就在三四十年前，在世人的眼里，韩国是个封闭的以农耕文化为主的岛国，人们会把它与"国土分裂""政治军事依附美国""经济不算发达""观念保守""街头行动频繁""劳资对抗激烈""国民性格内向且倔强"等一些偏负面特质联系在一起。但经过几十年的发展，人们对韩国的印象改变了不少。韩国政府认为，此时应该让世人知道韩国是什么样的国家，韩国人遵从什么样的价值观。于是，一部反映韩国主流价值观的《大长今》乘势推出。看《大长今》就如同参观儒教传统文化精髓博物馆。有位中国香港学者评论《大长今》，说该剧是韩国崛起于东亚的一部政治宣言书，是韩国傲然走向世界的一张文化身份证。

综上，品牌的理念、方法和技术最先起源于消费品领域，尔后扩大到B2B、服务、高科技、零售、互联网等新的商业领域。至于说体育娱乐业、城市或地区、个人、社会运动、国家，它们并非出于盈利目的而创建品牌。但源于商业领域的品牌理念、方法和手段，为提升非营利性领域的品牌影响力提供了借鉴。同时，这些非营利性领域涌现出越来越多的形象提升运动，也为商业领域的品牌理论与实践提供了前所未有的启迪。

因此，除了商学院的市场营销学者和商界的营销经理人视"品牌"为其专业工作范畴之外，媒体人、娱乐达人、明星（体育及娱乐）经纪人、政府官员（如新闻宣传部门、对外关系部门等）等也都正式或非正式地提及"品牌"、关注"品牌"。"品牌"作为一种实践，它覆盖了众多领域；"品牌"作为一种理论，它触及众多学科（如广告学、传播学、行政管理学、外交学、设计等）。不过，迄今为止，为推动品牌实践进步做出最大贡献的，仍然来自商界；而商学院的市场营销学者在品牌理论创新方面的贡献也最大。本书以商业领域为背景，站在公司角度研究品牌管理的理论和方法。

第二节　欧美品牌的历史演进

一、欧洲的品牌管理历史演进

欧洲悠久的商业历史和工业革命使其成为近代品牌的发源地。1266年英国通过一项法律，要求面包师在每块出售的面包上做记号，目的是如果有人短斤少两，马上就可以知道是谁。金匠和银匠也要在商品上做记号，包括签名、私人印章，以及金属材质质量说明。据记载，1597年有两个在金器上做假标记的金匠被钉上颈手枷。这些史实表明，欧洲具有悠久的品牌历史。

欧洲是世界奢侈品品牌产生最早、数量最集中和影响力最大的地区；同时欧洲又是近代工业革命的发源地，那里产生了全球最早的工业化品牌。本书作者在国际上率先从奢侈品品牌和工业化品牌相互融合的视角，梳理出欧洲品牌的演进史①。

（一）第一阶段：1830年至1850年：奢侈品品牌诞生

在此阶段，欧洲奢侈品牌频繁诞生，产生了爱马仕、路易威登、百达翡丽、卡地亚、欧米茄、天梭、宝诗龙、巴宝莉等知名奢侈品牌（表1-2列举了本阶段产生的几个代表性品牌）。它们集中产生在法国，少量品牌产生在瑞士。历史与文化是其主要的促进因素。

---

① 有关欧洲品牌的演进史，更多内容请参考文献王海忠、王子，欧洲品牌演进研究，中山大学学报，2012，52（6）：186-196（《新华文摘》2013年第3期第134-137转载）

自 15 世纪地理大发现和随之而来的殖民主义开始，奢华和享乐主义生活方式开始在欧洲上层社会滋生。17 世纪"太阳王"路易十四统治内的法国成为奢侈消费的最典型代表。据威尼斯驻法大使的记载，当时凡尔赛宫的走廊里点着几千支蜡烛，恍如白日，"简直就像是在梦里，简直像是在魔法的王国里"。法国直到 19 世纪 60 年代末才完成产业革命，姗姗迟到的工业革命也为法国在 19 世纪中前期的奢侈品发展提供了充足时间。

闻名世界的顶级奢侈品牌路易威登就是一个典型，如表 1-2 所示。早年，路易威登因为成功设计一款名为"Gris Trianon"的皮箱而受到乌婕妮皇后的信任，路易威登于是成为拿破仑皇室的御用工匠。当时乘坐火车成为旅行者最时髦的出行方式，但衣服放在当时通用的圆顶皮箱中经常被弄得皱巴巴。路易威登认为自己能够为更多的人免除旅行之忧，便于 1854 年结束了为宫廷服务的工作，在巴黎创办了首间皮具店，主要生产平盖行李箱。这就是奢侈品牌路易威登诞生的故事。

表 1-2 欧洲品牌演进第一阶段代表性品牌

代表品牌	成立年份	来源国	品牌特征描述
路易威登（LV）	1854	法国	路易威登早年因成功设计一款名为"Gris Trianon"的皮箱而成为拿破仑皇室的御用工匠。当时交通工具在欧洲方兴未艾，路易威登认为自己能够为更多人免除旅行之忧，便于 1854 年结束宫廷服务，在巴黎创办了首间皮具店，生产平盖行李箱
爱马仕（Hermes）	1837	法国	Thierry Hermes 于 1837 年开设以"爱马仕"为品牌名的马具专卖店，为有钱或有名望的家族装饰马匹。她曾服务于拿破仑三世与俄国皇帝，跻身"御用商人"，还服务众多一流马车商。后来，爱马仕制作皮具、箱包等饰品、用品
百达翡丽（Patek Philippe）	1839	瑞士	安东尼于 1839 年开设百达钟表公司，首批制表即带有宗教或皇室标志，专供社会上层使用，至今仍保持每年量产 1 只纯手工制表的传统，是集设计师、钟表师、金匠、表链匠、雕刻家、瓷画家与宝石匠于一身的世界公认的最好的钟表品牌
天梭（Tissot）	1853	瑞士	天梭表最先进入俄国，俄国贵族立刻接受了它，这也使得俄国成为天梭表最大的市场

除法国外，瑞士是欧洲奢侈品起源的另一个地区。瑞士制表业非常发达，但制表业却并不是最先在瑞士生根发芽的，瑞士制表业与法国有关。"在路易十四及其祖父执政期间，追随加尔文的胡格诺派教徒因为 16 世纪末以来法国宗教大屠杀而纷纷逃到瑞士"，他们聚居在靠近法国的日内瓦至东北面沙夫豪森一带（瑞士北部），在瑞士的这一区域，成就了瑞士的钟表奢侈品品牌。在此期间诞生了天梭、浪琴、欧米茄、百达翡丽等奢侈钟表品牌，这些奢侈的钟表品牌与当时贵族们的奢侈之风密切相关。例如，瑞士名表天梭的最初客户就是大量的俄国贵族。

随着 1789 年法国大革命爆发，奢侈品的使用阶层扩大了。那些法国大革命前仅隶属于皇宫贵族的能工巧匠在大革命后，纷纷放下身段为更大量的贵族阶层之外的普通人服务。新兴中产阶级的壮大正好为奢侈品提供了更大的消费人群。当奢侈品从皇宫走出来之后，不再一定要显得华贵奢靡，但要继续保持精致得体。例如，路易威登（LV）结束宫廷服务之后，专门为旅行者设计的平盖旅行箱就具有划时代的意义。先前的奢侈品逐渐演化为巴尔扎克所说的"简洁的奢侈"。

（二）第二阶段：1860年至1890年：工业化品牌诞生

在此阶段，欧洲工业化品牌开始频繁出现，诞生了诺基亚、巴斯夫、诺华、蒂森克虏伯、爱立信、雀巢等品牌，西门子、标致等企业在此时期内发展壮大（表1-3列举了此阶段诞生的代表性品牌）。相反，在此三十年间，几乎没有奢侈品品牌在欧洲大陆诞生。关税与贸易自由化是其主要的促进因素。

表1-3 欧洲品牌演进第二阶段代表性品牌

代表品牌	成立年份	来源国	品牌特征描述
诺基亚（Nokia）	1865	芬兰	1865年诺基亚诞生在芬兰。随着工业化浪潮在欧洲兴起，纸板消费量迅速增加，诺基亚公司成立不久便一炮走红，其产品远销俄国、英国和法国
西门子（Siemens）	1847	德国	1847年成立的西门子在19世纪中期一度遇到危机，直至1866年发明发电机后在欧洲大陆迅速发展壮大
标致（Peugeot）	1810	法国	成立于1810年的现代标致公司，起初生产冷轧钢和钢条主要满足本地钟表业对发条的需求，19世纪中期一度陷入破产危机，后于1855年生产出轻金属裙撑、19世纪60年代生产出缝纫机与割草机，产品在欧洲大陆风行，公司得以发展壮大
巴斯夫（BASF）	1865	德国	1865年"巴登苯胺碱厂"正式成立，虽然仅有30名员工，但其规模却因品红染料在欧洲大陆的成功，迅速在德、法、英、俄等国家建立了自己的染料生产与销售机构
诺华制药（Novartis）	1859	瑞士	早期涉及染料行业，同时它的药剂师在实验室开始成批生产常用药物，后来诺华从药房成长为药品批量生产商和销售商。诺华制药是从染料转向药品生产批发商的一个典型

工业化生产的发展壮大离不开规模经济与薄利多销。而欧洲各国有限的母国市场决定了工业化品牌需要通过国际贸易才能寻求供给与需求的平衡。贸易保护主义势必增加关税和非关税等壁垒所造成的成本，从而削弱本国产品在别国市场的竞争力。因此，实现国际贸易自由化，是能否产生强大的工业化品牌的前提。虽然自18世纪英国首先开始工业革命，德国、比利时、法国等随后在19世纪40年代完成工业革命。但欧洲工业革命并未马上产生工业化品牌。因为工业革命后相当长时间内，贸易保护主义还在盛行，阻止了工业化产品的跨国流通。例如，著名的英国贸易保护法《谷物法》直到1846年才废除，《谷物法》未废除之前，欧洲大陆各国为对抗英国《谷物法》，对英国工业品征收高关税。废除《谷物法》后，英国在1848—1866年间迎来了贸易和工业的空前繁荣。19世纪60年代至70年代是19世纪欧洲自由贸易的鼎盛时期，各国纷纷化干戈为玉帛，相互实行最惠国待遇，消除关税壁垒。这就为欧洲工业化生产的品牌的繁荣创造了条件，使薄利多销成为可能。于是，在这一阶段，大量工业化品牌在欧洲大陆诞生，如诺基亚、爱立信、雀巢、巴斯夫、蒂森克虏伯、喜力、诺华制药、标致、西门子等。其中诺基亚和标志即是典型代表。

不难发现，机械化、工业化生产并不是19世纪60年代开始的欧洲工业化品牌集中产生的根本原因。欧洲工业化品牌的繁荣与19世纪60年代开始的欧洲自由贸易密不可分。

可以说，欧洲品牌演进第二个阶段——工业化品牌繁荣期，关税与贸易自由化起着主导作用，工业化、机械化生产方式的普及为工业化品牌提供了生产力方面的支持。

（三）第三阶段：1890 年至 1920 年：奢侈品品牌与工业化品牌共生融合

在此阶段，欧洲奢侈品牌和工业化品牌均得到发展。产生了劳力士、香奈儿、普拉达、古奇等一批奢侈品牌，以及阿尔卡特、雷诺、菲亚特、妮维雅、罗氏等工业化品牌（表1-4列举了此阶段诞生的几个代表性品牌）。这些品牌集中诞生在意大利、法国、德国等。在此阶段，奢侈品牌借鉴工业革命带来的先进生产技术，突破了传统上仅仅依赖手工制作的局限。艺术与生产技术对此阶段的品牌产生巨大影响。

表 1-4　欧洲品牌演进第三阶段代表性品牌

代表品牌	成立年份	来源国	品牌特征描述
施华洛世奇（Swarovski）	1895	奥地利	21岁时，创始人丹尼尔前往维也纳参加第一届电器博览会。受爱迪生与西门子技术革命的启发，丹尼尔于1892年完成了世界上第一台可完美切割水晶的自动水晶切割机，又于1917年推出自动打磨机，生产基本实现工业化
香奈儿（Chanel）	1913	法国	加布里埃·香奈儿于1913年在法国创立香奈儿，其服饰色彩以黑白强烈对比在服装界与艺术界独树一帜，与其好友毕加索所创立的立体画派的风格如出一辙
布加迪（Bugatti）	1909	意大利	创始人埃托里·布加迪出生于意大利米兰艺术世家，从小学习美术并多次拜访立体派艺术家。时至今日，布加迪仍采用半机械半手工的生产方式，其跑车外壳更是保留纯手工打造的一丝不苟，将意大利悠久的历史文化融入其中
劳力士（Rolex）	1905	瑞士	成立于1905年的劳力士，早期生产纯手工制表，时至今日，仍保留表盘镶嵌与部分机芯的纯手工制造，在半机械半手工的加工方式下追求卓越品质
伊莱克斯（Electrolux）	1919	瑞典	瑞典伊莱克斯公司由户外煤油灯生产商Lux与吸尘器生产商Elektromekaniska合并成立，得益于机械大生产与电力使用的普及，伊莱克斯的吸收式冰箱与真空吸尘器走进千家万户
阿尔卡特（Alcatel）	1898	法国	创建CGE（阿尔卡特的前身）的目标是打造出法国的西门子和通用电气，而后陆续将业务扩展至电力、交通运输、电子和电信等行业，逐渐成为数字通信市场的领导者，现已与朗讯合并，合并后阿尔卡特-朗讯是首个全球通信解决方案提供商

1. 艺术对欧洲品牌的影响

艺术对欧洲奢侈品牌的影响非常明显。19世纪中后期，欧洲经历了长达百年的美术革新，流派之多与频率之高皆创历史之最。从19世纪后半叶的印象主义、后印象主义开始，欧洲各地诞生了野兽派、表现主义、立体主义、风格派、未来主义、达达主义、超现实主义等艺术流派。与17—18世纪流行的巴洛克、洛可可风格相比，19世纪中后期诞生的艺术流派的数量和频率皆有大幅度提升。欧洲奢侈品牌纷纷吸收艺术革命的优良成果，香奈儿、布加迪即是其中的代表。

加布里埃·香奈儿于 1913 年在法国创立香奈儿，其服饰色彩以黑白强烈对比在服装界与艺术界独树一帜。香奈儿的服装风格与其好友毕加索创立的立体画派风格如出一辙。这种黑白对撞、讲求简洁自然的设计风格，也恰好适合大规模的机械化生产。在云集纽约第三大道的庞大的美国服装产业还在像满街跑的福特汽车一样大批量生产千篇一律的衣服的同时，"正是香奈儿的风格为服装的工业化生产赋予了贵族身份"。香奈儿对服饰设计与色彩搭配的独特风格表明，这一阶段，欧洲奢侈品牌在不断借鉴艺术革命的成果。

2. 工业技术对欧洲品牌的影响

此阶段，工业生产技术对欧洲奢侈品和工业化品牌的影响均很突出。此阶段欧洲品牌演进的重要特点之一是奢侈品开始适当借鉴工业生产技术来完成手工操作所不能实现的工艺。但同时又保留其手工制作，以彰显产品的稀缺性与高品质。1895 年诞生的施华洛世奇就是其中的典型代表。

施华洛世奇的创始人丹尼尔诞生于波西米亚的水晶玻璃加工场。21 岁那年，丹尼尔前往维也纳参加第一届电器博览会，受爱迪生与西门子技术革命的启发，他决心发明一台自动水晶切割器，并于 1892 年完成了世界上第一台可完美切割水晶的自动水晶切割机。1895 年他背井离乡，来到当时最大的水晶消费地——瓦腾斯（更靠近时尚之都巴黎），创立了世界首屈一指的水晶奢侈品品牌——施华洛世奇。1908 年，丹尼尔开始试制人造水晶并于 1913 年开始大规模生产无瑕疵人造水晶石，后于 1917 年推出自动打磨机，生产工艺基本实现工业化。

另一方面，工业生产技术也对工业化品牌产生深远影响。产业革命促进了电、内燃机大量运用于工业生产，推动了大量工业化品牌。如，电信与电气设备制造商品牌：阿尔卡特、阿尔斯通、伊莱克斯、B&O 等，汽车制造商品牌：雷诺、菲亚特、奔驰、宝马、沃尔沃等。

（四）第四阶段：1920 年至 1940 年：品牌消失的二十年

此阶段，欧洲出现了奢侈品牌和工业化品牌集体消失的状态。第四阶段产生的代表性品牌主要有：联合利华（1929）、乐高（1934）、德国大众（1938）等，如表 1-5 所示。战争以及由此引发的政治经济不稳定是品牌断层的主要原因。

表 1-5　欧洲品牌演进第四阶段代表性品牌

代表品牌	成立年份	来源国	品牌特征描述
联合利华（Unilever）	1929	英国	1929 年，联合利华更名成立，激增的皂片需求与经济危机、战乱的双重力量推动着联合利华艰难前进
乐高（Lego）	1934	丹麦	1940 年，丹麦被德军占领，战争给乐高公司带来了发展机会。政府禁止玩具进口、禁止金属和橡胶的生产，这有助木制玩具乐高在 1940 年至 1942 年间实现了产量翻番
大众（Volkswagens）	1938	德国	1938 年，德国大众公司在希特勒支持下成立。1939 年，由于战争的需要，大众开始制造炸弹、飞机油箱、油罐、弹壳及其他车床传动配件。1941 年开始，在沃尔夫斯堡建立了一条飞机机翼生产线，供给前线军需

随着《斯穆特—霍利关税法案》颁布,大萧条迅速从发源地美国扩散至欧洲大陆,30国与意大利一起立即执行报复性关税,致使贸易额锐减。由大萧条引起的贸易保护主义与以往的贸易保护不同。以往的关税与非关税壁垒,虽然加重了产品的流通成本,但跨国贸易仍在进行,这为欧洲奢侈品和工业化产品的发展奠定了基础。但大萧条引起的报复性关税加重了欧洲各国间的矛盾,国际贸易不通畅,品牌的跨国发展自然受到阻碍。因此,在第四阶段,奢侈品牌和工业化品牌都鲜有诞生,许多曾经闻名的企业暂停营业。

(五)第五阶段:1940年至今:大众时尚品牌的出现

在此阶段,欧洲奢侈品牌与工业化品牌再次同步发展,相互融合。此间诞生了纪梵希、范西哲、阿玛尼等奢侈品牌,也诞生了如贝纳通、斯沃琪等大众时尚品牌。阿迪达斯、彪马、宜家等品牌的实力在此阶段发展壮大(见表1-6)。第五阶段的重要特点是——工业化品牌开始借鉴奢侈品品牌的营销逻辑。

表1-6 欧洲品牌演进第五阶段代表性品牌

代表品牌	成立年份	来源国	品牌特征描述
斯沃琪(Swatch)	1983	瑞士	1983年,哈耶克创立斯沃琪,致力用"时尚"刺激、满足消费者个性化需求。在工业化规模生产的同时,引进限量生产和饥渴营销。有的产品款式的创意来自毕加索等艺术大师
Zara	1975	西班牙	成立于1975年的Zara被誉为"时装行业的斯沃琪",它引入"限量版"概念,建立起"快时尚"的游戏规则。如同珍品邮票限量发行提升集邮品的价值一样,Zara通过"制造短缺"突破了"品种少,规模大"的传统工业化生产产品的局限
阿迪达斯(Adidas)	1948	德国	阿迪达斯的成功一直被认为主要归功于创始人阿迪先生的长子霍斯特的营销和传播天分。他创新的点子在实践中充分发挥,成为现代营销实践者们的鼻祖
宜家(IKEA)	1943	瑞典	宜家最初是一间销售公司,但在陷入与主要竞争对手的价格战后,被迫于1955年才开始设计并生产自己的家具。她首创平板包装大大降低远距离运输与人工成本,加速家居产品跨国流通,向全球输出"欧洲家居"

第二次世界大战后诞生的欧洲工业化品牌,通过借鉴奢侈品品牌的营销逻辑,来增添品牌溢价。此阶段诞生的Zara、斯沃琪等,均采用了工业化生产方式。但它们也借鉴了欧洲历史上奢侈品品牌的文化内涵和稀缺性等特质,从而使工业化量产品牌也走向时尚。这些工业化品牌被称为"大众时尚"或"快时尚"品牌。同时,这一阶段也诞生了纪梵希、阿玛尼、范西哲等奢侈性时尚品牌。"时尚"成为欧洲品牌演进第五阶段的突出特征,并由此受到全球市场的追捧。

另一方面,战后国际贸易自由化也对欧洲工业化品牌的发展起到了推动作用。在1947年《马歇尔计划》(又称"欧洲复兴计划")和欧洲经济合作组织基础上,1949年,英国、法国、丹麦、意大利、荷兰等10国签订了《欧洲理事会章程》;1951年,欧洲煤钢共同体在《巴黎条约》签订后正式成立,这些都标志欧洲各主要工业国(除英国)开始打破某些行业的跨国贸易壁垒，市场开放和自由浪潮由此开始。自由贸易突破了欧洲各国有限母国市场的约束，催生了大量全球著名的工业化品牌，如：宜家、达能、彪马等。

二、美国的品牌管理历史演进

当欧洲人开始到北美定居时，他们也带去了品牌化的传统和实践。专利药品和烟草制造商成为早期美国品牌化的先驱。为了吸引消费者到药店里选择他们的药品，药物生产者制作精美独特的标签，通常把自己的画像放在标签的中心位置。烟草商也通过给产品取有创意的名字，精美的图形标签、装饰物和符号来吸引消费者，对销售很有帮助。在此，我们把美国 1860 年至今的品牌历史划分为六个阶段[①]。

（一）1860—1914 年：全国性制造商品牌的出现

这一时期，美国出现了真正的全国性品牌；制造商将品牌化产品销售到全国广大市场，从而获得了相较于散装的无品牌名的产品更丰厚的利润。

1. 全国性制造商品牌产生的背景

以下几种环境因素有助于美国全国性制造商品牌在其本国的产生。

（1）自由移民政策让人口快速增长，为消费市场奠定了基础。

（2）交通和通信等基础设施的改善，使全国性销售容易实现。

（3）工业化和城市化的发展提高了美国人对生活水平的期望。

（4）生产流程的改进使以低成本大批量生产高质量产品成为可能。

（5）包装技术的进步为产品整体包装与运输创造了条件，也使制造商能够把注册商标印刷于包装物以区别产品。

（6）报纸期刊发行量大增，为广告提供了媒体平台。

（7）零售机构为促进消费起到了重要的中介作用，这一阶段百货商店、直邮等零售形态已开始出现。

（8）《商标法》的修订为品牌等无形资产提供了保护。此阶段，美国曾三次修订《商标法》，为严惩仿制、假冒产品提供了法律依据。

2. 品牌特征

这一阶段，美国市场上的品牌显现出如下特征。

（1）大众消费品行业最先出现全国性制造商品牌。人口规模、包装技术、印刷媒体、零售店等因素直接促使包装消费品品牌代替本地生产的散装商品。宝洁是全国性制造商品牌的早期代表，它在辛辛那提生产的蜡烛，销售到密西西比河沿岸的大小城市，1851 年码头工人开始在宝洁产品的纸箱上标上一个简洁的星形，公司很快注意到，购买者把这个星

---

① 关于美国品牌演进的六个阶段，前四个阶段主要参考了 Low, G.S. & Fullerton R. A., Brands, Brand Management, and the Brand Manager System: A Critical-Historical Evaluation[J]. Journal of Marketing Research, 1994, 31(May):173-190；第五、第六阶段，则首次由本书总结。

形记号当作质量标志；而分销商一旦找不到这个星形标记，就拒绝接受这批蜡烛。结果宝洁生产制造和销售的所有蜡烛产品都标上正式的星形标签，并拥有忠诚顾客。星形标签后来就成为宝洁的公司品牌的标识。

（2）企业主或高层管理者的直接推动，是早期全国性制造商品牌成功的原动力。国民饼干公司（National Biscuit）的第一任总裁直接介入到第一个全国性饼干品牌 Uneeda 的上市，高层领导直接创意了一个品牌图形符号——Uneeda 淘气男孩，并应用于广告活动。类似地，创始人亨氏（H.J.Heinz）通过生产革新和壮观的促销，打造出亨氏品牌。而可口可乐的 Asa Candler 直接监督其密集分销渠道的发展，得益于这一努力，可口可乐品牌成为全国性品牌的引擎。

（3）全国性制造商已懂得使用"推""拉"结合的营销手段。"推"是指通过店内样品派发、促销、货架维修等方式，诱使零售店接受全国性品牌。"拉"是指制造商品牌通过免费样品派发、奖励、产品说明手册、广告等方式，让消费者接受全国性品牌并产生喜爱。

（二）1915—1929 年：大众品牌的主导期

到 1915 年，无论在全国，还是区域范围内，制造商品牌已经在美国广为接受了。接下来的 15 年，消费者不断接受全国性制造商品牌。此阶段品牌管理技术越来越专业，公司涌现出一批职业化的营销专家，营销策略也越来越先进。主要体现在：

（1）商标选择过程中，设计领域的专业人员发挥出作用。

（2）个人推销技术日益精炼。因为公司精心挑选和培训推销人员，以让他们系统掌握如何处理客户问题和开拓新业务。

（3）广告更加专业化了，它融合更有力的创意和更有说服力的文案与品牌口号。与此同时，政府和行业规制开始发挥作用以减少欺骗性广告。

（4）市场研究在支持营销决策方面，发挥更重要的影响力。1923 年，阿瑟·查尔斯·尼尔森先生在美国创建了 AC 尼尔森公司，成为现代市场研究行业的奠基者之一。尼尔森公司发明的零售测量技术，以独特的手段，第一次为客户了解市场营销活动对收入和利润的影响，提供了可靠而公正的信息。此外，尼尔森公司还是当今电视观众收视调查及其他媒介研究服务的全球巨人。

与此同时，这一阶段的品牌管理职能也出现不少问题，集中体现在不同职能难以有效协调。因为同一品牌的不同营销活动由多个职能经理负责，而他们所从事的营销活动可能导致效果相互抵消。例如，销售人员不愿意承担新产品的销售，因为新产品难以为他们带来业绩；而广告经理希望塑造高档的品牌形象，但效果可能被销售经理的降价和折扣活动所抵消。

（三）1930—1946 年：制造商品牌面临挑战

这一阶段，美国制造商品牌的发展陷入了低谷。1929 年开始的经济大萧条给制造商品牌的发展带来了新的挑战。主要表现在：①零售商品牌开始挤压制造商品牌。经济低迷让消费者变得对价格更加敏感，因而，零售商有机会自己推出价格更低的品牌，摒弃表现不佳的制造商品牌。②广告背上更多负面批评。例如，广告被指控欺骗、操纵消费者，广告内容低级趣味。1938 年通过的 Wheeler 修正法案，赋予联邦贸易委员会有权规制广告行为。

不过，这一阶段也出现了品牌管理历史上可喜的新事件。主要表现在：①品牌经理制率先在宝洁公司引入。正是第二阶段显现的品牌管理的各营销职能领域在协调上出现问题，宝洁于 1931 年引入品牌经理制（Brand management system）。当宝洁的卡美香皂（Camay Soap）销售不景气而无人问津和负责时，时任宝洁公司的初级营销经理尼尔·麦克尔罗伊（Neil McElroy）自告奋勇担任卡美香皂品牌经理。在他的担当和推动下，卡美香皂提升了市场占有率并实现了盈利，他当年写下的"品牌管理备忘录"，勾画出以品牌为核心的管理模式。自那以来数十年，宝洁及其他消费品公司奉行这一品牌经理制，完善了品牌管理的标准。②服务商标和集体商标出现。1946 年通过的《兰哈姆法案》（Lanham Act）允许联邦注册服务（而不只是有形产品）商标和集体商标（Collective trademarks，如行业协会商标、俱乐部徽章等）。这一行动推动了品牌实践从有形产品领域迈向服务和合作组织。由此可见，集体或合作组织商标在美国具有悠久的历史。其中，新奇士就是一个典型案例，早在 1893 年，包括加利福尼亚州和亚利桑那州的分散的 6500 多家个体果农自发组织合作社，决定不再依赖代理商，而是自行将鲜果直接出售。这样的合作经营模式为新奇士开启了光明的新一页。今天，新奇士公司（Sunkist Growers）成为全球历史最悠久，声誉卓著的果农合作社。它由果农组织成员拥有及管理，只有他们才具有资格晋身董事局。新奇士"商标"在全世界排名第 47，在美国排名第 43，据估算，其品牌无形资产高达 10 亿美元。

（四）1946—1985 年：品牌管理标准建立期

这一阶段的突出特点是现代品牌管理的标准和规范得以确立。"二战"结束之后，被压抑的对高品质产品的需求释放出来，导致其销售的爆炸性增长。对全国性品牌的需求直线上升，而大量新产品的涌入以及数量快速增长且接受力强的中产阶级的形成更是推动了对全国性品牌的需求。这一阶段最重要的特点就是制造业尤其是消费品制造业日益普及品牌管理系统，确立了品牌管理的标准和规范。

品牌经理担当哪些角色？首先，品牌经理充当品牌的"所有者"（Ownership）角色。品牌经理除了负责为其品牌开发和执行年度营销计划之外，还要负责确立新的商业机会。其次，品牌经理充当品牌"协调人"（Coordinator）的角色。在公司内部，品牌经理需要得到来自生产制造、销售、营销研究、财务规划、研发、人力资源、法律、公共关系等部门的协助，保持与这些部门领导的沟通；在公司外部，品牌经理需要得到来自广告代理、市场研究代理、公关代理等专业机构的协助。

要担当好这个角色，品牌经理需要哪些素质？虽然品牌经理职位并不算得上是高层管理者，但他/她不得不像一个精通多个行当的"多面手"。吉列的一位营销经理列举出成功品牌经理的以下八点特质，反映了人们对品牌经理特质的共同观点。这八点是：

①执着于品牌——努力把生意做到最好；
②评估市场形势，寻求多种解决方案的能力；
③激发创意并对他人意见持开放心态的资质；
④在高度不确定环境下作决策的能力；

⑤在组织内推进项目的能力；

⑥良好的沟通能力；

⑦精力充沛；

⑧同时应对多个任务的能力。

品牌经理的职位并不高，但却要在这种岗位上担当责任，架起部门间沟通的桥梁，因而品牌经理岗位成为培养公司未来领导者的重要场所。因而，加入品牌经理团队并努力成长为品牌经理，往往成为营销经理人在宝洁这类公司的职业发展必经之路。据不完全统计，宝洁 CEO 大多有担任品牌经理的历史。其中，宝洁第一位品牌经理尼尔·麦克尔罗伊，经过一步一步的职业阶梯之后，于 1948 年成为宝洁董事长；更令人惊奇的是，他于 1957—1959 年担任美国第六任国防部长（艾森豪威尔任总统期间）。这足以说明，品牌经理是通向领导者的重要职业平台。

（五）1986—2000 年：服务品牌的涌现

到 1980 年代中期，品牌管理体系在制造业趋于成熟，精心培育的品牌的价值在 1980 年代中期兴起的全球范围内公司并购活动中表现出来。因此，1985 年之后美国工商界品牌发展的显著特征是服务业品牌的大发展。Interbrand 的约翰·墨菲（John Murphy）认为，1980 年代中期之后的 20 年里，最成功实现品牌化的例子出现在服务行业。

（1）制造业领域很少产生新品牌。1985 年以来，消费品市场出现的新产品中，90%属于知名品牌名下不断填充的改头换面的"新"产品而并没推出全新的新品牌。例如，宝洁公司于 1955 年推出佳洁士牙膏品牌，往后在此品牌名下推出薄荷味佳洁士（1967 年）、高级配方佳洁士（1980 年）、佳洁士凝胶（1981 年）、防蛀牙佳洁士（1985 年）、儿童佳洁士（1987 年）、苏打味佳洁士（1992 年）、抗过敏佳洁士（1994 年）……

（2）服务业从垄断走向自由竞争，推动了服务业品牌发展。例如，1984 年，美国司法部依据《反托拉斯法》拆分 AT&T，分拆出一个继承了母公司名称的新 AT&T 公司（专营长途电话业务）和七个本地电话公司（即"贝尔七兄弟"），美国电信业从此进入了竞争时代。从此，电信业三大运营商——AT&T、Verizon、Sprint 在品牌营销上不断创新。金融业的自由竞争让花旗银行率先在银行界引入消费品品牌技术，1977 年美国花旗银行副总裁列尼·休斯旦克写了一篇文章《从产品营销中解脱出来》，代表服务营销（Service marketing）研究的开端。

（3）注重品牌体验。服务品牌除了使用有形产品传统上运用的广告、促销、包装等手段外，还在品牌体验上大做文章，开创了体验营销先河。星巴克是其中的典型，自从 1987 年，舒尔兹先生收购了星巴克，开出第一家销售滴滤咖啡和浓缩咖啡饮料的门店以来，星巴克一直是美国体验营销的杰出代表。例如，星巴克这样刻画其产品卡布奇诺（Cappuccino）咖啡——卡布奇诺中的牛奶含量比拿铁少，所以它的浓缩咖啡味道更浓郁，而且口感也更醇厚。调制一杯完美的卡布奇诺是一种艺术，需要很多尝试和技巧。其中最重要的一步是在蒸牛奶时怎样把奶泡弄得像鹅绒般细滑，这是我们的咖啡师需要全神贯注的一步。你喝卡布奇诺时如果奶泡能够在你上唇化成一道"奶胡子"，那就证明我们咖啡师的手艺到家了。请允许我们说，你的"奶胡子"留着挺漂亮的"。这样的品牌讲述是不是让人期待体验和享用一杯星巴克的卡布奇诺呢？

（六）2001年以来：互联网成为品牌创建的新平台

1. 互联网成为品牌传播的重要媒体

"互联网媒体"又称"网络媒体"，是指借助国际互联网这个信息传播平台，以电脑、电视机以及移动电话等为终端，以文字、声音、图像等形式来传播信息的一种数字化、多媒体的传播媒介。相对于早已诞生的报纸、期刊、广播、电视等媒体，互联网被称为"第五媒体"。互联网成为美国越来越重要的品牌传播媒体。美国互动广告局（Interactive Advertising Bureau，缩写为IAB）联合普华永道发布的报告显示，2018年美国数字广告收入超过1000亿美元。而移动广告独占鳌头，其收入占数字广告总收入的63%。网络媒体主要有以下优势：①"全球性"。品牌传播信息一旦进入Internet，全球200个国家的数亿用户都可以在他们的计算机上看到。②"全天候"。Internet上的信息可以一天24小时，一年365天不间断地展现，随时随地查询。③"全动态"。交互性是互联网络媒体的最大优势，它不同于电视、电台的信息单向传播，而是信息互动传播，用户可以获取他们认为有用的信息，厂商也可以随时得到宝贵的用户反馈信息。用户从传统媒体的被动接受方式，转变为主动生成和传播信息。

2. 互联网品牌成长快速，已加入到最强品牌行列

谷歌1998年才由创始人Larry Page和Sergey Brin在斯坦福大学学生宿舍内开发完成，它2004年8月19日即在纳斯达克上市；到2012年10月2日，谷歌已超越微软，成为按市值计算的全球第二大科技公司；当日，谷歌股价报收761.78美元，市值约2499亿美元；而微软股价报收于29.49美元，市值约为2472亿美元。

在Interbrand最新发布的2018全球品牌百强前十中，就具有谷歌、亚马逊、脸书（Facebook）三个典型的互联网品牌入榜，它们成长为世界顶尖品牌的时间远远短于传统的消费品或工业品品牌。

3. 线上销售成为新的重要零售终端

这一阶段，传统线下门店零售大量转向线上销售。据IBIS World的统计，2018年美国电商的销售额达到4441亿美元。虽然美国全国零售联合会预测美国整个零售业2018年的年销售额为3.69万亿美元，电商销售比重还不是特别大。但过去5年美国电商平均年比增长13.1%，而同期美国零售业平均年增长却只有3.7%。电子商务品牌亚马逊（Amazon）、入围2018年的Interbrand世界百强品牌的第3位，是电商领域的全球第一品牌。亚马逊于1995年7月16日由杰夫·贝佐斯（Jeff Bezos）成立，一开始名叫Cadabra，贝佐斯看到了网络的潜力，用地球上孕育最多种生物的亚马孙河名称重新命名品牌。亚马逊公司于1997年5月15日股票上市。2000年前后网络泡沫来临时，很多网络公司纷纷倒闭，只亚马逊有获利。1999年贝佐斯因经营策略得法成为了《时代》期刊的年度人物。2002年第四季度，亚马逊纯利约有500万美元。2004年则成长到3亿多美金。2012年亚马逊全球营业总收入达480亿美元，在财富500强中名列第206位，超过传统的家电零售连锁商百思买（Bestbuy），而亚马逊成立时，百思买已是年营业额过百亿的大公司了。亚马逊及其他销售商为客户提供数百万种全新、翻新及二手商品，包括：音乐CD、录影带和DVD、软件、家电、厨房项目、工具、草坪和庭院用具、玩具、服装、体育用品等。2017年6月，亚马逊以137亿美元的价格收购美国高端食品超市全食（Whole Foods），二者的合并促使美国的食品行业重塑生鲜食品的销售方式。据人工智能公司Thasos的数据分析，被亚马逊收购之后，全食的客流量每个季度都增长了大约3%。而此前，全食有两年时间经营并不乐观。根据2020年12月23日亚马逊的粗略计算，2020年亚马逊的商品总销售额达到了4750亿美元，包括第三方卖家在亚马逊平台出售的2950亿美元的产品，以及自营1800亿美元的销售额。2020年亚马逊在全球《财富》500强公司中的排名上升到第9位。

第三节　中国品牌的历史演进

中国具有悠久的商业历史。在商业历史长河中积累了丰富和宝贵的品牌理念。但是，中国品牌演进史的研究文献极其缺乏。这给人们理解历史上中国工商企业的品牌实践带来了挑战。据我们所知，本书在国内第一次尝试划分中国品牌演进历史。本书将中国品牌演进史分为四个阶段：中国封建社会（农业和手工业主导）的品牌雏形期；中国近现代的品牌发展与起伏（鸦片战争以来受西方品牌的主导影响）；中国计划经济主导下的品牌淡漠期；中国改革开放之后的品牌觉醒、复兴与大发展[①]。

一、中国封建社会的品牌雏形期

鸦片战争前，中国经历了长达两千多年的封建社会，在农业和手工业主导的产业体制下，中国品牌朝着具有中国自身经济与文化内涵的雏形发展。

（一）中国品牌的起源：制造者姓氏充当品牌标记

品牌在中国的起源要追溯到商品交换的初期。原始社会后期，当手工业生产（如纺织、榨油等）从农业中分离出来时，商品交换开始出现。这就需要在产品上作好"标记"。据考证，"在西周墓葬出土的文物中，发现有封建领主产品的标志和各种官工的印记"。此时，标记的形式很简单，一般是将商品制造者的姓名刻在产品上。使用这种标记的目的，主要是为了区别不同的生产者，标明不同产品的所有者。

（二）最初的商店品牌——招牌

春秋战国时期，商品交换的发展促成了城镇和集市的出现。市场上出现了行商、坐贾

[①] 关于中国封建社会时期的品牌演进史，此处参考的主要文献有：万芸. 新中国品牌发展的历史回顾及思考[D]. 山西大学（2007年）；杨海军. 中外广告史[M]. 武汉：武汉大学出版社，2006年。此外，有关中国品牌演进史阶段的划分，详细的论述请参考文献：王海忠，中国品牌历史演进阶段的划分及其公共政策借鉴[J]. 中山大学学报，2015，55（4）：169-183（《高等学校文科学术文摘》2015年5期第50-52转载）。

之分。坐贾为了使购买者对其经营的商品有所区分，开始使用招牌进行宣传。"招牌"最初是一种无字的布帘，后来布帘上题写了店铺店号。继而又以木牌代替布帘，在木牌上题写文字，这些绝大多数都是店铺的名称或字号，称为"店标"（店铺的标记）。这就是商店品牌（或称零售商品牌）的萌芽。春秋战国时期的产品标记和商店招牌的出现表明，中国已经在这一时期出现了品牌萌芽。

（三）品牌名和广告的出现

汉代是我国封建社会时期品牌发展的一个重要里程碑，此时已出现品牌名。由于手工业的高度发达和商品种类的丰富多样化，商品市场已出现竞争局面。为了保住自己的竞争地位，并获得溢价，商人或手工业者开始以生产该产品的能工巧匠的姓名或与商品有关的故事情节、历史背景等来为商品命名。文史资料记载曹操在《短歌行》中有"何以解忧，唯有杜康"的诗句，说明那时酒已有了正式的品牌名称（如"杜康"酒）。史书《三辅决录》则记载："夫工欲善其事，必先利其器，用张芝笔、左伯纸及臣墨"，这里说的是东汉时期市面上有名的文具品牌"张芝墨""左伯纸""韦诞墨"。

唐朝时期，中国商人已经开始对自己的产品进行宣传推广，买主养成了认牌购货的习惯。而宋代更是中国工商业最发达的时期。此时废除了民宅和商业区之间的围墙，允许大街小巷临街开设店铺，各行各业自由买卖、自由竞争，招牌广告和都市商铺招牌已遍及城乡。北宋孟元老在《东京梦华录》中描述北宋汴梁"在京正店七十二户，不能遍数"。正店就是当时有招牌名的商店。

由于东汉蔡伦发明了造纸术，自汉至隋唐，再到宋代，中国印刷术发达，因而近代印刷广告早在唐宋就已出现。据载，宋朝时山东济南一家专造功夫细针的刘家针铺，在针的包装纸上用铜版印有折兔图案，刻有"认门前白兔儿为记"的字样，这个印刷铜版基本上具备了现代品牌的全部外貌，现陈列在中国历史博物馆。它是我国商标及广告的珍贵历史文物，也是世界商标史上极为珍贵的文物。

（四）品牌从外在标记演进到有内涵、有意义

明清时代，中国的品牌已显现出现代品牌的雏形。主要表现为，品牌名不只是作为标记的功能，还具有某种"内涵"和"意义"。宋代及之前的招牌仅仅作为店铺的标志而已，招牌本身没有特殊的含义，多以姓氏或作坊名称作为招牌的字号。但明清的商人在创建招牌时，却能赋予招牌文字以言简意赅的内容，招牌名（品牌名）将儒家思想融入其中。

例如，创于 1844 年的"全聚德"烤鸭店，最初是一家干鲜果店的招牌字号，叫"德聚全"，其意思是"以德聚全，以德取财"。1862 年商店易主，接受商店的老板杨全仁见招牌字号中的"全"字与自己的名字暗合，于是把牌号倒过来以"全聚德"为招牌字号，取"全仁聚德，财源茂生"之意。

又如，1600 年，陈体全、李升佐两公创建药铺，取名"陈李济"，招牌名的前两字分别取自陈、李两位创始人的姓氏，而"济"则表明"济弱""济世""济病"之意；招牌名有"以行善为乐"的信义。公司将免费为劳苦大众服务列为店铺规章，希望世代传承扶危济困、施药赠茶的善行。这个招牌名与其所经营的行业极其吻合。

到明末清初，中国商人已经初步建立起现代品牌的基本要素（如品牌名及其寓意、标识、包装等）。此时，中国封建统治阶层若能在上层建筑方面进行改革，建立起与资本主义经济相适应的政治体制，那么，当时的中国工商企业的品牌管理也可能继续领先于欧美。然而，资本主义雏形的中国民营经济并没有得到发展，反而被压抑。清朝康乾时期，江南地区生产和贩卖丝绸、陶瓷、茶叶的工场或商行日渐兴隆。但清朝统治者并未扶持弱小的工商业立足江南、走向全国，甚至冲向世界；相反，当时只有官办企业或与官方有利益关系的民营企业才有机会发展。因此，刚刚绽放清新气息的品牌之花并未能结出硕壮果实。

二、中国近现代的品牌发展与起伏

1840 年鸦片战争爆发后，欧美的工商企业广泛使用与近代工业革命相适应的营销策略，向中国倾销大量洋货。这一方面推动了商品的生产与交换，推动了中国企业的品牌意识启蒙，提升了品牌营销技术。但另一方面，又给中国不健全的资本主义经济体系下的品牌带来巨大负面冲击。

（一）1840 年至洋务运动前：中国"传家宝"相继丧失

从 1840 年第一次鸦片战争开始至第二次鸦片战争结束这段时期，在猝不及防的西方军事与经济侵略下，中国传统的老字号品牌及强项产品（如茶叶、丝绸、陶瓷等）不仅没能得到发展，反而相继丧失传统优势。同仁堂、陈李济等传统老字号品牌在此期间并未取得明显发展，在洋货的冲击下出现停滞不前。更不尽人意的是，中国传统上大量向世界出口的强项产品如陶瓷、丝绸和茶叶相继失去优势。

以茶叶为例，鸦片战争前，中国向西方出口的茶叶为国家创造了巨额外汇顺差，但西方列强为了扭转与中国的贸易逆差，在茶叶上大做文章。英国商人将茶叶种植从中国扩大到印度、斯里兰卡等国家。印度、斯里兰卡的茶园不仅规模大，生产效率也高，中国茶叶失去了成本优势，只好打价格战。据考证，至 1890 年代末，清朝茶叶出口量减少了约 40%。

（二）从洋务运动至辛亥革命：中国近代品牌在夹缝中萌芽

第二次鸦片战争后，清政府内外交困，统治集团内部一些较为开明的官员主张利用西方先进生产技术，强兵富国。在此背景下，中国的近现代工商企业开始出现。此阶段兴建的公司以官办为主，且多属于重工业和军事工业。与人民群众生活相关的日用消费品则发展相对迟缓。

特别值得提及的是张謇创办的大生纱厂。张謇 1898 年 3 月在通州唐闸陶朱坝兴工建成"大生纱厂"，品牌名取自《周易》"天地之大德曰生"。至 1907 年，张謇先后创办了十九家企业，它们集中在纺织产业链，为大生纱厂服务，形成了产业链齐备的企业集团。1907 年 7 月 23 日，"大生纺织股份有限公司"成立，并经商部注册取得"百里之内二十年不准别家设立纺厂"的专利权。大生开办之初，张謇就有强烈的商标品牌意识。由于旗下企业众多，大生使用多品牌来加以区分。例如，大生一厂用的棉纱商标是"魁星"；又根据颜色分为"红魁""蓝魁""绿魁"三种。以"魁星"为商标，人们自然而然联想到张謇的状元身份。商标的图案是"魁星点斗，独占鳌头"。二厂用的主要商标是"寿星"。三厂的商标还有"三星""老人桃"。大生几个厂出产的布也各有自己的商标，一厂有"财神""孔雀""刘海"等；二厂有"寿星""龙凤""一支桃"等；三厂有"双龙""团龙""云龙"等具有民族特色的商标。

（三）1920年至抗日战争之前：旧中国品牌发展的鼎盛期

1920年初到抗战前夕，是近现代中国品牌发展的鼎盛时期。

1. 现代营销手段在中国企业广泛应用

欧美商人带来了与中国传统商业不同的市场营销模式。他们在报纸、期刊、路牌、橱窗、霓虹灯上做广告。中国企业从他们身上学习到了现代营销方式。例如，1926年，上海首次出现的霓虹灯广告，是当时的美国品牌"皇家"打字机。随后，1927年上海湖北路旧中央大旅社门前安装了第一块霓虹灯招牌"中央大旅社"。此外，车身广告、小册子广告、样品等营销手段也出现了。

此时涌现一批知名的中国本土品牌。以当时著名的国产衬衫品牌司麦脱为例。怀着改变我国衬衫业落后面貌的民族情结，上海知名实业家、制作内衣的高级技师傅良骏等三人，于1933年创办上海新光衬衫标准内衣制造厂。"新光"厂名寓意"新的前途，光芒灿烂"。当时该厂同时出产"新光"牌和"标准"牌衬衫商标。"标准"牌衬衫在当时的南京路大新公司（现在第一百货公司）设立品牌专柜，成为当时在终端营销方面的一大创举。到了20世纪40年代初，他们向国内衬衫市场推出"科学软硬领"的衬衫新产品。其中，"新光"给最优等级的衬衫特地取了个英文名"Smart"（直译为"司麦脱"），含有"潇洒的""轻快的""时髦的"之意。由于这款高档衬衫设计合理、制作精良、价格公道，一上市立刻引起广大消费者尤其是大城市中高阶层人士的青睐。据记载，1948年3月，新光厂的职工人数占国内衬衫行业职工总人数的60%，缝纫机台数占35%，月衬衫产量占48%，资本总额占92%，处于全国衬衫领先地位。新光厂成为全国衬衫行业的"领袖工厂"，司麦脱品牌被称为"中国衬衫之父"。

2. 民族气节成为驱动中国民族资本家发展品牌的内在动力

这一时期，中国从几千年的文明大国变成了受外国政治、军事和经济支配的半殖民地国家，因而，近代中国资本家的内心深处涌动着创建强大民族品牌、赶超洋品牌的动机。上述上海新光衬衫厂是其中一个例子。一些品牌名直接反映当时民族资本家对洋品牌的抵触情绪。"英雄牌"毛线的品牌名寓意创始人邓仲和把自己企业的竞争目标直指当时市场份额最大的品牌——英国"蜜蜂牌"，表现出以英雄气概与"蜜蜂牌"做不懈斗争的意思。东亚公司的"抵羊牌"毛线也含有"抵制洋货"之意，矛头直指英国"蜜蜂牌"，而其"国人资本，国人制造"的广告宣传引起了人们的情感共鸣，"抵羊牌"成了国人购买毛线的首选。据中国台湾著名作家罗兰女士的回忆,她当时在天津师范学校读书,在"抵制日货,实业救国"的氛围下,身边的同学以使用国货为荣,自觉抵制洋货。当时如购毛线,必选"抵羊牌"。

三、新中国成立至改革开放前的中国品牌历史

(一)1949年至1966年:品牌的停滞、调整与改造

1949年10月1日新中国成立至1956年,是中国经济经历多年战争之后的恢复期。国家实行了计划经济体制,对生活消费品实施了配给制。在物资极度匮乏环境下,人们能买到需要的产品已属不易,自然也就不太关心品牌,企业也就不担心产品卖不出去。随着部分民族资本家及其所有的公司迁移到中国香港,大量品牌随之移出中国内地,名牌数量锐减。留在内地的企业,则经历公私合营,纳入国家计划经济体制。此时,品牌失去了1920年代、1930年代自由竞争环境下的市场活力。

1956年对近代资本主义民族企业的"社会主义改造"完成后,1958年中央政府提出了"以经济建设为中心"的总体方针政策,工农业生产均得到了发展,品牌活动有了短暂的进步。例如,在原有品牌传播媒体的基础上,这段时间还出现了传单、票板、海报、招贴、包装盒、日历等广告形式,允许火车站内做陈列广告。但到1961年,在"大跃进"下国民经济遭受重大损失,品牌发展再度停滞。

这段时间,虽然商品经济无法发展,很多中国名牌在社会主义改造中也更名了,但总体上,品牌还没有遭到毁灭性的破坏。例如,中国传统老字号基本上得到了保护。1956年毛泽东曾在《加快手工业的社会主义改造》的按语中说:"提醒你们,手工业中的好东西,不要搞掉了,王麻子、张小泉的剪刀一万年也不要搞掉,我们民族好的东西,搞掉了的,一定都要恢复,而且要搞得更好一些。"总之,这段时间,中国封建社会晚期和近代民族资本主义发展起来的品牌虽然没有大发展,但还没有遭受到被摧残的厄运。

(二)1966年至1976年:品牌厄运

在1966年至1976年的十年"文化大革命"期间,国家实行高度集中统一的计划经济体制,企业完全没有经营自主权。而在这一时期,生产停滞不前、商品短缺,对市场上的产品供应,只能采取定量供给制。这一时期,中国封建社会和近代资本主义培育起来的品牌均遭受严重摧残。广告、品牌等这类近代先进商品经济意识的东西,被视为"资本主义腐朽",牌匾和老字号被当作"封、资、修"而遭受到破坏。

首先,知名品牌的名称被更改,历史上积累起来的品牌无形资产遭到侵蚀。据当时《人民日报》记载,"王府井百货大楼"改名为"北京市百货商店"。"全聚德烤鸭店"更名为"北京烤鸭店"。"徐顺昌"服装店改为"东风"服装店。

在上海,第一商业局所属的8个零售商业企业共3700多家零售商店,遭受改换招牌的就有3000家以上,更换后的店名严重重复。其中大新公司更名为"上海市第一百货商店"。

天津最大商场"劝业场"沿用36年的牌子被革命职工砸掉了,换上了"人民商场"。

具有 45 年历史的北洋纱厂被革命职工改名为"四新"纱厂，该厂原来的拳头产品"金三鼎"棉纱商标更名为"工农"牌商标。

那时，历史悠久的、代表优质产品或服务的知名品牌统统被改名，新品牌的命名多集中在具有政治意义的词汇上。因此，老字号品牌或知名品牌失去了其品牌创始时或长期经营活动中确立的丰富寓意或联想。

其次，广告遭受到冲击。商店的橱窗广告位，传统牌匾、对联、门面画饰及霓虹灯等位置，报纸、期刊等印刷广告版面，都一律改为对联、标语或口号。电台广告被彻底取消。

总之，在十年"文化大革命"期间，中国数千年积累保留下来的老字号品牌，以及在近代资本主义经济中培育起来的知名国产品牌，均遭受严重摧残，整个社会的商业文明意识出现了倒退。

四、改革开放以来的中国品牌历史

（一）1978 年至 1991 年：品牌意识的觉醒与复苏

1978 年中共十一届三中全会召开至 1991 年这一阶段，经历了品牌意识的觉醒、品牌方法和技术的引进与消化、本土品牌初创等重大事件。

1. 从 1978 年至 1980 年早期：品牌意识觉醒

国外品牌渐渐重返中国市场，推动了品牌意识的觉醒。可口可乐是最早重返中国市场的外国品牌之一。1978 年中共十一届三中全会前夕的 12 月 13 日，中粮总公司与可口可乐公司达成协议，通过补偿贸易方式，可口可乐向中国主要城市和游览区提供可口可乐制罐及装罐、装瓶设备，在中国设专厂灌装并销售；在可口可乐装瓶厂未建立起来之前，从 1979 年起，用寄售方式由中粮总公司安排销售。于是，由中粮总公司安排，在香港五丰行协助下，中华人民共和国成立后，首批 3000 箱瓶装可口可乐于 1978 年年底由中国香港发往北京。这是世界知名品牌史上具有标志性的事件。仅仅允许可口可乐进入中国市场的协议签订 4 天之后，1978 年 12 月 17 日，中美双方发表《中美建交联合公报》，宣布"中美双方商定，自 1979 年 1 月 1 日起，建立大使级外交关系"。

2. 1984 年至 1991 年：中国现代品牌的孕育

以 1984 年为界，这之前的中国品牌觉醒表现在外资品牌进入中国市场，并引入现代、前沿的营销理念。这之后，中国带有自身特色的品牌营销开始孕育。1984 年可以称为"中国现代品牌元年"。今天赫赫有名的品牌（包括海尔、华为、联想等），均在这一年成立。

（1）健力宝最早引入体育营销。

健力宝创办于 1984 年，定位于"消除运动疲劳、增添活力的电解质运动饮料"。创办当年即成为第 23 届奥运会中国体育代表团指定饮料。随着中国队在奥运会上取得优异成绩，健力宝一推向市场就获得"中国魔水"的美称。之后，1987 年健力宝又取得全国第六届运动会饮料专用权；1990 年买下第十一届亚运会运动饮料专用权和火炬传递专利权。健力宝这段时期的体育营销堪称典范。至 1991 年，健力宝年销售额达 6.3 亿元。

（2）长城饭店最早运用公关营销。

长城饭店于 1984 年，借美国里根总统访华大势运作公关营销。长城饭店通过努力获得接待里根总统随行团的权利，在新闻代表团入住期间，长城饭店把具有中国特色的"艺亭苑""凌霄阁""露天花园"作为美国三大电视广播公司的电视新闻播放背景，使长城饭店最具中国特色的三处场景尽收西方公众眼底，而伴随电视广播台"我们在北京长城饭店向您讲话"，长城饭店名声飞遍世界各地。长城饭店还通过多方努力取得里根总统答谢宴会举办地，伴随各国电视台记者和节目主持人异口同声地说"我们现在在中国北京的长城饭店向您转播里根总统访华的最后一项活动——答谢宴会……"，再次向世界公众展示了长城饭店的风姿。通过这一公关活动，很多来华记者、旅游者和经商人士都慕名入住北京长城饭店。据统计，开业头两年，70%以上的客人来自美国，这不能不归功于这次成功的公关活动。

（3）海尔砸冰箱成为经典的品牌故事。

1985 年，一位用户向海尔反映：工厂生产的电冰箱有质量问题。于是，张瑞敏突击检查了仓库，发现仓库中有缺陷的冰箱还有 76 台！当时研究处理办法时，有干部建议把这 76 台冰箱作为福利处理给本厂员工。但张瑞敏却作出了有悖"常理"的决定：开一个全体员工现场会，把 76 台冰箱当众全部砸掉！而且，由生产这些冰箱的责任者亲自来砸！听闻此言，许多老工人当场就流泪了……当时一台冰箱 800 多元钱，而职工每月平均工资只有 40 元，一台冰箱几乎等于一个工人两年的工资。要知道，当时海尔别说"毁"东西，就连开工资都十分困难！况且，在那个物资紧缺的年代，别说正品，就是次品也要凭票购买的！当时，甚至连海尔的上级主管部门都难以接受。但张瑞敏明白：如果放行这些产品就等于姑息这种做法，表明公司容忍生产这种带有缺陷的冰箱，那么今天是 76 台，明天就可能是 760 台、7600 台……张瑞敏不变初衷！结果，就是一柄大锤，伴随着那阵阵巨响，真正砸醒了海尔人的质量意识！从此，在家电行业，海尔人砸毁 76 台有缺陷冰箱的故事就传开了！至于那把著名的大锤，已经收入国家历史博物馆。

（4）广东太阳神最早导入品牌 CI 系统。

太阳神公司的前身是广东省东莞黄江保健饮料厂，当时是一家很小的乡镇企业，生产以"万事达"为商标的生物保健口服液。企业名是典型的"地名+行业"（黄江保健饮料厂），没有内涵和延展性；商标名"万事达"虽然在广东老百姓口中有吉利之意，但缺少个性，与产品没有什么联系，而且还显得有些俗气；产品叫"生物健"，强调产品原料和功能，有科技感但显得较生硬。于是，时任厂长怀汉新决定赋予企业和产品一个易于传播、含义丰富别致的名字，再设计一个简洁醒目、让人易于联想的标识。1987 年怀汉新委托广东的两位设计师梁斌和潘殿伟创意设计了"太阳神"商标，由广州新境界设计群负责总体策划，导入 CI 系统。最后，太阳神以其红色圆形和黑色三角形为基本形式，以具有强烈冲击力和现代感的视觉识别系统迅速传遍大江南北，甚至远至中国港澳地区和东南亚地区。当 CI 系统完成之后，太阳神 1990 年 12 月在中央电视台播出其企业形象广告曲"当太阳升起的时候，我们的爱天长地久"，一时感染了很多电视观众。在 CI 和电视广告的共同作用下，太阳神 1988 年的产值是 520 万元，1990 年则达到了 2 亿元，1991 年增至

8亿元，1992年更是达到12亿元。短时间之内，太阳神就成长为当时全国最大的保健品品牌。太阳神在CI上的突出表现，使随后几年里，很多中国企业迅速导入CI系统，如万宝、健力宝、乐百氏、李宁、浪奇、999、美菱……中国品牌的发展涌入了一股清新的改革、开放和创新的气息。

（5）广告表现出对创建品牌无形资产的巨大贡献。

当时，最早的竞争性广告在广东的万家乐和神州热水器之间开展。广东顺德的热水器品牌"神州"一直处于领导地位，但1988年《中国出了个万家乐》整版广告出现在报纸上。于是，神州和万家乐之间开始了一场拼技术、拼质量、拼广告的品牌竞争。从以下两个品牌的竞争性广告词中，读者可以感受到当时中国企业在广告的科学性与创意性方面达到的水平。

"'神州牌'热水器，安全又省气"（神州牌）；"'万家乐'万家欢乐，岂止安全又省气"（万家乐牌）。

"款款神州，万家追求"（神州牌）；"'万家乐'崛起神州，挑战海外"（万家乐牌）。1989年万家乐启用中国香港红星汪明荃做广告，"万家乐，乐万家"的广告祝福送进中国亿万家庭。1991年神州则请中国香港明星沈殿霞（"肥肥"）代言，"肥肥"直截了当地说"我说还是神州好"。

最后，这两个热水器品牌在竞争中都得到了发展。1992年，万家乐产值达到了5亿元；神州产值也上升到4亿元。

质朴的情感运用到广告中，起到了很好的品牌传播效果。江苏盐城的燕舞牌收音机用一曲"燕舞，燕舞，一曲歌来一片情……"唱遍大江南北，从细数产品特点、唠叨产品性能的广告中脱颖而出。"威力洗衣机，献给母亲的爱"，广告将亲情表现得淋漓尽致，情味十足。南方黑芝麻糊的"一股浓香，一缕温暖"的广告则唯美、怀旧、亲情味浓。

名人代言广告开始出现。1988年潘虹为上海日化厂的"霞飞"金牌特日蜜拍摄了一条广告。1990年李默然拍摄了一条"三九胃泰"广告。此后，名人广告一发不可收拾。

（二）1993年至1999年：全国制造商品牌的发展与起伏

1992年邓小平南方谈话之后，中国加大了经济发展和改革开放的力度，正式确立了市场经济体制。中国品牌迎来大发展的局面，全国性制造商品牌（National manufacturer brand）大规模涌现，本土品牌之间、本土品牌与外国品牌之间的竞争日益激烈，中国品牌在竞争中开始茁壮成长。这一阶段的品牌发展有几个特点。

1. 扶持名牌成为地方政府的重要经济战略

1992年之后几年中，"名牌"成为地方政府经济与产业政策中使用频率很高的词汇。各地政府提出了名牌工程，制定了名牌扶持与奖励办法。新华社《中国名牌》于1993年创刊，成为推动政府创名牌的重要刊物。1996年，国务院颁布了《质量振兴纲要》，明确提出"实施名牌战略，振兴民族工业，鼓励企业生产优质产品，支持有条件的企业创立名牌产品"。在政府推动下，中国新闻界和国家主要部门联合于1992年评选出十大驰名商标，社会舆论开始关注和重视名牌。

同时，中国在商标的法律保护上取得重要进展。1994年中国向世界知识产权组织递交了《商标注册用商品和服务国际分类尼斯协定》，正式成为知识产权保护的国际组织尼斯联盟的成员国。1995年，中国向世界知识产权组织递交了《商标国际注册马德里协定有关议定书》，正式成为马德里议定书成员国。这些都是在国际市场有效保护品牌与商标的法律依据。1995年，中国正式颁布了《广告法》，它让我国的品牌传播在国内市场有了法律依据。

政府政策明确扶持"名牌"，对品牌创建起到巨大的推动作用，但也给企业的品牌创建留下了浮夸的负面风气。不少企业错误地将创建卓越品牌的途径等同于"造名""造势"等。在造名、造势的利诱之下，中国企业并没有立足长远经营品牌，没有把品牌创建当作一个系统工程，而是滋生较明显的浮夸风。

2. 合资致使很多优秀的民族品牌消失

20世纪90年代上半期是中国政府引进外资的第一个高潮。各地政府为了吸引外资，通常推动本地区优秀品牌与外资品牌进行合资，但合资后，外方采取了冷藏本土品牌的方式。因此，20世纪90年代初是中国优秀本土品牌集中消失的一段时期，仅日化类就有不少国产品牌消失的案例。美加净，曾占有国内市场近20%的份额。1990年，庄臣与上海家化合资后，"美加净"商标被搁置。上海家化于1994年出资5亿元收回美加净商标，但已失去了宝贵时机。活力28，著名洗衣粉品牌，1996年与德国美洁时公司合资后，双方对合资公司洗衣粉产量的50%使用"活力28"品牌的承诺没有兑现，前3年共投入1.84亿元用于"活力28"宣传的广告费用也成了一纸空文。"活力28"从人们的记忆中渐渐消失了。"熊猫"洗衣粉，原属于北京日化二厂，在整个20世纪80年代是一个响当当的洗衣粉品牌。1994年，熊猫与美国宝洁组建合资公司，北京日化二厂以品牌、厂房参股35%，宝洁以65%的股份控股合资公司。合资之后，"熊猫"品牌消失了。

饮料行业当时出现了"水淹七军"的局面。那是指当时中国本土有八大知名饮料品牌，包括：重庆天府可乐、广州亚洲汽水、北京北冰洋饮料、山东崂山可乐、河南少林可乐、沈阳的八王寺、天津的山海关、上海的正广和。除了上海正广和之外，其余七个饮料品牌均以非控股方式与可口可乐、百事可乐合资了。而合资之后，外资对这些本土品牌均采用了冷藏的方式，从而在市场上消除了其影响力。例如，1994年，北京的"北冰洋"汽水与百事可乐合资后没多久就退出市场。天府可乐于1981年成立于重庆，1985年，当时国家领导人视察重庆，在喝过天府可乐后，赞不绝口；随后国务院机关事务管理局对天府可乐经过严格审验后定为国宴饮料。1988年，中国天府可乐集团公司下属灌装厂达到108个，创产值3亿多元，利税达6000多万元。1990年，天府可乐在苏联首都莫斯科建立了第一个灌装厂。但在1994年，天府可乐与百事可乐合资后，百事公司逐年减少天府可乐品牌产品的生产，市面上现在几乎看不到天府可乐的产品。

3. 广告对于品牌的作用被人为夸大

20世纪90年代初，广告、促销等有助于短期内提升品牌知名度的营销手段被人为地夸大。"央视标王"加剧了这种夸大。中央电视台从1994年开始，每年11月8日举行黄金时段广告招标会，夺冠者俗称"标王"。招标会广告词——"心有多大，舞台就有多大"。

孔府宴酒斥巨资获得首届"标王"后，一时间"喝孔府宴酒，做天下文章"的广告口号传遍大江南北，第二、第三年的销售收入就跨入全国白酒行业前三甲。第二届标王秦池以6666万元获得央视新闻联播后5秒黄金标版，一举从山东一个不景气的小酒厂发展成为全国明星企业，销售额从2.3亿元猛增到9.5亿元。1996年11月8日，秦池再以3.2亿元的天价夺得标王。但是，要支付3.2亿元的广告成本，秦池必须在1997年完成15亿元的销售额，产、销量必须在6.5万吨以上。但秦池没有这么大的产能。于是，1997年初某报披露了秦池的实际生产能力以及收购川酒进行勾兑的事实，一时引起舆论界与消费者的极大关注。在新闻媒体的批评声中，消费者表示出对秦池的不信任，秦池的市场形势开始恶化。1997年，尽管秦池的广告仍旧铺天盖地，但销售收入比上年锐减3亿元，利税下降6000万元；1998年元月至4月，秦池酒厂的销售额比1997年同期下降5000万元。短暂辉煌的秦池模式成为转瞬即逝的泡沫，秦池从此一蹶不振，从传媒视野消失。"央视标王"现象表明，"品牌速成"思维是不可能创建出品牌的核心能力的，品牌需要精心培育，而品牌培育是一个系统工程，需要有长期投资的心理准备。

4. 过多依赖价格竞争来提高市场占有率

1995年以后，全国多个行业的制造商品牌之间开展了激烈竞争，家用电器、食品、保健品等尤甚。但没有哪个品牌的市场份额达到绝对优势的地位，为了争夺市场份额，国产品牌之间在经历CI热、广告热等之后，又打起了价格战。长虹首先于1996年春在彩电行业发动价格大战，刮起国产彩电企业的降价风暴。微波炉行业格兰仕被称为"价格屠夫"。降价确实提升了国产品牌的市场份额，但同时，国产品牌的技术创新力和1980年代相比，已经减弱了。中国家电业到后来大而不强，1990年代中期的价格战已埋下了隐患。相反，外资家电品牌当时在中国市场并没有参与价格战，它们的市场份额在当时确实有所下降；但在中国市场能不断推出创新产品以获得高溢价和高利润。

虽然政府不断强调质量的重要性，但中国企业在"名牌"驱动下，形成了"一夜成名"的短期逐利模式，企业过度重视CI和广告等有助于短期内提升品牌知名度的战术营销，过度依赖于降价战，而技术创新和质量提升等构建长期竞争优势的战略没能受到重视。于是全国性质量事故开始显露。三株口服液1994年开始规模化生产，通过大量雇用销售员、采取布网式销售的推销导向，很快在三四线市场取得成功，1996年初销售额达到80亿元，但快速发展过程中疏忽了管理和质量，在1998年发生了喝死人事件之后三株迅速全面退出市场。这引发了当时"品牌的基础是质量"的大思考。

5. 国产品牌在营销策略中大打民族情感牌

打民族情感牌，以此获得本国消费者的情感认同，成为近现代国产品牌通常使用的一种营销战略。这一时期，国产品牌也采用这种手段。而外资品牌与国产品牌合资后，国产品牌的消失正好是中国企业借以煽动民族情感的证据。长虹在1994年前后打出"以产业报国、民族昌盛为己任"的口号，这起因于当时曾有外资彩电扬言要在三年内挤垮长虹。1998年娃哈哈推出"非常可乐"时，打出"中国人自己的可乐"的民族情感牌。重庆奥妮皂角洗发水面对美国宝洁、日本花王、欧洲联合利华等多家跨国公司的品牌的激烈竞争，利用1997年香港回归的背景，推出了"长城永不倒，国货当自强"的广告语，提升了奥妮品牌的市场份额。在中国市场，国产品牌在与外资品牌竞争时，打民族牌是其通行的战略，但在不同背景下所起到的效果是有差异的；质量与创新仍然是成就卓越品牌的基石。

（三）2000年以来的中国品牌历史

1. 试水国际市场

改革开放以来，中国企业参与国际市场的方式主要停留在来料加工及出口贸易，自主品牌在国际市场的曝光机会很少。2001年中国加入世界贸易组织之后，中国企业以自主品牌参与国际市场的活动明显增多。两类活动提高了中国品牌在国际市场的曝光率。

（1）中国企业通过广告、赞助等方式增加品牌在国际市场的曝光率。

2002年，海尔集团将位于美国纽约曼哈顿百老汇大街1356号的格林威治储蓄银行大楼买下来，更名为"海尔大厦"（The Haier Building），醒目的海尔旗与美国国旗比肩而立。2003年，海尔又在东京银座点亮灯箱广告，这是中国品牌首次在世界黄金商业区投放广告。联想于2003年将英文名"Legend"更名为"Lenovo"，为其国际传播做好准备。之后，2004年签下协议赞助都灵冬奥会，这是它并购IBM ThinkPad之后的第一次全球性营销活动，借冬奥会在国际市场展示其品牌形象，吸引消费者关注。2005年联想获2008北京奥运会全球TOP赞助商资格，国际曝光率再次提升。作为奥运会火炬接力全球合作伙伴，由它负责设计的北京奥运会火炬"祥云"方案最终被采纳，成为第一家获此殊荣的中国企业；它开发的火炬纪念机型采用了统一的火炬设计语言和图案，推动了消费类电脑在外观设计上的创新，彰显了悠久文化与高端科技融合的魅力。华为的公司品牌和手机产品品牌，今天在世界主要市场投放多种形式的商业广告和赞助，包括户外广告、印刷广告、电视广告、社交媒体广告，以及体育赞助等，因而在全球市场的品牌曝光率和知名度已相当之高。

（2）跨国并购提升了中国品牌的国际关注度，但中国品牌还需大大提升影响力

2002年TCL并购法国汤姆逊彩电业务；2004联想并购IBM PC业务；2004年上汽并购韩国双龙和英国罗孚；2010年吉利并购欧洲名车品牌沃尔沃……受"走出去"战略的驱动，这一阶段中国企业并购海外品牌的案例每年大大小小数十起。并购事件本身大大提升了国际市场对中国品牌的关注度。品牌并购成为这一阶段中国企业试水国际市场的主要形式。2008年底的欧美金融次贷危机给中国企业再次并购国际知名品牌提供了契机。下面仅列举几起影响面大的中国民营企业并购欧美品牌的例子。

吉利于2010年8月顺利并购沃尔沃，总金额达18亿美元。2011年6月，联想（Lenovo）收购德国电脑零售商Medion，交易估值为6.294亿欧元（合9.06亿美元），并购让联想获得一个成熟品牌和欧洲分销网络。三一重工在2012年1月份以3.24亿欧元宣布收购外号"大象"的德国老牌混凝土机械制造商普茨迈斯特。2012年5月，万达集团和全球排名第二的美国AMC影院公司签署并购协议，并购总交易额达26亿美元，并购后投入运营资金不超过5亿美元，总共为此次交易支付31亿美元，这是中国文化产业最大的海外并购。2013年9月，双汇国际完成并购美国史密斯菲尔德的手续，双汇国际为收购股份需支付47亿美元，还承担史密斯菲尔德24亿美元债务，总收购金额高达71亿美元，并成功的推进管理文化的融合，使双汇成为世界上最大猪肉加工企业。

中国企业为并购欧美品牌支付了巨额资金，在全球市场彰显了自己的"财力"。但如果处理不好，也会获得"掠夺"外国的资源、技术、品牌的负面声誉。因此，本书认为，在此关键时刻，中国企业更需要提高品牌经营管理的专业化水平。学会讲述品牌故事，向国际社会彰显中国企业创始人的人格魅力，表明中国企业和品牌的价值主张，展示中国企业和品牌的远景规划与方向，等等，这些都是建立国际社会对中国企业的钦佩感、喜爱度的重要策略。

2. 转制不顺使不少知名品牌沦为二流品牌

改革开放之后发展起来的中国企业一定程度上均存在产权不清晰的问题。2000年之后，企业在这个问题上能否妥当处理，决定了其品牌能否持续成长。浙江是民营经济高度发达的地区，娃哈哈、万向等今天的巨型企业，其发展壮大得益于顺利厘清产权关系、成功转制。广东的科龙、健力宝在20世纪90年代是各自行业的领袖品牌，但在厘清产权过程中，创业经营团队与地方政府间的关系处理欠妥，导致两个品牌滑落低谷。科龙于2005年被海信收购；健力宝多次易主，于2007年卖给中国台湾的统一集团，也沦为二流品牌。同样因产权梳理不顺、改制不成功而从一流品牌落入二流品牌的还有江苏的春兰等。

3. 国企品牌规模壮大，影响力急需增强

2000年之后，中国国企经过重组纷纷上规模，推动了国企品牌新一轮大发展。2002年，国资委成立。同年，国家先对中国民航业进行了重组，将中国民航重组为六大公司：中国国际航空集团公司、中国东方航空集团公司、中国南方航空集团公司、中国民航信息集团公司、中国航空油料集团公司和中国航空器材进出口集团公司。从此，中国民航之间的竞争意识加强。中国建设银行、中国工商银行均于2005年股份制改造和成功上市；中国银行和中国工商银行先后于2006年成功上市……国企的重组和上市，一方面激活了国企品牌的活力；另一方面国企品牌的经营规模也快速累加，多个行业的国企规模上升为全球同行业第一。

这一时期，"国计民生"的领域主要由国企、央企所掌控，强化了向大型国企、央企集中的趋势。以品牌资产规模计算，排名靠前的品牌，主要是央企或国企。以胡润品牌排行榜为例，2007—2010年，连续四届的胡润百强品牌榜中（主要根据品牌的经营额规模），金融业上榜品牌数目最多，排名前十的品牌中，金融业品牌一直多达6~7个，金融品牌一般都由国有资产控股；其余是中国移动、中国石油等进入壁垒较高的央企品牌。到了2018年，胡润品牌排行榜前十的品牌中，央企和资源性国企占有四席，它们是：贵州茅台、中国工商银行、中国建设银行、中国移动；而互联网企业占有五席，它们是：淘宝、腾讯、天猫、微信、百度。从中也反映了数字产业的兴起和地位凸显。

4. 外资品牌褪去神秘的外衣

整个20世纪90年代，外资品牌在中国被视为完美无瑕。但2000年之后，外资品牌相继发生多起产品质量事故，其信誉遭受质疑。2005年是在华跨国品牌产品质量事件集中爆发的一年。宝洁SK-Ⅱ紧肤抗皱精华乳存在成分标示不明及含有腐蚀性物质的嫌疑，江西消费者吕某2005年3月1日将宝洁及其总经销商、地区经销商、零售商、广告代言人（刘某玲）等一并控告法庭，指控宝洁"欺诈"。2006年9月14日，从日本进入中国的宝洁SK-Ⅱ品牌多项化妆品，被国家质检总局查出含有禁用物质铬和钕，被禁止在全国各商店销售，被暂停SK-Ⅱ专柜运作，暂停网上销售。日系相机品牌在2004年、2005年发生整体性质量事故。随着外资品牌渗透中国市场越深，其产品质量事故和道德丑闻频发，中国消费者对外资品牌的崇拜与神秘感慢慢消退。

2010年是境外企业在华投资经营的新元年。2010年开始，中国对外开放以来对外资的"超国民待遇"结束。自2010年12月1日起，我国政府对外商投资企业、外国企业及外籍个人征收城市维护建设税和教育费附加。至此，我国内外资企业税制实现了全面统一，外资企业在税收政策上享受的"超国民待遇"结束。

5. 互联网品牌在动荡中成长、壮大

互联网品牌从诞生、跌入低谷，再到发展、壮大，成为整个经济领域的领导品牌，总共不过10年的历史。中国互联网品牌集中成立于20世纪90年代末。2001年，年幼的中国互联网品牌迎来了严冬。网易2001年8月31日因净亏损2040万美元，被纳斯达克停止了交易。但随后不久，网易调整公司战略，专注于开发网络游戏，从2002年第二季度起开始实现净盈利。2003年10月10日股价上升历史高点70.27美元，创始人丁磊财富达到50亿元人民币，成为依靠互联网创业的"中国首富"，提升了社会对互联网的认知。阿里巴巴、腾讯、百度等今天主宰中国网络经济的品牌在这年雏形显现。

2005年8月5日百度在美国纳斯达克上市，首日股价高达120美元，创造了美国股市213年来首日涨幅最高纪录。阿里巴巴选定的目标市场潜力巨大，为600万中小企业提供外贸交易平台，让具有庞大数量基础的中国中小企业找到了国际买家。而2004年创办的淘宝，两年内战胜了全球最大同行eBay易趣。为解决网络支付信用难题，阿里巴巴创建了"支付宝"。2007年11月6日，已实现盈利的电子商务项目在中国香港成功上市，当日市值达到1996亿港元，创造了互联网行业的神话。总之，中国互联网品牌从诞生到成长为经济巨头，其间不过10余年历史，它们与国际同行已经并驾齐驱，这也是中国诞生世界级品牌最多的行业。

2008年以来，电子商务对品牌创建的影响越来越大。消费者购物活动越来越多地转向线上。线上购买涉及的产品种类繁多，从衣帽、日用消费品、电子消费品到电影票、演出票、餐饮服务、珠宝首饰等。线上购买对中国企业的品牌营销影响的标志性事件是2011年的"光棍节"——2011年11月11日。本来，光棍节并非传统节日，没有约定俗成的过节方式。以往，它仅是网友在论坛上自我调侃、创造话题的引子。但正因为其源于草根，红于网络，电子商务经营者看中了这普通的一天。从2010年起，淘宝商城率先包装光棍节，当年光棍节淘宝商城的交易总额达9.36亿元，超过中国香港这个购物天堂的实体百货零售店的单日销售额总和。2011年的光棍节被网友称为"世纪光棍节"。在淘宝商城，整天的促销，创下成交额33.6亿元的纪录。2012年的光棍节，14小时天猫商城的成交额突破100亿元，再度刷新中国电商行业纪录。现在，中国不同类型、不同规模的企业都加大了对网上零售终端的投入，包括增加在电商平台的品牌渗透率、建立与电商平台的战略合作、优化公司网站，其目的就是提升线上销售。eBay建议中国企业对网站进行移动优化，使网购界面符合移动设备规格，使消费者网上购物更敏捷，提高网络购物用户的体验。

互联网及数字相关的企业成为越来越重要,它越来越多地融入经济、产业和人民生活中。

第四节　品牌管理战略框架与本书结构

企业如何培育出一个有全球影响力的品牌?品牌经营遵循其固有规律和逻辑。本书在借鉴欧美企业品牌管理历史经验的基础上,综合考虑移动互联时代特征并结合中国经济社会背景,提出中国市场品牌培育与经营管理的核心知识板块。本书的主体结构反映了培育强大品牌的四大核心战略逻辑和关键知识模块,它们是作者多年来系统品牌理论研究和丰富企业实践研究的提升。这四大核心战略逻辑和关键知识模块包括:品牌启动(Starting-up of brand),它涉及企业在创建及培育品牌的初始,需要把握的战略方向性问题;品牌强化(Strengthening of brand),涉及企业发展过程中先做实做强品牌,培育品牌的市场竞争力、实力和无形资产;品牌扩展(Scaling-up of brand),涉及企业将品牌培育强壮之后,科学有效利用品牌无形资产进行公司新业务扩张和价值倍增的战略问题;品牌长青(Sustaining of brand),涉及企业维护和防御品牌并为之注入持久的文化与精神内涵,让品牌历久弥新的理念、战略、策略。

这四大核心模块的英文名称的第一个字母都是 S,所以,本书将它简称为"4S 品牌战略框架"(图 1-5)。这一战略框架准确把握住企业品牌经营管理的关键逻辑,为企业主或高层管理者培育强大品牌指明了方向,提供了战略指南。本书的主体结构由这四大核心知识体系构成,全书共五篇十三章。以下我们对全书的逻辑结构及主体内容作一概览。

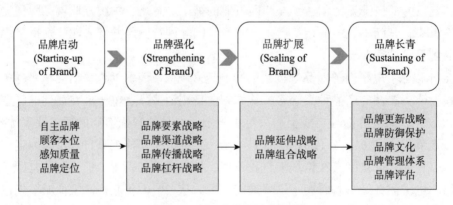

图 1-5　4S 品牌战略框架

第一篇导论,包括第一章。该章先厘清了几个关键概念(包括品牌、品牌化、品牌价值、品牌资产和品牌权益等),便于读者对品牌管理所涉及的核心术语有准确理解。然后,本章分别阐述品牌对于消费者、企业、社会的价值。以史为鉴、古为今用,第一章的重要内容是划分了欧洲、美国、中国三大重要经济体的品牌演进史,便于品牌实践工作者和学者以纵深视角看品牌。欧洲比美国具有更悠久的商业史,本书在国际上首次划分了欧洲品牌演进史。至于美国品牌演进史，国际文献研究到 1985 年，本书首次将 1985 年之后的美国品牌演进分为两个阶段：1986—2000 年的服务业品牌的发展、2000 年以来互联网品牌的发展。本书首次将中国品牌 5000 年演进史划分为四个阶段。虽然，中国有世界上最早的商业历史，但种种原因，中国品牌演进史的阶段划分是空白，本书力图做一些填补性工作。

第二篇至第五篇是全书的核心内容。

第二篇"品牌启动"，包括四章。品牌启动旨在让企业品牌经营管理者认识到，企业创建品牌初始应该秉持正确的理念与方向。首先，"自主品牌"（第二章）是任何企业经营品牌必须把握的第一个方向性问题。自主品牌是创建品牌的前提；没有自主品牌，企业无论做到多大，不能掌握市场主动权，公司难以有自豪感和成就感。其次，企业需要认识到品牌的市场影响力必须先从顾客心智做起。只有在顾客心智留下深刻印记和美好印象，品牌才能从商品市场获得市场份额和利润。这是第三章"品牌的顾客本位"思想。再次，"品牌"须"先有品""再创牌"。第四章提出品质是品牌的根基的理念。那些拥有大量国际知名品牌的国家，也涌现出系统丰富的品质管理思想或学说。最后，品牌定位（第五章）是品牌经营的又一方向性问题。每间公司，无论身处什么行业，要想获得顾客青睐，必须在顾客心智找准切入口、进驻并不断巩固。这就是品牌定位。

第三篇"品牌强化"，涉及将品牌做实做强的市场营销战略，共有三章。第六章"品牌要素战略"强调，设计满足人们感官需要的品牌符号是品牌创建的基础性工作。品牌名、标识、包装、标语、域名，甚至气味、触感、嗅觉、听觉等是品牌成为其自身并区别于其他品牌的可视元素（Tangible elements）。第七章"品牌营销策略"聚焦于品牌经营的零售终端决策和新型传播策略。品牌的零售终端有助于品牌向顾客传递体验；而非媒体传播、自媒体传播等新型传播模式对创建品牌影响力具有独特作用。第八章"品牌杠杆战略"强调，品牌如果能从富有无形资产的外部实体（包括人、事、物等）"借力""借势"，构筑品牌影响力将具有事半功倍的效果。杠杆战略拓展了传统品牌管理的视野，但同时也加大了品牌管理的幅度和难度。

第四篇"品牌扩展"，涉及企业利用已培育品牌的无形资产进行新业务扩张、实现价值倍增的一系列战略问题，一共包括两章。第九章"品牌延伸战略"表明，当品牌培育强大之后，企业应该遵循科学原理，利用现有品牌无形资产帮助公司开拓新业务、寻求新的发展空间。第十章 "品牌组合战略"旨在帮助公司理顺多品牌之间的品牌关系、促进多品牌协同增效。企业在发展过程中，因拓展新业务、品牌并购、品牌合作、品牌代理等各种战略，必然要进入多品牌状态，因此，企业有必要理顺品牌组合关系。

第五篇为"品牌长青"，它包括防御、保护品牌并促进品牌历久弥新、历久弥坚的五大战略。"品牌更新战略"涉及针对品牌的各种可视要素以及品牌定位的更新。品牌创建不可能"一劳永逸"，需要不断营销创新、与时俱进（相应的内容安排在第五章第四节）。"品牌防御与保护"是指企业主动对标识品牌的有形要素（如品牌名、标识、口号、色彩、气味、触感、嗅觉、听觉等）加以系统保护，确保品牌的知识产权不受侵害。品牌保护和维护是构筑品牌无形资产的"护城河"（相应的内容安排在第六章第四节）。第十一章"品牌文化"旨在强调通过塑造历久弥新的文化符号与基因，让品牌持续传递影响力、魅力。

第十二章"品牌管理体系"强调维护品牌无形资产的管理制度、章程和组织保证。第十三章"品牌评估"旨在强调通过适时评估品牌、及时监测市场表现，企业可以及时调整品牌战略与策略；品牌评估结果是监测品牌健康的寒暑表。

总之，《品牌管理》一书围绕创建国际知名品牌的核心逻辑，组织、讲解国际先进的品牌经营管理知识板块，读者可以从中领略国际优秀教材的严密知识体系。

---------------------------------【本章小结】---------------------------------

1. 理解几个基本概念之间的区别与联系有助于我们深入学习品牌。狭义的品牌是指品牌名、标识、符号、包装，或其他可识别本公司产品（或服务）的有形物的组合，又称之为"品牌要素"。广义的品牌则是指某种或某几种品牌有形要素在顾客心目中建立起来的品牌意识和品牌联想，以及影响他们对产品的感觉、评价和购买的各种东西的总和。

2. 品牌价值、品牌资产、品牌权益是体现品牌经济价值的几个概念。"品牌价值"是指用货币金额来表示的品牌"财务价值"，它是经济学概念。"品牌资产"强调品牌是企业无形资产，它能给企业带来财务收益，它是会计学概念。品牌权益是指品牌在市场上的影响力是由过去营销活动累积的结果，同时也影响营销活动的未来收益，它是市场营销概念。

3. 品牌不只应用于工商企业，也广泛应用于城市（或地区、国家）、体育与娱乐产业、个人、价值观与精神文化。

4. 欧洲品牌演进显示出明晰的 5 个阶段，美国品牌演进史表现为 6 个阶段，中国品牌演进具有清晰的 4 个历史阶段。

5. 品牌培育 4S 战略框架体现了培育知名品牌的 4 个逻辑阶段。

---------------------------------【术语（中英文对照）】---------------------------------

---------------------------------【即测即练】---------------------------------

自学自测 / 扫描此码

------【思考与讨论】------

1. 请理解品牌和品牌化两个概念之间的区别与联系。
2. 区分品牌价值、品牌资产、品牌权益三个概念之间的区别与联系。
3. 谈谈你从中国品牌的历史演进中得到的启示。
4. 试分析 4S 战略框架对于中国企业创建知名品牌的重要意义。

------【实战模拟】------

案例讨论
1. 海尔品牌的基石有何特征？
2. 海尔品牌国际化路径是怎样的？

------【延伸阅读 1】------

扫码阅读《国产奢侈品牌三原则：有故事，有内涵，守得住》一文（《中欧商业评论》2013 年 3 月），思考并讨论以下问题：

1. "有故事"对于品牌有何意义？请列举几个知名品牌的故事，并讨论品牌故事对品牌无形资产的价值。
2. "守得住"对品牌有何价值？请列举几个"守得住"的品牌案例，并讨论品牌最需要坚守的是什么？如何做到坚守？

------【延伸阅读 2】------

扫码阅读《AI 正成为公司品牌新面孔，客服机器人提升品牌拟人化新水平》一文（《Harvard Business Review》2017 年 6 月，作者 Wilson, Daugherty & Morini-Bianzino），思考并讨论以下问题：

1. 企业应该从哪些方面设计虚拟的品牌大使？
2. 相对于明星品牌代言人，人工智能虚拟品牌代言人有哪些优势与劣势？
3. 企业应该如何避免虚拟品牌代言人的负面效应？

第二篇　品牌启动
(Starting-up of Brand)

第二章　自主品牌

第三章　品牌的顾客本位

第四章　感知质量

第五章　品牌定位

第二章
自主品牌

没有完全的独立，就没有完全的幸福。

——车尔尼雪夫斯基

我只有一个忠告给你，做你自己的主人。

——拿破仑·波拿巴

学习目的

学习本章之后，读者将对以下自主品牌问题有更清晰、准确和透彻的理解：
- 自主品牌的内涵是什么？它和自有商标有何不同？
- 自主品牌战略对新兴国家有何重要意义？
- 自主品牌的本质特征有哪些？
- 从加工型企业转型为自主品牌的营销战略有哪些？

本章案例

- 大疆：中国科技品牌全球崛起的秘诀
- iPad 到底是谁的？
- 国际知名品牌，你在哪里？

开篇案例 大疆:中国科技品牌全球崛起的秘诀

深圳市大疆创新科技有限公司(DJI-Innovations,简称DJI),2006年由香港科技大学毕业生汪滔等人创立,是全球领先的无人飞行器控制系统及无人机解决方案的研发和生产商,客户遍布全球100多个国家。通过持续的创新,大疆致力于为无人机工业、行业用户以及专业航拍应用提供性能最强、体验最佳的革命性智能飞控产品和解决方案。

2017年6月,大疆入选《麻省理工科技评论》2017年度全球50大最聪明公司榜单。2017年6月30日,深圳市大疆创新科技有限公司荣获中国商标金奖的商标创新奖。大疆创立到目前为止仅十来年,就给世界交出了一份华丽的成绩单,刷新了"中国智造"的名片,成为全球智能飞控创新的引领者。其背后有着什么样的故事,对其他企业有何启示?下面我们将走进大疆科技的品牌塑造之路!

1. 品牌启动:兴趣助飞,越挫越勇

大疆科技的创始人汪滔,1980年生于杭州,其父母都是知识分子。汪滔从小就对飞行器有浓厚的兴趣,一本红色直升机探险漫画书是他兴趣的启蒙。他梦想着有一天自己能够拥有一架飞行器,并为其保驾护航。中学期间,他曾经拥有过一架飞机,然而却因为他的好奇心,自己动手肢解遥控直升机而把它搞坏了。但他仍然兴趣不减,痴心不改。高中毕业后,汪滔申请美国名校的电子专业被拒,最终考取了香港科技大学的电子工程专业。大四毕业前,他开发了一套直升机飞行控制系统,人生轨迹从此转变。汪滔为了开发他的飞行控制系统,付出了全部精力,甚至不惜逃课和通宵熬夜。虽然他开发的直升机悬停功能在展示前出了问题,但心血没有白费。研究机器人的李泽湘教授发现了汪滔,对其执着的兴趣、技术理解力以及领导力大为赞赏,在其引荐下,汪滔进修了研究生课程。

在研究生宿舍里,汪滔成功拿下了自主悬停这一核心课题,制造出了飞行控制器的原型。2006年,汪滔和两位好友来到深圳,用奖学金搞研究并创立了大疆创新科技公司。由于创业早期愿景不明,再加上汪滔完美主义的个性,导致公司内部纷争不断,员工流失,最初每个月也只能销售约20台飞行控制系统。2006年晚些时候,大疆科技资金吃紧,在接受了天使投资人大约9万美元的投资后,最终才算渡过了难关。在接受天使投资之后,汪滔在继续研发产品的同时,将产品向国外无人机发烧友销售;通过提供产品给国外资深发烧友免费试用,然后根据反馈建议,不断改进飞行控制器的功能和性能,使得用户能够对大疆产品拥有良好的体验感。另外,汪滔还将产品放到国外一些小型贸易展上推销,借助于这些平台,不仅能够扩宽销售渠道,提高知名度,还能够知道国外专业航拍公司对航拍无人机的技术需求,从而帮助大疆科技确定研发方向。

2008年前后,随着电池、电机、飞控、传感器技术的快速提高,各主要零部件成本降低并向精度更高和小型化方向发展,无人机民用化开始有了基础。大疆随即着手研发云台,即通过机载加速器在摇晃的飞行中调整方向,以便拍摄出的视频画面能够保持稳定,同时把在直升机上积累的技术运用到多旋翼飞行器上,公司的发展才开始走上快车道。2008 年，大疆的飞控技术发展得越来越快，仅仅用了一年的时间，汪滔团队就开发出了第一架自动化电动无人直升机 EH-1。11 月，大疆又推出了第三代飞行控制器——XP3.1。伴随着技术的进步与经验的积累，大疆创业的脚步迈得愈发扎实和稳健。大疆创新在创始人的带领下，越挫越勇，迎来了无人机的春天！

2. 品牌定位：转型升级整机，定位大众市场

品牌的精准定位，是企业成功的关键。大疆之所以能够有今天的市场地位，得益于对市场升级机会的准确把握。2006 年，当时大疆的主要精力是在直升机飞行控制系统上。这个市场小众到只有在英、美、德有几家小公司在研发，而大疆很快就超越了这几个对手。2010 年，大疆从一位新西兰代理商那里得到一条消息：她一个月卖出 200 个平衡环，但 95% 的客户都把平衡环安装在多旋翼飞行器上。而她每个月只能售出几十个直升机飞行控制系统。当时多旋飞行控制系统的主要厂商是一家德国公司 MikroKopter，但他们的产品策略是 DIY，用户必须找到自己的组件并下载代码，因此体验不是很好，产品的可靠性也不行。面对这种情况，大疆当时有两个选择。一是大疆继续卖配件——飞控也算一个配件，虽然是核心配件；二是直接做整机。但是由于做整机没有参照标准，风险比较大。最后大疆创始人汪滔拍板决定做多旋整机。因此，大疆很快将重心放到了多旋翼无人机上。事实证明，这个决定让大疆在市场上获得了先发优势。大疆后来的拳头产品悟（Inspire）系列、精灵（Phantom）系列都属于四旋翼无人机。

大疆的精准定位并不在于产品的"高级化"和"专业化"，而恰恰在于产品的"普适化"。由于将受众定位在航模或航拍爱好者，过去的无人机多需要用户自己组装，一来是用户可以根据自己的要求进行定制，二来是 DIY 组装能力也是航模爱好者用户所普遍具有的。但是这种需求和能力，无法推演到非爱好者的用户群中。大疆创始人汪滔敏锐地意识到，大疆也许应该成为第一家提供商业用途成品飞行控制的厂商。于是大疆改变套路，用"一体机"取代"组装机"，大幅度拓宽了用户范围，将市场定位到普通消费用户中。大疆的精灵系列已经可以实现，开箱之后上手即可起飞。这对于大疆来讲，是发展历程上的一个重要时刻，一个关乎企业成败的关键时刻。

2012 年，Phantom 1 第一次把相机带上天空，实现会飞的相机，为公司奠定了坚实的品牌基础。2013 年 1 月，大疆发布了全球第一款消费级无人机——"大疆精灵"，以 679 美元的价格迅速抢占大量市场份额。而在此之前，即使是想自己动手制造无人机，只要希望质量能达到一定水准，投入一般都会超过 1000 美元。在"大众创业，万众创新"的新时代，大疆科技是我国企业创新的最亮名片，是全球智能飞控创新的引领者。

3. 品牌强化：切入国际高端，刷新"中国智造"

长久以来，性价比被视为"中国制造"赢得市场的标签，而通过技术创新打动世界的"中国智造"产品少之又少。而大疆无人机的横空出世，不但圆了汪滔的"中国梦"，也为"中国制造"贴上高品位、高质量、高科技的标签。正因为如此，在国内一些科技企业从低端市场"走出去"的时候，大疆科技则选择从欧美等高端市场"杀入"国际市场。

2014戛纳电影节、2014索契冬奥会直播现场，大疆无人多旋翼飞行器赚足了目光。2015年的金球奖颁奖典礼上，无人机实时传送航拍画面；4月份的尼泊尔7.8级大地震中，救援人员依靠无人机来绘制受灾地区的地图；美国爱荷华州的农场主利用无人机监测麦田；Facebook将利用自有无人机产品向非洲农场地区提供无线互联网接入……一时间，大疆已悄然广泛应用于国际民间，走入了全球大众的视野。

2015年2月，美国权威商业期刊《快公司》评选出2015年十大消费类电子产品创新型公司，大疆是唯一一家中国企业，且排名仅在谷歌、特斯拉之后，高居第三。2015年大疆占有全球民用无人机市场份额的70%。2015年胡润百富榜揭榜，"大疆"创始人汪滔排名第87，成为最富有的"80后"。截至2016年，大疆创新在全球已提交专利申请超过1500件，获得专利授权400多件，涉及领域包括无人机各部分结构设计、电路系统、飞行稳定、无线通信及控制系统等。从大疆科技2016年营业收入数据来看，欧美和亚太各占30%，拉美和非洲地区只占10%。中国大疆在世界无人机市场上拥有绝对话语权，2020年占全球市场70%~80%的市场销售份额，是当之无愧的全球民用无人机第一品牌。

4. 大疆全球崛起的秘诀

第一，坚持基础创新。大疆视技术创新为企业生命，并把它定义"中国智造"的核心。大疆始终坚持自主创新的理念，包括研发设计无人机的关键零部件，如飞控系统、机架、摄像头和云台等。另外，从原料采购、关键零部件生产，到最后质检和试飞，都执行一套严格标准，包括对所有物料的多重严密检测，以及对成品严苛的可靠性测试。更值得一提的是，每一套产品均由专业测试工程师进行真实环境试飞，以确保产品质量。大疆科技自主创新研发一系列产品，不断推进技术跨越，每年都有新产品问世，每一代产品都实现技术大跨越，赢得客户喜欢。例如，2012年问世的精灵Phantom 1将无人机从航模爱好者拓展至大众消费市场；2013年推出的精灵Phantom 2让使用者可以通过终端来控制飞行与拍摄；2014年推出的"小悟（Inspire）"能够自动收放起落架；2015年问世的"精灵（Phantom 3）"可实现2000米内高清数字图像传输，以及室内自主悬停。大疆坚持利用核心技术构筑壁垒，赢得未来竞争。2017年发布的"晓（Spark）"掌上无人机，首次引入了人脸检测功能，开机后，将Spark放上手掌，检测到人脸后即可解锁并从掌上起飞。实现了挥挥手，就能体验前所未有的人机交互。2020年全球民用无人机市场销售额突破259亿美元，中国无人机市场也将保持50%的增长。面对巨大的市场空间，又有大疆成功创业的示范效应，一些相关产业的公司也开始进军无人机市场，并开始在性价比上展开竞争。在此背景下，大疆依然坚持对技术的不懈追求和强调消费者体验，坚持用足够的技术创新竖起市场壁垒。据悉，大疆科技拥有全球最大的无人机研发团队，核心研发人员约800人，研发资金占销售额10%以上，而且不设上限。

第二，一开始就布局国际市场渠道。布局国际销售渠道，增加品牌的国际知名度，也是大疆能够成功占领国际市场的重要一步。2006年汪滔就开始将产品向国外无人机业余爱好者销售，并通过留言板DIY Drones（DIY无人机）与无人机爱好者互动。另外，汪滔在创业早期还带着产品到一些小型贸易展及数码影像器材展上推销，比如参展2011年在美国印第安纳州曼西市举办的无线电遥控直升机大会。通过以上形式增加了创业早期大疆品牌在业余爱好者和专业航拍领域的知名度，拓宽了国际市场渠道。更值得一提的是，大疆科技一直不断加强在重要的国际渠道上展示产品与技术。例如参加科隆Photokina世界影像博览会、日本国际摄影器材与影像展览会、德国纽伦堡国际玩具展览会以及2015年CES国际电子消费展。不仅如此，大疆科技还通过国际社交平台和各类赛事提升其品牌的国际影响力。首先，大疆运营的国际社交平台要比一般的中国品牌多得多。迄今，大疆在Facebook、Twitter、YouTube、Vimeo、Instagram等运营了社交平台。其次，大疆善于借助各类国际赛事引起潜在顾客的关注。大疆科技在全球主办了多场照片和视频比赛，鼓励用户将作品上传到社交及视频网站上参与分享，以此吸引无经验的大众消费者试用大疆产品用于航拍。大疆科技也活跃于全球各类赛事。例如，2015年大疆"悟（Inspire 1）"直播了在洛杉矶举办的Air + Style单板滑雪比赛，此举开创了无人机被用于大型现场直播的先河，其独特而精彩的航拍镜头，令人为之惊叹。

第三，开辟网络新渠道。在演艺界，很多美剧都有航拍的需求，但直升机航拍较为昂贵，而无人机航拍不仅能达到相似的效果，还能大大节约成本。从2013年开始，大疆科技就开始接触演艺圈的人，给他们做航拍演示，送样品试用体验，美国演艺圈开始逐渐喜欢DJI（大疆无人机）品牌。2014年，大疆科技分别参加了美国的两个独立电影节，使得很多电影制作人对大疆无人机产生兴趣。实际上，大疆无人机已经在《摩登家庭》《神盾局特工》和《国土安全》等热播美剧中露过脸。经口口相传，大疆无人机渐渐在美国电影界积累了口碑。

大疆科技还打通了以官网为基础，海内、海外主要电商平台并重的三维网络渠道。大疆科技的官网不仅为国内客户提供了购买渠道，还用多种语言为国外的客户提供了产品价格、库存和运费等信息，这些国外的客户主要集中在亚太、欧洲和北美洲等地。2014年大疆科技还新增了包括亚马逊、易趣网在内的12个北美地区航空摄影供应商和国际电商渠道。

总之，大疆开创了一个全新时代，向世界展示了新一代"中国智造"的魅力。缔造出全球智能飞控创新引领者的品牌形象。虽然华为、联想等中国科技巨头的发展速度很快，也塑造出世界级科技品牌，但这些公司是在相对成熟的领域，一步一步发展起来的。大疆，在一个相对空白的领域，设计制造出的产品上市伊始，就广受国际市场追捧，这种

"第一次效应"对中国品牌来说无疑是空前的,它彻底改观了全球消费者对"中国制造"的传统负面印象,给中国企业打造世界级品牌树立了新榜样!

资料来源:
1. 张焱. 汪滔谈创业:只想做好20人的团队[J]. 商学院,2015.
2. 马翊华,郭立肯. 人机占领国际市场的成功经验与启示[J]. 对外经贸实务,2016.

拥有自主品牌是创建国际知名品牌的前提。中国已成为全球制造大国——这里生产全球90%的打火机、全球90%的眼镜、全球70%的玩具……但中国还不是一个自主品牌强国——2020年Interbrand最新发布的全球品牌100强中,中国仍然只有华为上榜。在国际市场上缺少足够数量的自主品牌、过多企业充当代工商而非自主品牌商,是中国尚未进入世界品牌强国的重要表现。本书主张中国企业应该努力扩大自主品牌在全球的销售、市场份额和品牌影响力。本章旨在全面解析自主品牌的内涵与特征,探讨中国企业在全球市场范围内转向自主品牌的战略。

第一节 自主品牌的内涵及意义

一、自主品牌的内涵

"自主品牌"是一种战略,它是指企业对品牌商标拥有排他性的所有权,以自己专属的品牌名和商标在市场上出售产品或服务的自主性经营战略。拥有自主品牌的企业叫作自主品牌制造商(Own brand manufacturer,简称为自主品牌),它通常是相对于原部件制造商(Original equipment manufacturer,简称代工)而言的。原部件制造商的通俗叫法是"贴牌",意思是制造商对自己工厂生产出来的产品没有权利张贴自己的品牌名和商标进行营销与销售,而只能将无商标标识的产品交给委托方(或自主品牌商),由委托方给产品贴上商标在市场上进行营销与销售。

很多中国企业在国内市场是以自主品牌的名义在市场上进行市场营销的,因而在国内市场采取的是自主品牌战略。但相当多的中国企业在国际市场却没有采取自主品牌战略,而是贴牌战略。例如,美的电器在小家电、空调、冰箱、洗衣机等领域是国内市场份额均位居前列的自主品牌,但它在欧美市场以自主品牌销售的产品却很少,主要通过替伊莱克斯、西门子等知名品牌做贴牌而将产品出口到欧美市场。

二、自主品牌对新兴国家经济的重要意义

"自主品牌"这一概念出现的背景是后起国家的企业在参与国际市场时遇到了早期的欧美企业开拓国际市场时明显不一样的全球环境。早期欧美企业在开拓国际市场、参与全球产业分工时,都是以"自主品牌"的名义出现的,因此也就没有区分自主品牌和贴牌的

差异。美国企业在品牌培育的历史上出现"制造商品牌"（Manufacturer brand）、"商店品牌"（Store brand）或"私有商标"（Private label）之间的区分。但其含义与自主品牌具有本质的差异。自主品牌理念，对新兴国家的产业及经济发展具有重要的战略意义。

第一，新兴国家的企业主要以贴牌而非自主品牌形式参与国际市场竞争，这促使新兴国家的企业将自主品牌的国际营销视为构建国际竞争力的重要战略。例如，格兰仕作为全球最大微波炉制造商占全球微波炉制造总量的50%以上；但以格兰仕品牌名出售的产品的全球市场份额却远低于这个数。格兰仕制造的很大一部分产品是替世界知名品牌（如西门子、三星、伊莱克斯等）的贴牌产品。由于贴牌只能享有生产加工费，其利润远低于自主品牌产品。更重要的是，贴牌企业对自己生产的产品没有定价权，也没有市场营销主动权，而委托方却通过贴上自有商标后从产品销售中获取溢价。因此，不难理解新兴国家的企业为什么把在全球市场销售自主品牌作为建立竞争能力的重要途径。

第二，新兴企业遭遇企业规模与软实力的不对等，也促使它们在国际市场争创自主品牌。2018年的统计表明，中国大陆已有120家企业进入《财富》全球500强榜单；但Interbrand全球品牌100强排行榜中，中国品牌只有华为一家上榜。中国企业以自主品牌名义在国际市场的曝光率太少，自主品牌产品在国际市场的销售份额不大。因此，以自主品牌名义参与全球市场成为新兴国家企业的迫切任务。

第三，新兴国家的经济总量与经济影响力的不对等，促使其政府从国家战略高度倡导自主品牌战略。例如，中国国内生产总值（GDP）于2011年超过日本，成为全球第二大经济体。但中国企业在世界经济中的影响力，却与GDP规模世界第二的地位不对等。其重要的原因之一，是国际市场上中国的自主品牌数量太少。一个国家要在世界经济体系中具有发言权，一个国家要发挥软实力，就必须拥有相当数量的企业在国际市场销售自主品牌产品。打造国际知名的自主品牌，对中国不仅具有重要的经济意义，也能够提升中国在国际上的综合影响力。

第二节 自主品牌的主要特征

自主品牌具备哪些主要特征？本节从基本特征、构筑竞争优势特征和国际知名自主品牌特征三个层面，来详细探讨自主品牌的特征。

一、自主品牌的基本特征

具备哪些基本特征才称得上自主品牌呢？自主品牌的基本特征是企业以自己专属的商标或品牌名出售其产品，或用企业专属所有的商标或品牌名出售委托他人生产的产品。自主品牌基本特征的具体表现有以下几点。

1. 直接面向顾客

选择"贴牌"经营模式的企业，并非自己直接面向顾客；而是由委托方直接面对顾客，贴牌生产商或加工商只需按照委托方的标准制造、交付。自主品牌经营者则不同，自主品牌经营者必须直接面对顾客，因此，需要充分了解顾客的需求，并针对不同需求的顾客推出有差异化的自主品牌产品或服务。直接面向顾客收集需求信息、开发产品、传递产品及服务、传播公司及产品价值主张等，这是自主品牌最基本也是最重要的特性。

2. 直接面对顾客进行营销传播

自主品牌直接面对顾客进行传播的方式包括：广告、促销、人员推销、产品展示、赞助或新闻报道，等等。代工或贴牌生产商不会直接面对顾客进行营销传播，而是由委托方直接面对顾客进行营销传播。例如，当美的电器决定增加自主品牌产品在国际市场的份额时，就曾于2010年11月18日与国际泳联建立战略合作伙伴关系，美的电器通过赞助营销形式，直接面向海外顾客作营销传播。又如，从2011年开始，华为在欧洲一直赞助欧洲杯足球联赛，将华为公司品牌及华为手机品牌深深植入欧洲消费者的心目中。直接面对顾客的营销传播，是打造自主品牌不可缺少的营销策略。

3. 掌控市场营销渠道

代工或贴牌生产商只需要按照委托方的要求进行产品制造、加工、交货，无须掌控或管理分销渠道（含零售终端渠道）。但自主品牌制造商必须要掌控渠道，包括经销渠道或终端网点。自主品牌制造商可以完全由自己掌控经销渠道与终端；也可以采用合资合作的方式，由合作伙伴履行渠道日常服务，自己掌控对顾客的渠道服务标准或规范。掌握营销渠道有助于自主品牌产品能够按自身标准送达最终顾客手中。例如，中国联想电脑想进入全球市场时，就采取了亲自管理当地营销渠道的模式，联想于2011年1月并购NEC挺进日本，通过自身掌握的市场渠道深入日本市场，接触日本用户；又于2011年6月并购德国MedionAG，从而掌握营销渠道深入欧洲市场，接触欧洲用户。

在快速消费品行业中，中国娃哈哈根据中国中小城市及农村市场，慢慢摸索创建了独具特色的"联销体模式"。简单而言，联销体就是通过在中小城市及农村建立一级经销商，娃哈哈协助一级经销商发展二级经销商，对一级经销商进行扶持，极力培养年经营额在一亿元人民币及以上的经销商大户。联销体的主要内容有：严格的全国统一批发价格体系，对货物的编码，对经销商的串货实施保证金制度，对娃哈哈销售人员串货实施连带处罚制度，娃哈哈的市场督导巡视制度。其中，针对经销商（联销体成员）的保证金制度又是娃哈哈在世界范围内的独创。保证金制度对于经销商的责、权、利方面的规范内容主要有：经销商提前给娃哈哈汇入一定金额的保证金；保证金用于每月分两次结清货款；经销商不得以低于公司规定的最低价出货；经销商确保特定区域内的铺货、配送。保证金制度同时规范了娃哈哈作为制造商的责、权、利，主要有：在区域内对经销商实行独家供货；根据对方保证金额度，按月返还略高于银行利率的返息；经销商在保证金金额之内的采购享有最优惠价格；产品成本紧张时，经销商在保证金额度内的采购享有优先发货；年底娃哈哈根据经销商的销量和利润，对经销商给予一定比例的返利；娃哈哈公司在当地负责广告促销等市场支持工作。娃哈哈"联销体"模式对制造商、经销商、零售商等各类成员的职责界定，反映出掌控营销渠道作为自主品牌基本特征的主要内涵。

娃哈哈联销体渠道模式带来的好处是明显的。其主要优点表现在于：顺利清欠应收账款,资金能及时回笼,周转速度加快;保证金成为公司重要的资金来源,渠道行使了融资的功能;有利于维护渠道,使市场稳定有序;有利于维护价格体系,使全国范围内的价格相对稳定;由经销商架起桥梁,建立了与当地的政商关系。说到底,娃哈哈的联销体有利于整合社会资源。这种独特的营销模式,让娃哈哈创始人宗庆后获得了"织网大师"的称谓,其渠道模式也进入了哈佛商学院的"渠道创新"教学案例。

4. 对商标的专属所有权

知名品牌的商标拥有无可限量的价值,是一笔巨大的无形资产。通常,商标所有人对其商标具有专属权,受到法律保护。但由于历史原因或不熟悉国际游戏规则,中国企业的商标在国际上往往被抢先注册。因此,中国企业必须重视维护其商标所有权的专属性,不要在产品畅销之后才回头想起要有相应的商标保护。这样有时会付出巨大的代价。

苹果"iPad"平板电脑风靡全球,但却由于历史原因,"iPad"在中国大陆的使用权被唯冠科技注册拥有。一个全球知名企业在商标的专属所有权方面出现如此大的失误,不得不让所有企业经营管理者深思(如品牌案例2.1所示)。

品牌案例 2.1   **iPad 到底是谁的?**

2012年7月2日,旷日持久的苹果公司与深圳唯冠商标纠纷终于尘埃落定。广东省高级人民法院宣布,双方在法庭主持下已经达成和解,苹果公司为获得iPad内地商标权向深圳唯冠支付6000万美元。

对于大多数中国人来说,是看了唯冠和苹果的新闻才会问,唯冠是什么?才会好奇唯冠iPad是什么,才会想了解唯冠的iPad与苹果的iPad之间有什么区别。而在更早之前,唯冠在大多数中国人眼里还是个陌生的名词。

其实是这样的,iPad只是一个商标、一个名称,是苹果在美国为自己的平板电脑注册的名称。为了产品名称的统一,苹果在各国上市也用的是这个名称。但几乎每个国家都有人注册过这个商标,但没有实际产品,因为此商标废弃时间过久,所以苹果在其他国家的官司可以轻松获胜。

不过唯冠iPad是唯冠在十多年前注册的一个名字。苹果当初向唯冠购买商标权时,遗漏了一处小小的破绽,即:大陆iPad的商标权掌握在深圳唯冠手里,中国台湾唯冠无权做主。苹果虽然与深圳唯冠的母公司唯冠国际签了获取商标方面的协议,但商标在中国大陆的真正持有者是深圳唯冠。按照中国大陆的法律,苹果对商标协议细节未能严谨审核。正是这一破绽,导致了多年后的商标权纠纷。

唯冠的主业是电子产品代工,性质上有点类似于富士康。但是到2012年时,唯冠不但没有什么实际产品业务,而且整个公司濒临倒闭——向苹果索赔成为它那段时期的主要业务。

苹果iPad商标和解案赔偿金额是到2012年为止中国知识产权司法案例中最高的。专业人士认为,本质上,本案是不同法律文化冲突的结果,外国公司确定商标战略必须谨慎，对知识产权交易的法律选择和争议解决选取，也必须极其慎重。

最后的和解结果可以说是双赢，也可以说是双输。苹果输在法律，唯冠输在道德。创新工场董事长李开复则措辞激烈地指出："唯冠曾做过一个叫 iPad 的产品，失败后取消了""唯冠破产后，回头细查 iPad 授权，喜见当年授权手续有误，便启动以维权为包装，以敲诈为手段的天价官司"。同时，他认为，苹果收购商标时草率，"这次为疏忽付出了应付但较合适的代价"。

有意思的是，iPad 商标纠纷也引发了普通人群对商标的兴趣。有人说抢注商标域名，三年不开张，开张吃三年。这种财富效应的示范作用是明显的，中国商标域名的抢注之风会愈演愈烈，而对于企业而言，知识产权的投入应该是投资，而不是成本。

资料来源：佚名.iPad 是谁的？[J]. 中国连锁, 2013(1).

二、自主品牌的竞争优势特征

什么样的自主品牌才具有竞争优势呢？仅仅拥有一个专属的商标，如果这个商标在市场上没有积极、正面的内涵，那它也没有竞争优势。在此，我们提出自主品牌拥有竞争优势的几点基本条件。

1. 拥有自主知识产权

自主知识产权是企业获得并保护其竞争优势的核心力量，受到法律保护。对于一个品牌来说，拥有产品的自主知识产权意味着拥有别人难以模仿的产品独特性，唯有如此，才形成品牌资产的核心价值。相反，缺乏自主知识产权的品牌易于被模仿，在市场竞争过程中很容易被击败，缺乏值得长久维护的品牌核心价值。但并不是所有拥有自主商标的产品都具备市场竞争力，是否创新是自主知识产权的价值所在。所以，决定企业胜负的，是拥有创新的、前沿的、受市场所看重的自主知识产权的品牌。

自主知识产权的获得需要企业先期投入进行研发创新。企业研发理念、研发与创新机制、研发团队等决定了在培育自主知识产权方面能否成功。华为等国际知名品牌无一不是通过研发创新，依靠自主知识产权和技术创新来构建品牌的核心竞争力。

不过，还有一种更高境界的知识产权的自我保护形式就是根本不申请知识产权，因为一旦申请知识产权就意味着知识产权公开化了。可口可乐的神秘配方原浆构成了比法律上的知识产权更有价值的知识专利。

2. 品牌定位的独特性

中国企业习惯了模仿。其结果，中国企业在品牌定位上与同行业的大品牌如出一辙。对于中国企业而言，建立独特的品牌个性并不容易，因为中国文化总体上偏爱与他人、与集体的"相同"，而不主张"另类""独特"。然而，在消费者的心智中，跟随者永远是弱者的代名词。与其他品牌（哪怕是领导品牌）定位相似的营销策略只会起到为领导品牌进一步宣传的效果，"为他人作嫁衣裳"；对于提升自身品牌的影响力作用甚微。因此，希望打造富有品牌竞争力的中国企业，必须要在品牌定位上打造独特性。先入为主的品牌定位，鲜明的品牌个性，强有力的、正面的、独特的品牌联想，……一定可以为你的品牌构筑独特的价值和竞争优势。

例如，糖果品牌大多以孩子为目标市场，而士力架独辟蹊跷专为成人设计，已经成为糖果品类的第一。宝马的竞争对手是奔驰，但宝马不想成为"奔驰第二"，于是宝马站在奔驰的对立面，当奔驰定位于"大而舒适的乘坐机器"时，宝马则走小而灵巧的路线，向市场强调"终极驾驭"的体验与感受，最后赢得富有朝气的经理人的喜爱。可口可乐是经典老字号品牌，拥有最长的碳酸饮料历史，百事可乐如何与之竞争？诚然，可口可乐历史悠久，很多父辈甚至爷爷奶奶也喝过这个品牌的饮料。百事可乐另辟蹊径，它坚信当代年轻人的喜爱定有不同。于是，百事可乐将自己定位于"百事一代"。百事可乐年轻一代的差异化定位，造就了百事可乐与可口可乐数十年来并驾齐驱的发展势头。所以，没有定位的独特性，就难以战胜同行业既成的领导品牌，永远只能处于跟随的地位。

▶ 三、国际知名自主品牌的特征

要成为国际知名的自主品牌，又要具备哪些条件？通过总结国际权威的 Interbrand "全球百强品牌榜"，我们总结出国际知名品牌的几点主要特征（如品牌案例 2.2 所示）。

1. 自主商业模式

强大的自主品牌取得竞争优势的战略制高点，在于其有效的自主商业模式。如果说品牌定位让品牌成为它自己而不是别的品牌，那么，自主商业模式就是让企业成为它自己而不是别的企业的根本。自主商业模式反映了企业成功的内核。当然，日益激烈的竞争也会使成功的商业模式不断被快速复制和超越，因而，即便是国际知名品牌，也必须不断进行商业模式创新。

苹果有什么自主商业模式？除了消费者耳熟能详的苹果品牌"iPod""iPhone""iPad"畅销全球外，苹果还有一个隐形武器——在线产品供应商：由 iPod 带动的全球最大在线音乐供应商以及由 iPhone 拉动的全球最大在线软件公司。全球 10 万余款的在线苹果软件已经被下载 30 亿次以上，并依然在快速增长之中。全球有超过 10 万的软件工程师为苹果设计在线产品，苹果无须支付额外固定成本便可以极大程度地分享软件销售提成。苹果商业模式的变通和创新充分证明了商业模式的力量，商业模式的价值有时候远大于技术创新甚至产品创新。

利乐是一家融包装材料、饮料加工设备和灌装设备生产于一体的整体包装方案供应商。它尽管行事低调却以其独特的商业模式确立了自己在乳业企业、果汁企业、茶饮料企业等液态饮料供应商中的独特地位。利乐在中国的产能非常惊人，年产 400 亿包。中国乳业公司每做一包牛奶，奶农仅获得 0.3~0.4 元，而利乐依靠包装方案就获得了 0.2~0.3 元，以均价 0.25 元估算，400 亿包的产能，利乐在中国的年收入就达百亿。

2. 全球资源整合能力

世界分工格局日益深化，供应商、生产商、分销商、零售商……在日益细化的分工格局中，要打造国际知名的自主品牌，企业必须培育起全球性资源整合能力。这样就能在整个产业链中处于主导地位，整合技术、人力资源、原材料、渠道、市场、品牌等，实现整体利益的最大化，赢得竞争优势。

万向通过整合国内生产制造的质量及成本优势和国外的品牌优势、渠道优势，从而为企业带来一次次跳跃式发展。IBM花了十年时间整合全球业务，过去是各个地区或国家"复制"一个IBM，而现在IBM的供应链、财务系统、营销系统都是一个全球资源整合系统，其中的供应链整合系统使得IBM在全球调配资源的硬件成本节省了25亿美元。

3. 品牌文化内涵

品牌文化是品牌名、标识、品牌传播，以及品牌定位、个性等有形无形元素，长期作用而形成的品牌所代表的内涵。它与消费者心智产生碰撞，产生共鸣。品牌依靠传播而扩大知名度，依靠品质赢得消费者好评，依赖文化内涵而获得持久的影响力。一个没有文化内涵的品牌，其影响力是不能持久的，很容易被模仿。

迪士尼、星巴克、可口可乐、苹果……它们都有着自己的文化内涵，也构成了企业核心的品牌价值。北京同仁堂药业代表着中医药文化，消费者购买其产品不仅仅只是选择药品的功效和质量，同时也是选择了药品的文化品位。

品牌文化是多维的，企业可以通过特定的方法构筑品牌文化内涵。根据国际知名品牌的经验，我们总结得到构筑品牌文化内涵的主要途径。包括：挖掘及塑造品牌的灵魂人物；撰写及传播品牌成长或发展的传记；设计品牌有形元素，赋予其意义，以此为载体提升品牌的可视度；建设供顾客、用户等交流分享的品牌社区；挖掘及传播富有意义的品牌故事；建立反映品牌历史或重大事件的档案馆、博物馆、陈列馆等。其中，品牌历史是品牌文化的纵向维度，代表了品牌文化的深度。中国企业在打造品牌文化内涵的时候，需要将其各个关键历史时期的重大历史事件，挖掘出来，加以提炼和升华，通过展示公司品牌的历史来传递品牌的文化内涵。

4. 传承民族特性

在国际市场上，品牌天然地带有民族身份识别。麦当劳、可口可乐等代表了美国；索尼、丰田等代表了日本；奔驰、西门子等代表了德国；LV等代表了法国；华为代表了中国……

什么样的品牌才能代表中国呢？中国品牌反映了什么样的中华民族价值观？国际市场上消费者多从遍布世界大都市的"唐人街"，以及海外华人超市中的中国产品，来认识中国产品及其所代表的民族特性。因此，总体上目前国际市场消费者对中国产品所蕴含的民族特性仍存在负面认识。中国品牌如何挖掘民族文化中的精粹，通过品牌传播弘扬民族文化，显得非常迫切。今天，处于全球领先的中国品牌正在诠释具有正面意义的中国国家元素，如创新、前沿、勤劳、坚忍、进取、奋进……这些元素经提炼能够成为中国品牌向世界传播的民族特性。

品牌案例 2.2	国际知名品牌，你在哪里？

拥有国际知名品牌不只是一个企业的愿望，也是一个国家在世界经济中话语权的标

志。当今国际知名品牌分布在哪些国家或地区？总结近几年 Interbrand 全球品牌百强榜，拥有国际知名品牌的国家或地区分布，有以下特点。

1. 百强品牌分布在哪些国家

全球拥有百强品牌的国家或地区的总数只有 15 个。可见，拥有世界百强品牌具有何等价值。美国在百强榜里的品牌席位一直是最多，年均拥有 50 个左右的席位，也就是说在百强榜中占"半壁江山"（2013 年更高达 55 席）。其次，德国在百强榜中的席位居第二，保持在 10 个左右。法国和日本相近，居第三位，7 个左右的品牌进入百强榜。值得注意的是，韩国在世界品牌百强榜中，已连续五年占有 2~3 席。可喜的是，华为自从 2014 年进入世界品牌百强榜之后，一直稳定在百强之中，且排名不断上升，从 2014 年的第 94 名，上升到 2018 年的 68 名，可谓成长快又稳的新崛起的全球品牌。还有值得一提的是墨西哥的科罗娜啤酒，连续多年稳定在百强榜单。

从区域来看，北美在世界品牌百强榜中占 55 席左右，除重点集中在美国之外，加拿大和墨西哥也有品牌入榜。欧洲占据 35 席左右，9 个左右国家的品牌入选，像瑞士、瑞典、荷兰、芬兰等人口和国土面积都小的国家也入选百强榜，表明老牌的欧洲在世界经济分工中仍处于优势地位。亚洲占 10 席左右，由日、韩、中（华为一个品牌）占据。其他地区，尚无品牌进入世界百强榜。金砖国家并没有太多品牌进入世界百强榜，因为品牌反映的是软实力和内涵，一国所占的席位数量并不和 GDP 分量完全对等。

世界品牌百强榜，很大程度上表明了品牌及其背后的公司在世界产业价值链的优势地位。因为品牌是微笑曲线两端中的一端；而一般来说，入选百强品牌的企业，也是技术创新和知识含量高的企业。在世界商品和服务的贸易中，百强品牌无疑享受到超额溢价。哪个国家在世界品牌百强榜中占有的席位多，就代表这个国家在世界经济分工和交换中的优势地位。世界品牌百强榜表明，中国在世界经济分工和交换中，需要提高话语地位。

2. 百强品牌有固定的行业吗

世界百强品牌分布在约 20 个行业。从传统行业的快消品、服装，到消费电子、汽车，再到传媒、金融、高新科技等，似乎不能下结论说哪些行业最能产生百强品牌。但有一点趋势是肯定的，新技术行业的品牌价值增值最快。从 2013 年开始，苹果跃居百强品牌榜的榜首，超过连续多年牢固占据的榜首宝座的可口可乐。过去几年，高新科技品牌在百强榜中的数量持续增加，排名位置不断提前。据 2020 年 10 月 Interbrand 全球最佳品牌榜统计，苹果（品牌价值 3229.99 亿美元）仍然保持了榜首位置。第二是亚马逊，品牌价值增长了 60%，至 2006.67 亿美元。微软的品牌价值 660.01 亿美元，排名第三位。谷歌为第四位，品牌价值 1654.44 亿美元。三星（品牌价值 622.89 亿美元）首次跻身前五。这些位居前五的品牌都是科技类品牌。而且，高新科技品牌的价值总量也遥遥领先，在百强榜价值总量中的比例超过了 30%。

资料来源：王海忠. 高级品牌管理[M]. 北京：清华大学出版社，2014：69-71.

第三节 自主品牌战略

新兴国家的多数企业，要么仅在国内市场营销其自主品牌；要么仅以加工（OEM）模式参与国际市场。因此，对于绝大多数的企业而言，在国际市场实施自主品牌战略都是一个挑战。基于此种情境，本节重点探讨新兴国家的企业如何在国际市场范围内实施自主品牌战略。

一、加工型企业转向自主品牌商的思维变革

做加工（OEM）与自主品牌（OBM）两者有何不同？当公司确定自身需要从加工转向自主品牌时，高层管理者应该认识到两者的关注点存在哪些差异。这样，才能培养自身转向自主品牌所需要的技能。需要从加工转向自主品牌的企业，需要实现以下的经营管理思维变革。

1. 从满足委托方的标准化需求，到满足顾客的个性化需求

加工生产商关注的重点是委托加工方的需求，委托方的标准左右着加工商的车间管理、生产流程建设、品质管理、物流管理等。委托方先制定好在各方面的量化要求，交给加工商，加工商的任务就是按照标准，高质量交货。委托方的标准是量化的、硬性的。

转向自主品牌模式时，最重要的就是要满足顾客的个性化需求。习惯于加工的厂家转型到自主品牌商之初，一定会感觉到满足消费者的需求比满足委托方的要求更难。消费者的需求难以量化和标准化，消费者的需求更加富有个性化和弹性，更需要对市场的洞察力。因此，从加工转向自主品牌时，企业需要培养对消费者的敏锐性和洞察力。学习消费者研究方法，自主品牌商可以提升洞察消费者的能力。

2. 从生产制造导向（内部），到营销渠道导向（外部）

从事加工时，企业重点是按照委托加工方的要求，建立符合标准的生产线，按合同保质保量准时交货。因而，这是典型的生产制造导向，加工方委托多少，加工商就生产制造多少，确保准时向委托方供货。然而，一旦成为自主品牌商，企业就需要建立市场营销渠道，确定主要的市场区域和目标顾客群，建立经销商网络，确定零售网点。

小家电生产商德尔电器，从加工起家，在转向自有品牌时，曾投入了几百万元在全国建设销售网点，最终回款却只有 100 万元。替迪士尼做加工多年的夏祖军，想转向自主品牌模式时，曾联系几家大型连锁超市，都由于进场费过高而最终未能进入终端渠道。

可见，要转向自主品牌，经销商网络和零售网点将成为企业主要的营销基础设施，需要投入大量资源建设。

3. 从现有产品的品质管理（现在），到新产品研发创新（未来）

加工商只需要按委托方的要求，在生产过程中注重品质管理，力争零缺陷。加工生产

商只需要对现有产品进行精益生产。但转向做自主品牌商时，除了生产制造过程的品质管理之外，还得高度关注新产品研发创新。产品的自主研发和自主知识产权，是自主品牌成功的第一核心要素。

4. 从生产制造成本（单一），到社会交易成本（多元）

加工生产商的成本都在工厂内部，主要表现为生产制造成本和人力成本，这些成本比较容易预测和控制。但自主品牌生产商要面向市场，在面向市场时，要和多重对象发生互动，因而产生多元化社会交易成本。例如，和渠道环节的经销商、零售商打交道会产生渠道成本；和零部件供应商合作，会形成供应链成本；制作与投放广告，形成传播成本；获取市场数据时，信息成本发生……做自主品牌需要注册、申请许可、ISO 认证等，都要产生很多显性和隐性成本。自主品牌生产商的成本具有多元性，因而，更加难以控制和预测。

二、加工型企业转向自主品牌商的战略选择

对于那些已进入加工发展路径的中国企业，要推出自主品牌，就会面临一个困境：终端市场上，加工产品与自主品牌产品属于竞争关系。但对于加工企业而言，放弃加工就等于放弃利润，委托方会因加工生产商推出自主品牌而减少委托订单量，从而约束加工商推出自主品牌。

加工型企业如何平衡加工业务与自主品牌产品之间的关系？本书主要介绍加工企业转向自主品牌时的几种战略选择，这些战略有利于加工型企业在短期内培养自主品牌营销能力。

1. 定位差异化战略

避免加工产品与自主品牌产品形成竞争关系的战略之一是差异化品牌定位战略。其中，目标市场和定位的差异化是最主要的战略。"世界鞋王"宝成集团，为国际 60 多个大品牌商（包括 Nike、Adidas、Reebok 等知名品牌）生产鞋子，平均全球每 5 个人穿着的时尚名牌运动鞋中，就有一双是出自宝成的生产车间。2008 年宝成集团推出自主品牌"宝元鞋匠"。"宝元鞋匠"与宝成集团代工产品形成差别化定位。耐克等品牌的产品主打专业运动、卓越体育形象，"宝元鞋匠"的产品则主打休闲舒适型；耐克等品牌的主要目标客户是年轻男性，而"宝元鞋匠"的主要目标客户是 25~39 岁的女性，尤其是家庭主妇。显著的差异化定位有效避开了自主品牌产品与代工产品的正面竞争，为加工企业自主品牌转型赢得了发展空间。

2. 地区差异化战略

中国加工型企业的自主品牌，可以与委托商品牌在全球的地区市场分布上实行差异化。代工的欧美品牌以发达国家为重点目标市场；中国代工企业就可以先向发展中国家和地区渗透，通过在发展中国家市场建立"农村根据地"逐步发展全球自主品牌。

美的集团在全球市场同时推行代工和自主品牌双元战略，但在地理区域上进行了很好的区分。美的集团在欧美市场的业务，几乎全是贴牌加工，客户包括全球零售集团（如沃尔玛、家乐福等），也包括全球知名制造商品牌（包括西门子、伊莱克斯等）。美的创始人

何享健曾这样解释：建立国际名牌是一个漫长的过程，至少要 10 年。中国企业可以通过为它打工，慢慢积累实力，提高国际化的能力。这是中国企业一定要交的学费。但是，美的在发展中国家市场则实施自主品牌战略，而且锁定了五个重点海外市场：东盟；北非与中东；南美；印度和巴西；东欧国家。在这些发展中或新兴地区市场，美的在东盟地区采取直接投资，营销自主品牌"美的"；而在其他四个区域又优先以参股或控股战略，走品牌合作与并购之路，创建自主品牌。例如，2010 年 10 月 9 日，美的电器发布公告，通过海外全资控股子公司以 5748 万美元收购埃及 Miraco 公司 32.5%股份事项，已完成股权过户登记，成为其第二大股东。

富宝沙发主要从事加工业务。2005 年在国内推出自主品牌 Frandiss，在全国建立了 200 多家专卖店，基本上覆盖了所有的一、二线城市。自主品牌主打国内市场，国际市场采用代工，由此，富宝沙发成功推出了自主品牌。

3. 打造零售与服务品牌

在营销渠道中，掌握零售终端的企业（如连锁超市、大卖场、百货，等等）具有决定胜负的影响力。代工企业建立零售品牌也是企业向微笑曲线两端扩张、延伸的方式之一。有了自己的零售渠道之后，就能提升自己与品牌委托商的议价能力，也能更贴近消费者终端市场。

代工之王——富士康曾承诺绝不发展自有品牌，但却不计成本投资创建零售终端渠道。2001 年，富士康投资入主赛博数码广场，其零售的主打产品就是加工的电子数据类产品。2010 年 11 月 17 日，富士康与全球第二的消费类电子零售商麦德龙合作的万得城开业。富士康本身服务于苹果、诺基亚等知名品牌，已经打造了富士康的代工制造品牌，未来富士康的梦想是拥有渠道品牌，帮客户去卖产品。

在渠道业务方面，宝成集团自 1993 年开始，就启动了品牌代理业务，在中国大陆代理分销 Converse 品牌，后来发展为运动用品零售业务，经过多年来的拓展，已经在大中华地区建立起一定规模的零售渠道。2009 年，宝成集团将零售及品牌代理业务独立分拆，由集团旗下之"宝胜国际"组织营运。现在，宝胜国际已建立了零售渠道品牌名"胜道"（YY Sports），在营销推广及品牌形象打造方面，都表现不凡。

4. 代加工与自主品牌运营分离

由加工起家，再走上自主品牌之路，一定会遇到自主品牌与加工两种业务的矛盾重重。解决办法之一，是成立一家独立的分公司，把自主品牌和加工业务的营运分离开来。让各自按自身规律制定发展壮大。

由代工走上自主品牌之路的中国台湾企业宏碁，随着自主品牌与加工业务的双双成长，兄弟阋墙现象频生。同行业企业就以宏基推出自创品牌为由，策略性地从委托方抢夺加工业务，导致宏碁加工订单流失。为此，泛宏集团不得不于 2000 年底启动再造工程，将宏碁、纬创拆分，分别专注于品牌行销和加工制造。

万向集团在代工和自主品牌经营方面也保持相对独立运作的形态。在国内，万向集团以代工为主营业务；在国外，以"万向美国公司"为独立主体进行营运，主要营运收购来的国际知名品牌，并进行跨国投资。这种模式有效规避了集团产品多种渠道相争的弊端。

5. 收购国际知名品牌

中国代工企业往往培育起几方面的能力：制造成本低、资金充裕、一定的国际市场经验。这为并购国际知名品牌奠定了一定基础。

中国万向集团打造国际知名品牌，成为中国企业中少数几家真正的跨国公司之一，其重要原因在于，利用自身制造规模强、制造成本低、资金充裕的优势，很早就并购了美国同行舍勒公司。舍勒是美国汽车维修市场的 3 大万向节供应商之一，早在 1984 年，舍勒公司成为万向客户，万向从它那里获得了海外第一笔加工订单。由此，万向开始作为舍勒的加工方，双方在技术、市场等方面开始了长期合作。到了 1990 年代，舍勒每况愈下，万向集团分析了舍勒的优势和不良资产，找出万向和舍勒两者资源的互补性。于是，1998 年，当了解到美国 LSB 欲购买舍勒的厂房时，LSB 公司接纳舍勒的工人、厂房；而万向则购买了舍勒的品牌、技术专利、专用设备及市场等。并购舍勒后，万向将舍勒的所有产品转移到国内生产，而在美国等海外则仍以舍勒品牌销售，实现了国内低成本生产，国外高价格销售自主品牌产品的升级换代。此次并购，使万向取代舍勒成为全球万向节专利最多的自主品牌企业。

并购国际知名品牌的战略，相对于中国加工企业自己开发自有品牌，具有几个方面的优势。其一，把国际知名品牌收购过来，变成自主品牌，能够维持高端品牌形象，获取溢价。而走自创品牌之路，往往难以摆脱低端制造形象，在销售价格和利润方面远远低于同质的国际名牌产品。其二，在培育自主品牌之初，还会和自己的代加工品牌形成竞争关系，导致恶性竞争。这既可能面临来自委托方取消订单的威胁，小规模的自主品牌产品还难以消化加工企业大规模的生产能力。其三，产生良好的并购整合效应。一方面，并购之后，在国际市场，仍然维持原有的国际知名品牌名，获取溢价收益；而又利用国内制造成本优势，降低生产制造成本。这样，被并购品牌的利润率大大提升。

当然，并不是每家中国加工企业都能消化被并购的国际知名品牌。一方面，如果被收购的国际知名品牌无法保持原来的营运，被并购品牌的优势资源就无法挖掘。另一方面，自身的低成本制造优势和庞大的中国市场优势又没有充分利用。其结果，收购国际知名品牌反倒侵蚀了中国加工生产商积累的利润和品牌形象。这是中国企业在并购国际知名品牌时要避免的。

--------------------------------【本章小结】--------------------------------

1. "自主品牌"是一种战略。它是指企业对品牌商标拥有排他性的所有权，以自己专属的品牌名和商标在市场上出售产品或服务的自主性经营战略。拥有自主品牌的企业叫作自主品牌制造商（OBM），它通常是相对于原部件制造商（OEM）而言的。

2. "自主品牌"概念出现的背景。它是基于新兴国家的企业要参与国际市场时才出现的概念，因为它们遇到了早期欧美企业明显不一样的全球环境。自主品牌理念，对新兴国家的产业及经济发展具有重要的战略意义。

3. 自主品牌战略具有直接面向顾客、直接面对顾客进行营销传播、掌控市场营销渠道和对商标的专属所有权等基本特征。

4. 加工型企业转向自主品牌商需要首先进行思维变革。这些变革主要包括：从满足委托方的标准化需求，到满足顾客的个性化需求；从生产制造导向（内部），到营销渠道导向（外部）；从现有产品的品质管理（现在），到新产品研发创新（未来）；从管理生产制造成本（单一），到管理社会交易成本（多元）。

5. 加工型企业转向自主品牌商的战略选择主要包括：定位差异化战略、地区差异化战略、打造零售与服务品牌、代加工与自主品牌运营分离、收购国际知名品牌等。

---------------------------【术语（中英文对照）】---------------------------

---------------------------【即测即练】---------------------------

自学自测　　扫描此码

---------------------------【思考与讨论】---------------------------

1. 收集 3~5 个国家的企业案例，说明企业的自主品牌战略对于新兴国家发展社会经济的意义。

2. 收集 3~5 个中国企业案例，讨论它们从代加工转向自主品牌的战略多样性与共性。

---------------------------【实战模拟】---------------------------

案例讨论

1. 请你选择一个中国的地理标志产品,然后借鉴哥伦比亚咖啡的营销做法,为该地理标志产品开拓国际市场设计相应的品牌营销战略。

2. 从哥伦比亚咖啡的案例中,你认为在设计地理标志品牌的形象识别系统时,需要考虑哪些因素?

----------------------------------【延伸阅读】----------------------------------

扫码阅读《海外品牌构建指南》一文(《世界经理人》2014年2月),思考并讨论以下问题:

1. 理解并解释国际营销与国际贸易的异同点。
2. 阅读并讨论国际营销必须具备哪些基本特征。

第三章
品牌的顾客本位

> 如果可口可乐在世界各地的厂房被一把大火烧光，只要可口可乐的品牌还在，一夜之间它会让所有的厂房在废墟上拔地而起。
>
> ——道格拉斯·达夫特（可口可乐公司前CEO）

学习目的

学习本章之后，读者将对以下品牌问题有更清晰、准确和透彻的理解：
- 什么是以顾客为本的品牌权益？为什么品牌权益要以顾客为本？
- 品牌权益的基本内涵是什么？
- 品牌权益的来源有哪些？
- 创建强势品牌经过的四个逻辑步骤有哪些？

本章案例

- 唯品会：品质生活带来幸福体验
- "大众自造"
- 央视"标王"

开篇案例   **唯品会：品质生活带来幸福体验**

2016年11月22日，唯品会（NYSE:VIPS）发布了截至9月30日的2016财年第三季度未经审计财报，再度刷新连续16个季度盈利的纪录，季度营收和归属于股东的净利润均实现了超过30%的同比增长。在易观智库发布的《2016年第三季度中国网络零售B2C市场监测数据》中，唯品会在B2C市场交易份额及移动网购市场交易份额中均名列三甲之列；而《财富》公布的2016年增长最快100家公司，唯品会位居全球第二，也成为进入前10强中唯一入围的中国电商企业。

自创立以来，唯品会一直推崇精致优雅的生活理念，倡导时尚唯美的生活格调，主张有品位的生活态度，致力于提升中国消费者的时尚品位。为了实现这些目标，唯品会一直坚持"精选品牌+深度折扣+限时抢购"的正品特卖模式，旨在为消费者带来更多价格合理的精品好货。

随着国内商品经济发展日益成熟，消费升级以及网购用户年轻化已成为大趋势，用户的消费需求变得更加多元化、个性化和品质化。而在移动互联网时代，消费者购物越发碎片化和场景化，随时随地购物、"所见即所得"的便利购物成为常态。面对这样的发展趋势，唯品会准确把握品质消费大势，坚持以特卖模式为核心，通过"品质+内容+大数据"三驾马车来满足消费者不断提升的消费需求。

1. "品质+电商"产品服务体验全面保障

据《中国消费者报》和中国电子商务研究中心联合最新发布的《2016网络消费洞察报告与网购指南》显示，唯品会在"品牌优"和"品质优"方面最获消费者肯定，而这一趋势与唯品会所坚持的"精选品牌、深度折扣、限时抢购"的正品特卖模式不谋而合，也反映出特卖模式在顺应消费升级趋势下更具发展前景。

为带给用户更多优质的品牌选择，唯品会相继牵手众多国内外知名品牌，通过深度战略合作助力品质扩容。此外，唯品会还与广东出入境检验检疫局签署《共建全球质量溯源体系合作备忘录》，利用全新升级的"全球质量溯源体系2.0版本"公共服务平台，全程收集并传递商品质量信息，实现进出口商品"源头可溯、去向可查"，以品牌正品和不断升级的服务体验，让2亿多用户真正做到"明明白白消费，安安心心购物"。

2. "内容+电商"娱乐化直播获得新流量

随着消费族群和消费心态的年轻化，相比产品功能及价格等硬指标，现在的用户们更注重在商品中寻找"情感诉求"。因此，与用户对话，建立良好长效的沟通方式，已经成为电商行业赢得年轻用户，甚至获得长期用户黏性的必要选择。此外，随着消费升级，消费者不再因为"需要"而购买，更多源于"喜欢""有趣"而消费，所以如何持续创造有"内容"的创新营销，打造迎合消费者喜爱的消费场景，又引起电商新一轮的卡位。作为一家充满时尚性并多年领跑穿戴类的高黏性平台，唯品会在内容娱乐化方面有天然的优势。从2016年开始，唯品会推出原创视频+直播导购，还有花样直播，以及输出精品 PGC 内容和有趣的 UGC 内容，用更娱乐化、趣味性的内容与年轻用户建立情感沟通，传递品质生活方式，从而再度提升了用户黏性。在站内，唯品会则通过"发现频道"给消费者开出不同的种草单，以不同商品品类或是以时下热度较高的话题为核心，按主题给消费者推荐商品，为消费者创造了多种消费场景。到 2016 年第三季度，唯品会复购率已高达 80%。其中"90 后"用户在新客中的占比持续上升，第三季度超过了 50%。

唯品会在"内容"创新方面还在持续尝试。2016 年第三季度，唯品会成功打造每周一期的穿衣搭配导购栏目《唯品美美搭》，邀请时尚达人作为主持，亲自"传授"在不同场景下的穿戴技巧。在观看过程中，用户可以即看即买节目中出现的时尚单品，真正以精品 PGC 内容紧密聚合产品、用户和流量，切实提升"内容变现力"。

不仅如此，唯品会继签约周杰伦为首席惊喜官（CJO）之后，第三季度又签下昆凌，旨在为唯品会吸引更多"90 后"年轻用户。在直播这场签约发布会上，唯品会尝试采用了年轻人更为追捧"360° VR 全景"直播，模特现场走秀服装也实现"即看即买"。

2016 年"双十一"，唯品会在"电商+直播"上也另辟蹊径，通过在游乐园这个特殊的场景里为各种商品做新奇评测直播——"粉红特工挑战秀"活动，成功吸引了近千万用户在线观看，超过 2000 万人参与了直播互动，而新玩法的转化率也较为乐观。最终，唯品会双 11 的总订单量实现较去年翻倍。

3. "大数据+电商"千人千面打造惊喜升级

网购用户呈现个性化、定制化、品质化等多样化需求，如何才能洞察和满足每位用户独有的消费诉求？——这背后实则是电商平台大数据实力的一场竞技。"数据赋能"一直以来都是唯品会的重要战略之一，唯品会在大数据上的人工智能深度学习已逐步实现"千人千面""千地千面"和"千时千面"，真正懂得并满足用户的所想所需，带给每一位用户非凡的体验。

2016 年第三季度，唯品会与微软达成战略合作，充分将微软在大数据计算、存储、分析等方面的技术优势与自身海量用户数据、海外研发团队大数据研究相结合，发掘移动时代的数据智能，为用户打造更流畅、更便捷、更智能的在线特卖"惊喜"体验。具体而言，唯品会 App 首页已经能根据用户以往的行为偏好实现品牌呈现顺序的个性化，也会根据个性化的行为数据对用户进行同类品牌或者跨品类的推荐以及个性化的营销沟通。精准的推荐和沟通增强了用户黏性，也有利于提高用户的销售增量。

与此同时，唯品会还通过虚拟试衣间等 VR、AR 技术的研发与运用，让用户先"体验"后购物，增强供求匹配程度和趣味购物体验，时时带给用户"网上逛街般"场景化惊喜购物体验。

4. 自建物流，提升用户体验

除了以上所说的"三驾马车"，为全面提升用户体验，唯品会从 2010 年开始探索自建物流。唯品会董事长沈亚曾说，"物流是电商的核心竞争力之一"。在不断寻求正品、优质、低价与高效的电商消费体验的创新道路上，自建物流是唯品会提升会员用户体验不可不说的一环。通过快递配送路径优化的研究，提升快递包裹配送的效率，通过技术提升及方法优化，使客户预约收件的成功率大大提升，带给用户良好的消费体验。

截至 2015 年，唯品会全资控股的品骏快递承载了 80% 的订单，这不仅提高了商品配送效率，整个过程中唯品会技术中心将通过物流大数据平台的创建、物流快递路径数据收集、移动实时定位数据采集与处理来对用户进行进一步的画像分析，以优化配送的调度模型，为更多客户提供更快更优的快递配送服务。面对零售业新的发展趋势，唯品会能在不断扩大用户量的同时还维持较高的增速，连续实现多个季度的盈利，与其顺应潮流、牢牢抓住消费者消费升级的需求并随之进行产品和服务升级的各项举动密不可分。"升级"之后的唯品会，用其高品质的产品和服务，为用户创造了更幸福和便捷的消费体验。

资料来源：周凯玲. 唯品会：品质生活带来幸福体验[J]. 中国商界，2016(9): 66-71.

唯品会在品牌的战略层面坚持精致优雅的生活理念，倡导时尚唯美的生活格调，主张有品位的生活态度，它最终在广大的中国消费者心目中形成了时尚品位的品牌印记。打造国际知名品牌的根本在于先在顾客心目中形成强有力的、积极的、独特的品牌形象，因此，顾客心智是国际知名品牌的源点。本章提出"品牌的顾客本位"观点，我们围绕品牌权益（Brand equity）核心概念，阐述创建以顾客为本的品牌权益的战略思想与策略方法。

第一节　顾客为本的品牌权益

一、顾客为本的品牌权益

1. 顾客为本的品牌权益的定义

正如本章引言中可口可乐公司前 CEO 道格拉斯·达夫特所言，企业厂房即使为大火所烧，只要品牌不倒，一切皆可重来。品牌既然如此重要，那么强大品牌的源头在哪里？顾客为本的品牌权益（Customer Based Brand Equity，简称为 CBBE）告诉我们，品牌的源头是顾客心智。在顾客心智中占据一个强有力的、积极正面的、独特的位置正是品牌创建工作的首要任务。

顾客为本的品牌权益定义为"顾客由于对品牌拥有的知识所导致的对品牌营销活动的差异性反应"。该概念认为，创建品牌的关键任务或目标是要在消费者心中形成强有力的品牌认知和品牌形象。顾客为本的品牌权益，是品牌在产品市场和资本市场的表现的源泉——"问渠哪得清如许，为有源头活水来"。

2. 顾客为本的品牌权益的两个关键要素

顾客为本的品牌权益有两个关键要素：顾客的差异性反应、顾客的品牌知识。

（1）顾客的差异性反应。

品牌是否拥有很强的品牌权益，关键是看顾客对品牌的营销活动是否产生差异化反应。和一杯没有标签的可乐相比，标上"可口可乐""百事可乐"字样的可乐，消费者会感到口感更好，愿意支付的价格更高。如果一个品牌名称并没有给产品营销带来任何显著的、正面的效应，那么该品牌的权益就为零，就属于"大路货"（Commodity）。

（2）顾客的品牌知识。

要让顾客对品牌的营销活动形成差异化反应，其前提是顾客在心智中对品牌形成了"品牌知识"（Brand knowledge），即顾客在日常购买行为中积累了对品牌的各种所知、所感、所闻与所见。消费者所形成的品牌知识是依据自身经验建构出来的，它与品牌管理者所期待的、经过实施营销活动后应该形成的品牌知识并不完全一致，有时甚至是相反的。经理人期望的品牌知识与顾客实际拥有的品牌知识之间的差异更进一步强调了品牌管理工作需要洞察消费者需求，捕捉到消费者心智中的品牌是一幅怎样的图景。

例如，星巴克 2000 年在故宫开设咖啡店，星巴克经理人并不期望此种行为会给品牌形成"文化侵略"的印象（品牌知识）。星巴克品牌经理人与中国公众之间由此形成了品牌知识的不对称，这最终让星巴克"败走故宫"——星巴克故宫店于 2007 年正式搬出。无独有偶，2012 年一则星巴克进驻杭州灵隐寺的消息再次在网上引起轩然大波，星巴克再次被视为"对中国文化的亵渎"。针对批评声，星巴克中国官方微博发布消息称该店只是位于杭州灵隐市景区，并非网上流传的灵隐寺内或者附近。此后，星巴克的宣传也刻意与灵隐寺保持距离，至此才平息了一场在星巴克看来本不应该有的风波。

▶ 二、顾客为本的品牌权益对企业的重要意义

1. 强势品牌让消费者愿意支付溢价且对价格更不敏感

大量研究表明，顾客愿意为有品牌的产品支付溢价（相对于没有品牌的产品）。品牌的知名度不同，人们愿意支付的溢价也不同。比如同样一款手机，当没有品牌时，顾客愿意支付的价格可能是 1500 元；如果品牌换成华为，则价格可能提升至 3000 元或更高。不同的溢价其实就意味着品牌权益的差异。这种由品牌为企业产品带来的溢价能力是企业不惜重金建设品牌的根本出发点。如果品牌不能为企业带来溢价，那该品牌也就无所谓品牌权益。除此之外，一个良好的品牌形象还可以让顾客更能够容忍品牌的提价行为——对价格上升不敏感。

2. 强势品牌让消费者对企业具有更大的忠诚度

企业寻找新客户的花费往往高于维系旧客户的成本，因此企业总是努力维系现有顾客，提升顾客忠诚度。在企业提高顾客忠诚度的诸多策略中，品牌是其中重要的一个手段。企业通过打造品牌，可以提高顾客对品牌的忠诚度，包括对品牌的情感忠诚和行为忠诚。此外，一旦顾客对品牌形成忠诚感，就会产生交叉销售（Cross selling）现象——顾客购买

某企业的 A 产品如果对产品使用感到满意，进而又会购买这个企业的 B 产品。

3. 强势品牌有助于提高消费者对企业产品品质的感知

现实生活中，消费者往往难以确切评估产品的客观质量，这可能源于企业提供的信息不足或消费者知识的局限性等。因此，消费者对产品质量的评估往往带有很强的主观色彩，故而市场营销习惯性称之为"感知质量"。如果企业拥有良好的品牌形象，那么消费者在感知产品质量时，就会透过"品牌形象"这个过滤器；良好的品牌形象会产生"光环"效应，提高对品牌的质量感知。因此，做品牌的过程有助于提升消费者对品牌的感知质量。

4. 强大品牌具有更多的品牌延伸机会，有利于企业进入新的产品业务领域

品牌延伸包括产品线延伸和品类延伸，产品线延伸是指在原有产品类别里添加产品新的口味、功能等（如飘柔推出含有首乌配方的新产品）。品类延伸是指品牌从原来的产品类别延伸至无关的品类（如华为从电信设备延伸至个人手机业务）。成功品牌延伸的前提条件之一是拥有强大的品牌，因为消费者会将对原有品牌（可称为母品牌）存有的好感转移到新产品上。这种因喜爱母品牌而导致的连带喜爱新产品的特征，就是品牌延伸中的"爱屋及乌"现象。

5. 良好的品牌形象有助于企业抵抗负面信息

品牌除了可为企业带来正面收益外（如溢价、顾客忠诚等），还能帮助企业规避风险，更安全地渡过难关。企业发展过程中总是会经历负面事件，良好的品牌形象可以缓冲负面事件给企业带来的危害。研究表明，当消费者对品牌具有很强的情感承诺时，企业出现负面事件后，消费者更会倾向于站在企业角度看待负面事件，可能把产品负面事件归咎于外部环境因素而非企业自身；如果产品负面质量事件由某种属性引起，忠诚的消费者会特地将这一属性的重要性缩小，而放大有利于产品质量的其他属性的重要性。这种现象在一定程度上表明，大品牌更能从产品质量的负面事件中恢复。

第二节 顾客心智的品牌知识

构建顾客为本的品牌权益的关键在于消费者心智中的品牌知识。品牌之所以在未来有收益、有价值，是因为顾客拥有的品牌知识造成了顾客对品牌的差异性反应。本节阐述什么是品牌知识以及品牌知识的构成要素[①]。

一、顾客心智的品牌知识

1. 联想网络记忆模型

心理学认为，在人们的大脑中，记忆是以节点以及节点与节点之间的链环构成的。其

---

① 关于顾客心智的品牌知识的相关理论，此处主要参考了权威文献 Keller, L., Conceptualizing, measuring, and managing customer-based brand equity[J]. Journal of Marketing, 1993: 1-22. 为了让读者更容易将概念与市场的营销现实结合，本节所举案例多为作者重点调研、观察的知名品牌。

中,节点代表了存储的信息,链环代表信息与信息之间的链接关系及链接程度。人们日常接触到的任何信息,包括语言、图像等都可以以信息节点的形式存储。节点与节点之间有链环链接,意味着激活某个节点,可连带激活与该节点相关的其他节点。激活其他节点的概率取决于两个节点之间链接的长度与强度。对某个节点的激活可能是由于外部信息的刺激,也有可能是源于内部长时记忆系统的激活。例如,当你因为怕上火准备购买凉茶时,你可能会马上想起品牌王老吉,因为王老吉品牌与凉茶这个品类紧密相连("怕上火喝王老吉")。在激活王老吉这个记忆节点时,你随之联想起它的价格、包装,以及上次你喝它是在何时、何地、与谁一起喝,等等。上述记忆激活的方式被称之为激活扩散过程(Spreading activation process);上述记忆模型被称之为记忆的联想网络模型(Associative network model)。心理学家用网状图(如蛛网图)来形象地说明人们是如何存储知识,以及该存储有何特征。

2. 顾客心智的品牌知识的构成

遵循联想网络记忆模型,储存在消费者心智中的品牌知识,是由品牌节点与节点之间的链环构成。凯勒(Keller)以记忆的联想网络模型为理论基础,推断认为,品牌知识是由品牌认知(Brand awareness)与品牌形象(Brand image)构成的。品牌认知涉及的是品牌名、品牌标识、品牌包装、品牌标语、品牌代言人、品牌定价等信息在消费者心智中被储存的广度和深度。品牌形象是消费者对品牌的所有联想的集合体,它反映了品牌在消费者记忆中的图景。优秀的品牌总能在消费者心智中扮演某个形象、占据某个独特位置。

下面以麦当劳为例,来解释品牌知识的两大要素——品牌认知与品牌形象。图3-1中,消费者在记忆中形成了对麦当劳的众多联想,其中圆圈部分代表着关键性的核心联想(如麦当劳的金色拱门、食谱等)。核心联想之下又有次级联想(如食谱包括具体的产品、产品质量等)。若一个联想由一个节点代表,那么所有这些节点就构成了品牌联想的内容。此外,节点与节点之间都有链环相链接,链环的长短代表了一个节点被激活后可以扩散至另一节点的速度,越短代表了两个节点联系的越紧密。节点与节点之间的方向性表明了信息节点之间相互影响的路径,品牌节点之间的影响具有非对称性。

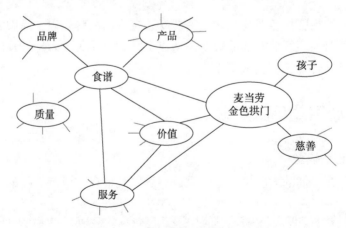

图 3-1　麦当劳的品牌联想图

资料来源:戴维·艾克. 创建强势品牌[M]. 北京:机械工业出版社,2012.

▶ 二、品牌认知

1. 品牌认知的构成

品牌认知（Brand awareness）包括品牌识别（Brand recognition）和品牌回忆（Brand recall）。品牌识别是指当众多品牌同一时间呈现在消费者眼前时，消费者识别出目标品牌的能力；品牌回忆则是指在不呈现品牌情形下，消费者从记忆中搜索出品牌的能力。可见，品牌识别与品牌回忆的区别在于消费者在意识到品牌时，是基于回忆模式还是呈现模式。例如，你熬夜看体育赛事时，准备购买某种品牌的提神饮料，如果你未进入超市前，你想到要购买红牛饮料，此时红牛就具有品牌回忆力。但如果你不能设想要购买什么品牌，而你在超市诸多罐装饮料中，你识别出红牛品牌，此时红牛品牌只是具有品牌识别力。

当消费者不在销售点做出购买决策时，品牌回忆则占据重要角色，即那些最容易从记忆中提取的品牌占据优势地位。品牌识别则是消费者面对琳琅满目的商品时，品牌是否最易于被消费者所识别，此时品牌的颜色、包装、款式等外观将极大影响消费者的识别过程。消费者很多时候是认知惰性的，部分购买行为常常在购物终端才做出决定，那些提高品牌识别能力的因素同样非常重要。

2. 品牌认知的作用

（1）品牌认知让品牌在市场竞争中"捷足先登"。

建立品牌认知，让品牌更易于被消费者识别与回忆，这样品牌在众多的竞争对手中以最快速度被消费者所识别与回忆起来，成为消费者优先的选择对象，这种优势称之为"捷足先登优势"。人是天生的思维懒惰者，在当前信息爆炸、信息超载的情况下更表现出对冗余信息的厌烦，为避免自身陷于信息海洋而无法做出有效的决策，人类发展出一些认知捷径（Cognitive heuristics）来处理信息，并据此形成决策。陌生的品牌仅仅因为被消费者多次注意到，就增加了品牌吸引力，这种因简单暴露而产生的好感就被称为简单暴露效应（Mere exposure effect）。又如，当询问消费者是喜欢宝马还是奔驰时，那些更容易想出选择宝马理由的消费者对宝马的评价更高，而那些更容易想出选择奔驰理由的消费者则对奔驰的评价更高，这种仅仅是因为某种"知觉流畅性"（Perceptual fluency）而导致的对品牌的高评价也是认知捷径的一种表现方式。增加消费者对品牌的接触，就会提高品牌认知度，从而提高知觉流畅性。

（2）品牌认知使品牌进入顾客购买选择的"考虑集"。

认识惰性的存在还会让消费者在选择时可能并不会系统地评估所有品牌以及它们各自的优劣势，而只会在脑海中形成两三个左右的候选品牌，形成品牌考虑集（Consideration set）。品牌考虑集一方面说明了消费者倾向于在某几个品牌之间进行转换；也说明了品牌竞争的残酷性，即目标品牌必须挤进消费者有限的考虑集，已经进入考虑集的品牌会抑制消费者考虑同类竞争品牌，这就是"先入为主"。品牌认知带来的"捷足先登优势"在那些购买决策倾向于漫不经心的消费者群体中表现更明显。此时，消费者对产品选择表现出"低介入度"（Low involvement）。

3. 建立品牌认知的途径

企业建立品牌认知的途径是让消费者不断接触品牌元素，从而建立品牌熟悉度。熟悉度的建立可以通过多种渠道得以实现，既有产品品牌本身的元素（品牌名称、品牌标识、包装等）；也可以通过品牌次级联想建立认知度（如品牌的代言人、产地、渠道等）。例如，消费者看到乔丹可能就会联想到他所代言的运动鞋品牌耐克。

为提高品牌认知，企业需要强化品牌与某个特定联结物之间的联系。消费者只能记住品牌的某个独特诉求，即独特销售诉求（Unique Selling Proposition，USP），面面俱到式的宣传与定位只能导致品牌的空心化。通过广告反复传播所选定的独特销售诉求，就能提高品牌认知。

▶ 三、品牌形象

1. 品牌形象的含义

品牌形象是消费者对品牌的所有联想的集合体，它反映了品牌在消费者记忆中的图景。品牌联想的形成既源于公司的品牌营销活动，也有可能源于非营销活动。消费者对品牌形成的联想既可以通过企业自身拥有的渠道获得，也可以通过企业之外的渠道获得（如第三方评论、其他消费者在网上的产品使用体验与评论等）。今天，品牌形象的形成更需要顾客参与，这就是品牌的价值共创（Value co-creation），顾客不再是被动地接受企业所传递的品牌内涵，顾客会主动地参与到品牌价值的生产与传递过程。共创过程成为消费者品牌联想的重要渠道。品牌案例3.1 "大众自造"给企业的顾客价值共创很多启示。

品牌案例 3.1　　　　　　　　　　"大众自造"

"大众自造"项目（The People's Car Project）是由（中国）大众汽车公司在2011年5月推出的面向中国公众的大型品牌营销活动。基于www.zaoche.cn这一核心网络平台，中国公众可以在网络上跨媒体实现汽车设计的灵感激发、知识分享、虚拟现实造车、互动交流、创意主题竞赛、投票评选等多种沟通需求。为期18个月的"大众自造"活动在本质上是一个企业和消费者沟通对话的互动平台，每2个月为一个阶段，分别选取汽车制造领域内的4个重要话题：设计、个性化、汽车互连、环境进行对话。

"设计"是鼓励网友在"大众自造"网站以3D模拟系统设计车辆，并进行创意比赛；"个性化"是指那些从汽车外形到内饰的一系列的个性化创意将被不断鼓励；"汽车互连"阶段则鼓励网友进行汽车移动互联的App软件设计创意比赛；"环境"阶段，大众汽车品牌将围绕"责任"和"技术创新"举办一系列相关的活动。

通过"大众自造"项目，消费者可与大众品牌深入互动，通过互联网平台设计自己的梦想之车。更加吸引人的是，大众会将从这个平台上收集到的设计直接传递到大众汽车总部研发部门和设计部门，有些设计细节还会出现在未来的新车之上。

资料来源："大众自造"官方网站。

2. 品牌联想的类型

消费者对品牌的联想可以发生在以下三个层面上：品牌属性层面（Attribute）、品牌利益层面（Benefit）和品牌态度层面（Attitude）。

（1）属性联想。

属性是指产品或服务的特征。属性可以是与产品功能相关的属性（如产品规格、材料等）；也可以与产品本身功能无关的属性（如用户特征、使用场景等）。企业需要清楚消费者关注的属性，因为消费者会在属性判断基础上形成品牌态度。

（2）利益联想。

利益是消费者从产品或服务中获得到的价值，利益是消费者对品牌的真正需求所在。品牌属性是利益的外显，品牌利益则是属性表象背后的"真相"。手段—目的链（Means-end chain）模型认为，顾客在购买产品或服务时，其出发点是为了实现某种价值，为此需要获取某种利益，而满足该利益的方式就是通过提供消费者需要的产品或服务属性。因此，手段—目的链模型将品牌诉求分成由浅到深的三个逻辑阶段：属性—利益—价值，它为企业开发品牌诉求提供了操作指南。例如，某牙膏品牌的诉求逻辑是：含有某种植物（属性），散发出特别的芳香（利益），因而让消费者在社交时更自信地与人交往（价值）。品牌利益分为功能利益（Functional benefits）、情感利益（Experiential benefits）和抽象利益（Symbolic benefits）三种类型。

第一，功能利益。功能利益往往涉及产品/服务的物理性质或性能。例如，打印机的功能利益表现为：打印速度、分辨率、打印质量、纸张容量等。

第二，体验利益。情感利益是消费者在消费过程中获得的某种积极、正面的情感体验，强势的品牌往往赋予消费者良好的情感体验。

第三，象征利益。象征利益带给消费者更高层次的价值，如体现自尊、获得认同、获得赞赏，等等。如奢侈品品牌往往强调传递某种象征利益。

（3）态度联想。

品牌态度是消费者在产品/服务体验后所形成的整体评价。品牌管理者非常关心顾客对品牌的态度，因为营销活动总是通过影响消费者态度来促成购买行为或形成情感偏好。20世纪60年代以来，众多学者投身研究态度，其中，费希宾（Fishbein）的多属性态度模型因其简明有效而获得广泛的运用。

3. 构建品牌联想

品牌经理人要创建品牌联想，需要从三个方面着手：品牌联想的喜爱度、品牌联想的强度和品牌联想的独特性。

（1）品牌联想的喜爱度（Favorability of brand association）

品牌联想三维度中首先要解决效价（Valence）问题，即确保品牌联想是积极的、正面的。例如，肯德基和麦当劳的品牌经理们需要采取措施让顾客对其快餐食品形成正面联想（如"卫生""快捷"等），回避负面联想（如"垃圾食品"等）。

（2）品牌联想的强度（Strength of brand association）

品牌联想的强度与消费者加工与存储品牌信息的过程相关，消费者对品牌信息越是深思熟虑，越是精细加工，该信息在记忆中就越容易得到强化，也就越容易被消费者从记忆中提取出来。例如，王老吉凉茶在"怕上火喝王老吉"的广告画面中，展示了可能与王老吉消费相关的各种生活场景（熬夜加班、熬夜看比赛、朋友欢聚吃火锅等），这些丰富的生活场景有助于王老吉确定"预防上火"的定位。品牌一旦与这些消费场景建立联系，则消费者在碰到此类场景时将很容易从记忆中提取该品牌。

（3）品牌联想的独特性（Uniqueness of brand association）

品牌联想的独特性与品牌定位息息相关。品牌管理者需要向消费者传递出本品牌与竞争者差异性的地方。例如，同样是钢笔，有的品牌追求书写功能的优异性，而万宝龙钢笔则强调"书写的艺术"，让品牌超越具体的功能层面，走向经典与奢华。

品牌的独特性联想解决了品牌在一个品类中与其他品牌的区别问题。例如，在洗发水品类中，霸王洗发水的成功在于强调自身的中药特性，具有促进头发再生的功效；清扬洗发水强调的是专为男士去屑的量身定做。越是在竞争激烈的市场，品牌越需要强调其独特性。

总之，品牌知识是形成品牌权益的前提条件。要形成品牌知识，营销者必须让顾客对品牌有高度的认知度，并对品牌产生正面的、强有力的、独特的品牌联想。图 3-2 展示了品牌知识的构成要素。

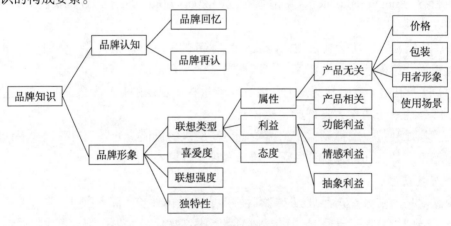

图 3-2　品牌知识图

资料来源：Keller. Strategic Brand Management[M]. 3rd Edition. Prentice Hall. 2006.

第三节　构筑顾客为本的品牌权益的逻辑

构筑顾客心智的品牌权益需要遵循四个逻辑阶段，每一阶段又由若干要素构成。图 3-3 描绘了这四个逻辑阶段和每个阶段包括的要素。我们先对这四个阶段做如下概括。

第一阶段为品牌识别，它主要解决"品牌是谁"的问题，品牌显著度越高，顾客就越清楚"他/她是谁"；第二阶段为品牌内涵，它解决品牌"代表什么""有何内涵"的问题，品牌传递给顾客功能性利益和象征性利益；第三阶段为品牌响应，它表明顾客对品牌的反应，代表顾客对品牌如何"判断或感受"的问题；第四阶段为品牌关系，它反映了顾客与品牌之间的关系问题。①

图 3-3 展示了顾客心智的品牌权益创建的四个阶段，从金字塔底端初始的品牌显著度开始，直到顶端的品牌共鸣。如果用"脑与心"（理性与感性）为划分标准，品牌大体可分为两类：一类是以理性诉求为主的功能型品牌；另一类是以感性体验为主的享乐型品牌（哈根达斯给消费者的美妙体验）。理性诉求为主的功能型品牌的权益构建更为强调金字塔左侧的内容，以感性诉求为主的享乐型品牌则更注重金字塔右侧的内容。

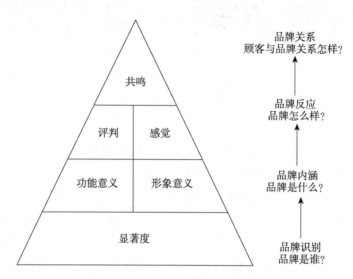

图 3-3　品牌权益构建的金字塔模型

资料来源：Keller. Strategic Brand Management[M]. 3rd Edition. Prentice Hall. 2006.

一、品牌识别

建立品牌识别的主要内容是提升品牌显著度（Brand salience）。品牌显著度表明了品牌在消费者心智中的凸显地位，品牌认知程度就是品牌显著度的一个重要指标。品牌认知是在不同情形下顾客回忆与再认品牌的能力。建设品牌显著度可以从提升品牌认知的深度和广度着手。品牌认知的深度是指品牌及其元素被人们从脑海中提取出来的可能性以及难易程度。一个不用提示或稍加提示即可回忆起来的品牌比一个需要具体呈现产品才能被识别的品牌具有更深的品牌认知。品牌认知广度是指在消费者记忆中，品牌与购买场景、消费场景联系的范围。品牌认知的广度经常被管理者所忽略，对于多数品牌而言，首要问题不是品牌是否被记忆，而在于品牌是在何时何地被记忆，以及该记忆的容易程度与频率。较窄的广度意味着消费者将该品牌限定在较少的使用场合，从而减少了品牌的使用数量。

拓展品牌认知的广度通常有两个途径：第一个是识别与开发新的使用场合和使用机会，第二个是识别与开发新的使用方法。例如，杜邦的尼龙从降落伞到女士丝袜再到泳衣、

---

① 关于顾客心智的品牌权益的四个阶段的逻辑，此处主要参考了权威学者凯勒的文献 Keller, L., Building Customer-Based Brand Equity[J]. Marketing Management, 2001, 10(2): 14-20. 为了让读者更全面理解这一逻辑，本书还综合了相关的权威学术研究成果并引用作者重点调研、观察的知名品牌案例来更贴切地诠释。

内衣，不断拓展市场空间，该方法拓展了产品新的使用方法，也有助于增进品牌认知的广度。

建设品牌显著度对于中国市场上的品牌建设有着更为重要的意义。中国消费者更加注意品牌知名度的作用，而广告曾是提高品牌知名度的最常用手段；广告多的品牌被认为是大品牌，人们推断其产品的质量更好，更值得信任。品牌案例3.2"央视'标王'"反映了中国厂商从1995年开始在中国中央电视台一频道黄金时间段大胆广告投放。

品牌案例3.2　　　　　　　　　　央视"标王"

从1995年到2012年，央视黄金时段的广告招标大战已经走过了18届，这中间有太多的成王败寇的故事，如孔府宴酒、秦池、爱多VCD，等等。尽管有的"标王"借助央视广告崛起，有的"标王"经营不善销声匿迹，不变的永远是中国企业对央视黄金时代广告的疯狂，2012年央视黄金时段的广告招标额再创新高，达到历史性的142亿元。

在某种意义上，央视"标王"争夺大赛（尽管央视已经淡化"标王"概念），已成为中国经济的"风向标"，它展示了中国企业对市场的信心与未来经济走势的判断。企业在争夺"标王"背后所折射出来的品牌含义启示：在中国市场，品牌知名度有着更多复杂的含义，它对品牌的重要性明显超过它在西方成熟市场对品牌的重要性。过去，在中国消费者眼中，知名的品牌往往代表了名牌，代表了企业的实力。时至今日，在中国市场上，"吆喝"（品牌知名度）的重要性依然是不言而喻。从信息经济学视角出发，在市场信息越不透明、市场越加复杂混乱的情况下（如假冒伪劣横行），企业花费巨资投放广告创建品牌知名度意味着向市场释放信号，即企业对自身产品质量有信心，故而愿意投放广告，企业利益相关者（消费者、上游供应商、下游渠道商）同样认同上述判断。因此在央视这一有着绝对权威性的电视媒体投放广告成为大企业大品牌的不二选择。

或许只有真正进入市场规范阶段，央视"标王"的故事才会告一段落，企业才不会那样的疯狂。

<table><tr><td colspan="6" align="center">央视历届"标王"与中标价</td></tr><tr><td>年份</td><td>标王</td><td>中标金额/亿元</td><td>央视招标总额/亿元</td><td>年份</td><td>标王</td><td>中标金额/亿元</td><td>央视招标总额/亿元</td></tr></table>

年份	标王	中标金额/亿元	央视招标总额/亿元	年份	标王	中标金额/亿元	央视招标总额/亿元
1995	孔府宴酒	0.31		2004	蒙牛	3.1	44.12
1996	秦池酒	0.67		2005	宝洁	3.8	52.48
1997	秦池酒	3.20		2006	宝洁	3.94	58.69
1998	爱多VCD	2.10		2007	宝洁	4.2	67.96
1999	步步高	1.59		2008	伊利	3.78	80.28
2000	步步高	1.26		2009	纳爱斯	3.05	92.56
2001	娃哈哈	0.22		2010	蒙牛	2.039	109.66
2002	娃哈哈	0.20	26.26	2011	蒙牛	2.305	126.68
2003	熊猫手机	1.08	33.15	2012	茅台	4.43	142

资料来源：作者归纳整理。

二、品牌内涵

1. 品牌功效（Brand performance）

品牌功效表明品牌背后的产品或服务能满足顾客对其功能需求的程度。品质是品牌功效的决定因素。针对中国市场的品牌研究发现，中国消费者对品牌的第一联想是品质，品质几乎成为品牌的代名词。首先品质代表了安全/放心，品牌可以减少消费者对产品质量的担心。其次，品质代表了产品的人性化和个性化。消费者认为，好品牌应该舒适、用起来方便、贴近人性等，他们还把环保/自然作为人性化的要素。消费者把个性化/特色与品质联系起来。再次，品质还意味着服务。对耐用品，服务重点是指售后服务。对日用消费品，服务则延展到产品核心利益之外的所有领域，如外观、包装、使用方便性。复次，品质还和工艺、美感相关联。最后，品质还和产品的创新程度、潮流有关。

有时，外围线索也成为判断品牌功效的重要依据。因为有时消费者无法评估产品属性，或者消费者本身没有动力或能力对产品属性进行判断，此时外围线索成为品牌功效的主要依据。产品来源国或产地就是影响品牌功效的非产品属性的外围线索。例如，消费者往往会对来自发达国家的产品抱以好感，认为发达国家的产品/品牌的质量会优于发展中国家的产品/品牌。此时，原产国就是质量判断的外围线索。不少新兴国家的品牌会采用将研发设计部门设立在发达国家，或采用并购发达国家国际知名品牌并在并购后继续维持被并购品牌的影响力等方式，其目的就是为了规避原产国的负面刻板印象，提升其品牌在国际市场的功能形象。表3-1总结了消费者用以推断产品质量的部分外围线索。

表 3-1 常见的产品质量线索

来源国	产品如果是来自发达国家的设计、研发、制造与原料，往往被消费者感知为高质量
品牌名字	"洋"品牌名往往被消费者误判为外国品牌
价格	产品的高价格往往被认为是高质量的
销售渠道	高端销售渠道可以提升产品质量感知
明星代言	名人代言增加消费者对产品品质的信任
第三方认证	公正权威的第三方评估认证为产品品质提供了担保

2. 品牌形象（Brand image）

品牌形象是消费者对品牌的所有联想的集合体，它反映了品牌在消费者记忆中的图景。品牌形象超越了产品的具体属性，体现了品牌的抽象概念。顾客既可以从自身的品牌使用体验构建品牌形象，也可以通过品牌广告、他人口碑等方式建构品牌形象。根据品牌形象的来源，品牌形象大体上有如下三类。

（1）使用者形象。品牌使用者的形象往往是品牌形象的一个重要部分。例如，微软MSN和腾讯QQ的用户形象就不同，MSN的用户形象是公司白领，QQ的用户形象是在校学生。品牌现有使用者的人口统计因素或心理因素都可以成为潜在顾客的联想物，例如，消费者认为，ThinkPad的用户群是商务人士，多为中年人，而苹果品牌的用户是年轻的酷玩一族。

　　使用者形象对品牌形象的作用是通过人们对使用者群体的刻板印象实现的。已有的品牌使用者成为潜在顾客的参照群体，这个参照群体可区分为消费者期望回避的群体与渴望接近的群体。例如，2011年出现"郭某某事件"期间，郭美美以爱马仕等奢侈品为炫富资本。此时，郭某某成为爱马仕消费者期望回避的群体。又如，2006年在中国上演的电影《疯狂的石头》中BMW品牌被戏谑地简称为"别摸我"；2010年在中国首播的生活类节目《非诚勿扰》中的马某说道，"宁可坐在宝马车里哭泣，也不坐在自行车上笑"。出现这些现象会对宝马品牌的使用者形象造成负面影响。

　　（2）品牌使用情境。第二类品牌形象涉及品牌的使用情境。即品牌被认为是在何时、何地、以何种方式被用户使用的联想。例如，正常情况下，人们口渴了不会购买凉茶饮料，而当已经上火或者需预防上火时，消费者会购买凉茶饮料。因而，王老吉凉茶就形成了已经上火或需要预防上火的消费情景。如果有另一个凉茶品牌，它避开王老吉凉茶的消费情景，可以创造"护肝明目"的消费情景。又如，冷酸灵牙膏形成了对付冷热酸甜的消费情景，而云南白药牙膏则形成了治疗牙龈出血的消费情景，从而，各自均形成清晰的市场定位。

　　（3）品牌个性。第三类品牌形象是消费者可能会将品牌视为一个人，从而赋予品牌各种个性特征。詹尼弗·阿克（Jennifer Aaker）1997年研究品牌个性（Brand personality），她根据西方人格心理学中"大五"模型，以美国品牌为研究对象，发现品牌具有五大个性：真诚（Sincerity，如诚实、健康、愉悦）、刺激（Exciting，如激情、富有想象力、时尚）、能干（Competent，如可靠、睿智、成功）、教养（Sophisticated，如高贵、迷人）、粗犷（Ruggedness，如外向、硬朗）。品牌个性的概念自提出以来就得到广泛的接受，并被品牌管理人员运用于实践中。优秀的品牌总是有自身鲜明的个性。例如，哈雷·戴维森摩托车具有粗犷的个性，给人以大胆、坚韧、英勇的感受；IBM以能干为个性，给人以可信赖的、成功的、专业的感受。

　　詹尼弗·阿克和她的同事对美国、日本、西班牙三种文化背景下的品牌个性维度进行比较研究。结果发现，真诚（Sincerity）、刺激（Excitement）、教养（Sophistication）这三个品牌个性是上述三种文化背景下共有的品牌个性，而平和（Peaceful）则是日本文化背景下品牌所特有的个性，激情（Passion）是西班牙文化背景下品牌所特有的个性，粗犷（Ruggedness）是美国文化所特有的。可见，不同文化背景下，品牌希望表现的个性可能有差异。

　　强有力的、正面的和独特的品牌联想有助于消费者对品牌做出行动。满足上述三维度的品牌联想/品牌形象有助于提高消费者对品牌的判断与感受，即品牌建设的第三个阶段。

▶ 三、品牌反应

1. 品牌判断（Brand judgment）

　　品牌判断是顾客在对品牌直接或间接体验基础上形成的总体评价，品牌功效和品牌形象都会影响消费者的品牌判断。品牌判断发生在两个层面：一个是态度层，另一个是行为意向层；前者是对品牌的态度评价，后者是对是否考虑购买品牌的判断。Ajzen 提出的多属性态度模型认为消费者对品牌的整体判断通常取决于品牌的具体属性与利益。消费者根据品牌属性和属性的重要性最后计算出整体品牌态度。例如，顾客对餐厅的评价会由餐厅的地理位置、服务水平、硬件设施、口感等各种因素综合而成。

态度可以预测行为意向，对品牌的好感会带来品牌购买。品牌建设要实现的最终目的在于增进品牌销售，而让顾客购买品牌的前提是让品牌进入顾客购买考虑集。顾客的考虑集中的品牌数量从 1 个到 5 个不等。

2. 品牌体验（Brand experience）

品牌体验是一种主观的、内在的态度反应（诸如认知、情感和感觉）和行为反应。品牌体验概念可追溯到体验经济和体验营销。最早于 20 世纪 90 年代，约瑟夫·派恩和詹姆斯·吉尔摩论述了体验经济的概念，体验是企业以服务为舞台，以商品为道具，围绕消费者创造出值得消费者回忆的活动。在体验概念提出后，营销领域的学者相继提出了顾客体验、产品体验、服务体验、消费体验等概念。施密特博士提出的体验营销概念获得最大关注，其著作《体验式营销》将不同的体验形式总称为战略体验模块——知觉体验、思维体验、行为体验、情感体验和关联体验，即体验营销要求企业从消费者的感官（Sense）、情感（Feel）、思考（Think）、行动（Act）、关联（Relate）五个方面定义、设计营销策略。

体验营销突破了"理性消费者"假设，认为消费者的消费行为除了包含知识、智力、思考等理性因素以外，还包含感官、情感、情绪等感性因素。品牌体验具体包括感官体验、情感体验、思维体验和行动体验四个维度。感官体验是由视觉、听觉、嗅觉、味觉及触觉形成的知觉刺激，以形成美学的愉悦、兴奋、美丽与满足；情感体验可由正、负面的心情及强烈的感情所构成；思考体验可通过创造惊奇感、诱发及刺激而产生，以吸引消费者注意、引发好奇心；行动体验可通过创造身体感受行为模式、生活形态及互动关系而形成。品牌体验的研究让品牌建设回归于营销的本质——满足消费者作为人的直觉需求，而不是理性推断。表 3-2 是国际上有代表意义的品牌体验的测量量表。

表 3-2　品牌体验测量

感官体验（Sensory）	这个品牌在视觉或其他感官上给我留下深刻印象
	在感官体验上，我觉得这个品牌是很有趣的
	这个品牌在感官体验上一点也不能吸引我*
情感体验（Affective）	这个品牌能够促发我很多的感情与情感
	我对这个品牌并没有很强烈的感情色彩*
	这个品牌是一个情感化的品牌
行为体验（Behavioral）	当我使用这个品牌时，我很愿意与它发生深入互动
	消费这个品牌可以让人产生身体上的体验（body experience）
	这个品牌不是行动导向（action oriented）*
思维体验（Intellectual）	当我接触到这个品牌时，我会投入很多知识去思考它
	这个品牌不会引发我的思考*
	这个品牌会引发我的好奇与解决问题的兴趣

注：问项后面的*号表示反向问题。

四、品牌关系

1. 品牌共鸣（Brand resonance）

品牌共鸣是指消费者与品牌之间"同喜同悲"的程度。品牌共鸣位于品牌建设金字塔模型的顶端，它意味着消费者与品牌之间既有情感联系，又有行动承诺。这种情感联系包括对品牌的依恋（Brand attachment），最后达到对品牌至爱的程度（Brand love）；行动承诺可以体现在重复购买品牌、向他人推荐品牌以及抵制品牌负面信息等行为上。研究表明，当消费者与品牌之间建立认同后，即使面对该品牌的负面消息也会主动为品牌辩护。

人们购买品牌产品的重要原因在于品牌有助于消费者表达自我身份，久而久之，消费者与品牌之间就发展了情感联系，这是类似于人与人之间（如男女之间）的依恋关系。朴克（Park）等人就把品牌依恋定义为消费者自我与品牌之间的认知和情感联结。这种依恋关系的极致是消费者对品牌的"挚爱"（Brand love）。美国密歇根大学的拉吉夫·巴特教授（Rajeev Batra）等提出品牌至爱包含了对品牌的积极评价、依恋和热情，开发出品牌至爱的测量量表，据此测量、评估消费者与自身品牌之间的挚爱程度。对品牌拥有"爱"的狂热的消费者会表现出将品牌标识文在自己身上，彻夜排队等候其新产品。例如，苹果的粉丝自称为"果粉"，而华为的品牌线上社区也冠上"花粉"的名称，凡此都是强调打造品牌至爱的重要性。

拥有共鸣的品牌的消费者会重复购买。对于零售企业来说，每月多次购物的忠实顾客能够为零售商带来稳定的高收入，偶尔上门或者冲着打折才购物的顾客则几乎不带来利润，有时还会造成亏损。拥有共鸣的品牌的顾客还会主动向他人推荐自己钟爱的品牌。即使当品牌身陷负面信息的旋涡时，忠诚的顾客会认为品牌负面信息不可信，当无法否认负面信息时，还会认为品牌被攻击的某个方面是无足轻重的。

品牌前沿　　　　　　　　品牌挚爱（Brand love）量表

密歇根大学 Ross 商学院全球品牌战略教授拉吉夫·巴特（Rajeev Batra）等人研究发现，品牌挚爱具有以下维度，有的维度由单一测项测量，有的由多测项测量。

1. 受激情驱使的行为（Passion-Driven Behaviors）

它包括以下三个测项：愿意投入大量的资源（Willingness to invest resources）；在使用过程中能体会到激情（Passionate desire to use）；已经为之付出心血（Things done in past）。

2. 自我与品牌的融合（Self-Brand Integration）

它包括以下三个测项：品牌有助于表明消费者当前的自我身份（Current self-identity）；品牌有助于说明消费者想要成为怎样的身份（Desired self-identity）；品牌让生活充满意义（Life meaning and intrinsic rewards）。

3. 正面情感联结（Positive Emotional Connection）

它包括以下三个测项：直觉契合（Intuitive fit）品牌完美地符合自己的需求；与品牌有情感依恋（Emotional attachment）；对品牌怀有正面情感（Positive affect）。

4. 与品牌的长久关系（Long-Term Relationship）

它是单一测项。

5. 态度正面性（Attitude Valence）

它是单一测项，表达对品牌满意度、喜爱度等。

6. 正面态度的强度（Attitude Strength）

它包括以下两个测项：是否经常念及想到品牌（Frequent thoughts）；在多大程度上确定自己对品牌的感觉与评价（Certainty and confidence）。

7. 预期失去品牌的悲痛（Anticipated Separation Distress）

失去品牌会让人产生焦虑、担忧、恐惧等负面情绪，它是单一测项。

资料来源：Batra, R., Ahuvia, A., & Bagozzi, R. P. Brand love[J]. Journal of Marketing, 2012, 76(2): 1-16.

---------------------------------【本章小结】---------------------------------

1. 顾客为本的品牌权益认为，品牌权益是顾客因对品牌所拥有的知识所导致的对品牌营销活动的差异性反应，它包括两个要素：①顾客的差异性反应；②顾客的品牌知识。

2. 创造品牌权益的关键是在消费者心智中构建丰富的品牌知识，品牌知识由品牌认知与品牌形象构成。品牌认知具有"捷足先登"的作用。

3. 品牌形象是消费者对品牌的所有联想的集合体，它反映了品牌在消费者记忆中的图景。品牌联想发生在三个层面：品牌属性层面、品牌利益层面和品牌态度层面。品牌需要在顾客心目建立起正面的、强有力的和独特的联想。

4. 创建品牌权益逻辑上分为四个阶段：品牌识别、品牌内涵、品牌响应和品牌关系。

---------------------------【术语（中英文对照）】---------------------------

---------------------------------【即测即练】---------------------------------

自学自测　扫描此码

---------------------------------【思考与讨论】-------------------------------

1. 品牌权益概念对企业品牌经营管理的意义是什么？
2. 企业提升品牌认知度的手段有哪些？
3. 创建好的品牌体验的方法与手段有哪些？

---------------------------------【实战模拟】---------------------------------

案例讨论

1. "维秘"从消费者心目中的平淡形象演变到深受消费者喜爱，"维密"创建了哪些品牌联想？
2. 新一代女性消费者对内衣产品的需求发生了哪些变化？"维密"受到哪些挑战？

第四章
感知质量

> 没有质量,就没有销售;没有销售,就没有利润;没有利润,就没有工作。
> ——美国汽车工人联合会(UAW)

学习目的

学习本章之后,读者将对以下品牌问题有更清晰、准确和透彻的理解:
- 什么是质量?为什么创建品牌与质量不可分离?
- 世界上有哪些有影响力的质量管理理念?代表性人物有哪些?
- 如何理解基于顾客的感知质量?
- 如何从顾客、品牌、公司视角理解感知质量的重要性?
- 公司可以采取哪些策略提升品牌在消费者心目中的感知质量?

本章案例

- 海尔:质量"偏执"的品牌文化
- 发达国家的国家质量奖

| 开篇案例 | 海尔：质量"偏执"的品牌文化 |

2017年3月，海尔在上海举办盛大的"物联新平台，场景新生态"发布会，现场堪比好莱坞科幻大片般的智慧生活场景，让海尔的馨厨冰箱一经发布就收获热烈反响。同是海尔生产的冰箱，30年前却是另一番境遇。

1985年，刚满一岁的海尔收到用户反馈的冰箱质量问题，海尔CEO张瑞敏突击检查了仓库，发现不合格冰箱共76台，在那个物资紧缺的年代，即便是"次品"也要凭票购买，张瑞敏却做了一个"有悖常理"的决定——在一次大会上，当着全体员工的面将76台冰箱一一砸毁。伴着阵阵巨响，张瑞敏毫不留情地砸下，砸醒了海尔人的质量意识，也砸出了海尔质量为本的生存之路。

1. "标准"超越：伴随海尔30年创业路

海尔的质量标准化一直与企业的发展同步，在不同的战略阶段为海尔排忧解难，创造效益。

1984年，年轻的海尔从德国利勃海尔引入了一条冰箱生产线，同时也引入了比当时行业和国家标准都严苛的海外标准体系。通过对利勃海尔的研究，海尔建立起3724项企业标准，成立了集团标准化办公室，并建立了涵盖设计、生产和质量控制全流程的标准体系。到了20世纪90年代，不满足于现有体系完善的海尔开始关注标准体系的创新，并开始积极参与行业和国家标准的制定和修改。国际化战略阶段，通过持续不断地创新和研发出具有自主知识产权的技术，海尔开始在国际标准的创新领域发光发热。

时至今日，创业30余年的海尔，已完成了从"先进产品"到"先进技术"再到"先进标准"的转型。在多个领域取得多项"第一"。2002年，为保障用户洗浴安全，海尔团队研发出了"防电墙"技术，并在同年10月第66届国际电工委员会（IEC）大会上提交了"防电墙"（IEC 60335-2-21）提案。2008年，这项提案进入国际标准草案（FDIS）阶段并最终成为国际标准，成为中国家电行业第一个具有自主知识产权的IEC安全标准。2005年，海尔首创的洗衣机"双动力"技术被列入IEC标准提案，成为中国首个创造国际标准的自主品牌。2015年10月，IEC第79届年会上，海尔牵头提案设立"冰箱保鲜"全新技术标准。2017年2月，由海尔主导的IEC冰箱保鲜标准立项正式通过，为全球统一了冰箱保鲜的国际标准测试方法，标志着中国家电行业实现了牵头制定国际标准的"零的突破"。

据统计，截至2016年12月，海尔累计提报了90项国际标准修订提案，其中已发布实施43项；主导、参与国家/行业标准修订410项，已发布365项。海尔已成为中国提报国际标准制修订提案最多的家电企业，也是国内主导国家行业标准最多的家电企业。同样截至2016年年底，在全球，海尔有将近180名专家活跃在各个国际及区域标准组织中，其中，在国际标准化组织国际电工委员会（IEC）、国际标准化组织（ISO）中，海尔拥有66个专家席位，处于全球家电行业的前列。此外，海尔亦是中国唯一一个进入国际电工委员会市场战略局（IEC/MSB）的家电企业，承担了国际电工委员会IEC/SC59A 国际洗碗机分委会秘书处工作。

2. 海尔工业 4.0：COSMO Plat 定义"大规模定制"

随着工业 4.0 时代的来临，全球制造业正在从以往的"企业主导生产"向"用户主导"转型。已经在技术和国际标准占据领先地位的海尔，亦希望在高质量产品性能基础上，为用户带来个性化体验。但在新征途的开端，海尔同其他传统制造企业就遇到了一个棘手的问题——如何解决制造业"规模化"生产和用户"个性化"定制之间的矛盾？经过不懈探索，海尔率先交出了令人满意的答卷。

2017 年 4 月 24 日，在全球最大的工业盛事——德国汉诺威工业展上，海尔具有自主知识产权的工业互联网平台——COSMO Plat 惊艳亮相。通过将多年探索所得的技术、标准、知识等成果进行软件化的集成处理，海尔打造的 COSMO Plat 是一朵汇聚海量资源并全面开放的云。任何企业都可以通过这朵云，加速资源聚合，缩短组建生产体系时间。例如海尔在展会现场展出的馨厨冰箱智能制造示范线，用时不到三个月即建成，是通常所需时间的 1/3。

此外，在普通企业还忙于用自动化定义智能制造时，借助 COSMO Plat，海尔已经实现了生产各个环节中设备和产品的交互对话，这种"有智慧"的生产，让大规模定制成为可能。德国国家工程院院士、德国物流研究院终身名誉院长——库恩就在展会现场体验了一把馨厨冰箱的个性化定制服务。从在 iPad 上登录海尔定制平台，提出定制要求，信息下达工厂生成订单，到工厂智能制造系统自动排产，并将信息传递到各个生产线。全程经过智能匹配、柔性装配、模块装配、用户定制、智能插单、智能检测、定制交互共 7 个工站，13 个节点，如此精密复杂的流程却在短短几分钟内完成了。不仅速度快，整个过程用户都可以在移动端进行可视化监控，并通过交互指导生产，真真正正地令用户需求贯穿生产全程。不仅如此，仔细观察，会发现这台冰箱并不是普通的"电器"，而是一台"网器"，借助云脑内行业最全最新的知识谱图，这台"网器"能够自学习、自演进、自升级，主动为用户服务并满足个性化需求，用户还可以通过其与工厂进行交联，足不出户，就可以在家再定制一台洗衣机、洗碗机等。

3. 海尔消费 4.0："人单合一"促海尔脱胎换骨

与工业 4.0 相伴相生，注重个性与人格的消费 4.0 进一步迫使企业关注用户需求。在对生产模式进行换血升级的同时，海尔转身在企业的传统管理模式上开始了大刀阔斧地改革。

2017 年 3 月，斯坦福商学院的课堂上，张瑞敏向未来的商业精英们展示了海尔摸索了 12 年的"人单合一"模式。"人"即员工，"单"即用户需求，"人单合一"即让每一个员工直接对接用户需求，为推进这一模式的落地，2014—2015 年，海尔裁员近 3 万，几乎占其巅峰人数的 1/3，这部分人员主要是海尔的中间管理层，通过这种去中心化和去中介化，传统企业笨重的金字塔型组织结构被打散重建，转变为平面的、串联的、富有多样性的大型创客孵化平台，原有的海尔各部门转变成永远处于创业阶段的小微企业，直接与客户发生关系，部门间的壁垒被打破，所有资源在平台上围绕着用户需求流动。

"人单合一"的落成，打破了旧体制中员工只听命于上级的弊端，让用户成为企业运转的核心。海尔创客平台上，数十万的小微团队，如同密密麻麻的神经末梢，能及时地接收并反馈用户诉求，让用户的声音在企业内最大化。海尔的明星创客团队——小帅影院就是一个典型的例子。2014 年，在通过海尔交互平台发现孕妇们抱怨普通影院观影环境不舒服这一现象后，小帅团队立即着手寻找解决方案，响应妈妈们的潜在需求。2015 年，在通过海尔平台整合了美国硅谷的技术、武汉光谷技术团队及其他外部资源后，小帅影院成功研发出了一款可以投在天花板上的巨幕影院——iSee Mini 智能投影。iSee Mini 能够同时满足妈妈们躺着看电视、不伤眼、大屏幕等需求，一经推出就受到了年轻妈妈们的热烈欢迎，至今已迭代至第四代家庭影院产品。

1985 年的一柄大锤，砸醒了海尔人的质量意识，时至今日，这份精神已化作最基层的沃土，滋养着"海尔"这块生机勃勃的热带雨林。相信新时期，这份对质量的"偏执"将指引海尔为用户带来更多惊喜。

资料来源：
1. 赵宏春. 得用户者得天下——海尔企业标准化模式探究[J]. 中国标准化，2015, 1(2).
2. 挑战编辑部. 海尔的标准化之路[N]. 青岛新闻网，2012-04-19.
3. 杨光. 海尔 COSMOPlat 亮相全球最大工业展会[N]. 青岛日报，2017-04-27.
4. 郑皓月. 海尔"人单合一"模式助企业进入"管理红利"时代[N]. 央广网，2017-05-13.

海尔成就品牌的案例向我们诠释了品质对于品牌的重要性。本章的核心是确立质量与品牌之间的内在关系。质量如同一台计算机的硬件，而相关的广告、促销、公关等品牌化活动则如同计算机的软件。如果硬件有缺陷，即使软件如何先进，计算机也不能正常运转。因此，即便是百年历史的老字号品牌，要想获得可持续发展，对质量的承诺与不断提升仍是创建品牌的首要工作。

本章首先阐释质量的含义，之后介绍质量管理理念，接下来讨论如何提升品牌在消费者心目中的感知质量。

第一节 质量管理理念

一、质量的内涵

尽管我们对质量（quality）这一术语并不陌生，但人们对这一概念的理解尚未达成共识。一项研究以美国东部 86 位公司经理为对象，调查了他们对"质量"一词的理解，结果发现，这些经理对质量的含义至少有数十种理解，包括：完美、一致性、消除浪费、交货速度、服从程序、提供良好的可用产品、头一次就把事情做好、让顾客惊喜或愉悦等。可见，质量本身是一个多维的、复杂的概念。

那么，对质量有没有一个较为统一的界定？1978 年，美国国家标准研究院（ANSI）和美国质量协会（ASQ）将质量界定为"表征产品或服务满足特定需求的能力的特性及其总和"。这一质量观是从消费者角度来界定的，说明质量是一种能够满足消费者需求的能力的综合体。然而，这一概念相对冗长，目前许多公司采用一种更简洁、更易理解的基于顾客需求驱动的质量观。本书认为，从顾客需求视角理解质量，则质量就是产品或服务满足或超越顾客期望的程度。

初步了解质量的内涵之后，我们接下来介绍世界上主流的质量管理理念。有没有明确的质量理念、公司是否奉行这些质量理念，关系到一个国家能否培育出国际知名品牌，也决定了一国经济是否强大以及能否影响世界。

二、世界主流的质量管理理念

戴明、朱兰和克劳斯比是公认的质量管理领域的三位先驱。他们在质量管理、测量和改进方面提出了很多独创性的想法，奠定了质量管理的理论基石，对企业和组织机构都产生了深远影响。在此，我们将重点介绍这三位先驱的质量管理理念，同时也对其他质量管理学者（如费根鲍姆、石川馨、田口玄一等）的质量管理理念作简介[①]。

（一）戴明的质量管理理念

戴明（W. Edwards Deming）是世界著名的质量管理专家，他因对世界质量管理发展做出的卓越贡献而享誉全球。尽管戴明博士的母国是美国，但他对日本产业界所产生的影响更大。以戴明命名的"戴明品质奖"，至今是日本品质管理的最高荣誉，这一荣誉证书由日本天皇亲自颁发。

1. 戴明的"质量链式反应"观点

作为质量管理的先驱者，戴明对国际质量管理理论和方法始终产生着异常重要的影响。与其他的管理大师不同的是，戴明从未精确定义或描述过质量。在他看来，变异是导致劣质产品的罪魁祸首。为了减少变异，他提倡一种永无止境的循序改进，这包括：设计、制造、测试、销售，以及随后的市场调查、再设计、改进等。他认为，质量是一种以最经济的手段，制造出市场上最有用的产品。一旦改进了产品质量，生产率就会自动提高。高质量导致高生产效率，从而带来长期的竞争优势。戴明的"质量链式反应"框架（如图 4-1 所示）表述的就是这一观点。

[①] 有关世界主流的质量管理理论和主要发达国家的国家质量奖相关方面的详细论述，可参考文献詹姆斯·R. 埃文斯，威廉·M. 林赛. 焦叔斌，译. 质量管理与质量控制[M]. 7 版. 北京：中国人民大学出版社，2010.

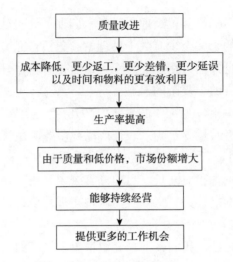

图 4-1　戴明的"质量链式反应"

资料来源：詹姆斯·R.埃文斯(James R. Evans)，威廉·M.林赛(William M. Lindsay). 质量管理与质量控制[M]. 7 版. 焦叔斌，译. 北京：中国人民大学出版社，2010.

2. 戴明"十四点"

戴明一直在不断地修改和完善自己的理论。在他去世之前，他将自身的质量管理理念归纳为"十四点"，这"十四点"为随后全世界的质量管理实践奠定了理论基础。以下是戴明"十四点"的主要内容。

第一，建立并向全体员工发布公司或组织的目标和宗旨。管理部门必须持续表现出他们对这一目标和宗旨的承诺。戴明相信，公司不应只是追求利润，而应是一种以服务顾客以及雇员为基本宗旨的社会存在。为了履行这一宗旨，公司必须具有长远的眼光，投资于创新、培训和研发，并承担提供工作岗位和改善公司竞争地位的责任。所以，公司管理层要勇于承担此重任，为公司创建一个愿景并做出承诺。宝洁前任 CEO 麦睿博（Bob McDonald）曾说，"领袖的野心不应是个人的野心而是组织的雄心"。

第二，高层管理和全体员工要理解顾客驱动的新质量理念。在戴明之前也有其他管理方法，如 20 世纪初美国"科学管理之父"泰勒（Frederick Winslow Taylor）提出的关于提高劳动生产率、挑选一流员工、建立标准化作业环境、雇主与员工加强协作以提高生产率等"科学管理原则"。然而，戴明意识到这些理念已无法完全适应今天的全球化商业环境。他提出，企业必须树立顾客驱动的观念，以雇员和管理层的合作为基础来满足顾客的需要。公司中的每个人，从最高管理层到仓库报关员，都必须了解质量和卓越绩效之间的关系。

第三，理解检验对过程改进和降低成本的作用。戴明非常清楚过去员工和管理者通常凭借质量检验来控制产品和服务质量。通常，企业会雇用专门的质检人员来找出存在缺陷的产品。然而这种常规质检只能保证产品的质量符合标准，但并不能为产品增值。因此，戴明主张每个一线生产人员要为自己的工作负责，而不能把问题留给生产线下个环节的其他人。这种从源头上杜绝有缺陷产品的生产理念尽管人人皆知，但是很少有企业能持之以恒地去坚持。

第四，终结仅将价格作为采购标准的落后思维。戴明尤其提到，公司的采购部门不能像长期以来形成的以成本最小化来驱动采购，而要关注采购原料及部件的质量。戴明认识到，由于采购劣质原料会在生产过程中及保证期内造成直接成本的增加，再加上商誉方面的损失，其负面结果会大大超过采购部门"节约"出来的成本。因此，戴明建议采购部门要意识到自身角色的重要性，并且只与少数能提供优质原料的供应商建立长期的合作关系。

第五，持续不断地改进生产和服务系统。对生产和服务系统的改变是公司创新的标志之一。一般而言，公司可以通过改进设计和运营两方面来实现创新。其一，产品和服务在设计上的改进源于对顾客需求的理解、持续的市场调研，以及对制造和服务传递过程的理解。就如苹果公司，其新产品设计也源于其创始人乔布斯独特的顾客需求洞察和感知。其二，从运营角度上来看，企业对运营成本的改进可以通过减少质量变异的根源来实现。鼓励全体员工创新工作方法、征集员工意见、奖励那些改进生产效率的员工等，这些措施都可以减少运营成本。

第六，开展培训。戴明认为，人才是任何组织、任何机构、任何企业最宝贵的资源。戴明认为，每个人都想做好自己的工作，但很多时候却不知道如何去做。此时，管理层必须承担责任去帮助他们。给员工培训和提升的机会，不仅可以促进质量和生产率的提高，同时还可以提高员工的士气，它向员工表明公司愿意为他们进行长期的未来投资。而且，这种培训的另一个好处是减少员工与管理人员间的隔阂，激发他们主动去将本职工作做好。

第七，训练管理者的领导艺术。戴明认为，缺乏领导是改进质量和生产率的最大障碍之一。管理者的工作职责是领导员工而非监督员工。监督只是对工作进行监视和指挥，领导则意味着帮助员工用更少的力气把工作做得更好。给员工提供实时的帮助，可以培养员工对公司的情感依恋，帮助员工获得归属感，并减少优秀人员的流失率。值得指出的是，在新接班人的筛选期和实践期中，老领导对新接班人的指导有助于公司文化的传承、有助于公司战略方向的一致。戴明的这一点不仅对企业的领导力培养具有指导作用，对其他组织、机构和团体的运营与发展也具有很强的借鉴意义。

第八，驱除恐惧、建立信任、创建创新的氛围。驱除恐惧这一点是戴明"十四点"的基础。恐惧反映在多个层面：恐惧报复、恐惧失败、恐惧未知、恐惧失去控制、恐惧变革等。而且恐惧不只员工有，领导层也有。由于担心完不成指标、担心奖金受到影响等，员工们往往害怕报告质量问题。同样，管理层害怕和其他部门合作，因为其他部门的经理可能会获得更高的绩效排名和奖金，导致自己部门被接管或重组。可见，恐惧自己的切身利益受损、权力丧失是造成员工和管理层思维短视的诱因。戴明认为，员工与管理层、公司最高管理层与中层管理者之间要建立信任关系，信任有助于消除隔阂和恐惧、使得每个人都能朝向公司的目标前行。第九点优化团队也有助于消除恐惧情绪。

第九，优化团队、群体和员工的努力以实现公司的目标和宗旨。每个人都有认识与能力方面的局限性，如果能取他人所长、避自己所短就能获得长久发展。因此，组建团队并强化团队间的合作就显得极为必要。但是戴明认为，一个组织要优化团队，使团队中的每个人都能发挥才能，并且能跟他人有效合作。除人尽其能外，团队合作还可以打破人与人之间的壁垒、减少人们对丧失晋升的工作机会的恐惧，这最终有助于实现公司愿景。

第十，取消针对员工的宣传口号。口头说教是很多公司和领导惯用的策略，戴明对口头说教极为反对。戴明认为诸如号召"零缺陷""一次就把事情做好"等标语和运动都错误地把质量问题的根源全部归因于个人的行为。但实质上，出现质量问题的因素是多方面的，员工只是到很小的因素，更大的罪魁祸首是管理部门的系统设计（如对生产流程、对供应链等的设计）。戴明建议，通过对质量问题的统计和思考，以及向员工开展培训是改进质量的最佳途径。可见，戴明第十点的核心是促使管理部门采取行动而非口号来领导和帮助员工改进质量问题。第十点和随后的第十四点是紧密关联的，都强调对行动的重视。

第十一，取消生产中的数量定额和目标管理。很多企业和组织都喜欢设定具体的数字目标来敦促员工完成工作。但是戴明并不赞成这种数字管理。戴明认为这种数字管理的最大缺陷是给员工造成恐惧，如恐惧奖励被扣、恐惧绩效排名差等。为了消除这种恐惧，员工们会牺牲质量而保数量，以完成定额，这就使得产品的质量需要重新去检查，增加了质检成本，同时又降低了员工对质量的重视程度。

针对很多组织设定的主观目标（如，明年提高5%的销售额或下季度降低10%的成本）的做法，戴明认为，尽管设置这些目标有助于让团队内的每个人都明白自己接下来要做什么，但是这些目标是短期的、毫无意义的。因为，每个季度之间、每一年之间都有很多偶发的、额外的因素，这就使得数字对比不能得出可靠的结果。所以，戴明认为，管理部门应当具有长远眼光，聚焦于长期目标而非短期目标上。

第十二，消除剥削人们享受工作自豪感的障碍。尽管每个系统中的成员都想从工作中获取自豪感，都喜欢乐在其中，但是日复一日的单调、重复、乏味、充满压力的工作很难让人们尤其是一线生产人员、上夜班的人员等体验到工作愉悦。那么，如何增加员工的工作自豪感呢？戴明认为，绩效评估是阻碍工作自豪感的最大障碍之一。绩效评估通过对有限资源的争夺而摧毁了团队精神，由于追求数量目标而非质量而鼓励了平庸，注重短期目标而不鼓励冒险，并且把"人的资源"和其他资源混为一谈。因此，戴明建议取消绩效评估。

第十三，鼓励每个人的教育和自我改进。第十三点与第六点之间有着非常细微的差别。第六点强调对特定岗位技能的培训，而第十三则强调为了自我发展而进行的持续而广泛的教育。戴明认为，任何系统、任何组织都必须投资于各个层次的员工以确保员工及系统自身长远的成功。但是很多公司都将对员工的培训和投资视作一项额外成本，不愿意对此进行财务预算。事实上，这是一种短视思维，不但不能激发员工的内在工作动机，还会导致员工工作倦怠、"当一天和尚撞一天钟"、生产出的产品质量不稳定。

第十四，采取行动，实现转型。与其他十三点不同，第十四点侧重于组织系统或制度文化的变革。任何文化的变革都始于最高管理层，但也涉及每个人。文化根深蒂固，对文化进行变革会遭受到利益相关者的怀疑和抵制，并会动摇制度体系的根基。因此，戴明主张根除早已根深蒂固在某些企业的过时的传统管理方式。

（二）朱兰的质量管理理念

约瑟夫·朱兰（Joseph Juran）于1904年生于罗马尼亚，1912年来到美国。朱兰的代表作是《质量控制手册》，这本书是有史以来最详尽的质量工作指南，目前已经被修改过多次，仍然备受学界和业界欢迎。与戴明一样，朱兰也在20世纪50年代向日本人传授质量原理，在日本的质量复兴运动中扮演了非常重要的角色。

朱兰同意戴明的观点，即质量低劣和国外竞争会导致巨大损失，美国工商界正面临着严重的质量危机。两者都认为，只有系统内管理层的每个成员运用关于质量的新思维才能应对这一危机。开展质量管理方面的培训对高层管理者是非常有必要的。但与戴明不同，朱兰对质量提出了一个简单的定义——"适用性"。他建议从内外两个角度来看质量，二者缺一不可。其一，产品性能——这能形成顾客满意；其二，产品没有缺陷——这避免了顾客的不满。增加满意和避免不满这两个动机都会驱使企业生产出具有适用性的产品。

此外，朱兰还提出"质量三部曲"（Quality trilogy），它们是：其一，质量计划——为实现质量目标而进行准备的过程；其二，质量控制——在实际运营中达到质量目标的过程；其三，质量改进——通过突破来实现前所未有的绩效水平的过程。在他提出这套体系的时代，从事正式的计划和改进活动的公司还寥寥无几，可见朱兰的思想具有前瞻性。

与戴明关于识别和减少变异源的观点相对应，朱兰主张，质量控制包括确定应当控制什么，建议测量单位以客观的评价数据，确立绩效标准，测量实际绩效，解释实际绩效与标准之间的差异，并对这种差异采取措施。但与戴明不同的是，朱兰制定了一个非常具体的质量改进程序。它包括证明改进的必要性、识别具体的改进项目、组织对于项目的支持、诊断问题的根源等。在恐惧这一个核心概念上，朱兰认为戴明让管理部门驱除恐惧的这一点是错误的，在他看来，"恐惧可以发掘出人的最优秀的一面"。

关于对恐惧的不同认识，本书认为戴明更多地是从注重内在动机、减少绩效评估、发挥人的自主能动性方面来阐释恐惧的负面作用，而朱兰更多地是从利用恐惧激发人的潜力、让人们在有压力的环境下作业的视角来阐释恐惧的正面作用。二者虽有冲突之处，但不是完全相互排斥的。本书认为轻度的恐惧与压力可以激发人的潜力，但过度的恐惧气氛并不能挖掘出人的最优秀一面，相反会使人走向极端，产生仇恨与报复心理，最终会制造员工与管理层之间的摩擦与纠纷，不利于团队实现愿景。

（三）克劳斯比的质量管理理念

菲利普·克劳斯比（Philip B. Crosby）的质量理念的精髓体现在他所谓"质量管理定律"和"改进基本要素"中。质量管理定律包括以下几点主要内容。

第一，质量意味着符合要求，而非优美。克劳斯比主张，一旦明确了要求，对质量的判断就相当于对要求是否达到的判断，不符合就意味着质量的不足。因此，管理层必须明确地界定这些要求，而不应将其交给一线人员。可见，克劳斯比对质量的理解体现在定量层面上，这就使得质量不再只是一个空洞的口号，而是可以测量、可以进行操作化定义的一个概念。

第二，不存在质量问题这回事。克劳斯比认为，问题必须由产生问题的人员或部门来识别，因此，一个企业只可能遇到会计问题、制造问题、设计问题、前台问题等；相应的，对质量问题的解决不能由质量部门来承担，相反，产生质量问题的根源是会计部门、制造部门、设计部门、前台部门等，因此应当由这些部门来承担责任。质量部门的任务是测量符合性，报告结果，引导以积极的态度开展质量改进。可见，克劳斯比在"不存在质量问题"这一观点上与戴明相似，质量问题要从源头上杜绝，而不是容许它出现，否则就会增加解决质量问题的成本，降低企业生产率。

第三，没有质量经济学这回事，一次就把事情做好总是便宜的。克劳斯比相信"质量经济学"毫无意义。他撰写了一本质量管理领域的名著《质量免费》（Quality Is Free），认为如果能一次性把事情做好，那么就无须在随后再花钱去做质检。这一点对很多企业具有警示意义，我国每年的"3·15"都会爆出很多企业的质量丑闻，如果这些企业能在源头上把好质量关，那么质量丑闻就不会出现。

第四，测量绩效的唯一指标就是质量成本，即"不符合"的代价。克劳斯比强调，绝大多数公司在质量成本上花掉了销售额的15%~20%，但是质量管理良好的公司在质量成本上仅花掉销售额2.5%，主要用于防御和评价领域。克劳斯比主张企业测量并公布不良质量成本，这些质量成本的数据非常有用，可以引起经理人员对问题的关注，促使其选择时机制定纠正措施，并且跟踪质量改进。朱兰也支持测量并公布质量成本这一观点。

第五，唯一的绩效标准就是"零缺陷"（Zero defect）。克劳斯比认为，"零缺陷"的中心思想是第一次就把事情做好，全神贯注于预防缺陷而非找出缺陷来修补。克劳斯比对"零缺陷"进一步进行了如下阐释：人们习惯于相信差错是不可避免的，他们接受差错而且还期待自己出错；但是一旦到个人生活中，他们就不再坚持这些标准，试想有多少人在付账时不能察觉自己被少找了零钱？他认为，我们每个人持双重标准，一个是关于我们自己的，另一个是关于工作的；人们对个人标准总是严格，对工作标准总会懈怠、注意力不集中。他为"零缺陷"的可行性找到了理论依据。

与戴明和朱兰不同，克劳斯比的方法主要集中在行为方面。他强调运用管理过程而非统计技术来改变企业的文化和态度。但与朱兰相似而有别于戴明的是，他的方法与现有的组织架构适应得很好，造成这种情况原因可能是戴明提出的质量管理更多的是一种理念，很难量化，但朱兰和克劳斯比则侧重于操作层面，因此很多企业觉得朱兰和克劳斯比的质量理念更容易实施，而戴明的理念是一种精神指导。

（四）戴明、朱兰和克劳斯比的理念对比

尽管戴明、朱兰和克劳斯比的质量管理理念在一些细微的地方（如对恐惧的认识、对质量的测量等）存在差异，但整体而言，三人的质量管理理念同大于异。他们三人都认为，质量是未来全球市场竞争中不可或缺的要素，取得高层管理者的承诺是必不可少的，主张质量管理活动要从根源上防止问题出现而非事后弥补，主张质量的责任应由管理者和非员工来承担，赞成对企业的文化进行变革但同时要意识到变革的困难，鼓励顾客、管理层、员工、股东等利益相关者之间建立融洽、信任的关系。值得指出的是，每个企业都会有自己的特殊之处，很多经理人会感到这些理念不能完全套用、完全照搬，因此自己常困惑于到底要采取哪一位学者的观点。

事实上，本书认为，就像戴明所指出的那样，我们并非要向管理者提供万能的、现成的质量方案，相反，建议系统中的每个人自己去理解事情运转的本质，理解本质后因地制

宜地建立起自己的新知识。这样质量管理也就更容易实施。

除戴明、朱兰、克劳斯比这三位质量管理先驱外，质量管理领域还有一些其他著名人物，如费根鲍姆、石川馨、田口玄一等。

（五）费根鲍姆的质量管理理念

费根鲍姆（Armand Vallin Feigenbaum）因提出"全面质量管理"概念而广为人知。他将全面质量管理定义为："为了能够在最经济的水平上，在充分满足用户要求的条件下进行市场研究、设计、生产和服务，把企业内各部门形成质量、维持质量和提高质量的活动融为一体的一种有效体系。"

他的全面质量管理理念集中体现在"质量三步骤"中，这三个步骤包含：①质量领导。费根鲍姆认为管理部门对于质量管理必须保持持续的关注和领导，不应该只是在质量失败后进行被动的回应。②现代质量技术。传统的质量部门有80%~90%的质量问题是无法解决的。但让工程师、一线员工和办公室职员都对新技术进行持续的评估和实施，以便将来能够满足顾客的需要。③组织承诺。每个组织都应该承诺将质量融入企业的经营计划以及各方面的活动中，并持续培训和激励员工队伍去实现经营计划。

20世纪60年代，日本企业将全面质量管理这一概念作为它们一切活动的基础，并将之命名为"公司范围的质量管理"。可见，费根鲍姆对日本企业界的影响之大。

（六）石川馨的理念

作为日本质量革命的先驱者，石川馨（Kaoru Ishikawa）始终是日本质量界中最重要的人物，直至1989年去世。他在日本质量战略的发展中扮演着重要的角色，没有他的领导，日本的质量运动就不会享誉世界。石川馨在费根鲍姆的全面质量管理概念的基础上，进一步推动了从高层管理到一线员工的全体员工的更广泛参与，减少了对质量专家和质量部门的依赖。

他的质量管理理念的主要观点有：①质量始于教育，终于教育。要对员工和管理层都进行教育和培训，帮助他们树立质量理念。②质量工作的第一步是了解顾客需求。多进行市场调研，了解顾客所需所想。③当检验不再必要时就达到了质量控制的理想状态。④消除问题的根源而非症状。导致问题的根源可能是某个部门失职，也可能是部门间存在摩擦或缺乏互动合作。⑤质量控制是所有员工和所有部门的责任。出现质量问题不能只问责质量管理部门。⑥不要混淆手段和目标。每个公司都有自己的宏伟愿景，也有阶段性的绩效，前者是目标，后者只是工具和手段。⑦质量第一，要着眼于长远的收益。⑧质量是品牌的基石，而营销只是工具，只能让品牌锦上添花。⑨当下级如实汇报事实时，上级不得发怒，发怒只会强化下级的恐惧心理以及对事实的隐瞒。⑩简洁的统计分析可以解决公司问题。⑪没有离散信息（即变异）的数据是假数据，因此真实的数据应该是包含极端值的。

（七）田口玄一的理念

田口玄一（Taguchi Gen'ichi）是一位日本工程师，他阐述了减少变异在经济学上的价值的观点。他认为，以制造业为基础的质量就是符合这一定义的内在的缺陷。假设某质量特性的规范是 0.005 ± 0.020。根据这一定义，这一质量特性的实际值可以落在[0.480,0.520]的任意一点上。这种定义假定顾客会接受[0.480,0.520]的任意值，而会对公差限之外的质量感到不满。同时，他还假定，成本与质量特性的实际取值无关，只是它落在了规定的公差限内，如图 4-2 所示。戴明非常欣赏田口玄一的这一观点。

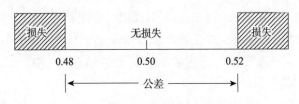

图 4-2 对质量变异的经济学观点

资料来源：詹姆斯·R.埃文斯(James R. Evans)，威廉·M.林赛(William M. Lindsay). 质量管理与质量控制[M]. 7 版. 焦叔斌，译. 北京：中国人民大学出版社，2010.

三、小结

本节主要介绍了质量的定义以及国际上主要的质量管理理念。戴明是质量管理界的先驱和奠基人。他提出了"十四点"，他的质量管理理念对朱兰、克劳斯比、费根鲍姆、石川馨、田口玄一的质量管理思想产生了深远影响。与戴明相比，朱兰和克劳斯比更加强调对质量进行更为精确和可以量化的定义，田口玄一则进一步用经济学的观点对质量进行了测量。费根鲍姆侧重于质量管理的行为层面，提出了"全面质量管理"概念，使得质量管理成为很多企业进行其他活动的基础。石川馨的质量管理理念与戴明以及其他学者有很多相似之处，如强调质检的不必要性、强调团队合作的作用、强调恐惧的负面作用等，但是石川馨又对戴明的观点进行了丰富和补充，新增了对营销的认识、对变异数据的认识、对手段与目标的认识等。

综上，我们可以看出这六位质量管理领域的大师们的观点尽管立足点不同，但有一点是共通的：都强调消费者和顾客的作用。那么，企业在质量管理中为什么要重视消费者的作用呢？这就需要营销学者来回答。我们在接下来的第二节就主要讲解顾客驱动的质量观。

品牌案例 4.1 介绍了世界发达国家或地区设置国家质量奖的情况，它再次说明，世界经济强国均在营造产品质量文化、奖赏致力卓越产品质量的公司或机构方面具有相对成熟的治理意识或理念。

品牌案例 4.1　　　　　　　　发达国家的国家质量奖

一、美国国家质量奖——马尔科姆·鲍德里奇国家质量奖

1982 年 10 月，时任美国总统里根意识到美国生产力正在下降，签署法令要求针对生产力开展全国性研究。美国生产力与质量中心随之于 1983 年主办了七次会议，其最终结论是建议设置一个"类似于日本戴明奖"一样的国家质量奖，每年表彰那些挑战质

量奖标准并达到要求的企业。1987年8月20日,《马尔科姆·鲍德里奇国家质量推进法案》经签署生效成为法律。该法案的要点包括:促进美国公司为荣誉而改进其质量和生产率,同时通过增加利润来获取竞争优势;表彰那些在提高产品、服务质量方面取得成就并为其他公司作出表率的公司;建立一套供企业、行业、政府和其他组织用以对自身质量改进效果进行评估的指南和准则;通过提供获奖组织(公司或机构)实现卓越的文化变革方面的信息,为其他希望实现高质量的组织提供具体的指导。

美国的国家质量奖为什么命名为"马尔科姆·鲍德里奇国家质量奖"?原来,马尔科姆·鲍德里奇并非质量管理专家,而是里根政府的商务部长,他在美国参议院通过这项法案不久由于一次事故而丧生。由于他在里根政府的贸易政策方面发挥了重要作用,解决了美国与中国、印度之间的技术转让分歧,恢复了与苏联中断了七年的部长级会谈,为促进美国企业进入苏联市场铺平了道路……因此,他受到了世界商界领袖们的广泛尊重。因此,美国国家质量奖以他的名字命名。

马尔科姆·鲍德里奇国家质量奖对于美国乃至整个世界的全面质量管理而言,都是最强有力的推动之一。现在,它已发展成为一个综合性的国家质量项目,由设在美国马里兰州盖瑟斯堡的国家标准技术研究院进行管理。它每年在制造业、服务业、小企业、非盈利性教育行业和医疗行业共五个类别遴选,而每个类别每年最多三个公司(或机构)可以获得此项国家质量奖;但很多时候每个类别每年仅有一个或零个公司(或机构)获奖。因而,这个国家质量奖是很有份量的。设立30多年来平均每年只有4个左右的机构获此奖项。

二、戴明奖及日本国家质量奖

日本科技联盟于1951年设立了戴明实施奖,以认可和表彰戴明在统计质量控制方面的成就以及他对日本人民的友情。戴明质量奖每年授予通过实施公司范围的质量管理(CWQC)取得显著绩效改善的公司或分公司。虽然戴明质量奖授予给所有能够达到规定标准的公司。但是,每年获奖企业的数量却很少。据统计,设立此奖60多年来平均每年获奖企业数量不足4家。日本设立戴明奖的目标是确保获奖企业深入实施了质量过程,即使获奖后很久也仍能持续进行改进。从1969年开始,戴名奖得主有资格申请日本国家质量奖。日本国家质量奖旨在鼓励戴明奖得主持续实施和提升它们的质量活动。自设立以来,获得日本国家质量奖的公司数量也不多,有时连续多年空缺,因为它要求在5年之内公司的绩效符合严格的标准。

三、欧洲质量奖

1991年10月,欧洲质量管理基金会(EFQM)与欧盟委员会和欧洲质量组织合作创建了欧洲质量奖。这一奖项旨在促使欧洲社会,尤其是欧洲企业,认识到质量对于全球市场竞争以及它们生活标准的重要性。参与欧洲质量奖的有16个国家。1992年的首次评奖颁发了四项质量奖励,可见,欧洲质量奖评审标准同样是非常严苛的。

欧洲质量奖的申请者必须展示出它们的全面质量活动让顾客、雇员及其他相关方满意发挥了显著的作用。欧洲质量奖的管理框架被称为"卓越经营模式",包括领导、过程和结果三个环节。与美国国家质量奖相比,欧洲质量奖更加关注社会对公司的看法,也就是说,公司要获得欧洲质量奖,必须关注公司对社会的贡献,而不只是对创造经营业绩的贡献。

四、加拿大卓越经营奖

加拿大全国质量协会(NQI)通过享有声望的加拿大卓越经营奖来表彰最优秀者。加拿大全国质量协会宗旨是促进和支持所有加拿大企业和机构取得质量驱动的创新,其表彰对象包括:企业、政府、教育和医疗领域。加拿大卓越经营奖的几个主要评价准则有:(1)领导,含战略方向及领导参与方面的相关结果;(2)顾客,含倾听顾客之声及顾客关系管理等方面的相关结果;(3)改进计划,含改进计划的制订与内容及其相关结果;(4)人员,含人力资源规划、鼓励参与的氛围、持续学习的氛围、雇员满意等方面的相关结果;(5)过程优化,含过程定义、过程控制、过程改进等方面的相关结果;(6)供应商,含合作伙伴关系管理等方面的相关结果。

五、澳大利亚卓越经营奖

澳大利亚质量奖(现称为卓越经营奖)建立于1988年。该奖最初由澳大利亚质量奖基金会管理。澳大利亚卓越经营奖一共有四个层次的奖项。(1)经营改进奖,是基于"卓越经营进步"或"卓越经营基础"称号的鼓励性表彰。作为鼓励性表彰,它的目的重在鼓励,只要相较过去取得了进步,建立了好的基础,就有潜力获得此奖。(2)普通奖,这一奖项类别反映了澳大利亚的最佳实践,包括最终获奖者和最终入围者。(3)金奖,是从普通奖中进一步遴选出来的奖项,只授予已获普通奖的机构,代表对获得普通奖的再度认可和持续改进。(4)澳大利亚卓越经营奖。这是最高级别的奖项,只从已获普通奖的机构中遴选,此项代表了澳大利亚在质量管理方面取得的国际最佳水平。澳大利亚卓越经营奖的评奖准则框架包括:领导与创新;顾客与市场;人员;战略与计划过程;过程、产品与服务;经营结果;数据、信息与知识等方面。

资料来源:詹姆斯·R.埃文斯(James R. Evans),威廉·M.林赛(William M. lindsay).焦叔斌,译.质量管理与质量控制[M].7版.北京:中国人民大学出版社,2010.

第二节 感知质量——顾客驱动的质量观

上一节从不同角度论述了学者们对质量以及质量管理的理解,本节则从顾客和消费者角度来阐释感知质量。这种顾客驱动的质量观,与本书的核心概念——顾客为本的品牌资产是一脉相承的。品牌资产源于顾客心智,源于顾客内心对品牌的有形属性(如质量、性能、品牌要素等)以及无形特征(如内涵、文化、故事等)的感知和理解。学者Noseworthy认为,消费者对一个品牌的最基本诉求是功能卓越,只有在满足功能诉求的基础之上,他们才会去追求美感享受与情感体验。卓越功能的标志之一是质量上乘。因此,本节在介绍感知质量的内涵与组成成分的基础上,将重点阐述顾客心目中的感知质量对品牌资产的贡献。

一、感知质量的界定

感知质量（Perceived quality）是什么意思？不同学者对它的定义有差异。学者凯勒（Kevin Lane Keller）认为，感知质量指的是消费者对一件产品或服务的总体质量或其优越性的感知，这种感知与其相关选择和想达到的目的有关。而学者阿克（David A.Aaker）认为感知质量指的是消费者根据特定目的，与备选方案相比，对产品或服务的全面质量或优越程度的感知状况。尽管存在文字表述的差异，但可以发现凯勒和阿克都将感知质量界定为顾客对产品或服务的优越性的感知。本书沿用阿克的定义。感知质量与几个相关概念间的差别与联系阐释如下。

1. 感知质量与实际质量

实际质量（有时又称为"客观质量"）是指产品或服务实际提供的质量是否优越。感知质量是无形的，是消费者心目中对质量的感知。实际质量和感知质量间往往存在差值，表现为如下三种情况。其一，当差值为正时，说明产品或服务的实际质量大于感知质量。这一结果并不是企业所期望的而且会稀释品牌资产。导致这一结果的原因可能是企业在营销、公关、品牌宣传、顾客参与等方面付出的精力与努力很少。因此，公司应该在营销战略中投入更多的物力与财力，帮助消费者了解其品牌，提升对品牌的产品品质的感知。其二，当差值为零时，说明品牌的实际质量完全被消费者感知到。现实生活中旗舰店里陈列的品牌往往属于这一类。其三，当差值为负时，说明消费者对产品或服务的感知质量低于其实际质量。奢侈品品牌往往属于这一类。

2. 感知质量与生产质量

生产质量（Manufacturing quality）指的是生产出来的产品与产品说明书中的要求完全一致。这与第一节中质量管理大师朱兰所提的"零缺陷"相类似。感知质量侧重于消费者在内心对产品或服务的感知。感知质量侧重于产品在市场上，获得的消费者或顾客认可与评判，因而是顾客导向的质量观。而生产质量侧重于产品在生产过程中，生产的产成品与生产之前设计或质量部门中对产品质量标准的契合，因而是一种制造导向的质量观。

3. 感知质量与顾客满意度

消费者对感知质量的评估与自己对产品的期望无关。而顾客满意度（Customer satisfaction）则与顾客对产品的期望有关，它反映的是产品期望与实际使用效果间的差值。一个消费者可以在完全没有使用某产品或服务的情况下形成对该产品或服务的质量感知，但是要形成满意度，必须要实际使用该产品或服务，并在认知过程中对比使用前和使用后的心理状态。

4. 感知质量与态度

态度是个体对某一事物的一种评价倾向，态度包含了认知、行为与情感三个成分。而感知质量仅反映顾客对产品质量的认知部分，不包括行为和情感部分。态度往往是基于先前的接触与学习而形成的，而感知质量的形成并不一定要与先前的产品接触相关。再者，感知质量高不一定代表态度积极，尤其是当消费者并不是该品牌的忠诚用户时。

▶ 二、感知质量的内容

在理解感知质量的内涵之后，我们将介绍感知质量的内容和成分，这有助于企业制定具体的、有针对性的战略与策略，以提升感知质量。有形产品和服务在感知质量的内容上存在差异，因此将对二者分别加以阐述。

（一）有形产品的感知质量

哈佛大学学者大卫·加文（David Garvin）提出了产品质量七要素模型。

1. 性能

性能即产品主要属性的功能水平。例如，立白洗衣粉在主要属性——祛除衣服污渍方面的表现，因此，可以根据立白洗衣粉的去污能力判断其性能。

2. 特征

特征即对产品主要属性起补充作用的次要属性。例如，立白洗衣粉的去污能力是其基本属性，这一基本属性是所有洗衣粉品牌都应该有的。但立白洗衣粉和其竞争品牌相比，独有的一个特征是快速溶于水。这一快速溶水特征便是特色。

3. 与说明书一致（没有次品）

这一点反映的是产品的质量合乎规格，达到近乎完美、零缺陷的程度。

4. 可靠性

可靠性即指在一段时间内产品性能的稳定性。消费者总会喜欢购买性能可靠稳定的产品，尤其是该产品在将来的某一段时间会被频繁使用时。知名品牌必须具备性能可靠和稳定的条件，性能不稳定，是配不上知名品牌的。

5. 耐用性

耐用性即指产品预期的使用寿命。对于价格昂贵、大宗量的产品（如汽车、挖土机等），顾客特别强调耐用性。越耐用的产品被感知到质量越高。沃尔沃汽车以"最安全的车"著称，它的耐用性是家喻户晓的。

6. 适用性

适用性即指产品的服务能力。适用性反映的是产品或服务在使用过程中让消费者感知到的方便程度，使用起来越方便的产品会被感知到服务能力越强，适用性越高。如，对于老年消费者而言，他们可能更喜欢使用带有按键盘的手机而非触摸屏手机，因此按键手机对老年消费者的适用性便高于触摸屏手机。

7. 适宜与完美

适宜和完美主要是从产品的风格与设计方面来阐述消费者对质量的感知。风格独特、造型优美的产品外观会让消费者体验到美感享受和精神愉悦，因而会提升对其感知质量的评价。但需要指出的是，在新产品的研发与设计中，很多设计商总是喜欢设计出全新的、完全超出消费者想象的新产品，但实际上这一举措常常以失败告终，原因是消费者无法理解这些新产品，并且会怀疑产品的性能是否可靠。可见，产品要先保证性能可靠，之后才能追求外观独特，不然会适得其反。

学者凯勒认为对上述指标所形成的信念，通常会决定消费者对该品牌产品的感知质量，进而影响到消费者对品牌的态度和购买可能性。

（二）无形服务的感知质量

帕拉舒拉曼（Parasuraman）、赞瑟姆（Zeithaml）和贝利（Berry）研究了消费者对电器修理、零售银行、长途电话、保险经纪以及信用卡等众多服务业的服务质量的感知情况，最后确定了感知服务质量的五大因素。

1. 有形性

有形性即服务场所的实际设施、设备以及服务人员的外表是否表现出高品质。新加坡航空公司提供的尽管只是一次航空飞行，但是很多乘客都会对飞机上空姐的衣服及微笑留下深刻印象。因此，人们从有形的空姐制服及微笑之中，感受到新加坡航空公司是一家高品质的航空公司。同时，很多国内的银行都会在贵宾厅中放入鲜花、植物、沙发、书柜等，以凸显家的氛围，这些有形的设施和装饰提升了消费者对银行提供的无形服务的评价。

2. 可靠性

可靠性即指服务提供商在执行服务过程中表现出的准确程度。飞机的准时起飞、会计人员对账本的准确合计等都表现出服务的可靠性。

3. 能力

能力即指在接受服务的过程中消费者对服务提供者的专业技能的感知。服务提供者的专业程度会影响顾客对其服务能力的感知。同时，服务提供者自身的自信通常也会是消费者评价其能力的一个指标。

4. 响应速度

响应速度即服务提供者的服务快捷程度。响应速度这一点对于电话咨询等行业而言非常重要，对消费者的疑问与求助进行快速的响应与解答会给消费者留下好印象，进而提升消费者的感知质量。

5. 移情能力

移情能力（Empathy）是指服务提供者是否能够设身处地想顾客之所想。一个卓越的服务提供者会站在顾客的角度感受其所经历的快乐与忧伤。每个人都希望自己能够被他人理解，对于顾客而言更是如此。本书认为，移情是服务五要素中对服务质量影响最大的一个因素，但同时又是最难通过培训来获得的一种能力。这是因为，有形性、可靠性、专业能力和响应速度可以通过标准化的培训来获得，这就使得四个因素很容易被竞争者模仿，因而它们并不是服务性企业的核心竞争力；但移情能力这一点却不能被轻易模仿，移情能力更多地是与生俱来的特征，后天难于培养。

综上，服务感知质量的五因素与有形产品的感知质量七因素之间有很多相似之处，如，服务可靠性与产品质量的可靠性相对应。但与产品质量相比，服务的特点是服务由人来提供,因此人的作用会对服务质量产生更大的影响,如服务人员的响应速度、移情能力、可信程度与专业程度会直接影响到消费者对服务质量的感知和评价。目前,服务业中的一些企业(如快餐连锁店、经济型旅馆等)通过向顾客提供标准化的服务来提升感知质量,而另一些企业(如豪华酒店、餐厅等)则通过提供个性化、精益化的服务来提升感知质量。本书认为,标准化的服务有助于提升消费者对服务质量五因素模型中前四个因素的感知,但是个性化服务有助于提升对移情能力的感知。因此,服务行业的不同品牌可以根据自身实际情况来确定差异化营销策略,标准化服务有助于实现规模化经营,但个性化服务更能获得顾客的品牌共鸣,被顾客至爱,从而溢价水平更高。

▶ 三、感知质量的重要意义

感知质量对公司和对消费者而言分别具有什么样的作用?本书结合阿克(Aaker)和其他学者的观点,将感知质量的作用归纳为如下几方面。

1. 对消费者而言

感知质量对消费者的作用表现在有助于其做出购买决策和自我评价。具体而言,这一作用体现在如下方面:

(1)为消费者的购买决策提供理由。很多时候消费者站在琳琅满目的产品前,往往感到眼花缭乱,无从选择。而感知质量会作为一种启发式捷径,帮助消费者简化"考虑集",只购买高感知质量的产品。

(2)让消费者体验到自信。关于品牌关系的最新研究发现,如果消费者钟爱的品牌在使用过程中出现故障,消费者的自信心会下降,会觉得自己是一个无用的人。由于感知质量源于对产品可靠性、耐用性的感知,因此,消费者为了维持自信和提升自我效能会选择性能可靠、耐用的产品。

(3)让消费者赢得他人的赞成和夸奖。每个人都希望赢得周围人对自己的认可,这种认可很多时候源自所使用的产品或接受过的服务。试想一下,你刚从理发店出来迎面碰到一位好友或熟人,他/她对你的发型大赞一番,你此时的感受是什么?又如,当你邀请朋友来你家参加聚会,你用你新买的榨汁机给他们榨出新鲜的橙汁,你的朋友对你的榨汁机大加赞赏,此时你的感受又是怎样?想必你会体验到愉悦与自豪,你会下次继续用这款高感知质量的榨汁机来款待客人。

2. 对品牌而言

感知质量对品牌的影响力是其他任何因素无法比拟的,主要体现在下述几方面。

(1)品牌市场定位的重要考虑因素。品牌制造差异化的营销策略的关键依据是感知质量。高感知质量的品牌往往会被投放到高端零售终端(如专卖店),而中等感知质量的品牌会被投放到中小型百货市场,低感知质量的产品则被投放到折扣店和小商店。

(2)品牌延伸的基础。品牌延伸作为一种品牌发展战略,极为常见。感知质量对于品牌延伸的作用表现在两个方面。其一,母品牌在消费者心目中的感知质量决定了其延伸的品类能走多远。感知质量越高的品牌,其能够延伸的品类与母品牌越有差异。其二,母品牌的高感知质量还为子品牌提供背书和担保。因而，母品牌的感知质量有助于消费者更快地接受子品牌。相反，如果低感知质量的母品牌过度延伸，消费者不但会降低对子品牌的评价，还会对母品牌产生负面态度，从而稀释母品牌资产。

（3）品牌联盟的重要考虑因素。如果说品牌延伸是借助品牌自身力量来自我发展壮大的话，那么品牌联盟则是借助外力来取得自我发展。不管是联盟品牌还是被联盟品牌，都希望对方在消费者心目中具有高感知质量，因为高感知质量本身就是提升品牌认知度和品牌形象的免费广告。例如，在并购IBM之前，联想的国际知名度较低，但并购高感知质量的IBM后，联想并没有投入更多财政预算在广告上，但联想的国际知名度却显著上升。可见，公司能够从与高质量品牌联盟中获益。

3. 对公司而言

对于公司而言，感知质量直接影响公司的利润、定价、市场占有率等。

（1）感知质量是定价的前提，是提升公司绩效和利润的基础。高的感知质量会为企业获取溢价提供条件。奢侈品品牌之所以能溢价或高价，是因为它们自身的高感知质量。

美国战略规划研究所开展的一项针对3000多家企业的PIMS（Profit Impact on Market Share）调查发现，产品质量对企业的投资报酬率和销售利润率有着显著的正向促进作用。具体而言，产品质量最低的20%的企业其投资报酬率仅为17%，而产品质量最高的20%的企业的投资报酬率则在34%。难怪《PIMS规则》的作者罗伯特·巴慈尔（Robert Buzzell）和布拉德利·盖尔（Bradley Gale）在著作中提道："从长远来看，影响企业业务单元绩效的最重要的单个因素是产品或服务的感知质量。"

（2）提升渠道成员的利益。每个渠道成员（如分销商、零售商等）都喜欢为公司销售高感知质量的产品，因为高感知质量的产品能够赢得更多顾客的青睐和购买，最终会让这些零售商、分销商受益。苹果公司对其零售商的挑选极为严格，但这些零售商会照样为自己被苹果公司选中而倍感自豪，其原因就是高感知质量的品牌能够为渠道成员获得收益。

（3）提升公司市场占有率但对成本不会产生不利影响。学者阿克（Aaker）和雅各布森（Jacobson）对感知质量与除投资报酬率外的其他战略变量间的关系进行了研究，结果发现：①感知质量可以提升市场占有率。将其他影响市场占有率的因素进行控制后，他们发现感知质量与市场占有率间呈正向关系，感知质量越高，产品受消费者的欢迎度越高，品牌的市场占有率也越高。②感知质量对成本没有不利影响。感知质量的提高可以降低次品率，进而会降低成本。

综上，本节介绍了感知质量的含义、组成成分，以及它对消费者、品牌和公司的重要意义。感知质量是指消费者根据特定目的、与备选方案相比，对产品或服务全面质量或优越程度的感知状况。对于有形产品而言，人们会根据性能、属性、与产品说明书的契合度或一致性、可靠性、耐用性、适用性、适宜和完美等七个要素来判断产品的感知质量。对于无形服务而言，消费者会根据有形的服务设施或设备、服务可靠性、服务人员的能力、响应速度、移情能力等多个因素来评价其感知服务质量是否优越于竞争者。感知质量对消费者、品牌、企业等都具有举足轻重的作用。下一节，我们将阐述企业可以运用哪些策略来提升品牌的感知质量。

第三节 感知质量提升战略

感知质量就像一块王牌，它能帮助企业获得市场竞争优势。但是，提升产品的感知质量并不是一件容易的事，这需要企业上下共同努力，也需要顾客和其他利益相关者的共同参与。

一、设计高感知质量的传递系统

一项产品或服务在到达最终使用者（即消费者）之前要经过设计、生产、销售、配送以及支持性服务等中间环节，这些中间环节组成了一个感知质量的传递系统。每个环节都对感知质量的传递具有不可替代的作用。

如果设计部门不了解消费者的需求，那么设计出来的产品就不能赢得消费者的青睐，感知质量自然会很低。如果一线生产员工为了完成定额目标而注重数量忽视质量，当某消费者碰巧购买该次品后不仅会对产品自身给予差评，而且还会对整个公司给予差评。同样，如果销售人员将优质产品陈列在装修简陋、光线昏暗、凌乱不堪的环境中，那么即使产品的实际质量再高，顾客也会觉得这件产品是劣质品。如果配送人员在配送产品时并没有穿印有公司标志的服装，运货车辆也没有显示公司的标志，那么消费者会感到该公司专业能力不足，这种外围线索会进一步影响产品质量评价。如果在支持性服务（如维修）环节中，公司对消费者的问题不能及时响应，这会影响消费者对公司服务能力的判断以及服务感知质量的判断。

综上，只有各个环节对质量严格把关并且全力合作，才能确保产品的感知质量大于或至少等于实际质量。

二、善用传递高感知质量的信号

这些信号可以是显眼的、可视的。例如，美汁源果粒橙暗示果粒新鲜；雕牌肥皂泡沫多暗示洗得干净；80年茅台该暗示品牌具有历史底蕴……同样，这些信号也可以是微小的、不显眼的。有时候，品牌的某些微小属性往往对品牌评价和喜爱具有放大作用。例如，笑脸快门是相机的一个相对而言不重要、不易觉察的属性，但是添加这一属性后消费者会对相机的评价更高。

三、培育注重质量的企业文化

对质量的负责不仅要体现在执行层面，还需体现在公司的文化与理念层面。为了维持和增加绩效而注重质量是一种短视思维，因为在这种外在动力的驱动下生产人员和产品经理只会将注意力放在维持现有的质量水平上。但是，如果公司能将注重质量作为一种企业文化和理念向每位员工灌输，那么员工就会有内在动机去提升产品质量，并将提升质量作为自己的一种行为规范。在任何时候，文化对一个组织、一个团体甚至一个国家的影响要高于外在物质层面的激励，当将追求高质量作为一种企业文化时，企业必将走得更长久。

▶ 四、实施后营销战略

后营销（After-marketing）是指在顾客购买行为发生之后出现的公司营销活动。这种营销战略是营销界的一种新趋势，它出现的背景是传统的营销者们将过多的注意力放在购买前的促销、广告、公关等活动上，对购买后消费者对产品的实际体验关注很少。因此，后营销战略旨在加深消费者对品牌的体验，以促使重复购买。它主要包含如下具体内容：

1. 制定用户手册

许多产品的操作手册是人们事后才想到的，它们是由工程师们拼凑起来的，用的是专业词汇，这就使消费者在初次使用产品时体验到受挫感。同时，即使消费者通过操作手册掌握了产品基本操作技能，但对于产品的性能与特色（如苹果手机中的新款游戏），消费者可能并不完全理解如何操作，而这些特色与性能恰恰是苹果相对于竞争者的最大优势。因此，制作简单明了、易于掌握和操作的用户手册则显得极为必要。

在全球化的今天，很多品牌产品会在多国销售，因此厂商在语言翻译上需要多下功夫，以减少文字表述上的歧义。同时，借助多媒体来制作用户手册也非常可取。将用户手册以及图像化的使用步骤刻在 DVD 或 CD 中，这样可以帮助消费者根据提示自己逐步掌握产品的每个功能并培养品牌忠诚。宜家公司一向以鼓励消费者自己组装家具而备受青睐。研究发现，通过自己组装家具，消费者不但会对产品产生情感上的依恋，还会体验到更多的控制感和成就感。

2. 与消费者建立关系以延长产品生命周期

即使一件产品尚能使用，很多消费者还是喜欢去购买配置更新、功能更全、外观更美观的替代品。如何减少品牌转换，维持品牌忠诚是经理人和分销商共同关心的话题。品牌拟人化方面的研究发现，通过强化消费者与他们正在使用的品牌之间的关联可以增加品牌忠诚。例如，让消费者将一辆使用了数年的车联想成自己的一位亲密伙伴，便可以增加消费者与车之间的情感联结，进而减少转换购买新品牌车的可能性。

3. 销售互补性产品

很多时候，消费者喜欢购买配套产品以备将来之需。惠普打印机似乎意识到了这一点，这就使得惠普的大部分收入并非源于打印机本身的销售，而是后营销项目——互补性产品的销售，如喷墨盒、激光打印机的硒鼓以及打印机专用的纸张等。销售互补性的产品除了提升利润外，另一好处是加深消费者对产品提供者的印象和获得好评。

▶ 五、重建顾客对品牌的认同

很多企业会为了追求短期绩效与利润而削减质量开支，导致产品质量缩水。此时，企业如何重塑消费者对品牌的信任和认同呢？除了实质性地改进产品质量之外，公司也要想办法修复信任，取得质量认同。通过提价来强化产品的高品质感知、直接告知消费者产品的高品质、少做质量方面的口头承诺而多付诸于质量提升行动、采取第三方认证和背书等方式，均可以重建消费者对存在质量问题的品牌的认同。

综上，本节阐释了提升感知质量的战略。这些战略既包含组织架构方面的（如设计高感知质量的传递系统），也包含文化层面的（如将追求高质量作为一种企业文化来培育）。同时，公司还可以通过可视元素（如年份、纯度）和微小不起眼的元素（如相机笑脸快门）来传递高感知质量的信号。此外，公司利用后营销战略可以强化消费者的购后体验和品牌忠诚。最后，提价、直接告知、第三方认证以及切实可行的质量承诺与保证也可以提升感知质量。本书认为，上述战略并非相互对立而是共存的，但一个组织建立起来的质量文化是所有战略中最重要的。因此，我们建议公司应该在培育质量文化的基础上，根据自身情况来选取感知质量提升战略。

------------------------------【本章小结】------------------------------

1. 质量就是满足或超越顾客的期望。
2. 戴明质量管理"十四点"的主要思想有：建立并向全体员工发布有关公司或组织的目标和宗旨；理解新的理念，包括高层管理者和全体员工在内；理解检验对于过程改进和降低成本方面的作用；终结仅凭价格来做生意的做法；持续不断地改进生产和服务系统；开展培训；教导并实施领导；驱除恐惧、建立信任、创建一个创新的氛围；优化团队、群体和员工的努力以实现公司的目标和宗旨；取消针对员工的宣传口号；取消生产中的数量定额和目标管理；消除剥削人们享受工作自豪感的障碍；鼓励每个人的教育和自我改进；采取行动来实现转型。
3. 质量管理大师朱兰、克劳斯比、石川馨、费根鲍姆、田口玄一等也提出了各自的质量管理理念。这些理念的共同之处是，都强调公司所有战略中要"质量先行"，并且重视顾客参与和满意。
4. 感知质量，指的是消费者根据特定目的、与备选方案相比，对产品或服务全面质量或优越程度的感知状况。感知质量和实际质量、生产质量、顾客满意、态度和感知价值等是不同概念。
5. 有形产品感知质量的内容包括：性能、属性、与产品说明书的一致性、可靠性、耐用性、适用性、适宜与完美。
6. 服务的感知质量的内容包括：有形性、可靠性、能力、响应速度、移情能力。
7. 感知质量可以为消费者购买提供理由并提升消费者信心以及赢得社会赞同；感知质量可以为品牌延伸、品牌联盟等提供依据；感知质量可以为企业带来投资回报、提高市场占有率以及销售额，可以让利益相关者实现共赢。
8. 企业提升感知质量的战略与策略包括：设计高感知质量的传递系统；运用传递高感知质量的信号；培育注重质量的企业文化；实施后营销战略；提价而非降价；直接告知产品质量的明显改进；质量保证与承诺；运用第三方认证等。

----------------------【术语（中英文对照）】----------------------

------------------------------【即测即练】------------------------------

自学自测　扫描此码

----------------------------【思考与讨论】----------------------------

1. 如何理解品牌与质量之间的关系？
2. 列举世界上主要质量管理思想家的核心观点。
3. 什么是感知质量？公司在质量过硬的基础上，可通过哪些手段向市场传递优异的感知质量？

----------------------------【实战模拟】----------------------------

案例讨论

1. 运用本章感知质量传递的理论，分析讨论并列举科罗娜啤酒塑造优异感知质量的营销战略。
2. 查找文献，列举从发展中国家崛起的类似于科罗娜的其他国际知名品牌，分析其成功的营销战略。

第五章
品 牌 定 位

如果缺少定位,品牌就像没有舵的船。

——大卫·阿克(品牌管理全球权威学者)

学习目的

学习本章之后,读者将对以下品牌问题有更清晰、准确和透彻的理解:
- 品牌定位的内涵是什么?其重要性何在?
- 确立品牌定位4Cs逻辑框架是怎样的?
- 品牌定位的战略与方法有哪些?
- 执行与贯彻品牌定位的5Ps逻辑框架是怎样的?
- 品牌定位的常见误区有哪些?

本章案例

- 王老吉凉茶:老字号如何换新颜
- 网红李子柒
- 六神花露水的品牌年轻化突围
- 换标:让华为更开放
- 科龙多品牌的不归路

开篇案例   **王老吉凉茶：老字号如何换新颜**

2003年，一种红色罐装饮料，出现在北京乃至全国的各大城市的超市里；一条以红色为主色调的广告，在央视和许多省级卫视频繁投放。超市里和广告中的红色饮料就是王老吉凉茶。一瞬间，红色王老吉红遍了大江南北。

其实，王老吉作为中药饮品老字号，已经有数百年的历史了。但向时尚饮料的华丽转身着实有些让人意外，但又切合主流消费者的心理需求。"预防上火"的成功定位，是让王老吉老字号品牌成功实现定位更新的秘诀。

1."凉茶"还是"饮料"——销售困境源于定位模糊

2002年以前，从表面看，红色王老吉是一个活得还不错的品牌，销量稳定，盈利状况良好，有比较固定的消费群。但当它发展到一定规模以后，当时的品牌经营方加多宝的管理层发现，要把企业做大，就需要走向全国。但这就遇到一连串的困扰。

困扰1：在凉茶起源地广东，消费者对红色王老吉凉茶品牌形象的认知混乱。

在广东，传统凉茶（如冲剂、自家煲制、凉茶铺等）因下火功效显著，消费者普遍当成"药"服用，因而无须也不能经常饮用。而"王老吉"这个具有上百年历史的老字号品牌就是凉茶的代称，可谓说起凉茶就会想到王老吉。因此，在红色王老吉诞生地广东，人们将王老吉与凉茶画等号的认知，并不能很顺利地让广东消费者接受它成为一种可以经常饮用的饮料。可见这样的传统认知，明显会影响王老吉的销量。

另一方面，加多宝生产的红色王老吉配方源自香港王氏后人，其气味、颜色、包装都与广东消费者心目中的传统凉茶有很大区别。红色王老吉的口感偏甜，按中国"良药苦口"的传统观念，广东消费者自然感觉其"降火"药力不足；因而当产生"下火"需求时，广东消费者会认为凉茶铺的凉茶或自家煎煮的凉茶一定效果更好。所以，对广东市场的消费者来说，在讲究"药效"的凉茶中，王老吉也不是一个好的选择。

红色王老吉拥有"凉茶始祖"王老吉的血统，却长着一副饮料的面孔，让消费者觉得"它好像是凉茶，又好像是饮料"，陷入认知混乱之中。面对消费者这些混乱的认知，企业急需通过更强有力的定位，突出红色王老吉品牌的核心价值，并与竞争对手区别开来。

困扰2：凉茶作为饮料品类，仅为两广地区所熟悉。

传统上，两广地区以外的消费者并没有什么凉茶概念。甚至有消费者会说"凉茶就是凉白开吧？""我们不喝凉的茶水"……可见，传播凉茶的饮料概念费用会高得惊人。

两广地区之外的消费者的"降火"需求大多由药物满足，这使得做凉茶困难重重。红色王老吉以金银花、甘草、菊花等草本植物熬制，有淡淡中药味。这对口味至上的饮料而言存在不小障碍。再加之，当时红色王老吉的零售价为3.5元，这个价格和饮料行业的大品牌相比，并没有什么优势可言。这就使红色王老吉凉茶面临极为尴尬的境地：既不能固守两广，也无法走向全国。

困扰 3：企业宣传概念模糊。

2003 年以前，加多宝公司一直不愿意以"凉茶"推广红色王老吉。但将红色王老吉作为"饮料"来推广，又没有找到合适的定位。因而，红色王老吉在广告宣传上一度非常模棱两可。很多消费者都见过红色王老吉的这样一条广告：一个非常可爱的小男孩为了打开冰箱拿一罐王老吉，用屁股不断蹭冰箱门，广告语是"健康家庭，永远相伴"。显然，这个广告并不能够体现红色王老吉的独特价值。

总之，红色王老吉在走向全国市场之前，模糊的品牌定位及宣传，使得消费者不知道为什么要买它，企业也不知道怎么去卖它。红色王老吉在这样的平淡无奇的品牌形象和定位状态下，也平平安安地度过了好几年，销售额达到了 1 亿元人民币。这对于只在局部市场销售的小品类产品而言，这个业绩是不错的。之所以如此，是源于当时的中国市场还不成熟，存在着许多空白；而这个品类本身也具有某种程度的不可替代性。如果加多宝仅仅满足于做一个过得去的中小企业，其实也可以继续安逸地赚钱。

但对于创业激情很强的加多宝而言，在销售额达到一定规模之后，自然就要想再做大，这就需要加多宝公司在红色王老吉品牌的形象或定位方面，寻求更大的突围。

2. "预防上火的饮料"——重新定位，寻求突围

2002 年年底，当时经营红色王老吉的加多宝公司找到成美（广州）行销广告公司，初衷是计划为红色王老吉拍一条有关赞助奥运会的广告片，以"体育、健康"的口号来进行宣传。

但成美经初步研究后发现，红色王老吉虽然销售了 7 年，其品牌营销却从未经过系统规划，而首当其冲的就是建立清晰的品牌定位。这个问题不解决，仅仅是"有创意"的广告片是无济于事的。经过深入沟通，加多宝公司接受了成美的建议，决定暂停拍广告片，委托成美先对红色王老吉进行品牌定位。

一个月后，成美向加多宝明确提出，红色王老吉应该在"饮料"行业中竞争，其竞争对手应是其他饮料（包括可口可乐、百事可乐等巨头）。这就是品类界定的问题。进一步，成美提出了红色王老吉作为饮料，与其他饮料的区别在于——"预防上火的饮料"。这就赋予红色王老吉独特的品牌价值——喝红色王老吉能预防上火，让消费者尽情地享受生活：大啖煎炸、烧烤、香辣美食、通宵达旦看足球……

"预防上火的饮料"的品类战略定位，对于红色王老吉有哪些主要价值？这一战略定位，使当时的品牌经营方加多宝突破了当时的四大困扰。

其一，有利于红色王老吉品牌走出两广地区市场。由于"上火"在全国具有普遍性的中医概念，"清热解毒""去火"作为解决之道，在各地深入人心。这就不像"凉茶"那样局限于两广地区。这为红色王老吉突破地域局限奠定了基础。

其二，有利于红色王老吉品牌避免与国内外饮料巨头在品类上直接竞争。红色王老吉是"预防上火的饮料"，因而，不是一般的碳酸饮料或果汁饮料。而"凉茶始祖"身份又能对"预防上火的饮料"具有"正宗"的担保，这是应对后续跟进品牌的有力防御武器。

其三，将红色王老吉产品的劣势转化为优势。红色王老吉产品有淡淡的中药味，这作为饮料来说，显示出某种劣势；但这种劣势却是"预防上火"诉求的有力支撑。这样，3.5元属于较高的零售价格，因为"预防上火的功能"，不再让消费者觉得"不值得"。

其四，有利于加多宝企业与国内王老吉药业合作。当时加多宝经营的红色王老吉定位于"预防上火的饮料"，也能区别于王老吉品牌的另一经营使用方广药集团旗下的广州王老吉药业股份有限公司的产品（包括王老吉凉茶绿盒及袋装系列小儿七星茶等）。当时的红色王老吉经营方加多宝认为，这样的定位确实有助于让红色王老吉品牌更多作为"饮料"，而广药集团经营的王老吉凉茶更多地作为"药品"来销售。

3. "怕上火，喝王老吉"——红色王老吉品牌的整合营销

"预防上火的饮料"的战略性品牌定位明确之后，接下来的重要工作，就是要推广品牌，让它真正地深入人心。

成美为红色王老吉制定了"怕上火，喝王老吉"的品牌金句。这在传播上凸显了红色王老吉作为饮料的属性。在初期的广告宣传中，红色王老吉多以轻松、欢快、健康的形象出现，强调正面宣传，避免出现对症下药式的负面诉求，从而把红色王老吉和"传统凉茶"区分开来。

为更好唤起消费者的需求，电视广告选用了消费者认为日常生活中最易上火的五个场景：吃火锅、通宵看球、吃油炸食品薯条、烧烤和夏日阳光浴，画面中人们在开心享受上述活动的同时，纷纷畅饮红色王老吉，促使消费者在吃火锅、烧烤时，自然联想到红色王老吉，从而产生购买行为。

在整合营销策略方面，红色王老吉主要依托当时的主流媒体电视来占据消费者心智。再利用地面推广，推动销售达成。主要的营销创新有三点。其一，电视媒体方面。红色王老吉一开始就锁定覆盖全国的中央电视台并结合原有销售区域的强势地方媒体，在2003年的短短几个月一举投入4000多万元人民币的广告费用，立竿见影，销量迅速提升。其二，地面推广上。除了传统零售终端的POP（购买点）广告外，还创新性地加大了在餐饮渠道的营销开拓。加多宝公司为餐饮渠道设计布置了大量终端媒介（如电子显示屏、灯笼等），制作了餐饮场所乐于接受的实用物品，免费赠送。其三，传播内容选择上。重视终端广告直接刺激消费者购买欲望的效果。这样，将产品包装作为主要视觉元素，集中宣传一个信息："怕上火喝王老吉"。餐饮场所的现场提示，最有效地配合了电视广告。正是这种针对性的推广，消费者对红色王老吉"是什么""有什么用"有了更强、更直观的认知。这样，红色王老吉的品牌整合营销，做到了既创造空中优势，又收获地面战果的品牌佳绩。

> 红色王老吉的上述品牌再定位及整合营销策略，成为 21 世纪最初几年中国市场上最成功的品牌案例。给这个有 175 年历史的、带有浓厚岭南特色的传统产品带来了巨大的经济和无形资产收益。重新定位后的红色王老吉品牌摆脱了传统上定位不清的困境，造就了传统凉茶华丽转身为"时尚饮料"的奇迹。再加上广药集团回收红色王老吉品牌权利之后维持的市场业绩，以及加多宝公司重新创立的加多宝品牌，起源于 2002—2003 年红色王老吉的成功品牌更新战略，使得中国市场上创造了一个全新的全国性的饮料市场——中国凉茶。据 2016 年凉茶行业市场估算，它已位居中国饮料行业的第四大品类，销售收入达 561 亿元。也就是说，近 600 亿元的全国凉茶市场，原来起源于 2002—2003 年加多宝公司实施的红色王老吉的品牌形象再定位战略。这无疑会在中国品牌历史长河中，留下浓浓的印记。

在产品越来越同质化的今天，企业要成功打造一个品牌，品牌定位战略举足轻重。开篇案例中的王老吉，通过更新品牌定位，把自身从狭隘的区域市场拓展到全国性大市场，把目标顾客从小众的消费群体转型为大众消费群体，最终打造成为具有中国民族特色的饮料流行品牌。这一章我们重点学习品牌定位和品牌更新。主要内容包括：品牌定位的内涵、品牌定位的意义、确定品牌定位的 4Cs 框架、品牌定位的战略与策略、执行品牌定位的 5Ps 战略框架，以及品牌更新战略。

第一节 品牌定位的内涵与意义

一、品牌定位的内涵

（一）品牌定位的概念

"定位"概念始于 1972 年，当时，里斯（Ries）和特劳特（Trout）写了一系列名为《定位时代》的文章，刊载于美国专业期刊《广告时代》（*Advertising Age*）上。品牌定位（Brand positioning）是指企业为了在目标顾客心目中占据独特的位置而对公司的产品、服务及形象进行设计的行为。里斯与特劳特的定位观点认为，消费者头脑中存在一级级的小阶梯，他们将产品在小阶梯上排队，而定位就是要找到这些小阶梯，并将产品与某一阶梯建立联系。定位强调把特定品牌置于市场竞争中的独特方位，以便消费者处理大量的商品信息。因此，定位的关键要点是"消费者心智"和"相对于竞争对手"。

（二）与品牌定位相关的其他概念

为了更清晰理解定位这一概念，下面对与品牌定位有关的几个概念加以区分。

1. 市场定位

市场定位（Market positioning）是公司根据其竞争者的情况而在市场上采用的差异化

竞争战略，借此占有特定资源，从而在产品市场建立自身优势。而品牌定位关注的是如何创造与改变消费者对某公司产品或品牌的感知或认知。相对于市场定位关注企业自身及其竞争者的客观态势，品牌定位更加关注品牌在顾客心智中的概念或形象。

2. 产品定位

在产品同质化越来越严重的今天，企业在生产产品之前，就要想好自己的产品目标购买者是谁，从而做到与竞争者相比在产品质量、性能、款式、用途等方面的差异化。这一过程叫作产品定位（Product positioning）。而品牌定位不仅仅是为了实现产品的差异化，它是利用影响消费者选购产品时的有形因素及其为消费者带来的物质性利益、功能性利益和情感性利益，来塑造独特的有价值的形象，以期占据有利的心理据点。但产品定位是品牌定位的支撑和依托。

3. 品牌联想

品牌联想（Brand association）是基于消费者主观认知的，在消费者的大脑记忆网络中与品牌直接或间接联系的信息节点的总和。这些信息可能是与品牌本身相关的（如品牌知觉、经验、评价、定位等），也可能是与品牌之外的实体有关的（如情景、个性、人物、时空等）。品牌联想是品牌定位长期执行的结果之一。

4. 品牌形象

品牌形象（Brand image）是人们对品牌的总体感知，是由品牌的各种联想以某种有意义的方式组织在一起而给人留下的总体印象。恰到好处的品牌定位能够使该品牌联想更加丰富，能够使品牌形象更为鲜明。

5. 品牌个性

品牌个性（Brand personality）是消费者赋予品牌各种人格化特征的集合体。品牌定位与品牌个性不同。品牌定位是由品牌经营管理团队进行调查分析后向消费者宣传的品牌内涵，它是由内而外的；品牌个性虽然也会受到经营管理团队实施的营销方案（如广告等）的塑造，但更多则是由消费者在长期使用中给品牌赋予的、具有人格化的特征，它是由外而内的。但是，两者又是紧密相连的，在很大程度上，品牌个性是品牌定位的结果。品牌定位是塑造品牌个性的必要条件。

6. 品牌认同

品牌认同（Brand identification）是指消费者认为品牌与自己具有相同特征的程度。当品牌的特征与消费者真实自我或理想自我相似时，消费者会对该品牌产生高度的自我—品牌联结，从而产生品牌认同。而这种品牌认同会影响消费者的品牌态度和购买行为。恰当的、与消费者需求吻合的品牌定位是形成品牌认同的前提。

▶ 二、品牌定位的重要意义

（一）品牌定位使品牌信息进入消费者有限心智

哈佛大学心理学家米勒（Miller）研究发现，普通人的心智难以同时处理七个以上的单位。特劳特认为,消费者心智阶梯最多只能容纳七个品牌,最终只能记住两个——这个原则叫作"二元法则"。快餐业中的麦当劳和肯德基、碳酸饮料行业的可口可乐和百事可乐、运动服装领域里的耐克和阿迪达斯等便是很好的佐证。居于第三位及以后的品牌,因其在消费者心智阶梯中的地位较弱,需不断促销才能改变排序,因而生存艰难。因此,通过科学定位,品牌才能在消费者有限的心智阶梯中占有一席之地。

(二)品牌定位是企业成功创建品牌的基础

要建设一个成功的品牌,需要经过品牌定位、品牌规划、品牌设计、品牌推广、品牌评估、品牌调整、品牌诊断等一系列步骤。其中,品牌定位是整个品牌建设系统的第一个环节,也是其他环节的基础。如果品牌定位失当,那么品牌建设的过程就会产生传递效应,其他环节就会产生偏差和失误,最终品牌的整个建设过程就不会达到理想的效果。同时,如果品牌建设的中间过程出现失误,那么品牌定位又可以为修正这些中间过程提供策略参考,从而实现品牌建设的成效与预期相吻合。

(三)品牌定位可传递品牌核心价值,构建消费者认同的强势品牌

品牌核心价值是品牌向消费者承诺的核心利益,代表着品牌对消费者的终极意义和独特价值,是一个品牌最独一无二的、最有价值的精髓所在。但是,光有品牌核心价值是不够的,品牌核心价值必须以一种有效的方式传达给消费者并得到消费者认同。而品牌定位正是这样一种有效的传达方式,它可以在品牌核心价值的基础上,通过与目标消费者心智模式中的空白点进行匹配择优,并通过整合传播等手段在消费者心智中打上深深的烙印,进而建立强有力的品牌形象。品牌核心价值如果能够通过科学的品牌定位去传达和实现,就能促进品牌与目标消费者的关系,从而为构建一个消费者认同的强势品牌提供了可能。

第二节 确立品牌定位的 4Cs 框架

品牌定位对于企业打造成功的品牌至关重要。然而,企业如何才能确立好的品牌定位呢?本节重点分析企业从战略上确立品牌定位的 4Cs 框架,它们是:消费者洞察(Consumer insights)、公司与竞争者分析(Company and Competitor analysis)、品类决策(Category membership decision)。

一、消费者洞察(Consumer Insights)

里斯强调,定位不是去创作某种新奇的、与众不同的东西,而是去操作已存在于受众心智中的东西,以受众心智为出发点,以顾客需求为导向,寻求一种独特的定位。因此,确立定位的首要步骤是洞察消费者的内在需求。所谓消费者洞察,即发现消费者的显性需求和隐性需求,它为发现新的市场机会、找到新的战略战术提供条件,从而成为能够提高

营销成效和摆脱市场"肉搏"的有效途径。

(一) 洞察消费者需求的外部因素

1. 文化因素

我们在此介绍洞察消费者需求差异的两种跨文化研究理论。

(1) 文化价值维度理论。

荷兰学者霍夫斯塔德（Hofstede）在 1968 年至 1973 年间，以 IBM 公司设在全球 56 个国家和地区的子公司的员工为对象，研究发现了文化的五个维度：权力距离、集体主义/个人主义、男性/女性主义、不确定性规避、长期导向。

第一，权力距离（Power distance）。权力距离是指人们对权力不公平分配的期望和接受程度。权力距离大的文化，总是强调严格的上下级关系，社会呈现明显的等级阶层，社会成员能够接受这种不公平；而权力距离小的社会，比较注重平等、民主和非正式关系。权力距离高的文化中的消费者最看重品牌所表征的社会地位，其次才重视产品所具备的功能。有研究发现，在高权力距离国家中，消费者认为有能力的品牌能提供更多的价值。

第二，个人主义和集体主义。个人主义/集体主义是指一个人如何看待自己与他人、社会的关系，以及这种文化下的社会是更关注个人利益还是集体利益。个人主义文化中，消费者把品牌视作自我个性和形象的展示；集体主义文化中，消费者则把品牌更多地视作与身份和群体的联系。

第三，不确定性规避（Uncertainty avoidance）。它是指人们对不确定性或未知情景所感受到的威胁程度。高不确定性规避消费者会在消费过程中感知到更多的风险，并尽可能逃避这些风险。例如，在高不确定性规避者看来，更为熟悉的国内产品能带来更多的安全感。不确定性规避度越高，对国产品牌的忠诚度越高。对于高风险规避消费者而言，品牌的含义更为重要，因为好的品牌能为高风险规避者带来更多的信任；他们会更倾向于选择可信赖的且表现稳定的品牌；同时具有更高的品牌忠诚度。

第四，男性/女性主义。这是指在社会中居于统治地位的价值标准是由男性主导还是由女性主导的。在男性气质突出的国家中，社会竞争意识强烈，成功的尺度就是财富功名；而在女性气质突出的国家中，生活质量的概念更为人们所看中。而肖青云（2005）则提出，不同的性别导向会引起人们对不同广告诉求的偏好。例如，美国是一个男性化的社会，其许多产品名称都带有"唯我独尊""称王称霸"含义的词汇。在美国广告中，女性常被固定在家居、商店、户外，男性则多出现在工作场所或户外。

第五，短期与长期导向（Short or long-term orientation）。短期导向的人会视时间为一种有限资源，对时间较没有耐心；而长期导向的人则更愿意为了未来的收获而等待。Bearden（2007）提出，长期导向观会影响消费者勤俭节约的习惯和强制性购买的行为。短期导向的消费者侧重于此时此刻，决定一般更基于即刻的需求而定，而不考虑未来的结果。因此，这类消费者更可能"立即购买"。相反，长期导向的消费者更可能在采购之前做计划，并且很少会被即刻的欲望所诱惑。与短期导向消费者相比，持长期导向的消费者更易产生稳定的品牌承诺。

（2）整体型思维模式与分析型思维模式。

Nisbett 等人（2001）认为，处于不同文化的人们存在两种不同的思维模式。其一，整体型思维模式（Holistic Thinking）。它表现为关注整体，强调客体和情境间的关联性，并且基于这种关联性对事物做出解释和预测。其二，分析型思维模式（Analytic Thinking）。它偏向从情境中分离出客体，关注客体本身的属性，并根据类别和原则对客体进行理解和判断。而 Sharon 和 Houston（2009）则发现，分析型思维个体倾向于依据抽象的类别和原则分类存储信息，而整体型思维个体则倾向于依据事物之间的关联性来分类存储信息。因此，整体型消费者更喜欢产品广告，而分析型消费者更喜欢品牌广告。Monga 和 John（2010）发现，两种思维模式下的消费者对不同类型的品牌的延伸产品的接受度存在差异；总体上，两者思维模式的消费者对声望型品牌的延伸评价不存在显著差异，但对于功能型品牌，整体型个体更能建立母品牌和延伸产品之间的关联，因而对品牌的远延伸产品的评价要显著高于分析型思维的消费者。

2. 社会阶层

社会阶层是一个社会中具有相对同质性和持久性的群体，它们是按等级排列的，每一阶层成员具有类似的价值观、兴趣爱好和行为方式。低阶层的消费者存在立即获得感和立即满足感的消费心理，比较注重安全和保险因素；中层消费者一般讲究体面，同一阶层内的消费者彼此之间更容易攀比；上层消费者则更注重成熟和成就感，倾向于购买和使用具有象征性的产品。品牌前沿 5.1 论述了奢侈品品牌的四种消费者。

品牌前沿 5.1　　奢侈品品牌的四种消费者

韩（Han）等人（2010）在研究奢侈品品牌标识显著度（Brand prominence）对消费者评价的影响时，根据消费者自身财富与对地位的追求，把奢侈品品牌的消费者分为四种类型。第一，贵族。他们拥有财富，但对地位并不看重，在使用奢侈品品牌时不喜欢过分张扬的品牌标识。第二，暴发户。他们拥有财富，并渴望与上流社会联系起来，他们希望通过使用非常醒目的奢侈品品牌标识来表明或获得社会地位。第三，无产阶级。他们并不拥有财富，也不追求地位，他们无力购买或使用标识非常醒目的奢侈品品牌。第四，装腔作势的人。他们不拥有财富，却对地位有狂热的追求，他们喜欢模仿暴发户使用一些品牌标识非常醒目的山寨奢侈品。显然，这一研究发现对于奢侈品品牌经理的目标市场策略、顾客教育、顾客关系管理等都极为重要。

资料来源：Han, Y. J., Nunes, J. C., Drèze, X. (2010). Signaling Status with Luxury Goods:the Role of Brand Prominence[J]. Journal of Marketing, 74(4): 15-30.

---

3. 参考群体

参考群体（Reference groups）是指直接或间接影响一个人的态度或行为的所有群体。那些强烈影响人们态度或行为的参考群体称之为意见领袖（Opinion leader）。在中国，影响人们品牌评价、购买的意见领袖主要有以下几类人群。

(1) 行业专家。

行业专家又被叫作关键意见领袖，指的是拥有更多、更准确的产品信息，且为相关群体所接受或信任，并对该群体的购买行为有较大影响力的人。与"意见领袖"不同的是，关键意见领袖通常是某行业或领域内的权威人士，如医生、律师、营养学专家等，因为其专业水平高，当发生产品质量危机时，关键意见领袖对消费者舆论的引导作用非常大。

(2) 时尚引领者。

作为意见领袖的时尚引领者并不一定仅仅是指通常意义上与时尚关联更为密切的演艺明星，还包括企业家以及政治人物等。

第一，演艺与体育明星。他们作为参照群体，对公众具有巨大的影响力和感召力。研究发现，用明星做支持的广告较不用明星的广告获得的评价更正面、更积极，这一点在青少年群体上体现得尤为明显。

第二，企业家。自20世纪70年代以来，越来越多的企业在广告中用企业家作为品牌代言人。在中国，聚美优品CEO及联合创始人就为自己的品牌代言，万科集团董事长王石曾分别为摩托罗拉手机、德国大众、平安保险、中国移动全球通等多个品牌进行代言。越来越多的企业家出现在了广告片中，俨然成为一股风潮。

第三，政治人物。政治人物的品牌选择具有示范作用，尤其在国产品牌与外国品牌选择上，政府官员的偏好具有很大的经济意义和社会意义。2013年3月23日陪同中国国家主席习近平访问俄罗斯和非洲三国的"第一夫人"彭丽媛穿着的黑色风衣搭配湖蓝色丝巾的套装，以及精美的手提包，都出自中国本土品牌——"例外"。彭丽媛在参观坦桑尼亚"妇女与发展基金会"时，向该基金会送出的国礼包括：中国百雀羚护肤品、蜀绣、珍珠礼盒"阮仕珍珠"。2014年彭丽媛随习近平主席出访德国时，使用了国产的nubia Z5 mini款手机，据媒体报道，仅一天时间，这款手机的升级版在京东的销售量便翻了一番。国家领导人及其配偶穿戴的衣物、赠送的国礼如果属于国产品牌，必有助于提升本国企业的自信心，也能够引导全国消费风潮。在中国，由于消费者长期以来将外国货（欧美产品）视为高档而普遍存在"崇洋"消费心态，因此，国家领导人选择国产品牌，有助于在大众消费者中培养偏爱国产品牌的消费文化。

史实显示，日本政治领导人的背书，对提升其电子产品在国际市场的影响力起到显著推动作用。20世纪六七十年代，日本工商界和其他社会名流认为，日本国礼清单上，除了传统字画、刺绣、丝绸等之外，应该增加现代电子产品，因为那时日本电子产品质量已是世界一流。于是，当时的日本首相决定出国访问时把日本电子产品作为国礼送给其他国家。把日本优秀的电子产品作为国礼送给友好国家的元首或政府首脑，大大提升了日本产品在世界上的认同感和美誉度。可见，今天日本制造的消费电子产品在全球消费者心目中享有的巨大无形资产，与日本政府领导人20世纪六七十年代的正确决策密不可分。

(3) 虚拟社交网络引领者。

随着互联网的发展，越来越多的普通人通过网络成为意见领袖。例如，在某一具体行业中有一定声誉的博客作者会影响行业内品牌的口碑，博主就是这个虚拟社交网络的意见领袖。而随着互联网在中国的普及，人们的虚拟社交网络沟通（如在线论坛、微博、微信等)也实现了令人瞩目的成长,开始超越传统大众传媒沟通的影响力。然而,由于其网络使用的特殊性,这类意见领袖所影响的人群多集中在 20~35 岁、能熟练使用网络查找信息的这一类人中。品牌案例"网红李子柒"反映了网红在代言中国地方美食文化方面的作用。

品牌案例 5.1　　　　　　　　　　　　网红李子柒

李子柒是微博知名美食视频的博主,微博签约自媒体人。被誉为"东方美食生活家"。

2016 年年初,李子柒开始拍摄手作视频。前期视频从编导、摄像、出演、剪辑都由李子柒完成。李子柒的作品题材来源于中国人真实、古朴的传统生活,以中华民族引以为傲的美食文化为主线,围绕衣、食、住、行四个方面展开。

例如,2017 年 1 月推出的《兰州牛肉面》,演示了"中华面文化的活化石"兰州牛肉拉面一清、二白、三红、四绿、五黄的考究工艺,号召网友"尊重每一碗兰州牛肉面"。全网端播放量 5000 万条,点赞数超 60 万条,明星刘烨为该片点赞。又如《麻婆豆腐》一期中,视频完整地呈现了采摘黄豆、磨豆浆、煮豆浆、点卤等完整环节,真正烹饪和品尝豆腐的内容只占整个视频时长的 1/4。

李子柒的视频以乡村环境为背景,贴近淳朴自然的田园生活,视频除了展示食物烹饪环节之外,还会对人物的生活环境、人物的活动、人物之间的关系等有所交代,呈现的是一种更加真实、立体的生活状态。

李子柒的作品传达出积极向上、热爱生活的态度。视频内容结合人生经历传达出的独立自强的奋斗精神,曾被众多主流媒体转发表扬。迄今,李子柒的全网粉丝数量超过 2000 万条,累积播放量超过 30 亿条,被誉为"2017 第一网红"。

(二)洞察消费者需求的内部特质

1. 消费者个性

个性(Personality)是导致个人对所处环境刺激做出反应的相对稳定的心理特征。消费者个性影响品牌的机理是,消费者会不自觉地选择与其自身个性相契合的品牌。美国心理学家科斯塔(Costa)和麦克雷(McCrae)在 1987 年对个性进行了研究,提出了"大五"人格理论。这一理论将人的个性划分为外倾性、神经质、开放性、随和性和尽责性五个方面。而基于这一理论,美国学者詹尼弗·阿克(Jenniffer Aaker)研究得出,美国市场上的品牌主要表现为五种品牌个性:真诚(Sincerity)、刺激(Exciting)、能干(Competence)、教养(Sophistication)、粗犷(Ruggedness)。阿克进一步以西班牙和日本消费者作为对象进行研究,结果发现,日本消费者心目,品牌的个性主要表现为:坦诚、刺激、教养、能力、平和(Peacefulness);而西班牙消费者品牌的个性主要表现为:坦诚、刺激、教养、平静、激情(Passion)。中山大学的学者黄胜兵和卢泰宏(2003)认为中国品牌的个性维度有："仁""智""勇""乐""雅"。

2. 消费者情感

消费者的购物正从任务型购物转为享乐型购物。消费者现在开始更加重视购物时获得的情感体验。在此，我们重点讨论以下几种消费者情感因素。

（1）怀旧。怀旧影响对消费者的品牌偏好。具有怀旧情感的广告对广告态度、品牌态度和购买意向具有显著的正向影响。

（2）依恋。依恋是指个人与品牌之间的一种情感联结，通过产品或品牌满足消费者支持自我、发展自我的需求，产品或品牌成为一种延伸的自我，消费者从而对其产生依恋。如果营销经理人致力于建立品牌忠诚，他们必须使得消费者形成对其品牌的情感依恋，而不仅是重复购买。

（3）内疚。消费者内疚会给售卖方带来正面影响，防止消费者侵占售卖方的便宜（如退还售卖方多找的零钱）；会抑制消费者抱怨和负面口碑的出现；还会对不同产品的折扣促销产生差异化影响。一般来说，消费者对购买或消费享乐型产品更容易产生内疚感。

▶ 二、公司与竞争者分析（Company and competitor analysis）

分析公司与竞争对手之间的优劣势，找到不同品牌之间的差异，是品牌定位需要完成的重要战略分析工作。为此，需要借助于品牌分析工具。在此介绍两种常用的分析工具。

（一）ZMET 隐喻解释技术

ZMET 技术是查特曼隐喻解释技术（Zaltman Metaphor Elicitation Technique）的英文缩写，它诞生于 1995 年。这一技术提出的理论依据是，80%以上的人类沟通是非语言的，因而传统的问卷调查、焦点访谈、个人深度访谈等都不能很好地获得人们内心深处的真正感受。为此，哈佛大学商学院的查特曼教授提出，消费者调查最好用非语言的方式让他们表达内心的思想、观点、感觉和情感。ZMET 技术被广泛应用于与品牌有关的问题，曾为可口可乐、宝洁、杜邦、柯达、通用汽车等世界著名企业提供品牌咨询。

ZMET 技术的操作流程如下。首先，利用计算机动画技术或照相机拍摄几幅图片，代表品牌可能象征的意义。其次，请接受测试的消费者选择，哪一幅画能恰当地表达该品牌。被测试的消费者一般为 20～24 人。接着利用凯利（Kelly）的记忆联想测试技术来解释选择的背后原因。最后，根据测试分析结果画出一个心智思考图。

（二）品牌定位分析图

品牌定位图分析法（Brand Mapping）主要用于对市场上各种竞争品牌的定位进行比较分析。品牌定位图是一种直观的、简洁的定位分析工具，一般采用平面二维坐标图对品牌识别、品牌认知等状况做品牌之间的直观比较，以解决有关的定位题目。其坐标轴代表消费者评价品牌的特征因子，图上各点则对应市场上的主要品牌，它们在图中的位置代表消费者对其在各关键特征因子上的表现的评价。

品牌定位图的制作包括两个步骤。第一，确定关键的特征因子。企业需要通过市场调查了解影响消费者购买决策的诸因素及消费者对它们的重视程度,然后通过统计分析确定出重要性较高的几个特征因子,再从中进行挑选。第二,确定各品牌在定位图上的位置。选取关键因子后,接着就要根据消费者对各品牌在关键因子上的表现的评价来确定各品牌在定位图上的坐标。当然,在确定位置之前,要保证各个品牌的变量值已量化。

▶ 三、品类决策(Category membership decision)

在对顾客、公司自身及竞争对手有了充分了解以后,企业接下来就应该根据前期分析结果制定自身的定位方向:到底是在原有品类上与已有品牌进行竞争,还是创建一个新的品类?

美国认知心理学先驱乔治·米勒在对消费者心智做了大量实验后发现,消费者面对成千上万的产品信息,习惯于把相似的进行归类,而且通常只会记住该类产品的代表性品牌。打造品牌的最有效的、最具生产力的、最快捷的方法就是创造一个新的商品类别,使自身品牌成为一个全新类别里的第一个品牌。以下这些品牌在他们各自所创造的品类中稳居第一:

- ✓ 邦迪,第一个粘贴胶带微创伤OTC品牌。
- ✓ 可口可乐,第一个碳酸饮料品牌。
- ✓ 施乐,第一台普通纸复印机品牌。
- ✓ 王老吉,第一个凉茶品牌;
- ✓ ……

这些品牌通过创建一个新品类从而成为行业第一。因此,越来越多的企业把品类创新和品类战略当作企业的核心战略。如何才能创造一个新品类?确定了品类之后,又如何处理好与同一品类里其他品牌之间的关系?

(一)是否构建新品类

并非所有产品都适合采用品类构建的方式来进行新品牌定位。是否适合构建新品类,一般有两个考虑指标。

1. 企业是否有能力来引导消费需求,支持品类品牌获得市场

是否适合创建新品类,取决于企业能否洞察和挖掘消费者的潜在需求,并能采用不同的产品和市场开发策略把这些潜在需求转变成现实需求。这一过程的实现需要企业主动地考察、研究消费者潜在需求并加以开发,力争在消费者提出具体要求和竞争者拿出合适的产品之前,率先把适销对路的产品研制出来,并投入生产推向市场,让消费者逐渐了解它、接受它以至喜欢它。而且,如果没有品类开创者对品牌长期的、持续的培育和推广,品类很难成长,品牌也很难做大。因此,相对于与已有品类中的品牌竞争,创建新品类具有更大的风险性。

2. 市场上品类是否饱和

品类构建需要立足于消费者心智中的价值定位。由于消费者的心智是有限的,当某个大品类中的小品类越来越多时，消费者可能会陷入新一轮的信息风暴，从而并不能有效地分清和记住新创建的品类。例如，2000 年是减肥茶风行的一年，许多经销商因此发了财，但到了 2001 年，减肥茶市场已经很难做下去了。针对这一情况，有的公司就希望通过创建新品类来重新做大市场，一时间洗肺茶、肠清茶等概念纷纷推出来。但是，这些新产品概念很难再进入消费者心智，说明减肥茶本身就是一个市场容量有限的品类，而在这当中再开辟新的品类很难获得市场的认可。

不管是与原有品类的已有品牌进行竞争，还是创建新的品类，企业都需要建立竞争参考系以及品牌的差异点。

（二）界定竞争参照系

界定竞争参照系的起点是确定品类成员（Category membership），品类成员即品牌与之竞争的产品或产品集合，以及功能与之相近的替代品。典型的定位方式是在陈述产品的差异点之前，告知消费者品牌的成员资格。不同的品类成员资格决定了会有不同的竞争参照系，以及不同的差异点。

对于进入某现有品类的新品牌而言，营销经理人需要首先告知消费者该品牌的品类成员资格。例如，当 1886 年世界第一辆汽车诞生之时，人们并不知道这个有四个轮子的、"会喘气"的大家伙到底是做什么用的，除非将其与马车、船等交通工具建立起联系，确定其"交通工具"的品类成员身份。另一种情形是，消费者知道品牌的品类成员，但他们不确定该品牌是一个合格的成员。例如，消费者知道佳能生产数码相机，但他们可能不确定佳能数码相机是否与尼康、奥林巴斯的数码相机处于同一档次。因此，在推出新产品时，最初的广告一般聚焦在建立品牌知晓度上，随后的广告才致力于构建品牌形象。有三种确立品牌品类成员资格的方式。

第一，宣传品类利益。例如，香水的基本利益点是"香味"，药品的基本利益点是"疗效"，洗衣粉的基本利益点是"衣物清洁力"。

第二，与榜样比较。利用品类中现有的知名或高档品牌来确定自己的品类成员身份。

第三，依赖产品说明。例如，福特汽车公司投资 10 多亿美元推出一款激进的、全新的 2004 型汽车 X-Trainer，结合了 SUV、小型货车和旅行车的优良性能。为宣传该款汽车独特的定位，并使其区别于探险者（Explorer）和乡绅型（Country squire）汽车，这款汽车被定位为"运动型旅行车"。

当然，一种有效的市场定位策略需要将市场品类具体化。同时，该品牌还应该优越于其他竞争品牌。形成与众不同的竞争点的策略对品牌定位是至关重要的。

（三）确定品牌差异点

差异点（Points of Difference）是指顾客能强烈联想到的、给予积极评价的、竞争性品牌不具备的品牌特征或利益。例如，苹果的"设计"、耐克的"性能"和雷克萨斯的"质量"。无论是采用建立新品类的定位方向还是采用进入原有市场的定位方向，品牌都必须具有与众不同的差异点，才能有效地吸引消费者。一般而言，选择差异点需要考虑两个重要的因素：差异点对消费者有吸引力；消费者相信产品能实现差异点。

（1）吸引力标准

吸引力包括相关性、独特性和可信度三个方面。

相关性是指目标消费者必须感觉和发现品牌的差异点和自身是相关联的，且很重要。例如，2006年，针对市场上层出不穷的竞争者，海飞丝推出了新产品"美丽锌生"洗发水，试图通过这个全新概念来赢得消费者。然而，消费者普遍对"锌"这个元素不熟悉，不明白锌元素的作用，从而削弱了海飞丝这个新产品概念的效果。相反，宝洁公司的潘婷洗发水定位于营养发质，称其洗发水加入了氨基酸与维他命，使头发更营养，而消费者对氨基酸与维他命具有更多的认知，认为人体吸收氨基酸与维他命可以增强体质，而头发吸收氨基酸和维他命应该也可以改善发质，从而更容易接受这种产品。

独特性是指消费者感受到品牌的差异点具有独特性和优越性。乔布斯的经典名言是——领袖和跟风者的区别在于是否创新。苹果手机正是通过创新成功地实现了它与其他竞争者的差异化。到21世纪初，手机巨头林立，甚至在中国的手机生产商也达几十家。但是，从2007年乔布斯发布iPhone以后，全球掀起了一股"苹果"热潮。包括iPhone在内的iPad、iPod，苹果的每一款产品都可以视为艺术品，是科技和艺术的完美结合。

可信度是指一个品牌要能给消费者提供一个可信的理由来选择。例如，当宝马和奔驰试图定位于"安全性能"时，总是竞争不过沃尔沃，因为在消费者的认知中，宝马和奔驰意味着"豪华"，沃尔沃意味着"安全"，这种认知很难被改变。又比如，有些护肤品行业推出新型洗面奶时，同时强调其"美白""保湿""祛痘"等效果，产品声称的效果太多会令消费者不相信，因为没有哪种产品能同时实现这么多的功能。

（2）可传达性标准

可传达性包括可行性、沟通性和持续性三个方面。

可行性是指企业能实际创建出品牌的差异点。企业成功的关键除了其定位之外，还需要通过广告等传播方式成功将其独特定位传递给消费者。

沟通性是关于能否向消费者很好地传达品牌及其相应联想的问题。例如，在美国，衣衫褴褛的西部牛仔是一个正面形象，他象征着开拓进取精神，在万宝路香烟广告中曾风光一时。然而，当这个广告在中国香港播出时，却无法被认同，因为在中国文化情境下，该形象更像是一位生活在社会底层的体力劳动者。这个例子说明，在中国文化情境里，用衣衫褴褛的西部牛仔来传达万宝路粗犷的品牌个性也许不具备可沟通性。

持续性是关于能否长期实施某种定位的问题。它取决于企业使命、资源利用状况、外部市场力量状况等多种因素。例如，2000年，华龙方便面之所以能在康师傅、统一等行业巨头林立的方便面市场占据一定地位，取决于其进入了康师傅、统一等不愿进入的市场——农村。与它的强大的竞争对手相比，华龙简化了包装及调料包，以0.6元的低价格立足农村市场。经过三四年的发展，这家默默无闻的小企业异军突起，创下了令人吃惊的发展速度。这个例子说明，华龙当时采用的经济性价比定位（0.6元/包）得以可持续，得益于简化包装材料及调料包。所以，要让定位可持续需要有配套的其他营销策略来支持。

（四）创建品类差异点的方式

对于品类创造者而言，除了要具有与众不同的竞争差异点，还要注意差异点建立的方式。通常，以下几种方式能够帮助新品类创造出有别于现有品类的差异点。

（1）以分化而非融合的方式建立新品类。

任何行业或者品类要获得成长，必然走向分化。例如，在电视机行业，分化出液晶电视、等离子电视以及具有巨大潜力的 3D 电视等新的品类；在乳业行业，分化出高档牛奶、儿童奶、早餐奶等新的品类；在瓶装水行业，分化出矿泉水、纯净水、矿物质水等品类。这些分化都取得了成功，为企业带来巨大的收益。相反，一些企业喜欢采用与分化相反的概念——融合来实现品类创新，但大多以失败告终。

（2）新品类的命名。

在营销中，命名是至关重要的决策。品类命名要求通俗、容易理解、具有通用性。例如，维生素水、葡萄糖饮料、绿茶等都是简洁、清晰、容易理解的品类名。然而，有些企业往往采用新奇却难记的名字来为新品类命名，这常常导致市场失误。例如，"尖叫"为自己定义的品类最初叫作"情绪饮料"；"苗条淑女"为自己定义的品类叫作"心动饮料"。但是消费者心中并不存在一个叫作"情绪饮料"或者"心动饮料"的品类，也无法理解这是什么产品。

此外，新创的品类要成功，还应当采用新的品牌名。其中，新品牌命名的科学性与艺术性就显得十分重要。我们知道，丰田之所以能在高档汽车市场取得成功，很大程度上得益于其高档品牌"雷克萨斯"（Lexus）的品牌命名。同样，在劳力士品牌高档手表之前，很多手表厂商都曾推出过高档产品，但只有劳力士采用了新的品牌名，这推动了劳力士品牌在高档手表领域取得成功。

（3）避免过度的品类创新。

品类创新并非越多越好，过度的品类分化战略会稀释企业资源，分散企业竞争力，导致适得其反的市场结果。例如，在可口可乐的收购方案被否决后，汇源果汁于 2010 年宣布投入巨资推出全新的加碳酸成分的果汁——"果汁果乐"。但这是一个糟糕的决策，对于汇源来说，最不需要的就是品类创新，因为汇源已经主导了一个极具价值的品类——纯果汁。AC 尼尔森数据显示，汇源以 52%的市场占有率成为 100% 纯果汁品类的第一品牌。汇源要做的是加大力量推广原有品类，而不是去挖掘新的品类。

第三节 品牌定位的战略与策略

一、品牌定位战略

（一）强化战略

强化战略是指加强品牌在消费者心目中的现有地位。如果现有产品和服务在消费者心目中具有强势位置，而这种定位对企业又有利的话，企业就要反复向人们宣传这种定位，强化本企业的产品在消费者心目中的形象。

例如，可口可乐公司采用的强化战略方面的广告词其中就有"只有可口可乐，才是真正的可乐"，仿佛可口可乐是衡量其他一切碳酸饮料的标准。相比之下，其他任何品牌的碳酸饮料都是在模仿"真正的可乐"。

（二）区别于竞争对手的定位

如果竞争对手已经在某个品类占据了有利位置，那么本企业也可以发现从竞争对手的强势中寻找出其固有弱点，从这个弱点下手为自身寻找到有利的、能侵蚀竞争对手市场的定位。2001年，西安杨森的吗丁啉是肠胃用药的领导品牌，江中健胃消食片发现西安杨森的强势是"强效胃药"，于是从其强势特征中分析发现它也有固有的弱点，那就是让消费者受到西安杨森的胃药具有"重度用药"的负作用。于是，江中健胃宣称自己的含有中药成分的健胃消食片，是一种能帮助消化的"轻度用药"。这一定位使得江中健胃消食片的年销售额从原先的一亿多元比较快速地增加到七亿元。

（三）利基战略

利基战略即是寻找尚未被占据的并为消费者所重视的心理位置。这一战略适用于在已有竞争品牌密集的品类的市场新进入者，也适合于新品类的开创者。当年，海尔为打入美国市场，先对美国冷柜市场做了深入调查和全面分析，发现GE、惠而浦等美国企业生产的冷柜产品都是200 L以上的大型冷柜，而160 L以下的小型冷柜却很少。但随着美国家庭人口数量越来越少，以及留学生、单身族越来越多，小冷柜具有市场潜力。于是，海尔发挥自己价格便宜、设计新颖、质量高超的优势，向美国市场推出了60～160 L的系列小冷柜，结果一炮打响，仅在纽约两个月就销售了一万多台。

（四）会员俱乐部战略

公司如果在一些有意义的属性方面不能占据第一位，就可采用这种策略。例如，公司可以宣称自己是"八大公司之一""十大公司之一"等。一般而言，这种战略适用于已有品类的后进入者。例如，美国克莱斯勒汽车公司宣称自己是美国的"三大汽车公司之一"，使消费者感到克莱斯勒也是名牌汽车，从而使克莱斯勒缩小了与领先者的距离，扩大了自己的品牌知名度，提高了自己的竞争力。

▶ 二、品牌定位的策略

一般而言，企业在选择具体的品牌定位时，可以使用以下策略或方法。

（一）属性和利益定位

产品属性是指产品本身所固有的性质，它通常是外显的、可视的。产品利益则是指使用该产品能给消费者带来的收益。通常，属性定位和利益定位具有因果关系。例如，王老吉凉茶，属性定位是"凉茶"，利益定位是"预防上火"。佳洁士儿童防蛀牙膏，属性定位是含氟牙膏，利益定位是"防蛀牙"。经研究发现，一些看似无关紧要的微小属性却能成为品牌定位成功的关键。例如，索尼推出的"笑脸快门"属性，对相片清晰度、色彩等关键功能其实没有显著的影响，但在其推出这一微小属性后却广受顾客好评。一般而言，微小属性的这种巨大正面影响是顾客对该品类产品的功能不太熟悉的情况下才存在的。

（二）用途定位

宝洁公司是成功运用用途定位的一个案例。以洗发水为例，宝洁在中国市场就推出了飘柔、潘婷、海飞丝、沙宣等多个品牌，但每个品牌都以自身特定的用途来定位，从而形成鲜明的品牌差异化。具体而言，海飞丝的定位是"去头皮屑"，飘柔的定位着眼于"柔顺发质"，潘婷则定位于"营养发质"，而沙宣定位于"美发定型"。结果，宝洁洗发水的多品牌各得其所，共同促成了它在这一产品领域多年来的领导地位。

（三）用户定位

将品牌与某类消费者的生活形态和生活方式的关联作为定位的基础，则品牌就会定位于某类消费群使用。这种定位方式也称为用户形象定位。例如，奔驰定位于成功的、资深的高层管理者用户形象；而宝马则定位于年轻、时尚的经理人用户形象。中国移动的全球通定位于成熟的、有成就的、有魅力的商务人士，曾经使用过的品牌口号是"我能"；而动感地带则定位于年轻的、时尚的、好动的、追求个性的人群，品牌口号曾是"我的地盘，我作主"，两个品牌的用户形象异常鲜明且有显著的区分。

（四）针对竞争对手定位

这种定位策略是指企业为了突出品牌的特性，抓住知名竞争对手的弱点来向消费者推销自己的优点，从而获取市场认可的方法。例如，丰田公司为了突出其雷克萨斯品牌汽车高质且性价比又好的产品优点，在美国市场宣传该车时，将其图片和奔驰汽车并列放在一起，并加上大标题："用 36000 美元就可以买到价值 73000 美元的汽车，这在历史上还是第一次"。针对竞争对手定位的方法，又叫作比较定位。

（五）产品品类定位

产品品类定位是指在消费者心智中开创一个新的产品品种，并通过首创这个品种而在消费者心目中成为这个品种的领导者形象。例如，1996 年喜之郎提出了"果冻布丁喜之郎"的口号，并率先在中央电视台投入巨额广告来不断强化这一概念。结果，一提到果冻布丁，人们就想起喜之郎品牌；而一提到喜之郎品牌，也就会想到果冻布丁。喜之郎推出这一概念，人为地设置了一道同类产品里的竞争品牌难以逾越的心理定位障碍。

（六）价格定位

品牌可以选择将自身产品定位于相对低还是相对高的价格。如果企业具有成本优势，可选择定位于高经济性价比。例如，雕牌定位于"只选对的，不买贵的"，暗示着雕牌的实惠价格。有些品牌则定位于高价，如"喜悦香水，世界上最贵的香水"，这种高价定位能够满足目标消费者显示自身消费地位的作用，能满足人们的心理利益。

三、执行品牌定位的 5Ps 战略框架

（一）执行品牌定位的 5Ps 战略框架

如上所述，通过 4Cs 战略分析框架（消费者洞察、公司自身分析、竞争者分析、品类决策等）并确立好品牌的定位之后，公司就要高质量和高效率地执行品牌定位。对于如何有效地执行品牌定位，本书在提炼大量优秀品牌实践基础上，总结提出执行品牌定位的 5Ps 战略框架，现分述如下。

1. 宣传与推广（Promotion）

宣传与推广是品牌定位执行的最重要步骤。没有强有力的宣传与推广，品牌定位难以深入人心，难以形成强有力的品牌认知。在宣传与推广品牌定位时，有必要先实施品牌内部推广，然后再实施品牌外部推广。

（1）品牌内部化。

品牌在公司内部的宣传与推广统称为"品牌内部化"（Internal branding），它指的是企业确定品牌定位后，对内部员工等可控受众传递这种品牌定位信息。一般而言，可通过三种途径实现品牌内部化。其一，公司内部媒体的品牌传播；其二，公司内部活动中的品牌传播；其三，公司固定场所的品牌传播。迪士尼委员会经常召开关于"迪士尼式创新、服务及忠诚"的内部研讨会，使内部形成共识，要让顾客在迪士尼体验到快乐，员工必须首先进入"角色"。迪士尼员工以"我们是演员"为箴言，激励自己始终向顾客传递家庭娱乐。

（2）品牌外部传播。

如果传播预算允许，广告是提高品牌定位知晓度的必须要素。在中国市场，利用好"大势"，紧扣事件营销，品牌定位就能迅速发酵，从而在全国市场范围内，形成所期望的"顾客心智份额第一"。我们把这一战略也简称为"大项目营销"（Project marketing）。例如，王老吉在 2006 年的德国世界杯足球赛期间，洞察到球迷们通宵熬夜看世界杯，迅速推出"不怕上火的世界杯"广告运动，使王老吉成为球迷晚上看球的必备品。王老吉品牌的凉茶由此确立了凉茶饮品创造者和领导者的牢固地位。而 2008 年奥运会在北京召开，王老吉联合国家体育总局推出大型活动"祝贺北京·王老吉 56 个民族共同为北京祈福盛会"，全国性知名度与美誉度、领导力再次提升。而 2010 年的广州亚运会，王老吉更成为合作伙伴，推出的"亚运有我，精彩之吉"系列活动，希望让全亚洲关注到王老吉品牌。

在向公司内外传播品牌定位的时候，品牌经理人需要提炼出品牌箴言（Brand mantra）。品牌箴言通常是用 3～5 个短语所表现的品牌内涵的精要、品牌定位和品牌价值。其目的是使公司内部员工以及外部营销伙伴理解品牌对于顾客所代表的最核心的价值主张，有助于对公司内外的营销活动提供行为准则或指南。耐克的品牌箴言是"地道的专业运动性能（Authentic athletic performance）"，迪士尼的品牌箴言是"有趣的家庭娱乐（Fun family entertainment）"，麦当劳则有"食品、乡亲、乐趣（Food, folks and fun）"。

2. 地点决策（Place）

品牌定位的执行必须落实在地点上，地点包括品牌的地理市场区域决策和终端决策。

例如，在四川、贵州白酒名牌林立的环境中，衡水老白干 2000 年提出"河北为王"的区域市场战略，采取先立足衡水，后拓展石家庄、邢台、邯郸等市场，形成冀南区域集中化格局；之后才突破唐山、秦皇岛等冀东区域。确保先在河北省的市场地位巩固之后，衡水老白干品牌才面向全国市场推广。同样，王老吉的始发市场是广东，在广东市场扎实渗透 3 年之后才拓展到浙江；然后沿东南沿海一路北上往内陆地区发展。类似案例不胜枚举。

品牌定位的地点执行还包括终端售点（Points of sales）。奢侈品品牌如路易威登、香奈尔、古驰（Gucci）、蒂凡尼（Tiffany）等品牌坚持精选式终端战略，并直接管理所有店铺。这样的战略可以让品牌保持稀缺性和独享性，并且让品牌定位在全球保持一致性。如果一个公司拥有多个定位不相同的品牌，那么，差异化的终端则是诠释品牌不同定位的重要因素。比如，欧莱雅集团拥有众多化妆品品牌，不同品牌之间的最大区隔是品牌所代表的身份、品位、生活方式不同；这些差异化的品牌内涵在很大程度上是通过不同终端渠道来实现的。兰蔻、碧欧泉、赫莲娜、羽西等四大高档品牌，在经过严格筛选的中高档零售终端专卖（如香水店、高档百货商店、购物中心专柜、免税商店等）；巴黎欧莱雅、美宝莲、卡尼尔、小护士则通过普通百货公司、超市等大众化渠道销售；巴黎卡诗则只在特定的高档发廊销售；活性健康保养品品牌薇姿和理肤泉则通过指定药房及其他专门店面渠道销售。

3. 实体展示（Physical evidence）

品牌定位需要通过产品的实体证据来支撑，它们有助于强化品牌定位。多年来，绝对伏特加（Absolut Vodka）在其瓶身设计上大做文章，其广告以富有创意而又高雅、幽默的方式让绝对伏特加瓶作为一种象征文化来诠释该品牌的核心定位：纯净、简单、完美的顶级伏特加品牌。

洋河于 2003 年 8 月推出"洋河蓝色经典"这一高端品牌，其档次定位紧随五粮液、茅台等。除了在产品口味上创造差异化之外，洋酒蓝色经典最大的成功之处在于其包装突出"蓝色"，"洋河蓝色经典"有海之蓝、天之蓝、梦之蓝三个档次，其广告宣传语是"世界上最宽广的是大海，最高远的是天空，最博大的是男人的情怀"。

又如，从墨西哥走向全球的啤酒品牌科罗娜（Corona）定位于时尚、柔情和幻想，现已销往世界 150 多个国家和地区，名列全球啤酒品牌销售排行榜第四位。科罗娜品牌定位成功很大程度上得益于其与众不同的长颈曲线的透明玻璃瓶，它传递了时尚、浪漫、海浪、沙滩、阳光、轻松愉快等独特性和积极性的品牌联想。而独创的瓶口插柠檬的啤酒饮法，将品牌的至尊品质揉进激情与幻想。

对于无形服务而言，品牌定位主要由传递服务的员工来实现，服务场所、服务设施设备、辅助性的服务用品及物件等可视要素都影响品牌定位执行的效果。

4. 定价（Price）

定价（Price）是落实品牌定位的重要因素。虽然定位并不等同于质量，但大量的品牌定位仍然和品质相关，而消费者在很多情况下是无法准确估计产品的客观质量的。因此，价格成为消费者最常用来判断质量的外在线索之一。中国品牌要改变在国际市场上刻板的"低质"印象，有必要引导某些中国企业将其部分产品在国际市场高定价，从而形成"质优价高"的印象。据悉,早在 1983 年 8 月,丰田汽车株式会社会长丰田英二提出"创造出足以傲视当今车坛的顶级轿车"的想法。随后丰田就推出了全新高端品牌雷克萨斯。雷克萨斯车上隐去了丰田公司品牌的名称和标识,刻意让消费者不要将丰田"低档、省油、廉价"形象与雷克萨斯产生联想。为了传递高档形象,丰田聘请美国一家品牌命名公司作顾问,"雷克萨斯"(Lexus)英文发音有"豪华""奢侈"(Lexu)之意,能让人产生"豪华轿车"的联想。同时,雷克萨斯的定价也直逼奔驰、林肯等高端汽车品牌。

5. 坚守定位(Persistence)

"罗马不是一天建成的",这句话恰到好处地说明坚守定位(Persistence)是品牌定位得以落实与执行的最重要理念。对于那些奢侈品品牌来说,就更是如此,因为品牌需要时间来撰写历史和传奇。而市场却并非永远一帆风顺。如果面对市场遭受困境就随时改变自己的定位,那么,品牌永远也难以确立自己清晰、独特、突出的个性、形象。法国品牌皮尔·卡丹(Pierre Cardin)曾一度作为法国奢侈品品牌而风靡全球,但后来对经销商筛选不严,对产品选材和工艺也未加严格考究,导致产品大量生产和广泛分销,最终致使其奢侈形象受到很大负面损害,最终失去其稀缺性、独特性,沦为大众化品牌。

对于奢侈品而言,坚守品牌定位,非但不会限制品牌做大市场规模,反倒更能做大做强。不少例子表明,当奢侈品品牌拥有鲜明、突出和具有吸引力的品牌个性之后,沿着品牌所打造的生活方式、个性而进行的跨界延伸,更易取得成功。理论研究表明,象征性和体验性品牌属性远比功能性品牌属性更能带来延伸的成功。例如,意大利设计师 Giorgio Armani(阿玛尼)在迪拜建起了第一家 Armani 酒店,并有意扩大成为全球连锁酒店,酒店内部的装饰、家具设计全部遵循阿玛尼服装品牌的风格。这种基于品牌个性与象征价值的延伸,扩大了品牌的业务范围,提升了品牌的经营业绩,更重要的是并没有损害品牌既有的定位和无形资产。此外,一个具有鲜明的、有吸引力的品牌,在其主打产品之外提供的搭配饰品定价不菲,利润甚高,且广受欢迎。阿玛尼推出的服装配饰、香水、家居配饰,以及针对商务人士的钢笔等办公用品,可以覆盖具有相同生活方式的儿童、青少年、成熟男性和女性,这些搭配产品构成阿玛尼每年销售额的重要部分。

(二)品牌定位的常见错误

品牌定位是项艰苦的工作。许多品牌因定位错误,始终没能在市场上有什么起色。这里总结几种常见的品牌定位错误。

1. 不充分定位

不充分定位是指公司并没有挖掘出品牌强有力的、积极正面的、独特的卖点,因而,并不能在消费者心智中占有什么特定的位置。例如,国内众多洗衣粉品牌都笼统强调"去污能力强"。在强大的广告攻势下,消费者虽然会记住品牌的名称,但却无从分辨它们的个性、卖点、差异化,无法形成品牌偏好。

2. 令人困惑的定位

由于品牌经理人主观上对品牌的诉求太多,这会使消费者对品牌定位感到困惑,导致对品牌形象的混淆。所以，即使一个品牌有很多卖点，经理人也需要从中提取眼前及未来最有优势的、市场最看重的 1~2 个卖点，以此确定品牌定位并向消费者持续不断的传播。许多国际知名品牌只是靠一个方面的优势而成名并成为消费者的首选，如沃尔沃汽车的"安全与耐用"、丰田汽车的"经济可靠"、奔驰汽车的"王者至尊"等。

3. 让人怀疑的定位

这是指消费者难以相信品牌所宣扬的定位。这种情况在中国保健品市场表现得极为明显，很多保健品品牌的广告宣传都让人觉得这是一种包治百病的灵丹妙药，似乎不这样不足以打动消费者。可事实上稍有常识的消费者都知道保健品并不具有治病的功效，如此无所不能的定位只会引起消费者的怀疑，其市场效果可想而知。

品牌定位并不是一件容易的事情，企业常常会落入品牌定位的陷阱，犯下不充分定位、混淆定位、可疑定位等错误。因此，当企业进行品牌定位时，一定要经过充分的调查与思索。当企业定位不当时，常常需要对品牌进行重新定位。我们将在第四节详细阐述品牌更新以及品牌重新定位的内涵、战略与方法。

第四节　品　牌　更　新

品牌更新是指公司有规律、有频率地对品牌实施新的营销活动，对品牌加以振兴与激活，使品牌永远处于与时俱进的状态。品牌更新的内在动因是品牌定位的调整与改变，虽然品牌更新表现在外的是品牌标识等可视要素的更换。如果品牌不能适时进行更新，顾客会久而生厌，而后离开。但是，如果企业的品牌更新不遵循科学原理，轻者实现不了品牌更新的预期目标；重者会将品牌积累起来的固有优势丧失殆尽。因此，企业应该把品牌更新看作是一种需要战略思维的常态化工作。本节将介绍品牌更新的内涵，分析品牌更新的背景，讨论企业实施品牌更新的战略与策略。

一、品牌更新的内涵

（一）品牌更新

品牌更新（Brand updating）是指品牌通过实施一系列新的营销战略和策略，使品牌持续提高市场影响力和市场业绩。一般来说，品牌更新的内在驱动因素主要是品牌定位的微调与改变（包括品牌细分市场的改变，品牌等级的提高或下调等）。品牌更新的外在表现包括对品牌有形要素的更新与调整。品牌更新的总体目标是使品牌永葆活力，通过让市场对品牌产生更新颖、更具时代感的印象，从而提升品牌市场业绩和无形资产。

（二）品牌更新与品牌复兴的区别与联系

品牌复兴（Brand revival）是指对历史上曾经辉煌但现在已经没落、已经淡出市场或已经走下坡路的品牌的振兴与激活。它和品牌更新的内涵存在差异。

品牌复兴一般是指对那些具有较长历史和知名度但目前在市场上已经淡出很久、已经显出老态、已经失去市场吸引力的品牌的振兴和激活。品牌复兴的客体一般是指"老字号品牌"（Time-honored brands），它们是已经从目标消费者记忆中没落、已经或正在走下坡路的品牌。但是，品牌更新的客体并不是已经从记忆中没落或市场销路已走下坡路的老品牌，而是市场上仍在常规运行但需要及时激活的品牌。因而，品牌更新的范畴更广和更为普遍性，而品牌复兴的范畴则更为特定。如果说品牌复兴体现的是公司对特定的品牌在特殊时期的激活和重新推向市场，那么品牌更新则更强调为了让品牌适时地、规律性地、经常性地处于一种鲜活、旺盛的生命状态而实施的常规性但又有战略意义的营销活动。

为了更清楚地理解品牌更新和品牌复兴两个概念的区别，我们以上海家化的两个品牌——六神和双妹在2010—2012年期间的品牌营销活动为例来加以分析说明。2008年以来，六神花露水受到宝洁、联合利华、隆力奇等公司推出的中草药花露水的激烈竞争；同时，六神花露水自身也长时间没有推出新的营销活动了。这就使顾客对六神花露水产品产生了土气、不时尚、味道不好等负面联想，品牌市场份额也在降低。于是，上海家化于2011年开始对六神的品牌定位进行了更新。六神在品牌更新活动中，推出了新的系列化产品，如针对年轻顾客群体增加了六神劲凉提神花露水、六神艾叶健肤花露水、六神喷雾驱蚊花露水、随身花露水等。产品包装上，六神花露水突破了原来仅仅是单色的包装，推出了粉红色、橘色等新包装，它们显得小巧、可随身携带。品牌传播上，六神品牌大量使用新社交媒体，赢得了用户极大的关注（如动画片《花露水的前世今生》真实点击量达到1800万条以上）。六神品牌的这些创新性营销活动，使六神品牌在原来的品牌形象基础上更鲜活、更新颖、更具时代感。这属于典型的品牌更新。

而双妹品牌则属于典型的品牌复兴。双妹曾是1920年代上海知名的化妆品品牌，1949年之后不复在中国内地市场销售（只在中国香港有少量产品的生产和销售）。2010年上海家化重新挖掘双妹品牌的历史资产，并推向中国内地市场。目前，双妹已在北京、上海及成都等城市开设了多家店铺，致力于打造一个高端、时尚、跨界的中国品牌，为东方女性带来全新的感官护肤愉悦感受。上海家化针对双妹品牌的营销活动属于典型的品牌复兴。

品牌复兴是品牌更新的特例；品牌更新包括了对多年淡出市场的老字号品牌的复兴，但更多的是针对正在运行的品牌的及时激活与提振，使其不断地日新月异、历久弥新、历久弥坚。

▶ 二、实施品牌更新的背景

（一）品牌定位不能跟进时代发展

随着时间的推移，品牌原有目标市场不可避免地趋向老化，市场销售开始萎缩。此时，品牌面对新的潜在顾客就显得不合时宜了。通过品牌更新，重新进行品牌定位，品牌就可能赢得新的顾客细分市场，从而提高市场业绩。例如，我国黄酒品牌古越龙山的主要消费群体传统上是中老年人，为了增加新一代消费者的消费量，古越龙山在2010年左右，开始将品牌重新定位为"进取的人生、优雅的人生——品味生活真情趣"。又如，肯德基炸鸡最初奠基于人们对创始人桑德斯上校（Sanders）的认同，他以美国南方独特的香草和辣味配方烹调炸鸡，味道的独特性使肯德基获得极大成功。但20世纪80年代以后，健康意识的增强使消费者将肯德基炸鸡联想为高油脂、高热量等负面形象。人们开始慢慢离肯德基炸鸡而去，人们更多开始光顾那些提供健康食物的餐厅。在这种情况下，1991年肯德基炸鸡决定引入新的品牌定位，减少炸鸡，增加烤鸡和蔬菜；配合这一改变，肯德鸡将品牌名称全称（Kentucky Fried Chicken）更新缩写为KFC，这样避免了与油炸（Fried）产生直接联想。

（二）原来的品牌定位无效

如果市场对投放的产品反应冷淡，销售情况与预期差距太大，此时企业需要检讨品牌原来的定位与目标市场决策是否犯了错误。如果确实有误，就应该进行彻底的品牌再定位。例如，万宝路20世纪20—30年代最初定位于女性香烟，几十年的市场业绩极其一般。品牌商后来虽然在产品外部特征上经过了多轮调整（如改变过滤嘴的长度和大小等），也均未有起色。20世纪50年代开始，万宝路重新将品牌目标市场定位为男士，以西部牛仔作为品牌形象，重新塑造了自由、粗犷、冒险等个性，最终在众多香烟品牌中脱颖而出，成为全球驰名的香烟品牌。

（三）品牌原来的目标市场界定狭窄、规模小

有时品牌定位和执行效果也不错，但品牌只在一个有限的或正在萎缩的细分市场产生影响力。此时通过品牌更新，品牌就可以吸引更广大的顾客群体，从而丰富品牌联想，扩大市场规模和影响范围。例如，强生消费品业务最初以婴儿为目标市场，其洗发精强调温和、不刺激等使用利益。但是，当公司需要扩大消费品业务的规模时，就想到刺激成人消费者对温和洗发精的需求，于是，强生就把目标市场扩大到成人消费者。此时，品牌更新运动强化了强生洗发精产品的"温和"核心利益点。市场容量也因扩大到新的目标细分消费群（普通成人消费者）而增加。同样，开篇案例中的中国凉茶品牌王老吉，2002年左右开始品牌更新运动，通过扩大凉茶的使用场合（从中药凉茶改变为凉茶饮料）和目标消费群，市场容量得到了成百上千倍地扩大。传统上的凉茶主要在华南地区销售，定位于"去火"的中药饮料；更新之前它虽然在区域市场拥有很高的品牌知名度，但其地理市场极其狭窄，市场规模极其有限。当品牌重新定位为"预防上火的饮料"后，其地理市场就扩大到全国，使用情境扩大到任何有可能引发上火的场合（熬夜、加班、疲劳等），品牌的市场容量无疑被大大扩充。

（四）品牌执行趋于疲惫

如果随着时间的推移，品牌的营销活动总是不断地原样重复，那么品牌就可能让消费者产生无趣和厌烦。此时，在营销策略执行上做小幅度的调整，将难以吸引市场的注意力，慢慢地，品牌将最终丧失市场影响力。更有甚者，如果一个品牌的定位或形象多年来没有什么变化，那么，在此定位之下的营销创新举措就可能难以施展。如果此时竞争品牌因实

施令人惊奇的突破性新定位和传播而取得竞争优势的话，该品牌就需要通过更新定位带来重振和新鲜感。当品牌执行过于疲惫时，通过品牌更新，制造有价值的新闻以获取媒体和市场的注意力，不失为可选择的战略之举。

为了更好地理解品牌更新的内涵和实施品牌更新的背景，我们可以认真阅读研究品牌案例 5.2 中的六神品牌案例。

品牌案例 5.2　　　　　　　　六神花露水的品牌年轻化突围

"今年夏天热吗？热！那什么最凉？——六神花露水！""感觉别人都在非洲大草原，而我却在北欧狂奔……""我仿佛来到了喜马拉雅！"……

2016 年，在全国网友们的"段子"大比拼中，"六神劲凉提神花露水"成为主角与名副其实的"网红"。六神的其他几款产品——六神清凉爽肤沐浴露、驱蚊花露水等，也在走这样的"网红路线"。这使六神在 2016 年销售旺季的第一个月 7 月就迎来了销售额增长的高峰。六神"狠凉"引起热议、带动销售的背后，是哪些战略调整在支持一个老品牌的年轻化转身？在此我们一起来体验六神花露水的品牌年轻化突围。

诞生于 1990 年、主打传统中医药理概念的六神花露水，堪称上海家化的明星产品，其市场占有率最高超过 70%。2008 年以来，一向以现代科技为卖点的宝洁、联合利华等跨国巨头亦如法炮制主攻"中药牌"，隆力奇等国内竞争者也开始"贴身肉战"，六神品牌一度危机四起。2008 年至 2010 年三年的消费者研究报告表明，消费者认为六神的品牌形象老旧，消费者对产品也有"味道不好""包装陈旧""功能单一"等负面评价。为了顺应市场趋势，突出重围，六神走上了品牌的全面更新和突围之路。其中，在产品层面，六神的更新体现为推出个性化和新品类产品；同时，六神还在传播方式上大胆尝试创新。

第一，个性化产品满足多样化的消费需求。在年轻一代消费者心目中，六神品牌被贴上了"传统"标签，他们对六神最直接的反应就是"这是我妈妈用的产品"。当"85后"年轻人正逐渐成为消费主力军时，六神需要了解年轻消费者需要什么、喜欢什么样的产品包装等，并据此进行了产品更新和升级。

以花露水品类为例，六神在保留产品经典款的基础上，推出更多年轻化、个性化的产品，以满足年轻消费群的需求。例如，仅 180 毫升六神喷雾瓶装花露水目前就多达 9 个品种，包括"持久清凉"的六神劲凉提神花露水、"除菌消炎"的六神艾叶健肤花露水、"冰莲清香"的六神喷雾驱蚊花露水等。为了拓宽产品的使用场景，2011—2012 年六神还推出了针对 0~6 岁的"宝宝花露水"。而针对 22~28 岁的城市年轻女性的"随身花露水"，不但小巧随身，还一改过去包装的单一色调，推出粉红色、橘色等"另类"色彩。这些重磅出击的产品革新，使六神花露水从"妈妈用的产品"，华丽转身，变得时尚、另类。

第二,拓展新品类,顺应市场新趋势。早在 2012 年,六神基于消费者调查和中草药研究,推出了中草药除菌健肤系列,涵盖沐浴露、洗手液等品类。2016 年 7 月 21 日,上海家化举办的新品发布会上,六神重磅推出了中草药无硅油洗护发系列产品。近年来,"无硅油"概念日趋火热,无硅油洗护发产品成为了年轻、高端消费者的热捧对象。在各品牌都纷纷推出"无硅油"概念相关产品时,六神也跟上了新的潮流。

据六神品牌相关负责人介绍,含硅洗发水添加硅油是为了起到顺滑的作用,很多无硅油产品只是单纯地去掉硅油成分,从而导致洗发后头发干涩、毛躁。而在六神中草药无硅油洗护发产品中,六神品牌采用了创新的硅油替代技术——微米乳化技术,使滋润成分深入渗透至发芯,从而起到润泽秀发的效果,并特别添加六神原液,长期使用具有温和调理头皮的效果,使头皮达到自然健康状态。这使得六神中草药无硅油洗护发产品在市场同类产品中具有差异化竞争优势。

第三,数字化传播——3 个 360°大转身。除了产品更新,为了抓住年轻消费者,六神在品牌传播上做了不少新的尝试,数字化传播便是核心。2012 年夏天,一部名为《花露水的前世今生》的动画片发布了,制作加传播费用仅 40 万元的费用,却达到了 1800 万条的真实点击量。这部长达 4 分 30 秒的动画,以有趣的方式介绍了花露水的来龙去脉,并结合当下热点,众多网友自发转播,给六神带来了极佳的品牌传播效果。

更大的转变发生在 2015 年。在"抓住年轻消费者"这个主题下,2015 年第三季度,六神品牌经营管理团队确定了 2016 年的 3 个 360°大转身传播战略。一是媒介预算大转身。创新的数字媒体成为主角,媒体支出比例占到年度总预算的 50%以上。二是传播内容大转身。此前的六神品牌传播内容是碎片化的,制作传统媒介内容瞄准大众消费群,制作线上内容针对年轻消费群。现在,无论是 TVC 还是网络传播,传播内容都统一在"六神在手,一夏无忧"这个主题下,使相同的内容主题可运用多样化的媒体渠道。三是制作思路大转身。六神从大众化审美转型到以年轻化网络传播为目的的内容制作。例如,同样是用明星来传播产品,六神团队改变过去选用传统明星代言的形式,而转变为与当红小鲜肉明星微博合作,通过微博植入产品;或者选用大热段子手制造段子,如"薛之谦用生命证明了两件事:出汗不能阻止尿意&六神花露水能祛除汗臭味"。新型网络传播思路引发了更大的转发量,病毒性传播力更高,与年轻人最感兴趣的娱乐点形成合拍。

资料来源:
1. 陈丽洋. 花露水的前世今生——爆红视频背后的高效品牌营销[J]. 现代商业, 2012(35).
2. 霍爱萍. 六神品牌的营销策略[J]. 日用化学品科学. 2006(11): 41-43.

三、品牌更新策略

品牌更新营销策略既体现在公司常规性营销方案之中,也可能以某特定时期采取的非常规营销运动为载体。品牌更新的常见策略有以下几种。

（一）扩大市场容量的品牌更新策略

如果能让现有顾客不断增加品牌的产品使用量，那品牌就能得到更新，它包括以下策略。

1. 定位于更宽泛的使用场景

企业可以通过消费者教育活动，推动消费者从偶尔使用该产品转变为经常使用该产品，从特定情景下使用品牌产品转变为众多情景下使用品牌产品。消费习惯的改变是提高产品使用量的前提。例如，当王老吉凉茶在2002年左右将自己重新定位于"预防上火的饮料"之后，营销传播提示人们可能上火的众多情景（如熬夜、吃火锅、吃油炸食物、长时间工作等），这就大大提升了红色王老吉凉茶的消费频率。王老吉凉茶顺势进入快速周转消费品的终端渠道。通过提高使用频率的办法，红色王老吉凉茶重新焕发青春活力。

品牌的使用场景，需要随着产品的市场生命周期的演进而调整。当某个品类的产品首次进入特定地理市场时，总是与某一特定使用情境联系在一起的。例如，在西方消费文化中，果汁最先用于早餐，葡萄酒用于正餐，肥料用于草坪。但随着时间的推移，这类产品的市场供应量增加，那些能开发新的使用情境的品牌，通过与新的使用情境建立联结，从而率先进行了品牌更新。例如，1990年代初期速溶咖啡刚刚进入中国市场时，主要作为礼品使用，产品规格、包装、定价等随之与此种使用场景相配合；后来，随着人们越来越多地接受速溶咖啡饮品，速溶咖啡品牌的定位显然不能限制在送礼场景，而应该扩大到更多的工作或生活场景。如果消费者使用品牌的场合能不断扩大与延伸，品牌就得以不断更新。因为，更多的使用情境增加了品牌与顾客的接触点，从而能提高品牌知名度，而品牌知名度是品牌无形资产的首要元素。

2. 建立积极的使用情境联想

红色王老吉凉茶通过"过吉祥年，喝王老吉"的广告，把王老吉品牌与中国最传统的节日农历春节联系起来，从而赢得了凉茶消费的黄金季。要建立品牌积极的使用情景联想，品牌商需要迎合重大节庆、事件（如奥运会等）投放重磅广告与促销。在情人节，人们的首选礼物是巧克力和鲜花，因而，巧克力的品牌经理们需要将自身品牌与情人之间浓情蜜意的情境联系起来。基于使用情景的品牌联想是顾客心智的品牌无形资产的重要因素。而更新的、与时俱进的使用情境，会让品牌永远处于社会趋势的前沿，这样的品牌能与市场上的消费者建立密切关联性（Relevance）。所有的品牌都需要与时俱进，都需要随时与市场具有关联性，否则就会被遗忘。

3. 提高使用便利性

有的品牌因产品使用不便，导致消费者选择该品牌的概率不断下降，最终退出消费者的视野和考虑集。通过定期的消费者调研可以了解消费者对产品使用便利性的态度。如果洞察到产品存在使用不便利的缺点，就要及时改进，使品牌得以激活、更新。例如，南方黑芝麻糊从20世纪80年代末投放市场的大袋包装一直沿用了20多年，这种大袋包装产品食用周期长，启封后不易保存。因而，到2000年以后遇到年轻消费群成为主流购买者时，购买量就逐渐减少，销量不断萎缩。直到 2010 年左右，南方黑芝麻糊才决定将大袋装改进为杯装，希望以此来提高产品使用的便利性。

4. 实施轰动性促销方案

品牌促销不只能够提高购买频率，更能强化市场对品牌的鲜活印象和记忆，使品牌永远处于被激活状态和鲜活形象，从而不被市场遗忘。促销方案如何才能推动品牌更新？这就需要促销活动本身具有"轰动性"。英国维珍（Virgin）创始人兼 CEO 理查德·布兰森不拘一格、叛逆、风趣洒脱的个性使维珍品牌永远处在鲜活状态。例如，布兰森在英吉利海峡某浅滩裸跑，双手遮着下体跑回岸上，悠然自得；穿三角短裤和著名女星合拍维珍健力饮料广告片；和一群身材火辣的模特儿拍摄维珍手机服务的促销广告；打扮为哥萨克人，替维珍伏特加酒大搞宣传；亲自开坦克辗过时代广场，宣示维珍集团正式推出维京可乐等。布兰森的每一次冒险行动都产生了极为轰动的广告效应，给维珍品牌抹上重彩，维珍品牌被赋予反叛、潮流、青春、活力等符号，这一品牌符号在其创始人布兰森参与的每次重大推广活动中被反复强化。

（二）进入新市场的品牌更新策略

1. 新顾客群体

品牌在特定阶段，有其特定的目标市场。但是，随着品牌的发展与演进，如果原来瞄准的目标市场的需求已近饱和，或者目标市场本身的容量存在萎缩趋势，那么，开辟一个新的目标市场，也是品牌得以更新的重要策略。有时，品牌重新界定的目标市场，可能会给品牌带来颠覆性的新机和改变。万宝路是现今世界上最畅销的香烟品牌之一。但其创业早期（20 世纪 20—30 年代）却是定位为女性香烟（当时的广告口号为"温和如五月"）。尽管当时美国吸烟人数年年上升，但万宝路香烟却始终销路平平。女士们抱怨香烟的白色烟嘴会染上她们鲜红的口红，很不雅观。但烟嘴换成红色之后，仍没能挽回万宝路的命运。莫里斯公司 20 世纪 40 年代初停止生产万宝路香烟。第二次世界大战（简称"二战"）后美国吸烟人数继续增多，但万宝路重新推出后仍然销路不佳。一筹莫展中，1954 年营销策划人李奥·贝纳对万宝路进行了"变性手术"，将万宝路香烟重新定位为男性香烟，将淡口味转变为重口味，万宝路品牌形象重新描绘为浑身散发粗犷、豪迈、英雄气概的美国西部牛仔。新定位彻底改变了万宝路香烟品牌的命运，在李奥·贝纳策划后的第二年（1955 年），其美国市场销量排名跃升到第 10 位，之后再扶摇直上，后来成为全球第一大香烟品牌。

2. 新地理市场

品牌更新的另一策略是进入新的地理市场。对于欧美知名品牌而言，新兴市场无疑是其寻求品牌更新和成长机会的潜力目标市场。例如，美国百胜餐饮 2014 年第一季度营收中，超过一半来自于中国市场，旗下肯德基和必胜客在中国很受欢迎。据悉，百胜餐饮在中国的连锁店总数量已超过 6300 家，其中大多数是肯德基连锁餐厅。百胜餐饮在中国市场取得的成绩对整个公司营收的贡献是巨大的，而这得益于百胜食品公司在中国改革开放的初期就率先决定进入中国市场，1987 年百胜食品选择在北京王府井商场开设了肯德鸡店,这比美国快餐领袖品牌麦当劳进入中国市场提前了整整5年。

(三)品牌要素的更新策略

品牌更新必须借助推出一个或多个新的品牌要素来传达品牌更新信号。品牌要素更新传递了新的品牌信息,标明了新的品牌含义。不同的品牌要素(如品牌名、标识、标语等),其更新频率存在差异且有其自身规律。

1. 品牌要素更新的内容

(1)品牌名称更新。品牌名称一般情况下不适宜频繁改变调整。但如果品牌名已显得过时,就需要进行更新。联邦快递原来的全名是"Federal Express",后来更名为"FedEx",新品牌名不再像原来那么过分强调"联邦"(Federal)。虽然"联邦"这个英文单词给消费者稳定感、可靠感,但当公司强调"隔夜送达"概念时,"联邦"就显得有些官僚主义和政府化,还可能与"美国邮政服务快递"之间产生混淆。而更新后的品牌名 FedEx 却显得富有流线型和时代感。1991年肯塔基品牌的英文名(Kentucky Fried Chicken)更名为"KFC",更新后的品牌名既简洁利索又不再有醒目的"油炸"这个含有负面联想的词(Fried)。所以,当品牌名的寓意显得不合时宜时,必须当机立断通过废弃原有品牌名和启用新品牌名来实现品牌更新。2012年"淘宝商城"更名为"天猫"(Tmall),它反映的不仅是名称改变,更折射出公司重大战略调整。

(2)品牌标识或符号更新。一般来说,伴随品牌名的改变,公司会推出一个新的品牌标识或符号。品牌案例5.3"换标:让华为更开放"表明,华为换标传递了更加客户导向、更加开放与包容、更加国际化的公司战略转型。

品牌案例5.3　　　　　　　　　换标:让华为更开放

2006年5月,华为宣布全面更换品牌标识。新的品牌标识和旧的相比,主要的变化包括:在沿用原标准色的基础上去除原 Logo 中"华为技术"中文字样;将花状图形中的花瓣数量减少;花瓣的线条变得更加圆润柔和。新标识在保持原有标识蓬勃向上、积极进取的基础上,更加强调华为的聚焦客户、创新、稳健、可持续发展、和谐等原则。对于换标,时任华为全球首席营销执行官徐直军表示:"全球电信业处在转型的关键时期,华为作为全球领先的下一代电信网络设备供应商,客户对我们寄予了更多的信任及期待,选择这个时机更换标识,表明华为已做好充分准备,有能力与客户共同面对未来的机遇与挑战。"

新标识采取从下部中心向上向外辐射状的形状,表示华为将继续执行客户导向策略。新标识具有活泼和与时代同步的风格,表示华为将继续提供创新和符合客户需求的有竞争力的产品和解决方案。新标识洋溢着自信和乐观,传递了华为职业化、国际化的新风格。新标识采用渐变色调,保持对称性,看起来更加自然、更加具有亲和力,代表着华为的开放态度和合作精神。Logo 的改变只是表象,改变背后传递的是华为以客户为导向、征战国际化的决心(如图5-1所示)。

图 5-1　华为标识新（右）旧（左）对比

（3）品牌标语的更新。一个有影响力的品牌标语能够捕捉品牌认同的本质。与品牌名称相比，品牌标识相对更容易改变、取代或调整。通常，企业需要进行品牌更新时，都会倾向于启用一句新的品牌标语来向市场宣告开启品牌更新的序幕。1983 年，百事可乐公司聘请罗杰·恩里克担任总裁。他认为软饮料品牌之间的口味难分优劣，焦点在塑造品牌文化。于是，1984 年百事可乐推出"百事可乐，新一代的选择"广告语，昭示着品牌更新的开始。这次品牌更新让百事可乐将目标市场锁定为"二战"后生育高峰期出生的美国青年人（婴儿潮），定位为"新生代的可乐"。新生代超级巨星迈克尔·杰克逊成为品牌代言人，借此塑造了百事可乐"新鲜刺激、独树一帜"的品牌个性，从而与可口可乐老一代消费群界限分明。结果，百事可乐销量扶摇直上，可口可乐与百事可乐市场销售额之比从"二战"后的 3.4∶1 扭转到 1985 年的 1.15∶1。

除了上述品牌名、品牌标识和品牌标语等要素之外，品牌还可以通过更新包装、推出新产品、启用新代言人等方式，来执行品牌更新。

2. 品牌要素更新的频率

不同的品牌要素的更新频率存在差异。一般而言，品牌名的变更影响面最大，因而一般会保持相对稳定，变更频率较低。据统计，肯德基自 1952 年创建其品牌名和标识以来，到 2006 年，54 年间品牌标识共变更 6 次；柯达在 1907—2006 年的 100 年间，标识共变更 6 次，品牌名保持不变。有人用电影《七年之痒》来形容品牌名、品牌标识等这些高层级品牌要素的变更频率是 7 年左右一个周期，即所谓"七年一大变"。但是，像品牌广告语这类中等层级的品牌要素，需要 3 年左右更新一次，即所谓"三年一中变"。而新产品、新包装等更低层级的品牌要素，需要 1 年左右更新一次，即所谓"一年一小变"。

品牌更新是常规性营销工作，必须被列入公司营销经理们的议事日程。如果品牌长期固化不变，面对竞争品牌的营销攻势，顾客就极易把品牌遗忘，品牌就会落入购买"考虑集"之外，形成扬·鲁比肯（Yong & Rubicam）公司所谓的"坟墓"象限的品牌。所谓"坟墓"象限的品牌指的是那些曾经为人熟悉，但因没及时更新而被遗忘的品牌。品牌经理人不能让品牌落入"坟墓"象限之后才去激活，那样会很费精力且收效甚微；品牌经营管理团队要适时执行品牌更新，让品牌随时处于激活状态。例如，北冰洋汽水源于 1936 年的北平制冰厂，1985 年改制成立北京市北冰洋食品公司之后进入辉煌期，产品深受消费者欢迎，供不应求。但是，1994 年北冰洋汽水被合资给百事可乐之后，市场上就没有北冰洋汽水销售了。到了 2008 年，北冰洋上级单位北京一轻集团希望将老字号"北冰洋"汽水重新推向市场，但在退出市场 15 年后，北冰洋品牌的忠诚消费群已不是饮料的主力消费者了，而年轻消费群又有自己喜欢的新一代饮料品牌。北冰洋汽水原来的品牌影响力不能再现。虽然"北冰洋"汽水有一定的市场销售，但已难返巅峰时刻。类似于"北冰洋"汽水这样境地的老字号品牌，在中国还有很多，它们的主管部门或企业，在它们从市场消失多年之后，又想到要把它们推向市场，这种品牌复兴往往很难在市场上起到显著效果。

四、品牌退役

当市场环境恶化、品牌资产的来源枯竭、更新品牌的营销努力又难以奏效时，品牌就到了难以挽救的地步。此时，品牌不得不退出历史舞台。品牌退役（Brand retirement）就是指公司对那些没有发展前途的品牌，不再投资而是让它退出市场。品牌退役时需要运用用以下战略。

1. 挤奶战略

挤奶战略（Milk strategy）是指公司避免向该品牌继续投资，而是通过逐步回收品牌的剩余价值来获得额外现金收益。适合挤奶战略的品牌具有如下特征：（1）销售量持续下降。但行业销售下降速度不是非常快，市场对该产品品类或行业尚存在部分的市场需求。（2）市场需求下滑。品牌所处业务领域的未来没有了吸引力，品牌不是处在一个成长性行业。（3）企业有更好的使用资金的途径。（4）该品牌具有足够的顾客忠诚度，品牌逐步退出市场还可以获得销售额或利润。

挤奶战略具体可分为以下几种。第一，减少产品种类或款式。以此达到减少品牌支出的目的。第二，品牌合并。将两个或多个衰退品牌并成一个更强大的品牌；或者将某一个或几个衰退的品牌并入另一个有成长力的品牌。1999 年年末，联合利华公司启动了名为"增长之路"的品牌计划，宣布到 2003 年消减 1/3 的品牌。到 2005 年时，联合利华公司全球市场的品牌数量从 1999 年的 1500 个减少到 400 个。这是典型的砍品牌的做法。第三，快速挤奶。大幅减少品牌支出或提价以使短期现金流最大化。

2. 清算战略

品牌清算（Brand liquidation）是更为彻底的退役战略。当品牌出现以下一种或多种情形时，公司需要对品牌采取清算战略。（1）品牌所在业务下降速度很快且对该业务无明显的未来需求。（2）品牌在市场的位置并不牢固。市场上已有一个或多个占支配地位且其竞争优势无法逆转的品牌。（3）公司使命发生变化，品牌所处业务属于多余的甚至有害的领域。（4）公司在该品牌上不存在不可回收的专有资产，也不存在与供应商的长期合同未履行等退出壁垒。

公司实施清算战略时，管理者需要具有自我批评的意志，因为经理人不愿意承认品牌颓势不可逆转的现实。而且，品牌已经在公司大家庭中存在多年，有的还可能是企业初创时公司收入依赖的发家品牌，管理层或创业团队从情感上是难以割舍这个品牌的。但到了应该清算的条件，品牌经营管理团队就得采取果断的清算战略。品牌案例 5.4 反映了科龙集团内部有的品牌应该退役时的不当战略决择。

品牌案例 5.4　　　　　　　　　科龙多品牌的不归路

科龙是 20 世纪 90 年代末 21 世纪初的中国知名家电企业，曾拥有容声、科龙、华宝等多个知名品牌。但它却最后在 2005 年被海信收购。除了中国市场特有的企业治理因素之处，多品牌关系不清、品牌合并与处置不力也是科龙走向败局的重要因素。

科龙靠容声品牌的冰箱起家；长期以来，容声充当了公司"现金牛"品牌。但是，"容声"商标的所有权并非归属科龙，它是原"容奇广播器材厂"的商标名，寓意"容奇之声"。后来，"容奇广播器材厂"更名为"容奇电饭锅厂"，"容声"成为小家电产品的商标，所有权归"容奇电饭锅厂"。1984 年顺德容奇镇政府成立广东顺德珠江冰箱厂（科龙前身）时，在镇政府意见主导下，广东顺德珠江冰箱厂借用"容声"商标。1991—1998 年，容声冰箱连续 8 年保持产销量全国第一。但"容声"商标所有权一直不归广东顺德珠江冰箱厂，这就为科龙的多品牌困境埋下了诱因。

1992 年，创始人潘宁在警醒之余，借 1996 年科龙改制发行 H 股和空调项目上马之机，当年 10 月推出科龙品牌。科龙既是企业品牌，又是冰箱和空调的产品品牌。冰箱领域同时拥有容声、科龙两个品牌，从消费者角度看看，两者并没有明显的差异，因而存在品牌重叠和资源分散的问题。

在顺德市政府安排下，1998 年科龙公司并购了华宝空调品牌。科龙公司将科龙空调定位为高端声誉品牌，华宝空调充当低端入门品牌。但从市场看来，消费者会将华宝"三线价格"的质量转移给科龙空调，从而弱化科龙高端品牌的形象。

2001 年顾雏军进入科龙时又带来了康拜恩品牌，它同时覆盖冰箱、空调和小家电三个产品类别。

科龙公司在其所有产品领域都采用了多品牌战略。公司品牌名和产品品牌名交错。科龙既是公司品牌，又是空调、冰箱、小家电的产品品牌。科龙不同时代的高层管理者在多品牌架构上绞尽脑汁，但都没能走出迷雾。曾经的公司总经理王国端提出**"2+X"多品牌战略**，即以科龙、容声两个品牌为主，其他为辅助的战略。但该战略没说明科龙和容声是否应在相同产品领域里竞争，也没说明公司品牌与产品品牌的关系。X 的含义又极其含糊。曾经的公司总经理徐铁峰接过科龙权杖后，确定了**"3-2-1"品牌收缩战略**，即先将"科龙、容声、华宝"三个品牌收缩为"科龙、容声"两个品牌，进而再缩为"科龙"一个品牌的"减法战略"。它解决了多品牌在同一产品领域自相竞争的问题；集中精力做一个品牌，公司品牌与产品品牌统一，确实可以产生协同效应。但这一战略无法摆脱公司羁绊，也过不了"感情"观。撤销华宝在内部是可以理解的，但让容声退出历史舞台就会在公司内部碰到阻力。科龙公司是靠容声品牌起家的，容声品牌一直为科龙公司提供现金流。"谁让容声受损害，谁就是科龙的罪人"，这句话一直在科龙流传至今。顾雏军入主科龙后，他选择了现实而又利己的战略，即保留既存的多品牌以维护各方利益，同时带来亲生的康拜恩品牌并着力培养，以便将来从中分得家业。至此，可以看出，没有脱胎换骨的品牌"革新"，科龙根本无法走出其多品牌架构的迷雾。

海信2005年9月以大股东地位接管科龙，还没正式过户就率先调整科龙旗下的品牌商标。海信实施了三大品牌战略，被收购的科龙只留下科龙、容声两个品牌，科龙只做空调，定位为空调专家形象；容声只做冰箱，定位为冰箱专家形象；海信则保持原来定位。撤销华宝、康拜恩。此外，科龙商标还注入了海信"基因"。科龙新标志在基本保留原有风格和元素基础上，将海信象征科技、创新的字首橙色方块移植到科龙商标，取代以往科龙字首"K"上红色的一笔。

资料来源：王海忠. 多品牌病症——以科龙为例[J]. 北大商业评论，2008（3）.

【本章小结】

1. 有效的品牌定位有助于品牌打入消费者心智。

2. 4Cs框架为企业分析环境并建立有效的品牌定位提供了思维逻辑。4Cs框架是指消费者洞察（Consumer insights）、公司与竞争者分析（Company and competitor analysis）、品牌品类归属（Category decision）。

3. 企业可选择的品牌定位战略有强化战略、区别于竞争对手的定位战略、利基战略、会员俱乐部战略等。

4. 企业常见的品牌定位策略或方法有属性和利益定位、用途定位、用户定位、针对竞争对手定位、产品种类定位、价格定位等。

5. 品牌定位执行的5Ps逻辑框架是指品牌的内部化及外部推广（Promotion）、品牌的地理区域和终端售点决策（Place）、产品的实体展示（Physical evidence）、与定位相符的定价（Price）、品牌定位的维护（Persistence）。

6. 错误的品牌定位常常有不充分定位、令人困惑的定位和让人怀疑的定位。当品牌定位无效时，需要对品牌重新定位。

7. 品牌更新是指通过对品牌实施一系列新的营销战略，使其保持品牌活力、影响力和市场业绩。品牌复兴与品牌更新不同，品牌复兴的对象一般是"老字号品牌"，而品牌更新的对象包括了年轻品牌和老字号品牌。

8. 公司遇到这些情形时，需要实施品牌更新：品牌定位不能紧跟时代发展；原有目标市场与定位错误；顾客偏好发生了变化；品牌吸引的市场有限；品牌营销方案执行起来显得疲惫。

9. 品牌更新的策略主要包括扩大市场容量的品牌更新策略、进入新市场的品牌更新策略、品牌要素的更新策略等。品牌要素的更新是消费者或公众可视的品牌改变，品牌要素的更新内容包括更新品牌名、标识或符号、标语等要素。品牌要素更换的频率要视要素而定，

"七年一大变""三年一中变""一年一小变"用来概括不同层级品牌要素更新频率差异性的通俗说法。

------------------------------【术语（中英文对照）】------------------------------

------------------------------【即测即练】------------------------------

自学自测 扫描此码

------------------------------【思考与讨论】------------------------------

1. 试比较品牌定位和品牌联想两个概念的关联与区别。
2. 试举例说明品牌定位的主要战略有哪些？
3. 试举出你最熟悉的三个品牌，分析确立品牌定位之后的品牌定位执行过程。
4. 理解品牌更新的内涵，收集中国市场上品牌更新的 2~4 个成功案例，分析讨论促成其品牌更新成功的营销策略有哪些。

------------------------------【实战模拟】------------------------------

案例讨论

1. 分析优衣库进入中国市场之后，进行品牌再定位的市场背景和营销做法。
2. 试运用本章品牌定位执行的 5Ps 逻辑框架理论，分析优衣库在中国市场执行品牌再定位的主要营销策略。

---------------------------【延伸阅读】---------------------------

阅读论文《完全品牌定位的中国经验》(《经济管理》2007（21）：49-52，作者：王海忠），思考并讨论回答以下问题：

1. 运用"相似点定位"的观点，举出两个成长中的中国品牌，分析阐释"相似点定位"对它们创建品牌无形资产的重要意义？

2. 请列举中国市场上成功运用"拓展竞争参照系"原则的三个品牌案例，并分析讨论这种定位思维的营销创新意义。

第三篇 品牌壮大
(Strengthening & Scaling-up of Brand)

第六章　品牌要素战略
第七章　品牌营销策略
第八章　品牌杠杆战略

第六章
品牌要素战略

> 美感是和听觉、视觉不可分离地结合在一起的,离开听觉、视觉,美是不能设想的。
>
> ——车尔尼雪夫斯基(俄国著名作家)

学习目的

学习本章之后,读者将对以下品牌问题有更清晰、准确和透彻的理解:
- 什么是品牌要素?它的作用是什么?
- 不同品牌要素的设计应遵循哪些原则?
- 如何理解感官化品牌?
- 如何增强品牌的感官效果?
- 怎样应对未来感官品牌主导的营销竞争?

本章案例

- 谭木匠:小木梳,大品牌
- iPad 是谁的?
- 百度:早该打响的品牌保卫战
- 宝洁:市场打假

开篇案例 谭木匠：小木梳，大品牌

重庆谭木匠工艺品有限公司（简称谭木匠）成立于1993年，它是一家生产经营木梳、木镜、香扇、木筷和饰盒等小木制品为主的民营企业。刚建立的时候，它还是一家用几间猪圈作生产场地的手工小作坊。迄今为止，谭木匠已拥有专利40余项，并于2009年12月在中国香港联交所主板挂牌上市，营销网络遍及全国300多个大中城市和新加坡、日本、加拿大、德国等海外市场，在中国大陆已有专卖店1000余家，"谭木匠"5次入选福布斯排行榜。

小小木梳，原本是一种极为普通的日常生活用品，谭木匠何以取得不同凡响的品牌佳绩？我们将从品牌要素的角度展开论述，加以分析，希望引发读者的思考。

1. 谭木匠的由来

1993年初，谭传华的深圳之行，让他意识到木梳蕴含的巨大商机。于是回到重庆后，经过半年的研究和制作，终于做出来第一把木梳，取名"三峡"牌。然而三峡牌在市场推广时，反应非常平淡：第一天赚了2元钱，第二天只赚了16元钱，直到两年后才略有起色。对于品牌名字，谭传华感到，"三峡"牌难以体现木梳的特色，无法将其产品与其他同行区分开来，叫起来也不响亮。随后，谭传华又把木梳的名字改成"先生"牌、"小姐"牌。但效果仍然不佳。公司做了一个市场调查，发现顾客只记住了黄杨木梳，而没有记住真正的品牌名称。打了很多广告，不仅不见成效，还被竞争对手讥讽刺激：谭老板在那边打广告，我们就在这边坐收渔翁之利。

1996年春节晚会上，赵丽蓉表演的一个小品无意间提醒了谭传华，小品中的"玛丽吉丝"被赵丽蓉改成了"麻辣鸡丝"，他心想怎么不把自己的梳子改成"谭木匠"呢？"木匠"是中国传统木工手艺人的称呼，本身就有一股浓浓的乡土味，是勤劳与智慧的象征，给人以丰富联想，能传达出专项产品、专业师傅、专有技术、专项产品的积极意义。"木匠"前冠以"谭"字，符合中国传统商号的取名习惯，念出来给人一种沧桑厚实的历史感。同时，檀木在中国民间还是吉利的象征物，有避邪驱邪的功用，"谭"与"檀"谐音，正好兼取此意。"谭木匠"品牌名既有地道的中国味道，也符合自己的身份，于是就着手注册这个商标。1997年3月，谭木匠商标正式注册成立。"谭木匠"三个字的造型也称得上匠心独运，"谭"用隶书，"木"是几块木板搭成，"匠"则配以木工作坊劳作图，极具中国传统文化特色。

2. 坚持手工特色，传承中国古典文化

谭木匠坚持手工特色，坚持将中国古典文化传承到底。从产品主题上看，谭木匠围绕"亲情、友情、爱情、风土人情"等主题，开发了一系列具有民族特色的产品，包括

由牡丹、翠竹组成的"花开富贵，竹报平安"，以及"凤求凰""鹊桥仙"等系列产品。这既突出了民族特色，又符合中国人的欣赏习惯，为产品增添了文化内涵。谭木匠在产品包装上也别具中国文化特色，高档木梳用礼品盒包装；普通木梳的外包装用黑色或篮底白花的中式小布口袋，非常富有中国传统特色。礼品袋、礼品盒的设计使谭木匠的产品不仅有实用价值，还成为馈赠佳品。

谭木匠具有丰富的产品系列，体现出梳子专家形象。从产品用途上看，不仅有普通桃木梳、护发梳、合家欢、婚庆梳等，还有相关的发夹、镜子、佛珠等木制系列。从选材上，谭木匠产品大多取材于上等牛羊角、黄杨木、桃木、梨木、乌木、檀木等天然材料。黄杨木梳朴实自然；紫檀木梳沉着古朴，散发着一股淡淡的天然幽香；牛羊角梳或者黑的光泽照人，或者白的晶莹剔透，齿体圆润，手感舒适，古意盎然，从而很好地满足了顾客个性化的心理需求。

3. 修整门面，打造"我善治木"品牌形象

谭木匠秉承中国传统手工艺精华，奉行"我善治木"的质量方针，成为一家独具特色的知名企业。2000 年，公司花了当年利润的 1/3 请来了专家团，为公司导入企业形象识别系统（CIS）。经过反复论证，谭木匠公司提出以中国传统文化为基调的既传统又现代的新店面设计方案。店面装潢以红檀木色为标准色，具有沉着、古朴、传统、自然的特质，象征着刚强、喜庆和吉祥，可以有力地加强并投射出"我善治木"的品牌形象。店门左右方柱上各刻着隶书体"千年木梳""万丝情缘"字样，一袭布帘遮住了半扇门，上书"我善治木"。店堂正墙上，一把木锯，一把木钻，一把木刨上挂着角尺，都让人联想到木匠的勤劳平实。两旁的木橱柜中躺着上等牛羊角、黄杨木、桃木、梨木、檀木等天然材质制成的各色手工梳镜，甚至还有刮痧板、沐浴器、烟斗等系列产品。挂满四壁的各式精致小梳，给人置身于"梳子小王国"的感觉。古色古香的中国木屋式店面，在周围钢筋水泥建筑的衬托下，更像一个回归古代的寓言小屋。所有这些，朴实而有新意，强化了品牌的文化氛围，彰显了独特的品牌个性，消费者常常在店里流连忘返。

和以往在超市、路摊上，混在杂物堆里出售的梳子相比，谭木匠的 CIS 给人专业的、高档次的形象，增强了人们的购物安全感，也满足了人们对购物体验的虚荣心。当人们行色匆匆地走过闹市街头时，"谭木匠"的古朴形象总会在不经意间赫然在目。在"我善治木"传递出的悠悠古韵中，"百年老店"的形象潜入人心。

"谭木匠"公司作为一个小企业，在短短的 10 年时间里，用很少的广告费用塑造了一个响当当的品牌。"谭木匠"被评为"重庆市著名商标""中国公认名牌""中国商业信用企业""中国驰名商标""中国品牌价值 100 强"。谭木匠秉承中国传统手工艺精华，奉行"我善治木"的质量方针，历经十余年的发展，现已发展成为集家具、梳理用品、饰品于一体的专业化公司。

> 资料来源：
> 1. 江积海，周长辉.谭木匠：我善治木[J].管理案例研究与评论，2011（1）.
> 2. 郑丽莲.用艺术的眼光看"谭木匠"[J].社会科学研究，2010（12）.

谭木匠案例向我们展示了这家企业对品牌名、品牌标识等品牌要素及其传递的内涵的重视。该品牌在设计品牌要素时坚持了简洁易懂、寓意丰富、注重感官体验等等原则，因而容易被消费者识记，形成了自身特有的品牌资产。在本章，我们将重点阐述品牌要素的概念、类别、设计标准和设计指南。在强调可持续发展的新时代，如何让企业与企业间避免价格竞争，除了强化硬质量之外，还需要为品牌注入情感和体验等附加属性。因此，本章除了介绍传统的品牌要素之外，还要阐释品牌感官要素，即基于消费者的视觉、听觉、嗅觉、触觉、味觉等设计的感官化和情感化品牌要素。本章旨在通过介绍品牌要素的核心与前沿知识，帮助公司高层和品牌营销经理提升对品牌的全面认识，提升品牌竞争力。

第一节　品牌要素的内涵和意义

一、品牌要素的内涵

成功品牌历经百年而不衰的原因之一是它们的品牌要素在消费者心目中留下了烙印。那么，什么是品牌要素？品牌领域权威学者凯文·凯勒（Kevin Keller）认为，品牌要素（Brand element），有时也称为品牌特征（Brand characteristics），是指那些用以识别和区分品牌的各种有形或无形元素的总称。可见，品牌要素本身是商标设计系统，用来帮助市场上的消费者及其他利益相关者识别和区分目标品牌与竞争品牌。

品牌要素主要包括如下类别：品牌名称、域名、标识、形象代表、口号、广告曲和包装等。我们将在随后对每种具体的要素进行阐释。为帮助读者准确理解品牌要素的内涵，先对品牌要素做出如下解释说明。

首先，产品成分标签并不是品牌要素。在日常生活中，食品、服饰等产品类别会标注产品的成分构成或质量等级等信息，但这些信息并不具有差异性，它们构成产品类别的各种必要成分。差不多每个品牌的产品都需要标示这些产品成分信息。这些成分标签并不是品牌要素。

其次，品牌形象代言人不是品牌要素。一个品牌可以借助品牌代言人提高自身的知名度和可信度。但品牌形象代言人（通常为影视娱乐和体育明星等）与某一品牌间的关系是暂时的、非唯一的，品牌代言人并不能帮助消费者区别竞争品牌和目标品牌。同时，鉴于品牌要素本质上属于商标设计系统，品牌代言人不满足这一属性。

再次，对于单个品牌而言，并不需要囊括所有的品牌要素。通常，品牌名称是必需的，因为品牌名本身即能给品牌带来资产。对于标识、口号、包装、形象代表、域名等，大多数品牌都会有，但少数品牌只会拥有其中的一个或几个。

▶ 二、品牌要素的重要意义

1. 构成品牌的有形骨架和躯干

正如第一章所述，广义的品牌是指人们对产品及其公司所拥有的所有联想的总和。但如果仅仅从广义上理解品牌，它就会过于抽象，难以让消费者感知、感受和接近。品牌要素是有形的、可捕捉的、可感受的，它们支撑并表达品牌的内涵、情感、精神或灵魂。因此，品牌要素有助于消费者理解品牌的精粹，增加消费者对品牌的认识。

2. 有助于消费者简化购买选择集

这是从信息存储的角度来理解品牌要素的重要性。随着信息时代的到来，消费者现在面临的问题不是缺乏选择而是选择太多。这会大大降低消费者对自己产品选择的信心。因此，当消费者要在备选方案中选出一种产品时，形象化的、熟悉的、高知名度的品牌要素（如名称、标识等）就会起简化作用，帮助消费者选择，并增加他们对自己决策的信心。

3. 构成顾客心智的品牌权益的重要来源

这是从品牌资产的形成视角来看待品牌要素的重要性。顾客为本的品牌资产（CBBE）认为，品牌资产产生的源泉是顾客心智（即顾客知识）。而顾客心智并不是先天禀赋的，相反，顾客心智源于日常生活中的品牌暴露和顾客对品牌的使用经历。通过接触品牌，消费者在头脑中存储了关于品牌名称、品牌标识等具体品牌要素的记忆，这些记忆经过再次加工形成了品牌知识，它们引导消费者发展与品牌的进一步关系，最终给公司带来财务回报。

综上，品牌要素是那些用以识别和区分品牌的各种有形或无形元素的总称。品牌要素不包括产品成分标签、品牌形象代言人等。品牌要素的重要性体现在，它能传递品牌形象、外观，并通过这些形象化的外观，传递品牌的精神或灵魂，从而在顾客心智形成品牌资产，具有增强消费者决策信心并为公司的长期财务收益做出贡献。

第二节　设计品牌要素

第一节简要地介绍了品牌要素的定义、类别和重要性。如何将这些理论知识运用于具体的品牌要素设计实践中？本节将着重解决这一问题。本节首先简介品牌要素的一般设计标准，之后会重点阐释每种品牌要素的优点，以及设计时的注意事项。

▶ 一、知名品牌的要素特征

既然品牌要素如此重要，那么设计具体的品牌要素时要遵循哪些原则？总结迄今的理论研究和实践的基础上，本书提出设计品牌要素的六条标准，供公司品牌营销经理人借鉴。这六条标准是：可记忆性、寓意丰富、可爱性、可转换性、可适应性、可保护性。其中，前三项标准是品牌营销商创建品牌资产时采用的进攻性战略，而后三项标准则是公司在维持和提升品牌资产时采用的防御性战略。公司可以根据品牌发展的不同阶段，决定对两类战略加以取舍或赋予不同的重要性。

1. 可记忆性

可记忆性（Memorability）是指品牌要素要在消费者头脑中很容易被识别和被回忆或被提取。根据认知心理学的观点，注意产生于记忆之前。因此，一种品牌要素具备可记忆性的前提是它能够引起消费者的注意。哪些特征更能引起消费者的注意呢？一般而言，越独特、越与众不同的特征越易引起注意、越能增加记忆。比如，美国20世纪50年代的汽车大多都造型庞大、豪华，而同期的甲壳虫汽车因其小巧别致而风靡全球。

2. 寓意丰富

寓意丰富（Meaningfulness）是指品牌要素要同时能表达两类信息：关于品类特性的一般信息，以及关于品牌属性和品牌利益的具体信息。对于第一类信息而言，消费者希望一看到某种品牌要素就知道它所代表的具体产品品类。比如国产食品品牌南方黑芝麻糊和加多宝凉茶均能告诉消费者具体的品类信息。但是一旦某品牌要素代表了相应品类，消费者的固有印象已经形成，此时很难对该品牌进行延伸。第二类信息常被用在品牌定位和形象传播中。

3. 可爱性

可爱性（Lovable）可以从两个方面去理解：美学或视觉、听觉等方面的吸引力，以及形象丰富、富有乐趣。美学以及五官的吸引力可以通过设计品牌元素时采用的风格和主题来体现，同时风格和主题必须一致才能传达品牌形象。比如中国南方航空公司的标志是一个深蓝色的实心圆圈，圆圈外围是暗黄色的实线，其中深蓝色代表着蓝天，暗黄色的实线则代表着飞机在蓝天中飞行很安全，不会飞出暗黄色的界限。同时在圆圈的中央镶嵌着一朵鲜红色的木棉花，说明南方航空公司总部在广州（因为木棉花是广州市的市花）。这一标志将南方航空公司的风格和主题很好地结合在一起。至于形象丰富和富有乐趣，则主要表现在品牌要素所表达的含义上，品牌要素要能引起消费者的好感并激发正面的情绪体验。

4. 可转换性

可转换性（Transferability）首先体现在品牌要素是否有助于品牌延伸。一般而言，品牌要素越宽泛，越不包含具体的品类和属性信息，就越容易在跨品类间进行转换。比如维珍（Virgin）集团涵盖的业务极为广泛（包括旅游、航空、音乐唱片、可乐等），使得维珍的品牌延伸非常成功。

此外，可转换性还表明品牌要素能够在不同地区和文化间传播时不会引起歧义或误解。国际品牌在全球营销时，尤其要注意品牌在特定地区，其品牌要素是否遇到文化障碍，是否在当地被误解或引起歧义。

5. 可适应性

可适应性（Adaptability）指的是品牌要素的更新难易程度。由于竞争环境、消费者价值观和生活方式等会随着时间发生变化，因此品牌要素也要与时俱进，做出相应调整。在更改相应的品牌要素时要注意两个问题。

（1）每种品牌要素的更新难度有所不同。

相对而言，品牌名称最难发生改变，因为品牌名称是一个品牌的精髓，更名代表着整个旧品牌的逝去、老用户的流逝以及品牌资产的消失。同样，域名的更改也具有一定难度。域名是消费者深入了解某品牌的线上渠道和平台，域名发生更改意味着消费者与品牌发生接触的线上渠道或平台被切断。然而，与品牌名称和域名相比，品牌标识、形象代表、口号和广告语等的更改则较为容易。

（2）更新品牌要素时要确保品牌基因的一脉相承。

每个品牌都有自己最核心的价值理念，这些价值理念往往通过品牌要素来体现。尽管一些品牌要素需要适时更新，但在更新时必须要将这些核心价值理念传承和延续下来，否则该品牌以前的所有努力都将前功尽弃。肯德基在这方面就做得很好，每次更改时其品牌创始人哈兰·山德士上校的头像都延续了。这个头像传递肯德基品牌的家乡风味和烹调传统的内涵。

6. 可保护性

可保护性（Protectibility）是指品牌要素要便于阻止竞争者模仿和获得法律保护。可保护性可以从防止竞争者模仿和争取法律保护这两个层面来理解。

从防止竞争者模仿角度来讲，品牌营销经理人在设计品牌要素时要事先考虑该要素是否独特、是否容易被模仿。独特、较难被模仿的品牌要素可以给公司省去很多打击赝品、仿冒品的时间和精力投入。

从法律保护角度来讲，一旦设计好品牌要素后，品牌营销经理人首先要在国际范围内检验该要素有无被使用。如果未被使用，则应该在第一时间向合适的法律机构正式登记注册。值得一提的是，营销者要时刻铭记登记注册只是获得法律保护的第一步，在注册后还要积极投入财力和物力对商标侵害者以及未授权使用者等进行查证和打假。因此，如果说第一点是进攻战略的话，那么第二点则是预防战略，二者应该兼顾。

综上，每种品牌要素的设计均要围绕可记忆性、有意义性、可爱性、可转换性、可适应性、可保护性等六大原则。下文我们将具体分析每种品牌要素设计时要注意的事项。

▶ 二、品牌名称

品牌名称（Brand name）是构成品牌的最为基本和必不可少的要素。它可以反映产品内容、提高品牌认知、强化品牌联想，并最终给品牌带来资产。品牌名能够影响消费者（尤其是缺乏产品使用经验的新手）对耐用品产品质量的判断。鉴于品牌名的基础性地位，公司往往不会轻易采取更改品牌名的行动。一般而言，更改品牌名要非常慎重，除非经过多次市场调查后发现新的品牌名要比旧的品牌名在上述六个标准上更有优势。如何取一个适宜的品牌名，是企业品牌经营管理团队非常关心的问题。"品牌前沿 6.1"专栏以股票这类投资额巨大的金融产品为例，说明股票名称照样影响个体投资者的投资行为。

> **品牌前沿 6.1　　　　"中字股"更能吸引个体股民的持购意愿**
>
> 　　中山大学市场营销学者王海忠教授领衔，美国俄勒冈大学商学院袁虹副教授等共同参与研究了中国股票市场上的"中字股"如何影响个体股民的持有偏好。研究成果发表于全球知名营销期刊 The Journal of Academy of Marketing Science。这一研究发现，在个体股民主导（从交易数和交易额角度）的中国股票市场，股票名称存在母国命名效应（Home-name Effect），带有"中"或"国"等字眼的"中字股"能够充当股票持购的诊断性线索。投资者会把带有"中国""中""国""国家"等字眼的股票名称跟母国、红色等具有中国传统文化的特征进行联想。这些特征暗示了国家主义、吉祥、兴旺发达等积极象征意义，从而引起投资者的心理认同，这提升了个体股民对"中字股"的持续意愿。同时，个体股民的自我提升动机具有正向调节作用，当投资者的自我提升动机被激活时，他们对中字股背后的公司更加心理认同，购买"中字股"的意愿更强。
>
> 　　该研究成果对于企业如何进行股票命名或更名战略，以及这些战略如何影响企业在股票市场的表现，具有重要意义。在IPO阶段，企业需要科学前瞻地对股票进行命名；公开上市之后，企业也可需要根据相关法令，科学适时地进行股票名称评估审计，必要时需要寻找理想的时间点进行股票更名。历史上，当互联网潮流到来时，美国的很多上市公司将股票名称加上后缀".net"，赢得了股票市场的积极反应。近年来中国不少上市及未上市企业对股票名或公司名进行了调整，常见的做法是将名称和"互联网""大数据""智能""云"等具有产业前沿内涵的的字眼关联起来。这些策略表明了企业的环境洞察和及时应变的意识，具有某种积极意义。
>
> 　　资料来源：Haizhong Wang, Hong Yuan, Xiaolin Li and Huaxi Li. The Impact of Psychological Identification with Home-name Stocks on Investor Behavior: An Empirical and Experimental Investigation[J]. Journal of Academy of Marketing Science, 2019, 47(6) (November): 986-1004.

　　下面介绍品牌的中文名称、外国品牌的中文译名，以及中国品牌的英文命名等方面的注意事项。

1. 本土品牌的汉语命名

　　对于大多数中国公司而言，它们的目标市场是国内消费者，因此取一个能够与中国传统文化相兼容、又颇受国内消费者喜欢的名字会显得非常必要。研究表明，汉语品牌命名要坚持下述原则。首先，与单音节名称相比，双音节的品牌名称更受偏爱（如"格力空调"要比"格空调"或"力空调"更受喜爱）。其次，第二个音节必须是升调的（取第一声或第二声）。如格力中的"力"便是二声。第三，品牌名称的结构是一个被修饰的名词形式，也即形容词和动词命名往往不受偏爱。比如"蓝月亮洗衣液"要比"蓝洗衣液"更容易让消费者识记。最后，品牌名称在语义上应该有正面的内涵或寓意。如果一些啤酒或软饮料以"阿伯特""渥雨夫""雪菲力"等命名，则被消费者认为没有任何含义；相反，如果以

"清泉""天湖""冰川"等命名则更易激发消费者正面联想。

2. 外国品牌的中文译名

有研究表明，国外品牌名在翻译成汉语时要注意以下事项。首先，将国外品牌名直译成汉语是最常用的策略，但是直译出的语言要在汉语情境下有意义。比如，早在20世纪20年代，可口可乐（Coca Cola）已在上海生产，刚开始被翻译为"蝌蝌啃蜡"这个奇怪且毫无意义的名字，消费者对其避之千里。此时，可口可乐公司高层决定悬赏350英镑征集中文译名，当时身处英国的上海教授蒋彝以"可口可乐"这一名字击败其他对手，拿走奖金。自此之后，可口可乐这一品牌才开始风靡中国。其次，汉语品牌名要比英文品牌名更加强调产品的利益属性。知名轿车品牌奔驰（Benz）一开始时被翻译为"笨死"，后来又被称为"平治"，这两个名称没有强调汽车的任何利益属性，而直到被译为"奔驰"后，奔驰才在中国大地上真正地"奔驰"起来。最后，译成的汉语品牌名要比西文品牌名在语义上更丰富并能激发正面联想（如开心、温馨、美好的回忆等）。"雀巢"的英文原文 Nestle 来自创始人亨利·雀巢（Henri Nestle）的姓，Nestle 在德语中的含义是"小小鸟巢"。这一品牌的中文译名"雀巢"既能反映出创始人的姓氏信息，又能激发消费者的温馨回忆，雀巢品牌传递着"安全、温馨、母爱、自然和健康"的意义。

3. 本土品牌的西方化命名

消费者在实际生活中会接触到很多产自中国但使用了西化的品牌名的"假洋产品"。为什么发展中国家（尤其是印度和中国）的消费者对外语品牌名更加偏爱？研究发现，发展中国家（如中国、印度等）消费者喜欢外语命名的品牌使出于如下缘由。第一，外语命名的品牌暗示它是全球性品牌。这种品牌的感知全球性（Perceived globalness）象征着高品质、高地位和高声望，对崇拜西方发达国家生活方式的消费者而言，外语命名的这种效应更加突出。第二，与参照群体保持一致性。在发展中国家，如果消费者的社交圈中使用国外品牌的人日益增多，那么消费者会被迫使用国外品牌以免受到社交圈中其他人的冷嘲和排斥。第三，独特性需求（Need for uniqueness）。人类本身是一个矛盾体——徘徊于独立的自我与顺从社会的两难困境之中。当身边的人都在使用汉语命名的品牌时，一些独特性需求高的消费者会使用外语命名的品牌，以此来彰显自己的与众不同。第四，新颖性寻求（Novelty seeking）。对于有些消费者而言，喜欢外语命名的品牌仅仅是因为他们对使用国产品牌产生了厌倦，想通过使用国外品牌满足自己的好奇心。然而，在发展中国家也并不是所有的消费者都更偏爱外国品牌，一般而言，老年人、怀旧心理突出的人更偏好国产货，年轻一代、喜欢追求刺激者则更偏好外国货。

那么，本土品牌西方化命名时要注意哪些事项？首先，西文名要与中文名传递相似含义。比如，中国知名饮料品牌乐百氏的英文名称是 Robust，意为"强健的"。这一译名与饮料本身带给消费者的"健康、美味、营养"等利益相一致，又与中文品牌名（乐百氏）的音接近。乐百氏品牌取的英文名也受到市场的认可。其次，西文名要注意海外的文化、风俗等差异。鸡在中国有"勤劳"之意，因此很多国产品牌的名称中都包含鸡，如金鸡牌鞋油、金鸡牌闹钟等。但是，如果"金鸡"被译为"Golden Cock"，就会令国外消费者感到厌烦，因为"cock"在英文中还含有男子的生殖器官的意思。这种翻译就会让人感到粗鲁，不仅反映出公司缺乏语言修养，同时也有损品牌形象。最后，西文译名要传递高质量的形象。鉴于新兴市场中有部分消费者对能传递身份和地位的品牌存在好感，国产品牌的西文译名可以迎合消费者的这种诉求。例如，国产著名厨具品牌苏泊尔的西方名就带给市场积极的反应。苏泊尔的英译名 Supor 与 super（超级的）形意相似，反映出使用苏泊尔厨具能给消费者带来优越感和身份感。

▶ 三、品牌标识

品牌标识（Brand logo）是构成品牌的重要视觉要素。它包含文字标识（如华为公司的中文名"华为"，英文名"Huawei"）和非文字标识（通常称为符号，如华为公司的扇形标志）。一个品牌可以包含两者或其中之一。关于品牌标识的设计，要遵循四个原则。

1. 造型独特，并易于与竞争者相区分

中国国有商业银行，如中国工商银行、中国农业银行、中国建设银行、中国银行的英文名缩写，因为都含有 B（bank 的首字母）、C（China 的首字母）等字母，很容易让消费者产生混淆。如果品牌标识近似，就会造成混淆，不利于品牌传播，也不利于打造和维护品牌资产。

2. 简洁、明了，避免复杂、歧义和累赘

由于消费者短时记忆的信息量只有 3～7 个。因此，复杂、累赘的品牌标识很难被识记。

3. 尊重消费者文化偏好

例如，亚洲消费者要比西方消费者更加注重美感、注重与自然的和谐、更加看重风水，同时也更加重视质量信号的传达。因此，在这个地区，企业在设计新的品牌标识时要对上述几点赋予相应的权重。品牌前沿 6.2 反映了刺激消费者的独立型或相依型自我概念时，消费者会产生对方形或圆形的品牌标识的不同偏好，这对于不同文化下的品牌标识设计具有借鉴意义。

品牌前沿 6.2　　　　　　　　标识方圆，各有所爱

中国研究团队研究发现不同自我概念的消费者对品牌标识的方和圆各有所爱。具体而言，研究发现，当刺激消费者的独立型自我概念（independent self）时，消费者更加偏好方形的品牌标识；而当刺激消费者的相依型自我概念（interdependent self）时，消费者更加偏好圆形的品牌标识。"标识方圆，各有所爱"的心理效应，不管是在图形标识，还是在文字标识，都得到了验证。研究团队根据结论提出，企业可根据市场不同时期的情境需要，及时调整品牌标识的形状。例如，每逢国际性或全国性的艺术节、电影节、创意周等活动期间，此时人们的独立型自我概念更加凸显，独特性需求动机被激活，企业就可以在品牌标识原型保持稳定的前提下，情境式地增加一些"方形""多角"寓意的视觉元素。相反，每逢中国农历春节、中秋等重视亲友团聚的传统节日期间，人们的相依型自我概念凸显，独特性需求动机相应地弱化，此时企业可以对品牌标识形状情境式地增加"圆润"方面的元素。

事实上，谷歌、百度在中国市场都会在不同节日期间灵活地调整其品牌标识形状。例如，每逢中国的农历春节、端午节、中秋节等传统节日期间，谷歌会在其品牌标识的核心元素保持不变的情况下，增加"圆润"意义的形状元素，应景节日气氛，培养用户对品牌的亲近感。这一研究结论对今天数字时代的品牌标识管理提供了有益借鉴。数字技术为企业灵活调整品牌标识视觉形象提供了便利，品牌经营管理者可以考虑在不同的数字传播渠道或不同情境与氛围下，适度调整品牌标识的外形、颜色等元素，做到内核恒定而外形灵动。

资料来源：王海忠，范孝雯，欧阳建颖. 消费者自我构念、独特性需求与品牌标识形状偏好[J]. 心理学报，2017（8）：1113-1124.

4. 重新设计存在风险，但微调却耳目一新

品牌标识要适时更新以应对新环境，并避免消费者的视觉疲劳。然而，重新设计标识仍然具有一定风险。新标识有时会引起品牌忠诚者的反对，他们会对新标识给予负性评价，并最终可能表现出失望心理，出现品牌转换行为。相反，对于非忠诚顾客而言，他们由于没有与旧标识建立强烈的情感联结，很可能更容易接受新标识。因此，一个公司如果能在更改旧标识前与忠诚顾客及时沟通，并向他们详细解释更改的原因以及新标识与旧标识间的相似之处，则可以有效地避免忠诚客户的品牌转换行为。如图 6-1 所示，互联网品牌谷歌 Google 根据不同地区的节日或情景，将自身的标识加以微调，彰显了互联网品牌的灵活性。而柯达则在每次品牌更新时，大幅度更改其品牌标识。

图 6-1 谷歌和柯达的品牌标识调整示意图

四、品牌形象代表

品牌形象代表（Brand character）是品牌符号的一种特殊类型，是品牌形象的传递者。因此，品牌形象代表在本质上属于品牌要素。它常取材于现实生活，并通过广告形式推出。

品牌形象代表一般包含两类：虚构形象和现实人物原型。虚构形象组成的品牌标识就包括米老鼠、米其林先生、海尔兄弟等。由现实人物原型组成的品牌标识包括肯德基的山德士上校、桂格麦片商标上身着桂格派教友服装的男子形象等。

与品牌名称相比，品牌形象代表的优点非常明显，它有助于建立品牌认知、增加品牌的可爱性和趣味性、易于在跨文化和跨品类间进行转换等。设计品牌形象代表时要遵循以下原则。

1. 不能喧宾夺主

对于一个品牌而言，品牌名称始终是最重要、第一位的，品牌形象代表只能为名称增色而不能让后者黯然失色。很多品牌就曾犯过喧宾夺主的错误。比如，中国老字号品牌大白兔奶糖的形象代表是一只可爱、露出笑容并充满动感的兔子，与大白兔这一图形相比，大白兔奶糖五个字则在整个标志中占用较少的空间。因而当竞争者同样以一只类似形状的兔子作为标志并偷换品牌名后，部分消费者可能无法识别。这种现象发生多了，就会稀释大白兔奶糖的品牌资产。

2. 文化特质过重的形象代表可转换性低

尽管上面提到品牌形象代表与品牌名称相比更容易进行跨品类和跨文化转换，然而这只适用于那些文化色彩不是过浓的品牌形象代表。比如，中国长城和敦煌莫高窟是中国文化的强有力代表之一，用在一些强调历史渊源的产品类别（如中国茶叶、书画等）是适宜的，但如果用在消费电子（如手机、电脑等）、数字科技（如视频、社交等）等充满现代气息的产品类别之中，就可能难以给消费者形成深刻印象。

3. 适时微调

如同品牌口号和标识一样，品牌形象代表也需要适当更改，以彰显品牌活力并减少消费者视觉疲劳。但更改前后，品牌的核心基因需要传承，否则旧品牌形象的资产将付之东流。图 6-2 展示了肯德基在过去的 60 多年中对形象代表山德士上校的微调，品牌形象的每次微调都是肯德基品牌更新战略的一个重要组成部分。

▶ 五、品牌口号

品牌口号（Brand slogan）是用来传递有关品牌的描述性或说服性信息的短语，常出现在广告中，有一些品牌口号也印在包装上。品牌口号对一个品牌而言起着非常重要的作用，如品牌口号可以宣传品牌精神、反映品牌定位、丰富品牌联想、清晰品牌名称和标识等。设计品牌口号时需要遵循相关原则。

图 6-2　肯德基的品牌形象代表调整示意图

1. 要容易识记和区分，以体现独特性和可记忆性

相比那些普通的、没有新意的口号，有趣的、意想不到的和有特色的口号更容易得到消费者的偏爱。比如中国电信的口号"世界触手可及",M&M巧克力的口号"只溶在口,不溶在手",耐克的口号"Just Do It",迪比尔斯（The De Beers）的"钻石恒久远,一颗永流传"等口号,年复一年为人传诵,成为金句。它们成为其品牌的无形资产的重要组成部分。

2. 与品牌建立联系

研究者让消费者对强品牌与其品牌口号间的关系,以及小品牌与其品牌口号间的关系进行评价,结果发现,消费者认为强品牌与其口号间的关联更为紧密。通常,品牌口号可以通过重复演译品牌名称,来加强与品牌间的联系。比如,美国运通的口号"没有运通卡不要出门"、中国东方航空公司的"东航,让旅行更精彩"。

3. 可以与产品类别有关,也可以无关

如果品牌带给消费者的利益越具体（如护肤品的美白、洁净皮肤等）,则可以在口号中反映品类信息。例如,美加净护肤品的口号"真情·真美·美加净"、相宜本草红景天系列的口号"以红养白"等,均表明了品牌所属的品类是护肤品。相反,如果品牌带给消费者的利益较为抽象（如超越自我、张扬个性等）,则不必在口号中涉及品类信息。如耐克的"只管去做"（Just Do It）、佳能打印机的"使不可能变为可能"（Make Impossible Possible）等与品牌所属品类无关。

4. 口号的设计可采用多种语言修辞风格

口号需要使用修辞手法吗? 答案是肯定的。当下,消费者生活在一个品牌充斥的世界中,很多时候平淡无奇的口号根本不会被觉察。因此,使用修辞风格的口号会更引人注目、令人过目不忘。例如,劳力士手表的口号"和我不一样,我的劳力士从不需要休息"（Unlike me, my Rolex never needs a rest）、强生婴儿爽生粉的口号"柔软的芳香气息"（The Soft Smell）等都是很好的修辞风格。

5. 更新口号,利弊并存

适时更新品牌口号,是品牌发展过程中的必然选择。更新口号的好处体现在它能不断激活品牌新联想,使品牌朝气蓬勃。而不利之处体现在新口号容易给消费者造成困难,尤其是当旧口号和产品的联系过于紧密时,品牌就更不容易导入新口号。因此,最好在旧口号的基础上适当修改,而非完全引入一个与旧口号没有关联的新口号,这样能使旧口号的品牌资产延续下来。

▶ 六、品牌广告曲

品牌广告曲（Brand jingles）是用音乐的形式描述品牌,是一种被延伸的品牌口号。通常,它会以广告形式进行传播,例如百事可乐的广告曲《百事可乐恰到好处》,以及绿箭口香糖《开心加倍,欢乐成双》。但有时广告曲会镶嵌在产品中,直接和使用者接触。如,微处理器英特尔的音乐伴随个人计算机的开启而悠扬响起。

即使是处于不同文化背景、不同地理区域,人类对音乐也有着共同的天然偏好,因此品牌广告曲的可转换性高。同时，广告曲作为一种被延伸的品牌口号，它朗朗上口，易于识记，因此在宣传品牌知名度、增加品牌联想等方面也很有优势。但广告曲也有一些不足，它较为抽象，和产品关联较弱，也易于淡化品牌名等。因此，建议营销者在制作广告曲时将品牌名含在其中，避免消费者"只知其曲，不知其名"。

▶ 七、包装

包装（Packaging）是指设计和制造产品的容器或包裹物。包装能为消费者创造方便价值，能为生产者创造促销价值。具体而言，包装的作用非常明显，如充当品牌推销者、产生溢价、有助于消费者识别公司和品牌、强化品牌联想、保护知识产权等。

公司要设计出有效的包装，需要做好一系列工作。

（1）树立包装观念。包装就是第五个 P（packaging），它有时与产品、定价、渠道、促销同等重要甚至更为重要。

（2）完整理解包装的要素。包装的要素包括规格大小、形状、用材、色彩、文字说明以及品牌标识。

（3）推出包装前需要经过一系列测试。包括工程测试、视觉测试、经销商测试、消费者测试等。

▶ 八、URL（域名）

统一资源定位器（Uniform Resource Locator，简称URL）用来确定品牌在互联网上的网页地址，通常又称域名（Domain names）。随着互联网的普及，几乎每个大的品牌都会注册专门的网址，并在网站上公布关于公司历史、文化、最新动态、产品研发等信息。因此，URL 相当于一个窗口，能够激发顾客点击网站的好奇心、强化品牌认知。比如，yahoo.com、goole.com、163.com 等知名网址由于读音朗朗上口，点击率都很高。

在开发、设计 URL 时要注意以下三点。

（1）URL 要独特。由于大量简单易记的 URL 已注册，因此，营销者有时需要另辟蹊径、自造单词以便于与已有的 URL 相区分。

（2）防止非法使用。营销者要时刻严密监视公司的 URL 有无被非法使用，一旦发现非法使用者要付诸法律措施。

（3）URL 一般不宜进行改动。URL 的作用如同品牌名，一旦更改就会切断顾客与品牌之间的桥梁。但是网站上的颜色、图片、线条等布局可以进行必要的改动，以避免消费者产生视觉疲劳和厌倦。

综上，本节用较大篇幅阐释每种品牌要素的优点或重要性，以及具体的设计指南和注意事项。尽管每种品牌要素所起角色不同，但它们并非相互独立、相互排斥。相反，各种品牌要素如同品牌的躯干，共同支撑着品牌的血液和灵魂。只有发挥好各品牌要素间的协同作用，才能共同服务于品牌这一主体。因此，各品牌要素必须传达一致的、相同的品牌含义、品牌联想和品牌形象。只有这样，才能让消费者理解品牌的精粹，最终形成顾客为本的品牌资产。

第三节　增强品牌感官

感官营销（Sensory marketing）是指利用消费者的感官感受，影响消费者行为的营销活动。借鉴学者 Krishna 的观点，本书将感官品牌战略（Sensory branding）定义为：公司在品牌要素的设计和营销活动中充分利用消费者的感官感受，激发和满足消费者的欲望和诉求，提升品牌的品质感知。本节先简要介绍感官元素在品牌要素设计中的作用，接下来分别介绍增进品牌的视觉感（Visual perceptions）、听觉感（Auditory perceptions）、触觉感（Olfactory perceptions）、嗅觉感（Haptic perceptions）、味觉感（Gustatory perceptions）的方法。本节最后会对感官品牌的未来发展做出预测。

▶ 一、品牌感官体验的重要性

人类与生俱来就拥有"五官"(视觉、听觉、触觉、嗅觉和味觉)感受，这些感官有助于人类逃避危险、寻找食物、探索未知世界、品尝山珍海味等。然而，很奇怪的是，市场营销知识界直到最近几年才对品牌的感官体验予以重视。回顾近 20 多年的理论研究，我们发现，市场营销学术界迄今主要关注质量、价格以及其他功能性属性。这一定程度上是受到经济学"理性经济人"假定的误导，同时也受到物质经济生活水平的限制。然而，感官体验极为重要。这主要源于如下两方面的思考。

（1）消费者对感官体验的需求日益增加。随着消费者的日益富裕，以及信息时代人与人之间、人与物之间的直接接触的减少，消费者购买产品时经常会违背"理性经济人"假定，会为一些能提供感官享受的产品支付溢价。通过这些感官接触，他们会体验到更多的真实感和存在感。

（2）五种感官是消费者形成品牌资产的窗口。品牌资产存在于顾客心智中。然而，顾客心智并非"空穴来风"，日常生活中通过五种感官加工品牌信息更能有助于形成顾客心智的品牌资产。

感官体验和情感品牌战略紧密相联。情感化品牌（Emotional Branding）一词的提出者马克·戈贝（Mac Gabe）认为，现在的消费者是多么渴望温情、渴望关爱，因而他们寻求味觉和嗅觉等体验。可见，感官体验看似消费者的表层诉求，实则为潜藏在表层下的深层情感诉求——获得情感的满足、共鸣。顾客为本的品牌资产模型的金字塔结构表明，(顾客与品牌之间的)共鸣处于最高境界。一些罕见的卓越品牌，如苹果（对美学近乎苛刻的追求）、新加坡航空公司等一直致力于增强消费者的感官体验，全世界的"苹果教"教友会对"苹果"产品的狂热和痴迷与追求美学诉求有一定关联。

二、品牌的五种感官体验

1. 品牌视觉感

品牌标识和包装等属于视觉元素。本章第二节围绕六个基本原则阐释了设计这些要素的原则。为避免内容雷同，此处着重从感官体验和情感体验的新角度阐释品牌标识和包装的设计策略，其中包括国际上的一些最新研究结论。

（1）品牌标识的视觉感

此处着重阐述三点：其一，品牌标识的色彩选用要遵循哪些指南？其二，品牌标识的周围要不要边框？其三，品牌标识应该采取大标识还是小标识？以下依序加以解释说明。

对于品牌标识的色彩，有两点基本指南可资借鉴。

第一，色彩选用要和产品类别相匹配。Bottomley 和 Doyle（2006）研究发现，功能性的产品（如汽车轮胎、电动工具、厨房用的卷纸等）的标识比较适宜选用功能性颜色（如灰色、黑色、蓝色和绿色）。相反，社交型产品（如香水、巧克力、高档餐馆、冰淇淋等）的标识则比较适宜选用社交型颜色（如红色、黄色、粉色、紫罗兰色等）。世界著名打印机品牌爱普生的品牌标识便采用蓝色的大写字母形式，而香格里拉酒店的标识则采用金黄色的图形。

第二，怀旧类产品的品牌标识比较适宜选用黑色、白色。黑白影像作为引发怀旧情绪的手段之一，具有减少个体失落感的作用。同时，随着彩色的盛行，黑色、白色正逐渐淡出人们视野。因此，老字号品牌采用黑白标识不仅可以唤醒人们对某一特殊时代的记忆，同时也能创造从中相对于后进者的比较优势。

对于品牌标识的周围是否采用边框，学者 Cutright（2012）发现，控制感缺失时消费者倾向于寻求高度结构化、有边框的产品及其标识。例如，在遭受恐怖袭击、金融危机、新冠肺炎疫情等破坏性打击的特殊时期，消费者对周遭环境的控制感降低，厂商需要想法通过科学的设计品牌标识边框，来寻求提振消费者信心，恢复人们对环境的控制感。如何通过品牌标识的边框设计来增进消费者的控制感？相对而言，控制感受到威胁的消费者对用圆圈或正方形包围的品牌标志表现出更强的偏好。例如，此时消费者会更偏爱提供边框的书架、餐盘等。图 6-3 是学者 Cutright（2012）在具体的实验研究中采用过的实验刺激材料，他的研究发现，缺乏控制感时消费者对有边框的品牌标识的喜爱程度胜过无边框的品牌标识。

有边框　　　　无边框　　　　有边框　　　　无边框

图 6-3　Curtright（2012）实验素材

对于品牌标识的大小，学术界也进行了一些有趣的研究。例如，国内市场营销学者王海忠等人（2012）研究发现，不同人格特征的消费者对奢侈品品牌的标识大小的偏爱就存在显著差异。具体来说，独立型自我监控者（Independent self-monitors），即在不同场合均表现相对稳定的、一致的自我概念的个体更喜欢较为隐匿的小的品牌标识，而依存性自我监控者（Dependent self-monitors），即在不同场合、情境表现出变化的、不一致的自我概念的个体，则更喜欢醒目的大的品牌标识。这一研究发现对奢侈品行业的厂商的品牌营销具有显著的借鉴价值，奢侈品品牌经理人在设计品牌标识时，要考虑消费者的个体人格特征的差异，看似简单的对品牌标识大小的偏爱，其实能反映出消费者深层的个性和自我概念。

（2）品牌包装的视觉感

品牌包装的视觉要素主要包括：包装尺寸大小选取、包装上产品图片位置、包装容器的高矮胖瘦等。这些包装要素影响消费者的产品感知和购买或消费数量。

第一，包装尺寸与消费行为间的关系。

包装尺寸对消费行为的影响效应，因情境而异。学者 Do Vale 等人（2008）的研究认为，小包装会增加消费量，因为小包装（尤其是食品）会降低消费者的自我控制（即让自己的消费行为更放纵），这样他们会低估摄取的热量。可见，对自我控制能力较弱的消费者而言，小包装反倒能让他们消费的量更多。这暗示，对于包装食品厂商而言（如冲泡奶茶、芝麻糊、即冲咖啡等），推出小包装（如"随心杯"）会让消费者感到食用更方便，因而会提高消费购买量。

然而大包装也有自身不可替代的优点。其一，大包装会让消费者感觉内部实物的份量或数量更多，因而提高了产品的支付溢价。有研究发现，不同寻常的尺寸包装往往会模糊消费者对内部实物的数量感知。因此，在一些特殊场合（如电影院场地），供应数量有限的糖果、爆米花等使用的容器往往很大；同样，有的餐厅也使用大型号的食品器皿。这些大包装容器会给消费者产生"分量足"的感觉。大小商家正是利用这种"大包装"模糊消费者对市场价格的感觉，让消费者没有感觉地支付了溢价。其二，大包装是传递身份地位的信号。有研究发现，由于无力感和低权力处境，消费者会选择较大包装的食物和饮料，以此来显示自己的身份，这样在心理上起到了恢复权力感的效果。

第二，包装上产品图片位置与重量感知间的关系。

Deng 和 Kahn（2009）的研究发现，在二维空间中，消费者认为包装的底部和包装正面右侧是更重的位置，因此，当同样重量的产品的图像被放置在这些位置时，消费者会感觉产品更重；相反，包装的顶部和包装正面左侧被认为是更轻的位置，因此，同样重量的产品的图像放置在这些区域时，消费者会感觉产品更轻。可见，企业营销人员如果将美味食物的图片放置在包装袋的右侧底部，就会激发消费者的食欲并增加购买可能性；相反，便携式产品等的图片放置在包装袋的左侧顶部或正面顶部，则会减少消费者重量感知，引起他们更大的购买意向。

综上所述，品牌标识和包装等的设计中，视觉元素显得尤为重要。营销者可以从色彩、线条、尺寸等角度来满足消费者的视觉诉求以及深层的情感需求。

2. 品牌听觉感

上一节介绍了广告曲、口号等听觉元素的设计，本节重点介绍品牌如何利用辅助性声音和背景音乐增加听觉感。

（1）辅助性声音

辅助性声音（Instrumental sounds）是指暗示产品某些属性的状态、发挥辅助性作用的声音。在日常生活中，有经验的车主会通过关车门时"砰"的声音来辨别车门质量的好坏；同时汽车司机会通过汽车的喇叭声来判断汽车的尺寸和个性。可见，辅助性声音是消费者了解产品物理属性和功能的窗口。然而，辅助性声音的作用并不局限于产品判断层面，它还能影响消费者的情感。星巴克店里磨咖啡豆的声音除了暗示产品质量外，还起到维系消费者情感纽带的作用。一个忠诚于星巴克咖啡的顾客，如果某一次在咖啡店里没有听到磨咖啡豆的声音，可能会觉得有点异常和不安。

（2）环境声音

除辅助性声音外，环境声音(Environmental sounds)或背景声音也可以帮助公司塑造听觉感，有时某种环境声音还会成为某品牌的专属所有。例如，与众多酒店不同，位于巴厘岛的豪华酒店品牌宝格丽酒店会根据顾客的不同心境提供不同的背景音乐。又如，广州地铁选择播放一些背景音乐（如班得瑞的《安妮的仙境》等）来起到舒缓身心的功效，上下班高峰时期，这种背景音乐的舒缓效果会很好。目前，国内品牌对环境声音的重视程度仍显不足，未来需要提升的空间仍然很大。

3. 品牌触觉感

触觉是很重要但最容易被忽视的感官。

（1）触觉是连接心灵与外界的桥梁，尤其是当其他四种感官丧失功能时。

（2）触觉能提供质量信号、增加个体的探索欲望。有研究发现，只有经过事先抓握和提举后，个体才会决定是否进行下一步的、更有针对性的探索和尝试。

（3）对触摸的需求（Need for touch）是个体的一种本能。可口可乐历史上首次使用曲线和褶皱感的包装瓶，其方便抓握的属性满足消费者对外界更有掌控感的心理，赢来销售与市场的历史性突破，也成为可口可乐历史上的里程碑事件。

鉴于触觉的上述重要性，企业营销策略在增强品牌的触觉感方面要注意以下事项。

（1）触觉属性的重视性视产品品类而不同。

有研究发现，服饰类产品的不同品牌之间在材料的质地（即柔软度）和重量等属性上存在显著差异。消费者在购买前对该类产品的触摸欲望很强。相反，压缩盘和书籍等品类产品的不同品牌在材料的质地和重量属性上方面的差异就不大，对于该类产品，消费者认为购买前触摸的必要性就很低。

（2）购前触摸对消费者的购物行为的影响。

零售商场里常常碰到这样的情形，提供样品或允许打开的产品会吸引更多的试用者和触摸者，这些人在店内逗留时间会理长，最后购买的可能性也会更高。然而，与此相关的奇怪现象是，消费者往往喜欢购前触摸的产品，却未被选中购买；而真正放进购物车的却是未被触摸过的、放在里侧的、包装严实的产品。其中可能的原因是被他人接触过的产品会引起消费者的厌恶感。然而，当先触摸的人是消费者所爱戴的或所欣赏的人物时（如有魅力的男性或女性，以及受人敬重的公众人物等）时，这种厌恶感又会消失。因此，在零售终端（如超市、便利店等），厂商可以采取两种措施来促进顾客的购买。其一，提供适量的样品或包装松散的产品，以鼓励和方便消费者触摸。但与此同时，要确保货架后台的产品是崭新的、包装严实且未被打开过的。其二，在产品包装上标明该类产品被某知名人物（如当红明星或专家等）喜欢和使用过，这样做的目的除了能提供产品可信度外，还能增加消费者的触摸好奇心。

（3）不同情绪下的触摸需求。

学者 King 和 Janiszewski（2011）的研究发现，负性情绪（如失望、悲伤、生气等）状态下，消费者更愿意触摸具有高触觉感质地（如材料的质地柔软度）的产品，这样可以体验到享乐；相反，正性情绪（如开心、兴奋等）状态下，消费者更愿意购买能提供视觉属性的产品，且更愿意探索周围环境。这一发现带给零售终端的营销启示有：通过播放略带怀旧的背景音乐会诱发消费者轻微的负性情绪体验，这会增加消费者对产品的触摸需求和在店内的逗留时间；而触摸过产品之后就更能产生购买行为，店内逗留时间更长，购买可能性也更大。品牌前沿 6.3 说明了在服务失误情景下，增强消费者的软性触感可以提高他们对服务供应商的容忍度。

品牌前沿 6.3　　　　触觉软硬如何影响顾客对服务失败的容忍度

中国学者团队针对服务失败情景，对消费者进行了实验研究。研究者让消费者手持软、硬程度不同的物体（如软的毛毛绒球或硬的塑料球）。在成功完成实验操纵之后，研究者要求消费者对一家引起顾客抱怨的服务提供商进行评价。研究结果发现，手持软物体（软的毛毛绒球）的消费者对这间服务提供商的服务失败的容忍度，要显著高于手持硬物体（硬的塑料球）的消费者。研究者利用 9 分量表（1 分表示"最严厉"，9 分表示"最容忍"），来衡量消费者对服务失败的容忍态度。最后分析发现，手持软物体的（软的毛毛绒球）消费者对失败的服务的容忍态度为 4.75 分，而手持硬物体（硬的塑料球）的消费者却只给了 3.62 分，他们的容忍态度出现显著的差异（$t = 3.478$, $df = 48$, $P = 0.001$）。

为什么呢？研究者进一步分析发现，当消费者触摸软物体（软的毛毛绒球）时，他们更倾向认为在顾客服务方面出现失误的服务提供商有可能在将来会发生正面的和积极的改变或提升，此时消费者对失误的服务提供商持"渐变论"（Incremental theorist）的观点；相反，触摸硬物体（硬的塑料球）的消费者倾向于认为出现失误的服务提供商不会发生积极的或正面的改变或提升，此时消费者对失误的服务供应商持"实体论"（Entity theorist）的观点。

这一研究表明，服务提供商出现服务失败之后，在服务挽救环节，除了要训练服务员工应对抱怨的沟通等技巧之外，还可以通过改变服务的硬件设施或环境，以促进服务供应商与顾客之间良好的心理互动，提升顾客的服务体验，从而达到留住顾客、维持或强化顾客关系的服务效果。

资料来源：钟科，王海忠，杨晨. 感官营销战略在服务失败中的运用：触觉体验缓解顾客抱怨的实证研究[J]. 中国工业经济，2014（1）.

4. 品牌嗅觉感

人们在日常生活中对嗅觉的重视程度往往低于其他四种感官。然而嗅觉对辨识气味、选择配偶、治疗厌食症、预防老年痴呆症等方面均有明显作用。企业营销人员已经意识到了嗅觉在气味认知方面的重要性。因此，"气味或香味营销"，即利用气味诱发某种情绪，促进产品的销售，或为某品牌进行气味的定位，近几年已经开始盛行起来。然而，要塑造品牌的嗅觉感，仅利用"气味营销"是不够的，还要了解气味与消费者的情绪、背景环境等的关系，同时要注意品牌嗅觉感具有的个体以及跨文化的差异性。

（1）嗅觉与消费者怀旧情绪之间的关系。

人类对气味的处理不如对视觉信号那样迅速，气味信号诱发回忆需要的时间更长，但一经诱发，个体便会回忆出曾经熟识的气味。这说明气味能诱发消费者的怀旧情绪。可见，当某种气味被某一品牌打造成为其专属所有时，这一气味就成为品牌无形资产的一部分，能够延续持久的影响力。比如，强生婴儿润肤露（茉莉花味）会让很多美国的父母们回忆起自己的童年，于是，他们继续选择这种茉莉花味的润肤露给自己的婴儿使用，可见，强生润肤露有助于延续父母们自己的回忆。如果某一天茉莉花味消失或者变得更浓或更淡，这些父母们可能会变得失落，由此并会失去对强生品牌的信赖。又如，可口可乐公司更改配方的尝试失败也说明了嗅觉与怀旧情绪间的关联。1985年，可口可乐公司更改了连续使用上百年的经典可口可乐的配方，并推出更甜的新配方的可乐。这种更改引起了顾客的罢买风波，其中的原因之一是新可乐不再是经典可乐的味道，这断绝了消费者与经典可口可乐间的"情感纽带"。可见，品牌要认识到嗅觉在品牌资产经营管理过程中的重要性，品牌经营管理团队要维护气味的独特性和专属性，不要随意更换气味；同时，新品牌在创建嗅觉感时要培养消费者对该气味的独特偏好。

（2）巧用环境气味。

有研究发现，在服装店，当女装的气味与挂衣服的衣柜中散发出的女性香水味相一致时，女性消费者会增加在店内的逗留时间和花销数目。这一点说明，零售渠道中的环境气味会为品牌的嗅觉"添色"。但研究者也建议，利用环境的嗅觉刺激来增加产品品牌销量的尝试不能过度。

（3）注意嗅觉在个体和文化之间的差异。

从个体差异来看，有研究发现，对于冲动型购物者而言，环境香味对其作用不大，而令人舒心的背景音乐则会使他们花更多的钱。相反，对于深思熟虑、购物不盲目的消费者而言，环境（如购物广场）中的香味会增加他们的花销数量。从文化角度而言，由于气味偏好是消费者后天学习获得的，因而不同文化下的个体对同一气味有着不同喜好。奶酪气味让西方国家的消费者普遍感到愉悦，但却容易唤起东亚国家消费者的厌恶情绪。可见，企业营销人员在打造品牌的嗅觉特征之前要做好充分的市场测查，不要盲目地将同一气味的品牌推向所有海外市场。

综上所述，打造品牌的嗅觉感时要充分考虑到外在影响因素，这些因素可以是消费者购物时的情绪、环境气味、个体差异以及文化因素。

5. 品牌味觉感

味觉对品牌营销极为重要。味觉和其他感官一起影响消费者判断。人类可以凭借嗅觉（如气味）、触觉（如温度）、视觉（如外形）、听觉（如咀嚼声）等来辨别甜、酸、苦、咸等混合味道。当缺少某一感官时，味觉对消费者判断的影响会大大降低。比如，有研究发现，当不提供水果味饮料的颜色时，消费者准确辨别水果味道的概率下降至20%，而当提供颜色时，准确辨别的概率则升至100%。同样，当改变咀嚼薯条发出的音量和音频时，消费者会改变对薯条新鲜程度的感知，声音越大，消费者感觉薯条越新鲜。难怪很多薯条品牌都会在产品说明中标示"清脆"等字眼。最后，盛水或其他饮品的玻璃杯的触感也会影响味觉感知。消费者会认为坚固的玻璃杯比不坚固的玻璃杯中的水更好喝。这也提示厂商，盛饮料的容器材质越高档，顾客的消费体验就越美好。

但提起味觉，人们会普遍陷入一个误区，以为味觉仅限于食物，认为仅仅是对食物类产品而言，增加味觉感才有必要。然而，真实情况是，很多非食物类产品都有打造味觉感的潜力。比如，高露洁牙膏将其独特味道申请专利；有的男士香水用"巧克力"对品牌进行命名。这些非食物类产品的品牌通过使用味觉关联的词汇对品牌进行命名，希望打造品牌的味觉感。这对营销人员很有战略启发意义。

近10年来，感官品牌战略的研究已经逐渐丰硕起来。品牌的未来竞争已不再只是质量、价格等功能属性的竞争；无形的感官属性的竞争变得越来越重要。善于利用感官属性的品牌能更好地满足消费者的情感需求，将获得消费者越来越多的喜爱。

第四节　品牌防御与保护

本节首先简述品牌防御与保护的概念和作用，然后会用较大篇幅阐述品牌防御与保护的必要性，说明防御和保护不当引发的不良后果。

▶ 一、品牌防御与保护的内涵和意义

1. 品牌防御与保护的内涵

什么是品牌防御与保护（Brand defense and protection）？这需要从广义和狭义两个层面来理解。狭义的品牌防御与保护是指对品牌要素（即品牌名称、标识、包装、广告语、URL、品牌形象代表等）的防御与保护。狭义的防御和保护的目的是使标识品牌的品牌要素免受竞争对手的模仿、偷用、不当使用和滥用，保护品牌识别系统不受损，从而品牌无

形资产不被稀释。

广义的品牌防御与保护是指除狭义的品牌要素的防御与保护之外，还包括防止品牌不当延伸、不当杠杆与联盟、不当品牌组合或更新等各种品牌战略失误而导致的对品牌资产的稀释。由于广义的品牌防御与保护在本书的其他章节（如品牌定位、基于顾客心智的品牌资产、品牌杠杆、品牌延伸、品牌更新、品牌组合等）也有所涉及，本节侧重从狭义层面讨论品牌防御与保护问题，这也是品牌防御与保护的最基本内容。

2. 品牌防御与保护的重要意义

之所以将品牌要素的防御与保护作为本章的讨论重点，是因为品牌要素的防御与保护对于品牌资产是最基本的，也是至为重要的。

（1）保护好品牌要素，就保护了品牌无形资产的有形载体。

品牌的影响力是无形的、看不见、摸不着的，但它需要有形的实体要素作为基础，来帮助消费者形成具体的品牌印象，从而产生品牌知识，建立品牌联结，促进购买行为，并最终形成基于顾客心智的品牌无形资产。

（2）保护好品牌要素，就保护了企业专属的商标相关的知识专利。

品牌要素，尤其像不宜频繁更改的品牌名称、品牌标识等是每个企业的一种专有权利，一旦在权威法律机构（如市场监管局）注册之后，就会在法律上生效。此时，任何竞争对手如果对这些品牌要素进行不当使用，都必须承担相应法律后果。因此保护和防御品牌要素不被非法使用，就相当于保护了公司的知识专利。

（3）保护好品牌要素，就可以维护好品牌鲜明独特的识别，便于强化品牌市场地位。

品牌要素具有独特性和排他性，这有助于消费者将其与竞争对手区分出来，同时也有助于消费者识记和熟悉品牌，进而选择购买。同时，当两种品牌在质量、价格等功能属性上的表现相同时，消费者更倾向于选择熟悉的品牌。形象模糊、丧失独特性的品牌要素会对品牌产生负面后果，轻则会令消费者感到困惑，重则会令消费者感到失望，甚至遭到消费者抛弃。

（4）品牌要素最容易被竞争对手模仿和盗用，最需要加以保护和防御。

构成品牌要素的品牌名称、标识、包装、形象代表等是由一些可以理解的、有意义的、特定的图形和文字组成，可理解性和有意义性使这些图形和文字很容易被他人模仿、盗用、偷换等。

可见，保护和防御品牌要素不被侵蚀显得极为重要和必要。知名品牌会给企业带来丰硕的财务回报，可是，"枪打出头鸟"，知名品牌面临被模仿、被盗用的风险也更多，更加需要防御和保持。如果防御不到位，丧失的便是来之不易的品牌声誉。

值得一提的是，品牌要素是包含品牌名、包装、品牌图文标识等成分的统一体，因而对品牌要素的防御和保护并不局限于单个成分，相反要对所有的成分都进行防御和保护。品牌案例6.1说明国际知名企业苹果公司在中国市场上iPad商标的一次失败教训。

品牌案例6.1　　　　　　　　　　iPad是谁的？

广东省高级人民法院2012年7月2日对外公布，苹果公司与深圳唯冠就iPad商标案达成和解，苹果公司向深圳唯冠公司支付 6000 万美元。该案调解协议于 2012 年 6 月 25 日生效。持续两年之久的商标之争，终于落下帷幕。苹果商标和解案赔偿金额是事发时为止中国知识产权司法案例中最高的赔偿金。

1. 起因：台北唯冠无权做主深圳唯冠

对于大多数中国人来说，是看了唯冠和苹果打商标侵权官司的新闻才会问，唯冠是什么企业？才想了解唯冠的 iPad 与苹果的 iPad 有什么区别？在此之前，唯冠在中国人眼里是个陌生的名词。

其实，iPad 只是一个商标名称。苹果在美国为自己的平板电脑注册的名称为 iPad。之后进军海外时，为了统一产品名称，在各国上市也使用这个名称。但几乎每个国家都有人先注册了 iPad 这个商标，只是多数并无实际产品用此商标。

在中国大陆，iPad 是深圳唯冠十多年前注册的一个商标名。深圳唯冠的主业是电子产品代工（类似于富士康）。但到了 2012 年，深圳唯冠因经营不善没有什么实际产品业务，整个公司濒临倒闭，向苹果索赔 iPad 商标侵权成为它当时的主要工作内容。

事情起因是苹果当初进入中国市场时，向中国台湾唯冠购买了 iPad 商标权，但遗漏了一处小小的破绽，即 iPad 在中国大陆的商标权掌握在深圳唯冠手里，中国台湾唯冠无权做主。苹果获取 iPad 商标是与深圳唯冠的母公司位于中国台湾省的唯冠国际签订协议，但 iPad 商标在中国大陆的真正持有者是深圳唯冠。

2. 过程：深圳唯冠如何获胜

苹果与深圳唯冠有关 iPad 在中国大陆的商标所有权归属问题的官司，始于 2010 年 6 月。当时苹果公司向深圳市中级人民法院起诉深圳唯冠，要求确认苹果为 iPad 商标在中国大陆的专用权人。苹果称，2009 年公司通过英国 IP 公司从中国台湾唯冠方面购买了在欧盟、中国、新加坡等 7 个国家和地区的 10 项 iPad 商标权。2009 年，中国台湾唯冠已经将 iPad 全球商标以 3.5 万英镑的价格转让给苹果公司。但深圳唯冠却认为，苹果从中国台湾唯冠电子股份有限公司（和深圳唯冠属同一公司名下的不同分公司）手中购买的 iPad 商标权，并不是深圳唯冠在中国大陆境内注册的 iPad 商标。深圳市中级人民法院在 2011 年 2 月 23 日、8 月 21 日、10 月 18 日三次开庭审理后，于 2011 年 12 月 5 日作出一审判决：驳回苹果公司的诉讼请求。理由是：苹果公司要获取他人的商标，应当负有更高的注意义务，应当按照中国的法律规定，与商标权利人订立商标转让合同，并办理必要的商标转让手续。而此案商标转让合同系 IP Application Development 公司（简称 IP 公司）与中国台湾唯冠签订，且与深圳唯冠之间亦不成立表见代理（注：表见代理实质上是无权代理，是广义无权代理的一种），故原告的诉讼请求缺乏事实和法律依据。苹果公司不服提出上诉。随后，苹果公司向广东高院提起上诉。

在此过程中，深圳唯冠加大了对苹果的施压，以苹果商标侵权为由，向中国各地海关部门申请停止 iPad 进入中国市场。不久，各类 iPad 产品在国内电子商务网站被下架。2012 年 2 月 29 日，广东高院公开审理了此案，但并未当庭宣判。随后，在广东高院的主持下，双方开始接受调解。苹果公司按调解书的要求向广东高院指定账户汇入 6000 万美元，并于 6 月 28 日向该案的一审法院深圳市中级人民法院申请执行上述民事调解书。深圳市中级人民法院于是向当时的国家工商总局商标局送达了将涉案 iPad 商标过户给苹果公司的裁定书和协助执行通知书。这才意味着为期两年多的苹果公司与深圳唯冠公司 iPad 商标权属纠纷案圆满解决。

3. 结果：苹果为 iPad 商标失误买单 6000 万美元

深圳唯冠在公司知名度、影响力方面，显然和苹果不是同一个重量级的选手，但这场商标抢夺战却变得精彩纷呈而结局出乎意料。广东省高级人民法院 2012 年 7 月 2 日对外公布，苹果公司与深圳唯冠就 iPad 商标案达成和解，苹果公司向深圳唯冠公司支付 iPad 商标赔偿金 6000 万美元。该赔偿金额是目前为止中国知识产权司法案例中最高的赔偿金。和解的结果是双赢，也是双输。深圳唯冠输在道德，苹果则输在法律。专业人士认为，本质上，此案是不同法律制度冲突的结果。公司在海外市场的商标战略必须谨慎，必须先了解当地知识产权交易方面的法律。

资料来源：
1. 侯云龙. iPad 商标案和解苹果支付唯冠 6000 万美元[N]. 经济参考报，2012-07-03.
2. 唯冠 vs. 苹果：iPad 是谁的？苹果唯冠 iPad 商标之争的背后博弈[N]. 深圳特区报，2012-08.

二、品牌防御与保护不当引起的后果

品牌防御与保护不当会给公司带来不良后果，这种不良后果集中体现在品牌资产被稀释（Brand equity dilution）。品牌资产有不同的分类视角，世界知名品牌评估公司 Interbrand 品牌价值评估的方法主要采用以顾客为基础的品牌资产（Customer based brand equity）和以财务收益（主要是未来现金流）为基础的品牌资产（Finance based brand equity）。因此，这里所说的品牌资产被稀释是指因品牌要素防御和保护不当而引起的这两类品牌资产的稀释。稀释的严重后果是品牌丧失忠诚顾客，使公司现金流中断，破产倒闭。

接下来，我们分析品牌资产被稀释的三种表现形式，以及每种形式背后的成因。

（一）品牌弱化

品牌弱化（Brand blurring）是指某一品牌要素与特定公司或其产品相联系的紧密程度受到削弱，或者变得模糊不清。导致品牌弱化的原因主要有以下几点。

1. 品牌要素缺乏独特性

独特性是指目标品牌（如李宁）与竞争品牌（如阿迪达斯、耐克等）在品牌名、品牌标识以及口号上的差异性，由此引起消费者独特的、强烈的、积极的品牌联想。例如，李宁品牌口号"一切皆有可能"（Anything Is Possible），与阿迪达斯的品牌口号"没有什么不可能"（Impossible Is Nothing）就显得没有本质的差异，其结果可能导致其中一个品牌或两个品牌均丧失其独特性，其在消费者心目中的突出形象被弱化和模糊化。而耐克的品牌口号"想做就做"（Just Do It），则与阿迪达斯、李宁的口号有明显不同，这使得耐克的品牌资产没有被阿迪达斯或李宁稀释。

除品牌口号趋同外，同一品类中的山寨品牌对知名品牌名称的偷换和改动也会导致品牌弱化。市场上这类例子不胜枚举。例如，内蒙古知名餐饮品牌"小肥羊"品牌名被后起的"肥羊王"品牌盗用了某些元素；借助知名瓜子品牌"洽洽"的名气，山寨品牌"治治"瓜子也混迹于市面，等等。若能基于独特性、特殊性以及抽象性等标准确定品牌要素，那么品牌弱化就能在源头上得到预防。

2. 缺少对品牌要素的全球排查

一个品牌要素的遴选、确定要经历广泛征集、初步筛选、备选提案调研、入选提案遴选以及最终确定等阶段。但经过上述步骤确定品牌要素后，企业还需要记住重要的最后一步：对最终确定的品牌要素进行全球性排查。全球性排查可以在备选提案调研阶段实施。如果该阶段能发现入选的品牌要素已在全球范围内被其他企业注册过，那么企业此时就要中止后续工作。这样不但能节省人力和物力投入，还可以充分预防可能的法律纠纷以及消费者困惑。

3. 品牌要素缺少充分的商标注册

企业在完成了全球性排查以及后续的市场调研等程序后，还要对品牌要素进行充分的商标注册。很多企业以为只要对商标名进行注册就可以高枕无忧，这其实是一个误区。实际上，商标注册工作的疏漏失误是产生品牌弱化的最常见环节。品牌要素注册时要考虑商标是在某一个品类还是跨品类注册等问题（跨品类商标注册问题，请参照品牌案例6.2"'百度'——如何打响品牌保卫战？"）。

（二）品牌丑化

品牌丑化（Brand tarnishment）是指品牌要素受到污损、贬低或其他负面影响，使该品牌要素及其代表的产品在消费者心目中的正面形象被冲淡、被丑化的现象。品牌被丑化的成因主要来自如下两点。

1. "不雅"行业的厂商恶意将知名的人名、地名注册，借此"搭便车"

在这方面，名人的个人品牌名尤其容易被恶意商家"丑化"。据2006年11月8日《中国商标网》上一注册号为3949462的申请，将"姚明"注册为第5类商标，用于卫生巾等女性用品。如果这个申请获得批准，将给姚明的个人形象会带来负面联想。要避免类似负面事件发生，国家商标管理部门需要制定相关政策，明确规定公众人物、国家名胜风景、历史人名等应加以保护，不可以被工商企业申请商标。同时，对工商企业应该进行更多道德教育，企业应该认识到借公众人物、历史人名地名等来作为商标来推广产品，毕竟是急功近利的行为，产品质量才是企业生存发展之本。

2. 企业在设计商标时不够细心导致品牌的某些要素有歧义，给"恶搞"和"丑化"提供了机会

虽然，企业的商标或品牌名及其缩写原本并没有负面含义，但经坊间"恶搞"并广泛流传，就很容易带来实际上的负面联想，最终稀释品牌无形资产。这种形式的品牌丑化在中国市场及文化下并不少见。例如，坊间不少人曾把 TCL 这个知名品牌说成是某些带有负面字词的汉语拼音首字母缩写；把 LG 也说成是某些贬义字词的汉语拼音首字母缩写……这些看似搞笑的做法，如果在坊间广泛流传开去，其实会给品牌造成不良影响。品牌管理者需要根据当地消费者的口语文化，对品牌名及其简称、缩写加以科学化、艺术化的设计修饰。品牌经营管理者需要主动应对这种负面现象。

相比品牌弱化，品牌丑化对品牌无形资产的稀释程度更大，对公司或个人品牌造成的负面影响更为严重。品牌丑化带给企业或个人最直接的后果是使品牌声誉一落千丈，忠诚顾客流失、财务收益剧减。良好的品牌声誉是品牌创始人和经营管理者耗费多年心血建立起来的无形资产，它是维持忠诚客户的基础。对这些忠诚客户而言，品牌要素就像他们的脸面，如果有人对这些要素进行恶意涂污、丑化，那就会伤及他们的自尊心，并促使他们做出品牌转换行为。有鉴于此，对品牌而言，声誉的受损就像一道无形伤疤一样很难被彻底修复。

面对品牌丑化，管理者并非无所作为。首先，品牌经理人在确定品牌要素时要慎之又慎。此外，如果万一自己的品牌要素被他人丑化，要第一时间采取措施，该调整某些品牌元素的，要立即着手调整；应该向消费者解释的，要恰当地解释品牌要素的内涵。

（三）品牌退化

品牌退化（Brand degeneration）是指品牌要素具有的独特性、专有性等特征被削弱，逐渐演变为某个产品类别的通用称呼的现象。品牌退化的成因主要有如下两点。

1. 公司对品牌要素缺少及时和充分的市场监管，给模仿者留下了有利可图的空间

朗科公司最先为其移动硬盘注册了商标名"优盘"。当时，这个品牌名极具显著性。但长期以来朗科公司未对竞争对手是否使用该品牌名进行及时和有效的市场监控，这使得同行和消费者慢慢地将其视为计算机移动存储器的通用名称。其结果，导致"优盘"这一品牌名的独特性完全丧失。

2. 缺乏及时和持续的品牌宣传，使得消费者误认为该品牌名是某品类产品的通称

尼龙（Nylon）现在已经成为丝袜的代名词。但最初 Nylon 是由杜邦公司研究人员发现的，是杜邦公司专有的品牌名。由于第二次世界大战期间，尼龙丝袜供不应求，这使得它成为丝袜产品品类的代言词。如今，尼龙已经完全退化为一个通用的产品名称了。

与品牌丑化类似，品牌退化对品牌资产的稀释力度也是显著的。品牌退化带给公司最直接的后果是品牌无形资产像一块蛋糕一样，被无数"持证者"（比如无数家"优盘"的制造商）分摊，如果"持证者"足够多的话，公司的品牌无形资产将被完全瓜分掉，市场份额和目标顾客也会被瓜分。但是，如果公司能在品牌要素投入使用的整个过程中进行及时、持续的宣传推广、视察监管、打假等市场努力，必然会大大降低品牌退化发生的可能性。

▶ 三、品牌防御与保护的策略

完整的品牌防御与保护战略是一个系统，它既包含品牌要素的筛选和调研，也包含品牌要素的商标注册，还包含品牌要素正式投入使用后采取的各种法律保护措施。在此本书重点关注品牌要素确定后，公司在商标注册时应该采取哪些策略，注册之后又有哪些保护策略。

（一）科学的商标注册策略

公司要及时申请注册商标以取得商标的法定所有权。这一步发生在品牌要素确定之后、投入使用之前。品牌要素进行注册后，这些品牌要素才成为商标（Trademark），才在法律上被认定为公司的专有知识产权，即商标权。商标权的产生有两种形式：注册产生以及使用产生。

目前，注册产生商标权的形式被世界上大多数国家使用。当然，世界上也有少数国家采用使用产生商标权的形式，即：商标可以通过使用产生权利，因而先使用者即拥有商标所有权。中国实行商标注册产生权利的办法。因而，如果企业想立足于中国市场，它们必须及时注册商标，否则如果你的竞争对手抢先注册了商标的话，你的商标权利将不能得到法律的保护。

"太子"品牌的例子便说明了及时注册商标的重要性。湖南株洲日出东南集团公司1997年以8000万元巨额广告费摘取了中央电视台第一届饮品类广告标王，数以亿计的电视观众从中央电视台熟悉了该公司生产的"太子奶"。公司之后的广告策划也集中在太子奶上。但是，该公司事实上并没有对"太子"进行商标注册，注册的商标是"日出"。在意识到市场上选择的是"太子"而不是"日出"时，公司赶紧对"太子"进行了商标注册申请。幸亏注册及时，否则"太子"就要为他人做嫁衣了。

为减少日后品牌无形资产被稀释的潜在风险，公司可以采取如下科学的商标注册策略。

1. 注册联合商标

联合商标（Associated trademark）有两种解释。第一个解释是，联合商标是除正商标外的其他近似商标。也即如果同一商标所有人在同一类商品上注册了若干个近似的商标，这些近似商标中先注册的或者主要使用的商标则被称为正商标（或称之为主商标），其余的商标被称为正商标的联合商标。第二个解释是，所有这些近似商标都称为联合商标，而不区分或指明正商标。例如，著名的"金利来"商标所有者在对"金利来"商标注册之后，又申请注册了"银利来""铜利来"等商标。在这里，"金利来"商标是正商标，"银利来""铜利来"商标则是联合商标。

注册联合商标充分显示公司的远见卓识，是为预防日后竞争对手对自家品牌要素进行模仿而采取的措施。因此，联合商标对公司而言作用极大，它可以对正商标起到保护作用，能阻碍他人"搭便车"；它还有利于企业日后发展多个产品系列（如高端产品、大众化产品等）。

2. 注册防御商标

防御商标（Defensive trademark）是指商标在当时的行业或产品类别成功注册之后，商标所有人为防止他人在该商标核定使用的产品类别之外使用相同的商标，而在其他产品类别或行业中也对该商标加以注册。此时，最先注册的商标称为"正商标"，注册在其他各产品类别里的商标则为"防御商标"。之所以称"防御商标"，是因为商标所有权人无意、无力在注册时，就要到这些产品类别去生产制造相关产品并打造品牌。在其他产品或服务领域注册商标的根本动机在于"防御"他人盗用已注册的商标。与联合商标不同，正商标和防御商标的名称完全相同，但正商标的目的是使用，防御商标的目的是防护、保卫。

今天，我们看到很多知名品牌并没有做好商标的防御注册。因此，在市场上这些知名商标都会遭遇到其他企业在别的产品类别里注册了合法商标，这某种程度上会对知名品牌造成某种不便或尴尬以至于负面效果。例如，"万达"是地产界的知名品牌，但有的企业也合法注册、拥有、使用"万达"轮胎。"永久"是知名的自行车品牌名，但天津世纪五矿贸易有限公司也注册了"永久牌"（Permanent brand）焊接材料、密封绝缘材料等产品。品牌案例 6.2 中的百度，如果能在早期注册防御商标，则不会陷入案例中的品牌尴尬或困境。

注册防御商标对公司而言极为重要。一方面，注册防御商标会减少品牌弱化现象的发生，并强化消费者对品牌的独特性联想。可口可乐在 34 种产品类别上都进行了注册，但其主要使用在饮料上；其驰名是因饮料商标而驰名，在其他商品上的商标注册是属于防御性的。另一方面，注册防御商标还可以为公司日后的品牌延伸打下基石。例如，维珍集团在航空、金融、饮料、音乐唱片等行业都注册了"维珍"（virgin）商标，这使得它成为品牌延伸领域最成功的案例之一。

品牌案例 6.2　　　　　　　　百度：早该打响的品牌保卫战

"内事不决问百度，外事不决问谷歌"。提起"百度"，人们通常会想到搜索引擎巨头百度在线网络技术北京有限公司（简称百度公司）。百度是全球最大的中文搜索引擎，于 2001 年 5 月 27 日向国家商标局申请在第 42 类（计算机信息网络服务）注册"百度"商标并获批准。它是国内第一家中文搜索引擎服务提供商，是中国最大的搜索引擎。截至 2015 年，百度的市值已达 800 亿美元。在 2016 年 MIT Technology Review（《麻省理工科技评论》）评选的全球最聪明 50 家公司中，百度的排名超越众多科技公司高踞第二。而"亚洲最受尊敬企业""全球最具创新力企业""中国互联网力量之星"等一系列荣誉称号的获得，也无一不向外界展示着百度成立数年来的成就。然而，就是这个高市值的企业，其品牌却屡屡被侵蚀，造成企业不必要的损失。2008 年，国家商标局认定百度公司在第 42 类以计算机信息网络方式提供互联网搜索引擎服务上的"百度"商标为驰名商标。由于百度公司只在第 42 类注册"百度"商标，只属于计算机信息网络类别，因而给了其他类别的商家很多"空子"，屡屡被迫"搭便车"。

1. "百度烤肉"——搭便车快速成长

"百度"同样是沈阳亿百度餐饮管理有限公司（简称亿百度公司）在第 43 类（餐饮业）合法注册拥有的商标。它于 2005 年在沈阳创立，纸上烤肉为其主要食品。短短 4 年间，本着"做小不做大，做精不做俗"的理念，发展了加盟连锁店 360 多家，版图扩大到全国 25 个省。2009 年"百度烤肉"正式入驻深圳并开设直营店，并将沈阳亿百度餐饮管理有限公司总部移师深圳，更名为深圳亿百度餐饮管理有限公司。根据亿百度公司网站所示，"百度烤肉"目前已发展到北京、广州、沈阳及四川、贵州、云南等全国多个省的主要城市，拥有加盟连锁店 500 多家，被业内认为是"中国烤肉第一品牌"及中国烤食行业的领军企业。2013 年 9 月 26 日百度公司将亿百度公司告上法庭，认为亿百度公司的"百度烤肉"侵犯了"百度"的商标权利，向深圳亿百度餐饮管理有限公司及其法定代表人孙璐明、深圳市名家百度烤肉店及其投资人宋玉霞等共同赔偿经济损失 1104.24 万元。

毫无疑问，亿百度公司的快速发展确实得益于搭知名品牌"百度"的便车，亿百度公司本质上就是怀着侵权初衷而来的。亿百度公司的加盟店使用了"百度"文字的字号，在其招牌、菜单、经营场所的装潢上也使用了"百度烤肉"文字标识，包括："百度精华""百度加盟""健康烤肉纸在百度""百度一口牛""百度秘汁肉""百度风干肠"等。在"大众点评网"中也可以找到数条针对"百度烤肉"是否和"百度网站"有关的质疑。大量网民确实对"百度烤肉"和百度是否有关系的问题存在误解和争议，更多人认为"百度烤肉"就是"百度"所开或授权所开。可见，亿百度公司使用百度烤肉确实构成了对百度公司的困扰，也存在商业伦理问题。

但是，亿百度公司在法理上却并不构成侵权，因为它照样在国家工商局第 43 类获得了法定商标。更有甚者，"百度烤肉"曾于 2007—2008 年间，花了 5000 元在百度在线做过广告，那时百度公司并没有就商标侵权问题提出过异议。看来搭便车的人，处处都在"设局"。这件事给知名品牌百度的启示是深刻的，既然要想做知名企业和百年老店，百度当初就应该具备品牌常识，而商标注册也有很多战略战术，知名互联网公司——百度不可不知、不可不学。

2. 百度避孕套

无独有偶，这一次，知名品牌"百度"不仅被搭便车，还被丑化。

深圳夜来香保健品公司（简称夜来香公司）于 2005 年 4 月 13 日向国家工商局申请注册"百度"商标，2008 年 2 月 14 日被核准注册，核定使用商品范围为：子宫帽、避孕套、非化学避孕用具等。因为避孕套等产品与私密生活相关，难登大雅之堂，这会损害"百度"品牌在公众心目中的形象。百度公司 2010 年 3 月向当时的国家工商总局商标评审委员会提出申请，请求撤销夜来香公司注册的"百度"商标。但遭到商标评审委员会的驳回。理由是百度公司的"百度"商标，其知名度主要体现在以计算机信息网络方式提供的互联网服务，而夜来香公司所注册的"百度"商标核定使用范围却是成人用品，二者所属行业不同，关联性较弱。后来，百度公司不服商标评审委员会的驳回，向北京市第一中级人民法院提起诉讼。幸好2008年百度被国家工商总局核定为驰名商标，鉴于对驰名商标应该加以保护的政策，北京市第一中级人民法院最后判定夜来香公司"百度"商标损害了原告的声誉和利益，判定夜来香公司败诉，要求其撤销注册的"百度"商标。

商场如战场！企业要做好品牌保卫战，必须进行防御性注册。大企业更应该做好商标防御战略，不要给人钻空子。在这方面，百度当然会为当初的疏忽而后悔不已。不过，小企业的创业者应该通过自己的辛勤努力，创建自己的商标和品牌，不应该寄望于搭知名品牌的便车。

资料来源：
1. 初新民，许修峰. 同字不同根，百度怒告"百度烤肉"[N]. 中国商报，2013-10-11.
2. 杨河. 从百度牌避孕套被禁用，看商标抢注问题[J]. 消费电子，2013（13）.

3. 注册国际商标

在全球化时代，很多企业都要拓展海外市场。进军海外市场的第一步应该是注册国际商标（International trademark），即在海外市场注册商标。国际商标的注册要坚持"商标先行、产品推后"的原则，即要在产品出口海外或到海外市场投资经营之前，抢先注册商标。如果公司等到进入当地市场之后再去注册商标，那就要花费更多时间和成本。

与联合商标、防御商标不同，注册国际商标需密切关注市场动态。中国企业需要特别重视的一点是：要当心和避免自己的商标被一些海外的商标职业炒家所利用。目前，国际上存在一些商标职业炒家，他们专盯上那些生意尚主要在国内的知名企业下手，在海外多个国家抢先在这些业务类别注册商标。等到这些中国知名企业到海外市场拓展时，才会发现自己使用好多年的商标在当地市场已被注册，因而自主品牌产品根本无法合法进入。迄今，中国企业在国际市场注册商标的意识还比较淡薄。据2004年的调查，世界品牌实验室公布的"中国500个最具价值品牌"的商标中，46%未在美国注册，50%未在澳大利亚注册，54%未在加拿大注册，未在欧盟注册的比率竟高达76%。而反观当今世界知名品牌，他们在想销售的全球每个国家都进行了商标注册。例如，国际知名公司如可口可乐、奔驰、麦当劳、柯达、雀巢等在150多个国家注册了商标；松下先后在180多个国家和地区相继注册了1.3万件商标。

（二）采取法律措施打击侵权行为

在商标投入使用阶段，企业可以采取如下措施打击侵权行为。

1. 识别和发现商标侵权行为

企业在采取行动保护商标权益之前，要先识别竞争者的哪些行为构成了商标侵权行为。商标侵权行为的类型有如下几种。

（1）未经商标注册人的许可，在同一种商品或者类似商品（或服务）上使用与其注册商标相同或近似的商标的行为。近似商标可以分为：视觉上近似（如"新康得"与"新德康"、"五粮液"与"五浪液""五琅液""五郎液"等）、发音上近似（如"永和豆浆"与"永和大王"、"小肥羊"与"肥羊王"、"帕尔斯"与"帕洛尔斯"）、含义上近似（如"阿迪达斯"与"阿迪王"、"星"与"星星"）等。

（2）销售侵犯商标注册专有权的产品的行为。一般实施这种侵权行为的人往往是商品的经销商，他们销售的商品可能与企业的商标近似。

（3）伪造、擅自制造他人注册商标标识或者销售伪造、擅自制造商标标识的行为。一旦伪造、擅自制造的注册商标流向社会，就为假冒注册商标、使用侵权商标等活动提供了方便条件。

（4）未经商标注册人同意，更换其注册商标并将该更换商标的商品又投入市场的行为。这种行为也称之为"反向假冒"。在实际生活中，有的企业购买他人质量较好、价格较低的商品后，将其贴附的注册商标消除或拆掉，而换上自己的商标又投入市场。尽管这种行为没有使用商标权人的商标，但是剥夺了被撤换商标的企业创立自己品牌的机会，降低了这些品牌的市场占有率。

一旦发现上述侵权行为，企业要组建监管商标侵权的队伍并查找侵权渠道。在做这些准备工作时，公司要沉着冷静，暂时不要急于声张，继续关注侵权者下一步的活动，为行政诉讼积累更多证据。品牌案例 6.3 以世界知名企业宝洁为例，讲述了它近年在浙江一个地级市场的打假行动。市场打假已成为企业在中国市场上的营销活动的重要组成部分。

品牌案例 6.3　　　　　　　　宝洁：市场打假

"这瓶洗发水是假的，瓶盖的做工质地不够精细。"2017 年 5 月 21 日，浙江省衢州市柯城区市场监督管理局（当时是工商行政管理局）执法人员与宝洁公司专业打假人员一起，来到了柯城区石梁镇一家超市内展开突击检查，发现货架上一排洗发水里，有一瓶 200 毫升的海飞丝洗发水是假货。

"我都是从一个地方进货的，怎么会出现这种情况？"听闻自己的店里有假货，店主段女士非常惊讶。她连忙搬出店里所有宝洁公司的产品，请打假人员帮忙辨别，"你们也教教我，怎么辨别假货？"

经过初步鉴别，执法人员发现这家店内除了海飞丝洗发水以外，舒肤佳肥皂、沐浴露等产品也存在真假混杂的情况。

5 月 19 日至 22 日，柯城区市场监督管理局执法人员联合宝洁公司专业打假人员，对衢州城区、航埠镇、石梁镇等辖区内宝洁公司旗下产品进行专项突击检查。执法人员现场查扣涉嫌假冒宝洁公司生产的香皂 224 块、洗发水 99 瓶、沐浴露 38 瓶。现场查扣涉嫌假冒宝洁公司生产的产品，将送往广州宝洁公司厂家进行真伪鉴定，等待进一步调查处理。

"这次检查遇到最多的情况就是真假混卖。"柯城区市场监督管理局执法人员周瑜琦说,他们此前在另一家小超市里检查,发现5瓶批号一样的飘柔洗发水,"其中4瓶是真的,1瓶是假的。"

这些真假混卖的冒牌产品,大多属于高仿假货。"有的高仿假货单看外观,连我们都很难辨认出真假。"周瑜琦说,这类假货不但外观逼真,而且还有"防伪"标志。

"假货最喜欢仿冒大品牌,这种行为严重影响品牌公司形象,也影响正常的市场经济秩序,侵害消费者权益,我们每年都会进行打假工作。"柯城区市场监管局相关负责人说,类似宝洁公司这种大型品牌,也会选择在各地安排专业打假人员,到各个地区去巡查,然后投诉举报到当地市场监管部门进行查处。对于这些涉嫌假冒伪劣的产品一经厂家鉴定后,管理部门将依据相关法律进行立案查处。

资料来源:邓亮,邱志明.宝洁公司来衢打假,冒牌高仿假货混迹小超市[N].衢州日报,2017-05-23.

2. 采取相应措施应对侵权行为

当侵权证据足够充分时,企业可以采取下述可能的举措来进行应对。

(1)自行制止侵权行为。这是一种自立救济的方式,可以减少后续维权成本,缩小侵权带给企业的损失以及负面影响。值得注意的是,这种发警告函的方式几乎没有什么强制力。一些执迷不悟的侵权人很有可能接收到警告函后提高警惕,这将是后续的打假行动异常艰难。

(2)请求市场监管部门查处。依据《商标法》,企业发现有侵权行为时,可以向县级以上市场监督管理部门投诉。

(3)采取海关保护措施。很多侵犯商标权的产品会通过海关进出,如果侵权商品出口,则会影响企业的海外市场;如果侵权商品进口,则会影响企业的国内市场。所以企业要及时进行商标权海关备案,发现侵权活动时,请求海关扣留侵权嫌疑货物。

(4)达成仲裁。作为解决民事纠纷的重要方式,仲裁要比诉讼收费更低、结案更快、程序更简便,并且不公开审理,一次裁判便可以得到结果。因而,仲裁解决往往要比法律诉讼更可行。

(5)启动诉讼司法程序。诉讼是处理商标侵权最为激烈的方式,也是对侵权人最有震慑力的手段。

3. 发动商标侵权的诉讼

商标侵权诉讼需讲究一定的策略和技术,不能盲目仓促。首先,要确定诉讼的目标。企业在提出诉讼前要先问自己如下问题:自己的目标和期望是什么?这个案件的胜算有多大?诉讼将面临怎样的风险,以及自己是否有能力承担?只有将这些问题想清楚后再决定要不要诉讼。其次,发动诉讼程序。程序包括:发现并确认侵权、取得侵权的证据、向侵权人发送警告函、正式提出侵权诉讼等步骤。第三,制定诉讼策略。诉讼策略可以用"5W"

来概括,即为什么要诉讼(Why)？诉讼主体是谁(Who/Whom)？诉讼理由是什么(What)？什么时候诉讼(When)？在哪里诉讼(Where)？

4. 应对商标侵权的风险管理

如果企业不幸被他人告上法庭,应采取下述应对策略：评估商标侵权的风险、提出商标侵权的抗辩、抓住程序上的机会、进行对抗性的诉讼等。

在如今变幻莫测的全球化市场中,任何品牌都无法保证自己不会被稀释。企业可以根据本节所介绍的影响品牌稀释的因素,观察和监控自己企业是否存在类似问题,从微观的角度防微杜渐。此外,企业还应该从宏观的战略角度部署品牌防御战略（如建立常规的品牌监控机制、开展系统的品牌审计、建立完善的品牌防御管理体制等）。企业要将品牌防御与保护当作一种战略持续推行。只有这样才能将品牌资产被稀释的风险降到最低。

---------------------------------【本章小结】---------------------------------

1. 品牌要素,也称品牌特征,指那些用以识别和区分品牌的各种有形和无形元素,它们共同构成品牌的商标知识产权系统。

2. 品牌要素主要包括品牌名称、URL（域名）、标识、形象代表、口号、广告曲和包装等类别。

3. 品牌要素的设计要坚持可记忆性、有意义性、可爱性、可转换性、可适应性、可保护性等 6 条标准。

4. 品牌名称是品牌的核心,它保持最大的相对稳定性。本土品牌汉语命名和外国语命名,以及外国品牌的中文翻译时,均要遵循一定的语言文化规则。

5. 品牌标识是构成品牌的视觉元素。它包含文字标识和非文字标识。品牌标识要独特、简洁易懂,并和传统文化相一致。

6. 形象代表是品牌符号的特殊类型,是品牌形象的传递者。设计品牌形象时要避免品牌形象遮盖品牌名称,并尽量减少使用文化特质过重的符号。

7. 品牌口号是用来传递有关品牌的描述性或说服性信息的短语。它需要具备独特性、易理解等特点。它可以和品牌或产品发生关联,也可以毫无关联。

8. 广告曲是用音乐的形式描述品牌,是一种被延伸的音乐品牌口号。广告曲可以包含品牌名,以加深消费者记忆。

9. 包装是指设计和制造产品的容器或包裹物。设计包装需要遵循一定步骤。

10. 统一资源定位器 URL 用来确定互联网上的网页地址,通常又称域名。URL 要独特,并防止他人非法使用。一般不建议更改 URL。

11. 感官品牌是指在品牌要素的设计和营销中利用了消费者的感官感受,以激发和满足消费者欲望和诉求,最终提升品牌品质感知的营销活动。它包含视觉、听觉、触觉、嗅觉和味觉等感觉。

12. 品牌防御与保护有狭义和广义之分。本书聚焦于狭义层面的品牌防御与保护,它主要是指对品牌有形要素的防御与保护。

13. 品牌防御与保护不当会造成品牌资产被稀释，它表现为：品牌弱化、品牌丑化和品牌退化。

14. 科学的商标注册策略有助于对品牌进行防御和保护。申请商标注册时，可以采取的科学策略主要包括注册联合商标、注册防御商标、注册国际商标等。

15. 在商标投入使用阶段，企业需要识别和发现商标侵权行为，并对侵权行为采取自行制止、请求工商部门查处、请求海关保护、仲裁、启动诉讼程序等方法。

---------------------------【术语（中英文对照）】---------------------------

---------------------------【即测即练】---------------------------

自学自测　扫描此码

---------------------------【思考与讨论】---------------------------

1. 品牌要素的 6 个标准中，你认为哪个最重要，原因是什么？

2. 请举出 3 个左右的案例，谈谈你是如何理解感官品牌战略的营销作用的。

3. 请列举现实生活中对消费者触觉感、味觉感以及嗅觉感利用的很好的 3 个左右的品牌例子，总结出它们取得积极效果的经验。

4. 查找资料，举出 3 个左右的例子来说明联合商标注册、防御性商标注册各自发挥的品牌防御与保护作用。

【实战模拟】

案例讨论

1. 品牌 B&Q 是如何利用"心理声学"（Psychoacoustics）来美化消费者的视觉感和触觉感的？

2. 为了实现"为您带来永恒经典，奇迹般触动心灵的体验"的理念，品牌 B&Q 实施了哪些感官营销策略？

3. 请查阅资料，分析品牌 B&O 与市场上其他音响品牌相比，在感官营销战略上的异同与优劣。

第七章
品牌营销策略

这么多年来,我的大部分决策没有失误,因为它们来自市场,真实的东西
　　　　　　　　　　　　　　　　　　　　——宗庆后(娃哈哈创始人)

不做总统就做广告人
　　　　　　　　　　　　　　　　　　　　——杰弗里·库鲁圣,阿瑟·舒尔茨

学习目的

学习本章之后,读者将对以下品牌问题有更清晰、准确和透彻的理解:
- 终端渠道对品牌的价值何在?
- 如何构建有竞争力的终端渠道?
- 非媒体、自媒体的品牌传播有何特征?
- 如何利用非媒体、自媒体传播品牌?

本章案例

- 立白的分销商亲情模式
- 欧莱雅"品牌金字塔"
- 格力自建终端
- "新加坡女孩"——新航的品牌名片
- 与品牌互动的新方式——贩卖机
- 司刊《万科》

开篇案例　　　　　　　　　立白的分销商亲情模式

广州立白集团是国内日化龙头企业，创建于 1994 年，总部位于广州。它主营民生离不开的日化产品，以打造中国日化航母为战略目标。自成立以来，它一直保持较快增长速度，2017 年集团全年销售收入突破 200 亿元，连年荣登"中国私营企业纳税百强"排行榜。发展至今，立白集团旗下已经拥有"立白""蓝天""好爸爸""六必治""威王""高姿""西兰"等多个覆盖不同日化品类的子品牌，产品涉及日化产品九大品类数百个产品，销售网络在全国范围内星罗棋布，深入到各级市场。立白，如何从一间小小的洗衣粉代工厂，发展成长为今天的日化企业巨头？

1. 独创"专销商模式"，成功占领两广市场

立白早期的成功关键在于其独创的"专销商模式"。专销商模式最初在立白的发迹地两广地区试水（该区域同样拥有庞大的市场潜力），然后推广到其他省份。立白成立之初打破常规，由创始人陈凯旋的亲戚朋友等在两广地区的重要流通城市和区域设立"专销商"。专销商只经营立白产品，其忠诚度远远高于一般经销商，而且对立白的各种策略贯彻得非常到位。正是由于立白和专销商齐心协力，目标一致、利益一致，立白产品得以迅速、顺利地进入市场，使其在华南地区占据十分牢固的地位，至今立白在两广的销量仍占其全国总销量一半左右。

在两广地区，专销商深入到最基层的市场。而两广以外，立白则采取以专销商来吸引中小经销商的策略来将产品送达到消费者手中。一般来讲，当立白进入一个新省份时，先会选择两到三个有影响力的地级市作为突破，这些地级市由专销商最先操作。这些专销商也是立白在当地的分公司。一旦市场有了进展，立白品牌就会引起这个省的其他地级市经销商们的注意。再加上立白在当地电视台的广告支持，很多规模大的经销商表达出想与立白合作，但立白只给专销商优惠政策。因而对这些规模大的经销商的政策也并不优厚，销售支持也不足，因为立白本质上并不希望与这些没有情感基础的大户合作。最终，立白给当地的中小经销商创造了合作机会。这些中小经销商由于没有机会与知名品牌合作，他们十分看重能傍上立白这样的大品牌，他们就成为立白在当地的二级经销商，受当地专销商领导。立白会根据这些中小经销商一年的销量和市场份额，年底兑现返利，经销商很拼命地推销立白产品。立白也会随后配合相应的广告和促销，这样市场就慢慢发展壮大起来。"专销商模式"后来陆续推广到全国其他重点市场（如四川）。立白的专销商模式的成功说明，在中国，市场渠道网络是建立在信任、利益保护的基础之上。

2. 以情感为纽带，厂商"一家人一家亲"

岁月流转，而人性不变，立白创始人陈凯旋一直深知情分的力量。1994 年，以"贴牌生产"起步的立白，在宝洁和浪奇等强势对手面前，赢的机会并不多。陈凯旋发动几十个乡亲做了第一批经销商,靠信任维系的家族式经营体系在当时执行力极强,让立白快速进入广东农村的各流通渠道,乡亲之情也助力陈凯旋走出了发展的第一步,奠定了企业发展的第一步台阶。立白在各省的专销商及其管辖下的二级经销商,共同组成当地的"立白商会"。立白商会定期举行会议,分享各地销售经验,从中加深了经销商相互之间的感情,也为抑制"串货"起到了相互监督的作用。时至今日,"立白商会"仍是建立在人情基础上的一个组织,这种制度不仅有效根治了串货的大难题,还让渠道关系更为稳固。"在做企业的过程中,我们心存善念。因为只有首先对别人好了,别人才会同样回报你,所以,我们的合作伙伴、经销商、供应商乃至员工,都是我们大家庭的一员。"陈凯旋曾在千人大会上这样说。

在中国,可能没有哪一家日化企业像立白这样将"一家亲"这样的家文化写入企业Slogan。作为企业文化的一种,"家文化"对于许多从20世纪的商场鏖战中白手起家的企业家而言,是他们个人素养的体现,也是一种现实选择。一年一度的立白集团全国经销商大会,是体现立白集团和全国经销商"一家人一家亲"文化的大盛会,更是连接全国经销商的重要情感纽带。立白全国经销商大会连续多年举办,早期主要在集团总部广州隆重举办,近些年已经先后在上海、武汉、珠海等全国性大城市的大型高端会议中心举办,集团总裁及高管都会亲自出席,隆重盛情地宴请全国优秀的经销商代表,并邀请众多明星一起参与,年度参会代表一度达到几千人之多。成立二十多年以来,立白始终保持着经销年会这一传统,为稳定渠道网络保驾护航。

3. 互联网时代,电商渠道开疆拓土

事实上,当今的市场环境相比立白成立初期已经翻天覆地。一方面,近十年来电子商务发展迅猛,线上渠道已经成为日化行业的必攻之地;另一方面,日益高涨的渠道成本和同质化产品,削弱了日化企业在终端市场的竞争力。以往的"专销模式""农村包围城市""渠道下沉"等策略帮助立白获得了传统渠道优势,眼下在电商渠道开疆拓土则是立白新的重心。立白集团也早在2012年就成立了新的渠道部门,专门负责电子商务工作。除京东、天猫、淘宝等大型电子商务平台上的旗舰店、专营店之外,立白集团还与苏宁电器旗下的B2C综合网上购物平台苏宁易购进行合作,不但在苏宁易购的网站上设立了立白专区,还结合立白洗衣液赞助《我是歌手》事件进行了广告位及消费者互动等形式的合作;立白集团也在其TVC广告和贴片广告落版处带有苏宁易购搜索框,支持苏宁易购与网友互动。

"现在电商渠道的地位日益上升,但尚不能认为已经与传统渠道和现代零售渠道处于同样重要的地位。"立白集团相关负责人说。另一方面,现代零售渠道仍然是日化行业不能放弃的战场,是企业培育品牌、提升形象、获得利润的主要平台,与电商结合不仅能巩固线下渠道,同时也有助于将其线下的品牌影响力进一步延伸到电子商务渠道。

但无论对于线上渠道还是线下渠道，立白集团对于渠道经销商的管理策略依然是在情感基础上与各类经销商建立长远合作关系。

资料来源：
1. 鲁渝华.陈凯旋的"立白"崛起之路 [J]. 农家参谋，2009（1）：35-36.
2. 小兵. 从立白看本土日化"农村战略"[J]. 中国化妆品：行业版，2009（4）：50-55.
3. 练琴.日化业要与电商联手"讲故事"[N]. 中国经济时报，2014-03-20.
4. 陈凯旋：立白"大家长"的光荣与梦想[OL]. 化妆品财经在线，2016-12-28.

在品牌建设过程中，营销组合策略发挥着非常重要的作用。其中，营销渠道和营销传播是两个重要的组合策略。品牌在这两大组合营销策略上的投入总量、力度，以及营销策略质量、水平，决定了品牌在顾客心智的无形影响力的大小，也直接影响品牌在市场的销售收益和市场份额。本章重点聚焦在品牌的终端渠道策略和传播策略。

第一节　品牌的终端渠道策略

终端渠道是产品进行展示、销售的最终环节，消费者在终端卖场的所见、所闻、所听、所感，会直接影响产品评价和品牌感知。可见，终端渠道对品牌资产的建立和品牌价值的传递起着重要作用，制造商需要制定合适的终端渠道战略。

一、终端渠道对品牌的作用

某家乐福供应商的毛巾销量非常不好，准备将产品下架之前突生一计：把三条颜色鲜艳的毛巾卷装在同一个小包装内。经过产品展示的这一简单改变，不仅该制造商的毛巾销量成为品类第一，而且卖的价格比单条单条地买还贵。由此可以看出，终端渠道的产品展示对消费者有着非常大的影响，对品牌也具有不同寻常的作用。终端渠道的传统功能表现在，通过搭建一个品牌展示和销售的平台，以满足最终消费者的需要。近年来，终端渠道除了行使产品搭配、展示、销售等传统功能之外，还是顾客获得品牌体验的重要渠道，终端为顾客提供了品牌体验的场所。本书将终端渠道对品牌的功能分为以下三大方面，并以世界知名品牌 LV 为例进行阐述。

1. 终端是品牌的展示平台

终端是各种产品、品牌的展示场所，为消费者选择品牌提供了便利。如果制造商的产品没有出现在正规的终端，那就无法建立起积极的品牌形象。历史上，中国是世界贸易大国，但却是"品牌小国"，其重要原因之一是，中国产品在海外市场并不知道进入正规的终端零售点的战略意义，中国出口商很多时候根本就不在意在什么终端出售，结果导致不少中国产品在海外市场的地摊出售。经年累月，这无疑就造就了中国产品的负面形象。正如国际营销学家凯特奥拉（Cateora）和格雷厄姆（Graham）所说，世界丝绸的 95%出自中国，中国以出产最好的丝绸原料闻名于世，但具有讽刺意味的是，中国又同样获得生产廉价披肩的恶名；人们总是把上等披肩与法国、意大利联系在一起。现在有越来越多的品牌商认识到，要想创造国际知名品牌，制造企业务必要让自身的产品进入到正规的终端渠道销售。

但品牌的定位不同，其选择的终端渠道也不一样。因此，品牌终端战略并不意味着越是高端的终端就越好，适合自己品牌定位的终端就是合理的终端。品牌案例 7.1 中的世界知名化妆品公司欧莱雅，它拥有多个不同定位或档次的品牌，各自选择了与自身形象匹配的终端，共同形成了品牌金字塔模式。

品牌案例 7.1　　　　　　　　　　欧莱雅"品牌金字塔"

欧莱雅集团是全球化妆品行业的领袖，拥有众多令全世界爱美女性趋之若鹜的化妆品品牌：巴黎欧莱雅、美宝莲、卡尼尔、兰蔻、碧欧泉、植村秀、卡诗、薇姿……与宝洁的多品牌战略相比，欧莱雅的多品牌之间的最大区隔不是功能，而是品牌所代表的身份、品味和生活方式。而品牌所代表的这些含义在很大程度上是通过终端渠道来实现的。欧莱雅的成功很大程度上得益于这种以多渠道结构为支撑的多品牌战略，依靠搭建品牌金字塔使其庞杂的品牌体系产生合力。

欧莱雅（中国）的市场销售架构分高档化妆品部、大众化妆品部、专业产品部和活性健康化妆品部等四大部门。其中，高档化妆品部拥有兰蔻、碧欧泉、赫莲娜和羽西这四大品牌，均采取"窄"的零售终端铺设策略。这些品牌的零售终端经过严格选择，如香水店、高档百货店、购物中心专柜、免税商店等，终端数量少而精，确保了品牌的高端形象。而欧莱雅的大众化妆品部采取"宽"的零售终端设计，主要通过百货公司、超市等大众化消费渠道，向消费者提供巴黎欧莱雅、美宝莲、卡尼尔三大国际品牌以及在中国收购的小护士，确保了消费者对这些品牌的接触度。

资料来源：
王海忠. 品牌杠杆——赢得品牌领导的资源整合战略[M]. 北京：人民邮电出版社，2009.

终端作为品牌的展示平台，其终端视觉设计显得非常重要。例如，世界知名时尚品牌LV 把直营店当作品牌露脸的"门面"，通过直营店形象来提升品牌形象，也通过别致的终端店形象来吸引消费者购买。LV 在专卖店和旗舰店的店面设计上力求极致，"Vuitton Building"几乎成为所在城市的地标性建筑之一。令人眩目的旗舰店设计迎合了 LV 的销售现场氛围和品牌的个性特征，每一间旗舰店都是 LV 品牌极好的广告宣传点。

品牌前沿 7.1 揭示了在零售终端，一个以环保为诉求的产品的货架摆放空间应该遵循的营销规则。

品牌前沿 7.1　　　　　　　　环保产品零售终端的货架摆放空间

针对消费者常常表示意愿购买环保产品而现实中环保产品销售不理想的问题，一个国际合作研究团队认为，调整零售终端环保产品的货架陈列空间位置，也许可以改变这种市场现状。因为日常生活中，人们常用"高尚"等类型的词汇来表达道德品质的"高尚"，而道德上的"高尚"又常常和空间位置的"上"联系在一起。既然环保产品具有道德属性，研究团队提出将环保产品摆在货架的上方位置将得到更多关注和购买意愿的假设。然后，这个国际合作研究团队通过五个实验，证明了环保产品"陈列在上"的空间摆放策略可以提高消费者对环保产品的积极反应。一系列的心理隐喻实验发现，环保产品确实和"上"的空间方位存在认知上的连接和一致性，因此，"摆放在上方"的环保产品可以获得更加积极的顾客反应（包括产品态度和购买意愿）。更有趣的是，这个研究团队进一步发现，这种认知上的连接只对那些认为环境问题离他较远的消费群体起作用，而如果环境问题已迫在眉睫，"摆放在上方"还是"摆放在下方"对消费者的购买意愿的影响就不能起显著作用了。这就说明，当环境问题已经发生时，环保产品摆放在上还是在下，都会引起消费者的关注和购买意愿。这个研究表明，不管是线下渠道，还是线上渠道，市场营销策略都应该认真对待环保产品的空间陈列摆放，并充分利用"上方"位置的道德隐喻作用。或许，对于环保意识本身已很强的消费者来说，环保产品的空间摆放位置（上与下）对他们的购买意愿并不一定显现出什么差异来，但对环保意识处于一般水平的普通消费者来说，利用上方的空间摆放能够产生显著的积极效果。这个研究结论非常有趣而又富含营销战略意义。

资料来源：
Haizhong Wang, Manqiong Shen, Yiping (Amy) Song & Ian Phau. Do up-displayed eco-friendly products always perform better? The moderating role of psychological distance[J]. Journal of Business Research, 2020, 7(114):198-212.

2. 终端是顾客品牌体验的重要场所

制造商强化顾客品牌体验的最重要场所就是终端渠道。除了零售终端的产品陈列与展示创造品牌体验之外，终端服务更是拉近品牌与顾客距离的重要法宝。为了让顾客享受到 LV 的极致服务，LV 对每间店的顾客数量进行限制，在 LV 店里不允许出现人多、哄抢的局面。同时，LV 的顾客关系管理也力求精细化。例如，在日本，为了笼络核心顾客，LV 公司实施顾客差异化战略，用不同的 VIP 级别服务取得顾客喜悦。它的 VIP 顾客依靠会员的口头传播，必须由现任会员介绍才能入会。某些 LV 专卖店还会专门划分出一块只有 VIP 客户才能进入的区域；同时，针对 VIP 客户，LV 还会不时地为他们举办一般顾客无法享受到的特别招待。

3. 终端是品牌营销策略落地的重要场所

终端是品牌营销策略的落地的首选场所。品牌形象塑造、品牌包装与外观、针对消费者的促销等营销策略，必须通过终端店面才能落地执行。多数品牌通过在终端店的事件营销，提升了品牌知名度和美誉度，增进了品牌资产。例如，LV 很善于借助直营商店制造事件营销，增进品牌资产。2003 年，印度一间 LV 品牌直营店开办了一个印度古代王公曾经使用过的行李箱包的展会，这一活动大大增强了 LV 品牌对印度消费者的吸引力。2004 年，为了庆祝 LV 经典行李箱面世 150 周年，LV 特意在巴黎香榭里舍旗舰店门前竖了一个一层楼高的巨大行李箱，展现品牌古典又时尚的魅力。不管是时尚奢侈品，还是大众消费品，终端渠道都是品牌营销活动执行落地的重要场所。

▶ 二、品牌的终端渠道决策

终端渠道决策涉及三方面的问题。其一是终端网点密集度的问题，也就是说，终端渠道应该拥有多大的覆盖面。其二是不同终端渠道的协调整合问题。其三是自建终端渠道和第三方终端渠道之间的抉择问题。制造商需要结合自身的品牌战略来处理以上三方面的问题。相应的，品牌的终端渠道战略分为以下几种。

1. 密集终端与精选终端的抉择

终端渠道的密度影响品牌资产的建立。制造商需要选择密集分销还是独家分销的终端战略。密集终端指的是品牌在某特定区域内的众多销售点都能买得到，密集终端又称为"宽"的终端。"宽"终端能增加品牌曝光度，但高端品牌不宜采取密集终端战略。奢侈品一旦采用"宽"的终端渠道，就会人为降低品牌的稀缺性或独特性。精选终端则是指品牌在某特定区域内只在有限的终端销售，精选终端又称为"窄"的终端。

例如，法国品牌皮尔·卡丹（Pierre Cardin）曾一度作为法国奢侈品牌风靡全球，但由于对全球分销控制不严，其产品被大量分销，在众多终端卖场都能买到。其结果，皮尔·卡丹的品牌形象一落千丈，很难再被人视为奢侈品。另一个法国奢侈品牌梦特娇（Montague），也由于疏于对分销商的控制，使原本应该珍贵独特的产品变得跟日常消费品一样容易购买得到。其结果，梦特娇品牌后来也跌落到无人问津的地步。

2. 终端店面的陈列与氛围决策

制造商品牌应该从店内产品陈列、展示、卖场氛围、终端促销等方面来打造终端形象。品牌在终端卖场的布局以及照明、颜色、音乐、气味等氛围，都是终端管理的内容。例如，三星 IT 专卖店拥有着五星级的店面形象，在店面装修方面有着严格的标准。三星专卖店有统一的视觉行为识别系统，店面布局、Logo、装饰物摆放、柜台等都有详细的规定。三星在终端陈列方面投入资金不菲，用于店面装修、店面陈列等。因此，三星专卖店给消费者带来了耳目一新的感觉，也维持了三星的品牌形象。品牌前沿 7.2 解释了服务失败情境下实体环境中的触觉感受如何缓解消费者抱怨。

品牌前沿 7.2　　　　实体触觉体验如何缓解顾客抱怨情绪

有中国品牌研究团队研究了服务失败情境下，实体接待场所（如接待室）环境中的触觉感官体验如何缓解消费者抱怨。专家学者们用实证方法探讨了"感官营销战略"的内在机制，根据"感官体验—信念抽象—消费者态度"的理论模型，提出并检验了在服务失败情境下，顾客在实体环境中的触觉体验能够缓解抱怨情绪。这一研究的具体结论主要有：与硬的触觉体验相比，软的触觉体验让消费者对服务失败有更高的容忍度，重塑消费者态度的触觉感官体验与服务失败事件无关，其影响是无意识的；软的触觉体验对消费者服务失败态度的缓解效应是以消费者的内隐人格观倾向作为中介的，即触觉软硬体验改变消费者的内隐人格观倾向进而改变消费者态度，其机制是"触觉软硬体验—内隐人格观—消费者态度"。这一研究结论对企业（如零售终端等）在实体空间环境中，实施触感体验营销，并通过触感塑造消费者认知以此缓解服务失败情境下的顾客抱怨情绪，具有重要的战略启示。

资料来源：

钟科，王海忠，杨晨. 感官营销战略在服务失败中的运用：触觉体验缓解顾客抱怨的实证研究[J]. 中国工业经济，2014（1）.

3. 终端的适时更新

当品牌要实施重大战略举措时，终端常常是其调整的重要内容。如果终端不能做到同步调整或升级，则会对现有的品牌造成负面影响。例如，当王老吉凉茶饮料，从区域性品牌迈向全国性品牌时，餐饮零售场所成为其突破的重要终端渠道，因为之前凉茶仅在凉茶铺里卖；王老吉首先选择进入川菜馆、湘菜馆等以辣为特色的中式餐厅，随后又进入肯德基等西式餐厅。王老吉进入西式快餐店显著地提高了其品牌档次和形象，对其成为知名饮料品牌功不可没。可见，终端渠道是品牌调整或更新其营销战略并执行落地的重要体现。

4. 自建终端的抉择

自建终端是指制造商建立自己的终端，将品牌的终端渠道掌控在自己手中。但是，一间制造商要成功地兼顾生产制造领域和终端零售领域，需要制造商品牌具有独特的优势（如技术实力特别强、渠道经销网络强、拥有出色的品牌等）。空调品牌格力自建终端渠道，得益于其稳健的技术实力和在各区域强大的经销商联盟网络。品牌案例7.2描述了格力自建终端渠道的"三级体制"和其发挥的作用。

品牌案例7.2   格力自建终端

2010年是格力空调畅销的第15个年头。这一年，格力空调以销售收入600亿元的成绩，继续领航国内空调业。在家电领域，很多品牌都踟蹰不前，而格力却能逆势而上，并且保持较高的利润率。总结格力电器取得的这些成就，时任总裁的董明珠认为应该归功于其20多年来建立起来的分销网络，"我们创造出'格力专卖店'这一独特的渠道模式，通过多年经营，逐渐形成了以城市为中心、以地县为基础、以乡镇为依托的三级营销网络，从而保证了在空调市场格力自建渠道提升了对供应链终端的掌控能力。竞争激烈、家电渠道商挤压厂家利润的形势下，销售连年增长。"

格力渠道简单说来是"三级体制"规划，即：厂家—厂商联营体—终端渠道。这里面,厂家是决策层,厂商联营体是执行层,渠道终端是格力到达最终消费者的平台和桥梁。格力以专卖店作为主导的终端零售形态,是想让格力专卖店未来的服务走向专业化、标准化。格力空调通过对终端渠道的整合,实现了制造、物流、销售、服务各个环节之间信息的透明共享、风险利益的共担,从而避免了供应商与家电零售企业之间以"价格谈判"为核心的挤压竞争关系,提升了自身对供应链的控制能力。厂商联营的渠道管理模式提高了供应链的整体效率,进而让格力保持较高的利润率。

资料来源:
芮娜. 格力自建渠道掌控终端市场[J]. 世界经理人,2011(3).

第二节 品牌传播策略

要打造强大的品牌,企业必须制定科学创新的营销传播策略。品牌传播具有向品牌的顾客和利益相关方表明品牌的含义、主张、价值观的作用。它还能介绍产品的功能和利益,展示品牌形象,帮助品牌赢得顾客的情感和偏爱。

一、品牌传播组合

品牌在进行营销传播时,可以选择的传播媒介多种多样(如电视、广播、报刊、微博、微信等)。在此,我们根据品牌经营管理者对传播媒介的控制能力强弱将常用的品牌传播媒介分成三类——非媒体、自媒体和大众媒体(如图7-1所示)。

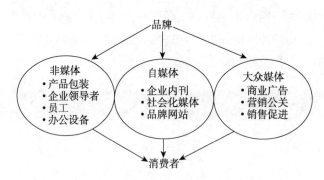

图7-1 三类品牌媒体传播及其组成要素

1. 非媒体传播

非媒体指的是那些原本并非作为传播媒介使用,但对传播品牌信息发挥重要作用的信息载体。例如产品包装、企业领导者、员工、办公设备等都能发挥品牌传播的功效或作用。

2. 自媒体传播

自媒体指的是那些具有媒介属性,品牌对其具有完全自主控制权、使用权的信息载体。例如企业内刊,企业公众号、博客、微博等社会化媒体,以及品牌官网等都是品牌经营管理者可以控制和使用并用于传播品牌信息的自媒体。

3. 大众媒体传播

大众媒体指的是那些具有媒介属性，但品牌经营管理者对其没有自主使用权的信息载体，品牌经营管理者需要通过购买或租用媒介的方式来发布品牌相关信息。大众媒体主要包括商业广告、公共关系、销售促进等。

▶ 二、非媒体传播

（一）产品包装传播

1. 产品包装传播的内涵

产品包装是指在产品流通过程中起到保护、方便储运、促进销售的产品辅助物的总称。对品牌而言，包装是品牌向消费者传递视觉体验的重要载体，能让消费者对品牌"一见钟情"，产生良好的第一印象。品牌的包装还能帮助消费者建立品牌联想或形象，是品牌需要加以重视的传播媒介。

2. 产品包装传播品牌的方式

"人靠衣装马靠鞍"。包装之于品牌就如同服饰之于人，抢眼的包装设计能带来强烈的感官识别力，帮助品牌从众多竞争者中脱颖而出，吸引消费者的眼球。文字、图案、造型是产品包装传播品牌信息的三个要素。

（1）文字要素。

文字要素主要由品牌名称、标语、正文等组成。标语是用简短的文字概括和提炼品牌传播的主题，以方便消费者的记忆和识别，而正文是对标语展开的更为具体一些的解释说明。比如，中国台湾的休闲食品品牌"张君雅小妹妹"2007年开始风靡整个宝岛，其产品包装将品牌形象"好玩"展现得淋漓尽致，以可爱好玩的陈述"本产品经张君雅小妹妹试吃过评鉴为 Good Good EAT 优良产品，请您放心购买"来传达品质安全，借助"脸被捏大，长大很难嫁耶"来调侃捏碎面的吃法。凭着产品包装上可爱、好玩的文字，张君雅小妹妹成功获得孩子们的关注，成为他们的玩伴。

（2）图像要素。

图像要素是指包装上以图形呈现的各种视觉要素，主要由插图、商标、品牌标识（logo）组成。其中，插图是主体部分，它辅助文字要素进行品牌传播，可以增强文字的说服力，形象地表达品牌传播的主题，刺激消费者产生品牌联想。为让消费者产生良好的第一印象，品牌经营管理者要让插图与商标、品牌标识之间相互呼应，营造视觉协调性。

（3）包装造型。

包装造型是产品包装的外部造型特征（如瓶装、盒装呈现的形状等），对于品牌而言，产品包装的外部造型也具有表达品牌个性的功能。品牌经营管理者应通过产品包装赋予品牌相应的个性，让包装造型成为消费者取回品牌记忆的线索，从而提高消费者的品牌识别能力。

3. 产品包装传播品牌的策略

品牌传播应结合品牌定位来设计品牌的视觉识别系统，并将这些视觉系统的全部或某些元素融入产品包装设计之中，以此展示品牌独有的个性。以下是产品包装传播品牌的一般性策略建议。

（1）包装要体现品牌理念。

在设计产品包装时，应该融入品牌理念，使消费者能从与产品包装的接触中联想到品牌理念。比如，知名家具品牌宜家就成功地使用产品包装来传播"为消费者创造DIY家具的乐趣和美好感受"的品牌理念。为了方便消费者的触摸、搬运、安装，宜家家具多采用易于拆装和组合的包装结构设计，让消费者体验亲手参与组装的乐趣，潜移默化地接受宜家的品牌理念。

（2）包装要有统一的视觉形象。

设计产品包装时围绕品牌理念，整合各类品牌要素，形成统一的视觉形象，能让消费者对品牌更加印象深刻。宜家在策划产品包装时，就特别注意线下线上产品包装的整合传播，对于同一型号的产品，网上展示的包装与卖场中的一模一样，使消费者在选购商品时有所参考，为购物带来便捷，也增加了他们对宜家品牌的好感和满意度。

（3）包装传播方案要与品牌的整体营销方案配合。

品牌经营管理者要将产品包装融入品牌整合营销传播方案之中，使其与其他的传播活动产生关联或呼应，互相促进，提高品牌传播活动的效果。可口可乐的包装图案经常出现其赞助的世界杯、奥运会或歌星演唱会等活动的画面，这种借助重大社会热点事件的包装传播，能强化消费者对品牌的关注。

（二）企业家传播品牌的策略

1. 企业家传播品牌的内涵

企业家是在企业内居于某一领导职位，拥有一定领导职权，承担领导责任与实施领导职能的人。企业家的仪容仪表、言行举止、个性、道德水平等个人特征都会通过各种社会活动表现出来，形成企业家的个人形象。同时，对于品牌而言，企业家也是品牌传播的一种媒介，消费者会不自觉地将企业家个人形象与品牌形象进行关联。因此，良好的企业家形象将提高公众对企业或产品品牌的认知和积极态度。如，俞敏洪是语言培训机构新东方的创始人，他为新东方的背书经常出现在各大媒体镜头之中，他通过发表演说塑造个人品牌，在此过程中也将新东方在教育培训业的领导品牌形象带入了公众视野。

2. 企业家传播品牌的方式

（1）新闻报道。

电视、报刊、网络关于企业家的新闻或专题报道有助于企业家提高个人知名度，传播企业或产品品牌。当企业家参加各类访谈、论坛、颁奖典礼或企业年会等社会活动时，都会成为镁光灯的焦点，都存在传播企业或产品品牌的机会。其中，在知名媒体的企业家访谈类节目或刊登在期刊上的专刊，是企业家塑造个人品牌的有效平台。例如，由第一财经、东方卫视、唯众传播联合打造的高端访谈互动节目《波士堂》，是国内具有原创精神的一档脱口秀节目，主张"商道即人道，财经也人文"。节目张弛有度，可以让业内人士真切感受到"波士"（BOSS，老板）的个性魅力、新锐思想和商业哲学，普通观众能从中得到快乐和启发。另一个中央电视台的一档全国性商战真人秀节目《赢在中国》，将企业界重量级的商界精英聘请为嘉宾主角，展现他们的个人性情、商业传奇和精彩人生，是塑造企业家形象的高档平台，同时也是传播企业或产品品牌的媒介。

（2）广告代言。

企业家参加广告代言、拍摄期刊封面等活动也是宣传个人形象和企业品牌的一种方式。2012年，聚美优品CEO陈欧所代言的广告火遍全国，其充满正能量的广告语——"我是陈欧，我为自己代言"在网络上迅速蹿红，网民将其称为"陈欧体"并据此改编出"行业体""高校体""城市体"等。该广告发布以来，陈欧的名气不断上升，而与他关系密切的聚美优品企业品牌的知名度和影响力也有了很大提升。

（3）事件营销。

企业家可以通过自己制造一些热点事件来获取市场和媒体的关注，建立个人形象，传播企业品牌。比如华为创始人任正非发表了《华为的冬天》《我的父亲母亲》《一江春水向东流》等具有里程碑式的"内部讲话"，经媒体报道之后，引起社会舆论的关注，成为社会瞩目的焦点。这无形之中，强化了华为公司品牌的魅力。万科董事长王石与万科在媒体焦点中总是同时出现，主动创造攀登珠峰、倡导健康生活方式等新闻来传播个人品牌，强化了万科企业品牌的个性和魅力。

（4）社会化媒体。

企业家可以通过开通微博、博客、微信等社会化媒体账号，以此为平台发布个人观点，塑造个人形象。SOHO创始人是使用社会化媒体较为成功的企业家之一，他在新浪、搜狐、网易、搜房网等网站都注册自己的微博。他的博客内容琳琅满目，除对房地产行业的预测之外，还有出席各种活动的照片、自己的摄影作品、对舆论热点问题的评论。因其独到、幽默的见解，他的微博关注率非常高，其所发布的内容经常登上排行榜，成为热点内容。这不仅让其成为商界明星，也大大提升SOHO的品牌知名度和关注度。

（5）公共关系。

企业家在公共场合强调诚信、社会责任等行为道德规范，进行关爱弱势群体、捐款救灾等公益活动也是用来表达个人品格与企业品格的一种方式。

3. 企业家传播品牌的策略

品牌通过企业家进行传播先需要企业家塑造突出的个人品牌形象，在此基础上，在消费者心目中将个人品牌转移给企业或产品品牌，从而扩大企业或产品品牌的知名度、美誉度。以下是实施企业家传播品牌的一般性策略建议。

（1）将维护企业品牌形象作为个人行为的准则。

企业家需要将个人品牌的塑造与企业或产品品牌形象形成合力，从而为企业及其产品塑造积极的品牌无形资产。企业家面对社会公众时，应该以维护企业的品牌形象为准则，思考自己的言行举止对塑造企业品牌可能带来的影响。2011年1月15日，当当网创始人发微博，指责摩根士丹利、瑞信这两家负责当当网赴美上市的投行曾存在压低估值等不规范行为，导致当当上市后收益不理想，并自创一段"摇滚歌词"大骂投行。为此，两家投行的两名女员工对此进行了回击。双方隔空大战 50 回合，唇枪舌剑、言辞激烈，令网友叹为观止。这场网络口水战引起包括《华尔街日报》等美国知名媒体的广泛关注，损害了当当网的品牌形象，导致当当的股价大跌，市值缩水。

（2）为个人品牌定位。

企业家需要通过定位来塑造独特的、突出的、积极的的个人形象，并将个人品牌形象转移给企业或产品品牌。为了与万科的品牌理念"创造健康丰盛的人生"相契合，著名房地产企业万科的创始人王石成功地借助媒体将自己塑造成崇尚健康生活理念的人设。他一直通过登山、代言、慈善、新书出版等活动创造热点事件，突出自己健康生活、挑战无限、热衷慈善的形象。从 2005 年底开始，王石开始进行环保探险考察行动，希望通过自己的亲身体验，与社会各界分享全球气候发生的变化。2010 年 5 月，王石带着上海世博会的旗帜再次登上珠峰，倡导绿色环保的生活方式。这些个性鲜明的企业家形象，有助于为企业或产品品牌传递出清晰的个性。

（3）提高公众曝光率。

企业家个人品牌传播要经常向媒体、公众传播自己的声音，要关注业界热点事件并做出自己的评论，要积极参与社会活动并表现出强烈的社会责任感。1999 年时，搜狐面临新浪、人人网等新生代网站的巨大冲击，又因融资不利，营运遇上困难，为了使搜狐不被公众遗忘，张朝阳选择以树立个人品牌的传播途径来激活企业品牌，他像其他所有 CEO 一样大谈行业走向，为期刊拍摄封面照、表演摩托飞车、在公众场合频频亮相，展现他特立独行的思维、时尚潮流的衣着，以及厉害的滑板技术。他以非典型的成功人士形象获取了公众的认可和好感，让搜狐被公众重新接受。那个年代的搜狐，是互联网界响当当的知名品牌。

（三）员工

1. 员工传播品牌的内涵

员工是与企业存在劳动关系的各种形式的用工，员工品牌是在消费者脑海中对企业员工形成的整体性认知，员工品牌能影响企业或产品品牌。担当以下角色的员工，其员工形象对企业品牌的影响又尤其显而易见。

（1）门卫。

门卫的角色表现在从视觉上影响企业品牌形象，其精神状态、仪表衣着、言行举止能够被消费者、顾客、合作伙伴等企业品牌利益相关方直接感知。消费者会对服装统一、站姿规范、举止有礼、态度亲切的门卫产生良好的印象，并联想到企业具有较高的管理水平。试设想，若门卫服装散乱、举止无礼、态度恶劣，那他们一定会给消费者留下负面印象。这种形象会显著地溢出给企业品牌和产品品牌。

（2）接话员。

接话员在与消费者的对话中传播着品牌形象。接话员亲切礼貌、悦耳动听的沟通表达能够令消费者感到舒服、愉悦，促使他们对品牌产生好感。反之，生硬呆板、无礼冷淡的语言则会使消费者生厌、生气，并将这种负面情绪转移到企业或产品品牌之上。

（3）前线员工。

前线员工指的是直接面对顾客或消费者的一线员工（如推销员、服务员、营业员等）。他们的精神状态、言行举止等个人特质对消费者形成企业或产品品牌形象有重要作用，他们能够帮助品牌引起消费者的关注，博取他们的好感。在卖场中，身着特色服装的前线员工能够吸引消费者在货架前驻足，当前线员工能够提供高质量的服务时，消费者会把对员工产生的好感转移到企业或产品品牌之上。品牌案例7.3反映了新加坡航空公司作为世界知名航空品牌，其前线员工空姐的个人形象为公司品牌做出的不可替代的贡献。

品牌案例7.3　　"新加坡女孩"——新航的品牌名片

新加坡航空公司（简称新航）成立于1972年，多年来一直保持着全球最盈利航空公司的纪录。新航2003年以来已经获得500多项大奖。例如，2003—2006年间，新航连续荣膺《商旅》（*Travel & Leisure*）杂志评选的"全球最佳航空公司"称号。目前，新航已成为世界上最有价值的航空公司，其国际航班线路从2005年至今一直被欧亚美三洲的媒体期刊评为"最佳航线"。新航的成功与其卓越的服务体验、极具特色的品牌有形展示离不开。

自成立开始，新航就强调优质服务，使之与其他航空公司形成差异化竞争。公司在广告中推出了闻名世界的"新加坡女孩"形象标识，这一形象已成为温馨和友善服务的符号，令顾客相信它是"最佳飞行方式（a great way to fly）"。几十年来，该广告语一直没变。新航因为强调飞行服务使顾客满意而声名远扬。

新航非常关注机舱一线空姐的形象细节。首先，新航空姐的标准化制服沙笼可芭雅制服已成为新航的符号。她由法国服装大师Pierre Balmain设计，以传统亚洲蜡染布料精制而成。新航空姐制服具体又分为几种颜色，以区别其职位。蓝色沙笼可芭雅制服代表新加坡航空的机舱空乘服务主管。还有另外三种颜色分别代表在机舱服务的新航空姐的三种不同级别。其次，新航空姐工作时间的香水也是规范的、标准化的。20世纪90年代后期，新航将空姐工作时使用的香水规范化、标准化，从而使整个机舱中弥漫着同一种香味。这样，关注视觉和嗅觉上的每个细节确保了顾客每一次对新航都会产生一致的服务体验。从而，有利于顾客对新航的品牌形成比较一致的印象，提高了品牌联想率，使享受过新航服务的顾客在选择航空服务时最先回忆起的品牌就是新航。

资料来源：
1. 王霞，乔秀文. 奇迹背后的战略远见——新加坡航空公司的成功之道[J]. 空运商务，2008（19）：11.
2. 赫拉克莱厄斯，维尔茨，潘加卡. 展翅高飞：新加坡航空公司的经营之道[M]. 北京：中国人民大学出版社，2006.
3. 晓泓. 新加坡航空：榜样的力量[J]. 航空世界，2013（1）：30-31.

2. 员工传播品牌的策略

（1）内部品牌化。

企业或产品品牌的初始受众是员工。只有公司内部的员工了解、理解和认可品牌，外部市场的消费者才更乐意接受。内部品牌化就是指公司相关部门（具体部门，不同的公司有所差异，相当多的公司由人力资源部负责，有的公司由行政部或产品业务部门负责）面向内部员工解释企业或产品品牌的内涵并将品牌理念推销给员工的所有活动。内部品牌化活动的内容可能涉及向员工分享品牌背后的研发和战略；培训员工的品牌行为；奖励那些品牌支持行为表现突出的员工；等等。内部品牌化的目标是让员工关心和培育品牌。企业或产品品牌形象塑造需要全体员工同心协力，将品牌的核心理念、价值观和远景在日常工作中践行。内部品牌化是科学有效的员工传播品牌的前提。内部品牌化过程让员工自觉肩负传播品牌的职责。例如，新加坡航空为确保品牌理念能够在内部员工得到充分及持续的贯彻，始终对其空乘人员进行全面而严格的培训、指导，内部品牌化工作做的卓有成效。久而久之，"新加坡空姐"成为新加坡航空的品牌名片，她们的形象甚至被陈列在伦敦杜莎夫人蜡像馆之中，新航空姐成为员工传播、构筑企业品牌无形资产的典范。

（2）帮助员工建立个人品牌。

品牌经营管理者除了要重视员工素质和行为修养之外，还应该运用各种传播手段帮助员工塑造个人品牌，以此建立起员工与消费者之间的信任关系。传播员工个人品牌的具体方式包括：制作并播放能反映员工精神面貌的广告片；发布展现员工风采的新闻报道、专题报道、文章和著作；在网站或内刊树立、推广一批先进员工的典型事迹，通过榜样的力量，引起全体员工的情感共鸣，走进员工的内心世界，等等。比如，因为麦当劳注重员工培训和员工形象展示，消费者总会将热情周到、笑容满面的店员形象与麦当劳的品牌形象相结合。

（3）在品牌传播活动中实现员工个人品牌和企业品牌的互动。

在品牌传播活动中实现员工个人品牌和企业品牌的互动能够让员工更好地发挥品牌传播的作用，品牌经营管理者应促使每个员工都参与到品牌化过程，自觉维护品牌形象。譬如，IBM公司专门就员工在虚拟社交游戏"第二人生"里的行为作出规定，在对自己的企业作出评价时，每个员工都要强调自己的真实身份，防止消费者认为企业借助匿名账号进行不实的品牌宣传，以此获取消费者的信任和好感。

（四）办公设备

1. 办公设备传播品牌的内涵

办公设备涉及办公场所和办公用品。其中，办公场所指的是企业的实体办公环境，主要包括生产厂房、办公室、销售门店、会议室、休息室等。办公用品指的是企业在日常营运过程中所用到的各种用品，包括信封、信纸、便笺、名片、徽章、工作证、请柬、文件夹、介绍信、账票、备忘录、资料袋、公文表格、公务礼品、交通工具等。在消费者与品牌互动过程，消费者有机会接触到企业的办公设备。比如，许多超市安排免费大巴为购物者提供接送服务，消费者到快递公司门店投递邮件，到饭店用餐等，这时办公设备就可以成为承载品牌信息的载体，发挥品牌传播的作用。办公设备传播品牌的方式主要有以下几种。

（1）办公环境。

办公环境是品牌形象在公共场合的视觉再现，品牌经营管理者可以将品牌识别与标志（如品牌名称、品牌标识、品牌口号等），协调地融入企业的办公环境。比如，美国锐步（Reebok）公司以品牌标识的剑形标志为原型，设计办公楼的中庭立柱，巧妙地展示品牌形象。又如，快餐品牌汉堡王（Burger King）对企业标准色进行分析，提炼出适合企业办公环境的室内配色计划，从而营造出与企业形象一脉相承，并极具品味的办公环境。

（2）办公用品。

办公用品通过统一规范的视觉符号，展现品牌形象，传递品牌理念。企业办公用品应该有统一规范的规格，以及鲜明、突出的品牌特色。比如，新加坡航空公司聘请法国高级时装设计师Pierre Balmain为空姐们设计制服，空姐们身着具有南洋特色的马来沙笼可芭雅服装为乘客提供服务，以此方式传播新航的品牌形象。

2. 办公设备传播品牌的策略

（1）办公设备视觉设计应与品牌定位相一致。

办公设备的视觉设计应从品牌定位出发，不仅要符合目标消费者的审美标准，还要展示品牌形象，达到强调和突出品牌识别系统、方便消费者的识别和记忆等目的。与品牌口号"开着卡车去长跑"相契合，德邦物流位于上海的办公场所的设计主题一度为"奔驰的货车"，希望打造一个高效舒适的现代化办公环境，体现物流企业便捷、快速、准时的递送服务的形象。而它的办公空间统一选用了企业形象色（蓝色和橙色），寓意员工怀抱激情的工作态度和高效的办公效率，地面和天花板设计为高速公路的快慢车道，从左到右分别写有代表车速的文字，寓意德邦快速安全送达货品的承诺。

（2）让消费者参与办公设备的设计。

通过鼓励消费者参与品牌办公设备的设计能够制造热点新闻，提高品牌知名度，增强消费者与品牌的亲密关系，减少距离感。譬如，东航在2009年面向全球征集"世博号"飞机喷涂设计作品并邀请网民投票甄选，参与网络投票的网友将有机会免费体验东航提供的世博服务。该活动人气火爆，共吸引35万多人参与投票，借助活动余热，东航还顺势推出适合旅客到上海看世博会的超级经济舱、超级联运、预售产品三大系列产品。品牌案例7.4介绍了通过自动售卖机的设计来发挥品牌传播功能的几个典型的智能营销范例。

品牌案例7.4　　　　　　　　与品牌互动的新方式——贩卖机

1. 可口可乐拥抱贩卖机

2012年4月，可口可乐拥抱贩卖机的促销活动出现在新加坡国立大学校园，这一活动旨在传播欢乐，减少学生考试压力。一个拥抱，一罐可乐，基于幸福能够蔓延，可口可乐设计了独特的拥抱贩卖机活动，用创新的方式去传递幸福与快乐。你需要做的只是去给可口可乐的贩卖机一个拥抱，接受它的爱，然后获得一罐免费的可乐。这项有趣的活动同时在网上产生了巨大反响。仅仅一天，一些网络社交平台，如Facebook、Twitter

和博客就出现了数以万计的关于"可口可乐拥抱贩卖机"的视频和图片，讨论接踵而至。同时，鉴于"可口可乐拥抱贩卖机"在新加坡的热烈反响，此项活动后来推广到整个亚洲，希望带给更多消费者类似的欢乐与幸福体验。

2. BOS：推文贩卖机

2012年6月，南非饮料公司BOS推出了世界上第一台用推文支付的自动贩卖机"BEV"。这台贩卖机位于南非开普敦Wembley广场，机身顶端有LED显示屏幕，显示想要得到饮料需推文的内容"#BOSTWEET4T"，以及推文者的Twitter账号名称，并为消费者倒数饮料送出的时间。只要站在贩卖机前发一条活动推文，你就可以免费获得BOS冰茶一瓶。

3. Rugbeer啤酒贩卖机

2012年6月，阿根廷的啤酒厂商Cerveza Salta推出一台必须用身体去狠狠撞击才能出啤酒的"Rugbeer啤酒贩卖机"。当地人人都疯橄榄球，这台贩卖机结合了"橄榄球"与"啤酒"，贩卖机上配有一个力度测量计，让买啤酒喝成为一种有趣的体验，在扩大消费者对啤酒品牌的认知度和积极态度的同时，大大提升了啤酒的销量。

4. 互动式贩卖机"Delite-o-matic"

2012年7月，澳大利亚零食制造商Fantastic为了宣传旗下Delites薯片而专门打造的互动式贩卖机"Delite-o-matic"具有几分"逗你玩"的戏弄气氛。只要按照屏幕提示完成它规定的动作，就可以得到一包免费的Delites薯片。比如，这台淘气的贩卖机可能会让你按上5000次按钮，让你跳一段舞，甚至会蛮不讲理地要你大庭广众下对它跪拜。结果发现，很多消费者真的按照指示，完成规定的动作，Fantastic将这个有趣的街头实验拍成这一段3分多钟视频放在网上，引来市场对品牌的关注。

资料来源：詹少青. 四个靠自动贩卖机创意营销的企业品牌[OL]. http://www.socialbeta.com/articles/delite-o-matic-fun-ad-campaign.html

三、自媒体传播品牌

（一）自媒体的含义

自媒体分为广义自媒体与狭义自媒体两种。狭义自媒体是指以单个的个体作为新闻制造主体而进行内容创造的，而且拥有独立用户号的媒体。2003年7月，谢因·波曼与克里斯·威理斯两位美国人明确提出了"We Media"这一概念，中文翻译过来就是"自媒体"，并对其进行了非常严谨的定义。至此，"自媒体"这一概念正式地进入大众的视野。可见，狭义的"自媒体"很大程度上是特指互联网技术环境下的新型媒体。中国以互联网为背景的自媒体发展迄今经历了四个阶段。第一个阶段是自媒体初显阶段，它以BBS为主要媒介。

第二个阶段是自媒体的雏形阶段，主要以博客、个人网站、微博为代表。第三个阶段是自媒体意识觉醒时代，主要是以微信公众平台、搜狐新闻客户端等为代表。第四个阶段是2015年至今，直播、短视频等形式成为自媒体内容创业新热点。但是由于自媒体的诞生至今也不过十多年，这四个阶段其实同时存在，只不过现阶段微博、微信公众平台、直播、短视频成为了自媒体的核心或主体，其他的自媒体显得相对弱小。

广义自媒体是指除传统意义上的新闻媒体（作为观察者和传播者而存在）之外的所有"自我言说"者。可见，广义自媒体不单单指作为创作新闻资讯的个人，还包括创作新闻资讯的群体（如企业等）；也不单单指互联网背景下的新媒体，还包括传统媒体。本教材采用广义自媒体视角。

（二）企业内刊自媒体

1. 企业内刊自媒体的内涵

企业内刊是企业自办的供内部员工和外部特定利益相关者群体阅读的沟通和推广工具。一方面，它能为企业内部员工的沟通提供平台，增进企业凝聚力；另一方面，它能加强品牌与外部受众的沟通，提升品牌的知名度和美誉度，有助于树立良好企业形象。企业内刊自媒体在传播品牌方面，一般分为以下几种类型或模式。

（1）内部导向型。

内部导向型企业内刊是内部员工的交流平台。它关注的焦点是企业内部的人和事，其主要职能在于记录企业发展历程中的重大事件、传达领导精神。它对企业高层经营管理思路的上下贯通，各部门员工在工作、思想、文化等方面的信息交流，起到积极作用。在中国，绝大多数大型央企的内刊属于内部导向型模式。中国央企具有业务范围广、规模大、员工数量多且地理分布广等特点，企业内刊有效地发挥了企业内部信息的沟通分享的作用，能够起到增强企业凝聚力的目标。

（2）内外导向兼顾型。

这一类型具体又细分为两种。一是"一刊两职，兼顾内外"。即企业内刊既提供内部交流平台，肩负着对内凝聚员工的职责；也承担着对外展示企业形象的作用。目前，国内企业的内刊多为这种形式，是企业内外沟通的纽带和桥梁。二是"内外分离，各司其职"。即企业将刊物的对内、对外两种职能分离开来，同时出版对内和对外两种刊物。这时应注意保证两份刊物的定位清晰，有针对性地刊发品牌信息。

（3）外部导向型。

这类企业内刊以客户、股东、媒体、消费者、经销商、政府部门、金融机构以及其他与品牌有关联的目标群体为对象，重在发挥对外传播品牌形象的功能。它从多方面展示品牌的核心理念、文化价值观、企业发展现状等，比如刊登企业人才队伍、研发力量建设情况、科研项目或投资动向情况、报道企业进行的社会活动或产品信息等。

2. 企业内刊自媒体传播品牌的策略

企业内刊是品牌能够完全控制的传播媒体，对内能够面向员工传播品牌理念，对外能够传播积极的品牌形象。以下是企业内刊自媒体传播品牌的一般性策略。

（1）定位清晰，内外分明。

企业内刊是品牌文化的载体，承担着向企业内、外部群体进行品牌传播的职能。品牌经营管理者应该根据企业优劣势，明确内刊的目标受众和传播目标，在此基础上对内刊的传播内容进行科学定位和精心策划。比如，可以根据目标顾客群的定位，针对不同顾客群体，传播内容各有不同的侧重点，这样就为不同的顾客群体提供了个性化的资讯服务。

（2）内容凸显企业个性。

企业内刊应重点选择有助于凸显品牌形象，与品牌定位相符的内容进行刊登。企业内刊要注重体现或表现企业的文化与精神内涵，注重品牌个性的宣传，使内刊成为品牌的名片。内刊应该选取反映品牌核心经营理念、社会责任、团队风采、主流文化等方面的内容，使内刊具有亲和力、沟通力和传播力，使员工和消费者能够通过内刊更加深入地理解企业品牌的精神和文化。

（3）线下线上两刊整合，提高企业内刊影响力。

企业需要根据自身发展阶段，适时推出网络版企业内刊（线上刊），并与纸质内刊（线下刊）进行资源整合。纸质版内刊发布专业的和深度的信息，网络版内刊则采用论坛、在线服务、俱乐部等形式加强与目标受众的互动。《万科》周刊在网上开设了电子周刊，内容除纸质刊物各期内容外，开设了财经报道栏目，反映当前经济发展中的热点问题，其中王石ONLINE、经济人俱乐部、笑谈股经、周刊茶座等网上论坛受到较高的关注，以此扩大了内刊的读者群体（参见品牌案例7.5）。

品牌案例7.5　　　　　　　　　　司刊《万科》

万科是中国房地产行业中的明星，其主办的企业刊物《万科》是集团的名片，在扩大万科知名度方面功不可没。在构筑万科的品牌无形资产方面，内刊《万科》能够向员工传达万科品牌的核心理念和企业文化，向消费者展现企业品牌形象。司刊《万科》有三个主要的成功秘诀：实质性内容、逻辑性策划、面向消费者的经营理念。

第一，《万科》通过独家稿源构筑起实实在在的内容优势。《万科》刊发的文章的撰稿人往往是社会各界的知名人士，包括经济学家、企业家、专栏作家等。比如，经济学家茅于轼、《第一财经日报》总编辑秦朔等，都曾在《万科》内刊上发表过文章。《万科》内刊每期都精心选题和统稿，期刊上的文章被转载频率较高。美国《时代》周刊就曾经转载过《万科》内刊上关于中国经济形势的文章。又如《万科》第572期，主题为"文化的可能"，讲述了西安这座文化之都的故事。编者用"大唐的复兴，文化的可能"来概括对西安的文化认同，这一专题收录了张五常、茅于轼、葛剑雄、周振鹤、杨早等近20位学者谈西安的文章，可以说，它是一本"西安文化地图"。

第二，《万科》刊发的内容具有逻辑性、连贯性。每期《万科》司刊均围绕一个主题展开讨论，这些主题虽然从万科出发，但不局限于万科这个圈子，也会总结探讨经营管理的实践经验和国家宏观政策导向。比如，《万科》刊登过的经济学家张五常撰写的

《市场竞争与土地价值》一文，此文从经济学的角度阐述了土地价值的理论。又如，《万科》刊登过地理史学家葛剑雄的《真实的盛唐气象究竟如何》一文，此文有理有据地展示了真实的唐朝。

第三，《万科》形成了面向消费者的经营理念。虽然它是万科集团的内刊，但却不仅只是坐井观天，局限于企业内部事务。在阅读《万科》内刊时，消费者很难察觉这是一本企业内刊。因为它鲜有直接针对万科的品牌宣传，而是将万科的理念融入精彩的文字之中，让读者通过阅读仔细品味与思考，最终认同万科的文化。

资料来源：
陆新之，万科周刊的成功在何处[OL]. luxinzhi.blog.techweb.com.cn.2007

（三）官方网站自媒体

1. 官方网站自媒体的内涵

消费者浏览品牌的官方网站时会接触到各种信息，这些信息可能会激发浏览者积极或消极的联想，并将其附加到品牌上。例如，宝马就成功通过网站激发浏览者的积极情感。在宝马官方网站中，消费者可以按他们的喜爱对宝马汽车进行装配，设计出定制化的个人汽车。宝马网站还展示宝马近三十年来的汽车艺术，并在线销售相关主题产品。官方网站为宝马的粉丝提供了与宝马亲密接触的机会。在浏览网站的过程中，他们已经潜移默化地将积极的情感转移到宝马这个品牌上。官方网站作为自媒体传播品牌具有以下主要方式。

（1）基本信息型网站。

基本信息型网站的功能定位于发布品牌信息，以介绍品牌的基本信息，帮助树立品牌形象为主要目的。这些信息可能是消费者关心的产品方面的信息（如规格、外形、使用演示等）；也可能是企业方面的信息（如企业规模、企业文化、企业新闻等）；还可能是消费者方面的信息（如常见问题解答、意见建议等）。这类网站若能够吸引消费者对品牌的关注，将有助于提升品牌知名度，维持与消费者之间的长期关系，并增加线下交易的机会。

（2）综合门户型网站。

综合性企业网站整合了各种信息系统的功能，可以为企业的雇员、消费者、合作伙伴和供应商提供目的极为明确的服务，并兼具品牌形象宣传、产品展示等传播功能。例如，联想集团的网站是中国企业门户网站中的优秀网站，联想集团网站在突出在线销售功能的同时也注重品牌的塑造。它在网站首页突出品牌名称和标识，其中包括在线商城、公司概况、产品动态、参观联想等内容。

（3）主题宣传型网站。

主题宣传型网站是为了配合品牌的主题营销活动而建立起来的互动平台。比如，每当百事可乐发起一项宣传主题时就会建立专门设计的网站，发布活动主题、活动视频、线上游戏等吸引顾客参与互动的信息或应用。百事的这类网站不仅能提高主题营销活动的效果，还能表现其百事品牌年轻、时尚的形象定位。

2. 官方网站传播品牌的策略

（1）明确导入品牌形象。

品牌网站应在视觉上与品牌识别系统相吻合，在内容上与品牌文化、品牌理念和品牌精神相吻合，营造与目标消费者形象相符的空间。可口可乐公司中国网站的品牌标识、色彩、标准字形等都围绕可口可乐品牌识别系统来设计，网站的鲜艳色和可口可乐独享的字体很容易让网民过目不忘。此外，可口可乐还在官方网站上展示可口可乐品牌的发展沿革、员工形象、公益活动等，这些都展示了品牌的积极形象。

（2）注重美感及趣味性。

为了让消费者在浏览过程中产生积极的情感，品牌官方网站应该通过丰富的信息提高生动性，提供视听方面的多重感官体验。能够提供生动活泼、丰富链接和信息资源的品牌官方网站，更容易使浏览者对品牌本身产生积极的情感。但在提供丰富内容的同时，要注意对信息进行分层，使消费者通过点击三个以内的链接就能准确定位他们所需要的内容。

（3）鼓励并方便消费者的参与。

品牌官方网站应该鼓励用户参与互动，给他们提供一个良好的互动体验。例如，2008年，麦当劳的 Happymeal.com 网站与动画版《星球大战》合作，为孩子们提供飞往遥远星球的虚拟体验。他们在网站上注册并登录依据《星球大战》原型创建的虚拟世界，然后使用麦当劳欢乐套餐包装盒上提供的号码即可参与《星球大战》的虚拟游戏。参与游戏的过程中，孩子们将把有趣、好玩变成对麦当劳的品牌记忆在大脑中储存下来，不自觉地增加对品牌的好感。

（四）社会化自媒体

1. 社会化自媒体的内涵

社会化自媒体是指借助移动互联网技术，在品牌与消费者之间实现即时的、双向沟通的平台。只要在微博、抖音、快手等社会化媒体上注册一个账号，品牌便可以像人一样展现魅力，建立自己的社交圈，达到传播品牌信息，塑造品牌资产的效果。社会化自媒体传播品牌一般有以下几种方式。

（1）网络百科全书。

网络百科全书是允许用户自己增加、移除和改变文本信息内容的平台，以维基百科、百度百科为代表。网络百科全书是消费者获取品牌信息，形成品牌认知的重要渠道。

（2）博客。

品牌通过注册自己的账号与其他博客用户互动，发起与品牌相关的活动能够起到提高品牌知名度，塑造积极品牌形象的目的。2012年3月，江西省旅游局启动"博动江西—风景独好"的活动，从腾讯、新浪、搜狐网站中选出拥有上百万粉丝的作家、摄影家、旅行家奔赴赣东北、赣西、赣中南，对当地旅游景点进行实地体验，将其见闻以图片和文字的形式上传到博客当中。借助意见领袖的影响力，这次活动对提升江西旅游品牌知名度，取得了很好的效果。以腾讯为例，在活动发起的一个月内，博客文图总访问量近千万，总用户量达 800 多万，微博广播 12976 条，"博动江西—风景独好"话题共 162676 条。

（3）内容社区。

内容社区是用户分享信息的平台，以豆瓣网、Flicker、YouTube、土豆、优酷、SlideShare等为代表。内容社区可以作为传播品牌的媒介。成都为宣传城市品牌，以"快城市慢生活"为特色拍摄旅游宣传片"闲不下来的休闲成都"，并投放到优酷、土豆等视频网站。该片从第三者角度，集中展示了武侯祠、都江堰、大熊猫、川菜美食、成都老茶馆等一系列具有成都韵味的景点，向社会宣传成都旅游品牌，使成都成为许多人向往的旅游目的地。

（4）社交网络。

社交网络是用户与朋友分享生活体验的平台，以 Facebook、微信等为代表。在社交网络中，品牌借助消费者的社交圈扩大信息传播的范围。比如，美国的一家花店，开发了一款 Facebook 的应用"Gimme Love"，为用户提供向朋友发送虚拟花束的功能，也可以直接连接到公司网站给朋友送上真正的鲜花。

（5）虚拟游戏。

虚拟游戏是让用户在虚拟环境下体验真实生活场景的应用。品牌可以通过开发专属的虚拟游戏让用户进行品牌体验，传播品牌信息。例如，奶制品品牌雅士利2011年携手腾讯打造"体验好奶源，玩转新西兰"品牌定制化的社交游戏。用户可以在虚拟的雅士利新西兰牧场亲自体验种植无污染牧草、饲养健康奶牛和进行奶制品加工的过程，从而感受雅士利出品的奶制品具有的严格而高品质的生产工艺。

2. 社会化媒体传播品牌的策略

品牌应通过策划与品牌相关的热点事件接触目标受众，与他们进行持续的互动。品牌经营管理者在激发一个语境后，要整合和发布具有关联性、吸引人们关注和讨论的内容，鼓励用户通过阅读、评论和分享内容与品牌建立联系，并进而形成围绕品牌的网络社群。

（1）巧用免费模式。

消费者喜欢获得赠品。品牌的社会化媒体传播策略可以利用这一点来鼓励消费者的关注、参与和转发，在扩大品牌知名度方面具有非常好的效果。比如，麦当劳通过即时通信应用开展免费获赠 200 万杯饮料的病毒传播活动，得到用户的积极参与，提供了良好品牌体验。又比如，立顿绿茶的免费派送活动受到欢迎，只要你在立顿的活动官方网站填写你想送茶的朋友姓名、地址、电话，立顿将会在上班期间免费送达。在社会化媒体上，这样的免费模式比比皆是。当消费者的兴趣被调动起来后，营销者也需要把握好活动的推广范围，礼品的数量。否则有可能无法控制用户情绪，带来许多负面的口碑传播。譬如星巴克、汉堡王这两家公司，曾利用其 Twitter 官方 ID 发出一些促销、优惠活动，用户疯狂转发活动的 Tweets，最终主办方不得不增加活动的优惠量，延长活动时间。

（2）抓住意见领袖。

网络没有绝对的权威，但有意见领袖。意见领袖在自己的社交圈中具有较高的人气和话语权，其观点对特定消费群体有重要影响。因此，品牌若能让意见领袖们为自己说话，则更容易获取消费者的关注、信任甚至共鸣。譬如，2009 年美国福特嘉年华希望改变它在年轻消费者心中的品牌形象，发起一项全国竞赛并从中选择 100 名司机获得试驾新车 6 个月的机会，这些司机被要求每月都参加品牌活动，并在 Fiesta Movement.com 之中分享他们的博客和驾驶体验。福特借助 100 名司机与消费者互动，对品牌信息进行二次传播，收效甚佳。

（3）优秀的内容。

在海量的信息中，品牌必须言之有物，要通过优秀的内容让消费者感觉自己是一个善意有趣、能够提供有用信息的朋友。在社会化媒体中，品牌要针对目标消费者，创造符合他们需求、与其生活或精神状态相匹配的内容，使他们能够产生情感共鸣，自发地对品牌信息进行二次传播，通过转帖在其社交圈内对品牌进行分享或推荐。譬如，凯迪拉克微电影《66 号公路》通过男女主人翁驾驶着凯迪拉克 SRX 穿越美国极具文化内涵和标志性的 66 号公路，将忠于自由、回归真我的浪漫之旅和凯迪拉克自由、开拓、梦想的品牌精神融合在一起。让人在体验男女主角追求自由、实现真我的情感时，不自觉地接受了广告的说服，并且会点动鼠标分享，成为品牌传播者。又比如，万豪国际酒店的董事长和 CEO Bill Marriott 会在微博上定期更新各种他考察世界各国万豪酒店分店中遇到的故事，分享自己的旅行经历，与消费者形成情感共鸣。

（4）鼓励参与。

进行社会化自媒体传播时，品牌必须想方设法激发消费者参与的积极性，帮助同类消费者组织网络社群，并协助加强社群成员、社群与品牌之间的联系与归属感。例如，2012 年，海飞丝为了宣传男士专用洗护发系列新品，将产品线强调的"快速、持久、深入"的理念与篮球游戏结合，针对社交网络上年轻 NBA 球迷，采用游戏设计思路，开发了名为"海飞丝实力训练营"的应用。用户可以邀请好友组建自己的球队，不同队伍相互比拼获得实力值，累计的分值能获得相应的奖励。为鼓励参与，海飞丝还设计了一套训练手册，里面涉及 NBA 篮球球队和海飞丝的相关知识，用户通过答题检测也可以获取相应分值，并通过分值来兑换篮球装备。该应用推出一段时间后，有 6 名用户被选出，与海飞丝男士产品系列代言人彭于晏一同前往美国观看比赛，并在微博上及时上传行程动态。"实力训练营"中还包括一套实力宣言的训练手册，里边包括 NBA 篮球球队和海飞丝的相关知识，学习完之后，用户可以通过答题检测来获取分值。用户可以用获取的分值来兑换篮球装备。最终，还会有 6 名用户被选出，与海飞丝男士产品线的代言人彭于晏前往美国一同观看比赛，而他们每一天的行程，也都会在微博上进行相应的传播，在深入产品理念的同时提升了海飞丝男士的品牌形象。

---------------------------------【 本章小结 】---------------------------------

1. 终端渠道因直接与消费者接触，其终端形象、分销密度、终端促销活力等都影响品牌无形资产。

2. 品牌的终端渠道决策包括：采用密集的还是稀缺的终端；终端的形象设计与氛围；终端的适时更新；是否需要创建自主终端等。

3. 品牌传播组合是实现品牌传播增值和保值的有效渠道，它包括非媒体、自媒体和大众媒体传播。非媒体是指本身并非具有第三方独立媒体的身份，但具有传播品牌信息功能或作用的载体。自媒体指那些具有媒体性质且品牌管理者对其具有完全自主权的信息载体。大众媒体指具有大众传播作用，但公司对它们并不拥有自主权，需要进行购买或租用从而进行信息发布的媒体。本书重点讲解非媒体和自媒体的传播品牌策略。

4. 产品包装是品牌直接展示给消费者的第一印象，它具有在流通过程中保护产品、方便储运、促进销售的作用。产品包装进行品牌传播要根据品牌定位和视觉识别系统，统一视觉形象、体现品牌精神、与品牌活动关联呼应、展现品牌个性。

5. 企业家进行品牌传播是企业家在塑造个人品牌的基础上，通过在消费者心目中建立个人与企业品牌之间的联系，从而扩大企业或产品品牌的知名度、美誉度的过程。企业家品牌传播要以塑造企业品牌为战略目标，为个人品牌定位并提高公众曝光率。

6. 企业员工形象是消费者综合内外特征对企业员工形成的整体性认识。品牌管理者应做到员工内部品牌化、帮助员工建立个人品牌、在传播活动中实现员工个人品牌和企业品牌的互动，从而发挥员工在传播品牌中的重要作用。

7. 办公设备包括办公场所和办公用品。办公设备设计应与品牌定位相一致，让消费者参与办公设备的设计有利于品牌传播。

8. 企业内刊是企业自办的供内部员工和外部特定受众群体阅读的沟通和推广工具，企业内刊在传播品牌时应定位明确、内外分明、凸显企业个性并在企业内刊的纸质版与网络版之间实现互补。

9. 企业官方网站进行品牌传播要明确导入品牌形象、符合审美标准和具有趣味性以及鼓励消费者参与互动。

10. 社会化自媒体是一个基于移动互联网技术，能够在用户与用户之间、用户与系统之间实现互动的平台，它包括网络百科全书、博客、内容社区、社交网络网站、虚拟世界等。社会化自媒体在进行品牌传播时要巧用免费模式、抓住意见领袖、发布优秀内容、鼓励消费者参与。

---------------------------【术语（中英文对照）】---------------------------

---------------------------【即测即练】---------------------------

------【思考与讨论】------

1. 品牌终端渠道决策的主要内容有哪些？
2. 将品牌传播分为自媒体、非媒体、大众媒体三大传播组合有何创新意义？请以一个中国市场上的知名品牌为例，来加以阐释说明。
3. 收集非媒体传播方面中国市场上 3 个左右的品牌案例，分析其对创建品牌无形资产的战略价值。
4. 收集自媒体传播方面中国市场上 3 个左右的品牌案例，分析其对创造品牌无形资产的战略价值。

------【实战模拟】------

案例讨论

1. 利用本章自媒体传播有关理论，并查找相关文献，分析并列举出杜蕾斯自媒体传播战略的特色。
2. 试结合杜蕾斯的产品特点，分析杜蕾斯的品牌传播战略方面的创新性。

第八章
品牌杠杆战略

假如给我一个支点，我将撬起整个地球！

——阿基米德

学习目的

学习本章之后，读者将对以下品牌问题有更清晰、准确和透彻的理解：
- 什么是品牌杠杆？
- 品牌杠杆运作的机制是怎样的？
- 如何发挥国家或地区的杠杆作用？
- 如何发挥品牌代言人的杠杆作用？
- 如何发挥赞助事件的杠杆作用？
- 如何发挥联盟品牌的杠杆作用？
- 实施品牌杠杆战略的企业会获得哪些市场优势？

本章案例

- 吉利汽车：品牌并购助力汽车梦
- 借汉城奥运会，韩国泡菜"一炮走红"
- 杜蕾斯：从单牌自嗨到多牌狂欢

开篇案例　　　　　　　吉利汽车：品牌并购助力汽车梦

吉利汽车控股集团（Geely Automobile Holding Group）是以汽车及汽车零部件生产经营为主的大型民营企业，由浙江台州民营企业家李书福于1986年创办。自吉利1997年进入汽车制造领域以来，它以低价、规模量产优势和不断创新，快速成长为中国经济型轿车的主力品牌，连续八年进入中国汽车行业十强。

吉利汽车的经营路线一直以经济型为主，以"低价"进军汽车市场，并一直在本土发展，并没有走向世界。2007年，吉利汽车推动转型计划，制定新的战略：从原先经济型为主开始转向以技术创新为主，将原来的"造老百姓买得起的好车"的战略，改变成"造最安全、最节能、最环保的好车"的战略。2009年吉利汽车曾尝试多品牌战略，推出"帝豪、全球鹰和英伦"三大品牌，期望于2015年实现150万辆的庞大梦想。但由于品牌资产的匮乏，吉利最终在国内市场将多个品牌回归到"吉利"一个品牌的战略。

但吉利最终在全球市场走出了成功的多品牌之路。这要得益于其全球品牌并购战略。吉利先是购入英国出租车公司锰铜超过50%的股份；后又收购澳大利亚知名汽车变速箱制造商DSI。全球并购最有影响力的案例是2010年吉利以18亿美元收购福特旗下的沃尔沃轿车。2017年5月，吉利与马来西亚DRB集团签署协议，将收购DRB旗下宝腾控股49.9%的股份，以及英国豪华跑车品牌莲花集团51%的股份。

1. 吉利收购澳洲DSI

澳大利亚DSI变速器公司（Drivetrain System International Holding Pty. Ltd.）是一家集研发、设计、制造于一体的全球第二大变速箱公司，具有深厚的技术积累与经验传承。受2008年世界金融危机的影响，致使其资金链断裂、破产。2009年吉利收购后改变了它的商业模式，DSI由一个独立变速箱公司变成吉利集团内部的自动变速器公司，订单得到保障。同时通过收购DSI，吉利取得自动变速器的先进技术。这对吉利作为汽车制造商的整体技术水准的提升，具有关键性的作用。

2. 吉利并购沃尔沃

2010年3月28日，吉利以18亿美元获得沃尔沃轿车公司100%的股权以及相关资产（包括知识产权）。拥有之前收购澳洲DSI公司的成功经验，吉利为了让自主品牌跃上国际市场，通过收购沃尔沃取得关键技术，这是吉利迈向全球化进程的重要步骤。2010年，吉利以18亿美元收购福特旗下沃尔沃轿车，付出价格仅约当年福特收购价的三分之一，从福特获取包含沃尔沃轿车100%股权、商标权、零组件、研发、关键技术、人才及相关的资产（知识产权）等。这一重大收购事件，是吉利汽车迈向高档次汽车细分市场的重大突破。收购高端市场知名品牌沃尔沃轿车，吉利不但在高端汽车开发技术上得到升级，并且整体品牌的市场能见度（Salience）得到大幅提升。

吉利收购沃尔沃获得的不仅仅是技术、专利等知识产权和制造设施，还获得了沃尔沃轿车在全球的经销渠道。该项海外并购案的成功，为吉利自主品牌实现技术跨越，推动自主创新起到了推动作用。

凭借这笔收购，吉利不仅与沃尔沃搭建了 CMA 平台，还从沃尔沃那里得到了技术和设计方面的支持，弥补了自主品牌在设计方面的短板。首先让吉利尝到甜头的就是吉利博瑞和博越的成功。自称"最美中国车"的吉利博瑞一经上市就得到了消费者的好评，其最吸引消费者的就在于博瑞的外观。而这一切都来源于被并购品牌沃尔沃的设计经验。后来，吉利再次推出博越作为吉利在 SUV 市场的一枚棋子，如今也稳居月销量排行榜的前十名。而被收购后的沃尔沃品牌本身也有出色的表现，2016 年第一季度数据显示，沃尔沃总部实现盈利 31 亿瑞典克朗（折合人民币约 24.7 亿元），利润率达 7.5%。

3. 吉利收购英国锰铜

2013 年 2 月，吉利控股集团对外宣布以 1104 万英镑收购英国锰铜控股的 100% 伦敦出租车的业务与核心资产，伦敦的百年出租车品牌归新东家"吉利"所有。在吉利的精心打造下，这款经典出租车起死回生，于当年 9 月份全面恢复生产。伦敦出租车不仅是伦敦引以为荣的城市名片，也是英国运输业的象征和经典文化符号之一。古典韵味的英伦范出租车，是伦敦大街上一道独特的风景线，它和白金汉宫、大本钟、塔桥等著名景点一起组成了伦敦的标志。除英国外，伦敦出租车已经在全世界 40 多个城市使用。

2013 年吉利集团完全收购英国锰铜控股旗下核心的伦敦出租车业务及资产，并将其更名为伦敦出租车有限公司。收购完成后，吉利的重心是将锰铜控股（伦敦出租车有限公司）现有产品和新产品的生产、销售以及售后服务恢复到托管之前的水平（包括继续在锰铜控股考文垂工厂进行 TX4 车型的组装）。吉利收购英国锰铜公司，造就双赢局面。一方面，它为锰铜公司带来了快速发展，获得了低成本的零件和广阔的市场前景；另一方面，吉利获得了锰铜的百年经验和优秀的品牌资产，吉利公司在国际化道路上又取得实质性进展。

4. 吉利并购宝腾莲花

2017 年 5 月 24 日，浙江吉利控股集团（以下简称"吉利集团"）与马来西亚 DRB-HICOM 集团（以下简称"DRB"）签署协议。吉利集团将收购 DRB 旗下宝腾控股（PROTON Holding）49.9% 的股份以及英国豪华跑车品牌莲花集团（Lotus Group）51% 的股份，吉利集团将成为宝腾汽车的独家外资战略合作伙伴。

宝腾汽车建于 1983 年，一度在马来西亚汽车市场占有 1/2 的份额。但后来宝腾汽车受到廉价进口车的挤压，市场份额开始下滑严重，2016 年全年销量仅为 72290 辆，加上自身缺乏产品和技术，滑向艰难处境。此时，宝腾汽车开始在全球范围内寻找跨国合作伙伴。

吉利此时看到了机会。宝腾作为马来西亚最大的汽车生产制造商，一旦被吉利收入囊中，吉利便可凭借此优势以极低关税进驻东南亚这个巨大市场。这不仅仅是为吉利汽车进军东南亚打开了大门，也是中国自主品牌"走出去"的一大机遇。

其次，被并购企业宝腾拥有莲花汽车的控股权，这对正在寻求"向上"突破的吉利汽车具有很大的诱惑。通过并购宝腾而拥有莲花的控股权，吉利便可复制当年通过收购沃尔沃获得成功的经验，在性能跑车领域获得一方高地。不仅如此，莲花作为复合材料和轻量化设计方面的市场领导者，被吉利所看重。将这些性能优势运用到吉利品牌旗下的车型上，这让吉利汽车在品牌形象和产品力方面又上了一个新台阶。同时，吉利对于东南亚市场的规划可以借助宝腾汽车来实现，而销量长期处在低迷的宝腾汽车可以通过此次合作得到吉利的资金支持，脱离资金链困扰之后，再次活跃在马来西亚市场。

迄今，吉利通过并购拥有了四个国际品牌。它使吉利汽车在汽车关键部件（DSI变速器）、高档车（沃尔沃）、出租车（锰铜）、跑车（莲花）等细分产品上，布局国际一流品牌。这些被并购品牌，从不同方面，将自身的正面资产转移到吉利汽车品牌上，从而不知不觉地提升了吉利汽车在全球市场消费者心目中的形象。

资料来源：
苏友珊. 吉利汽车的全球并购[J]. 清华管理评论，2016（7）：106-116.

吉利并购一系列国际汽车品牌的案例向我们表明，具有积极形象的被并购品牌，只要管理得当，能够将其积累的无形资产转移给并购品牌，从而增进并购品牌的无形资产。这就是品牌杠杆的功能。本章重点阐述品牌杠杆战略，它是指公司如何从各种外部实体借力，将外部实体的正面形象和联想，转移给品牌，从而提升品牌无形资产[①]。

第一节 品牌杠杆的内涵与意义

一、品牌杠杆的内涵和理论依据

1. 品牌杠杆的内涵

古希腊科学家阿基米德的千古名言"假如给我一个支点，我就能把地球挪动！"充分反映了品牌杠杆战略对于打造品牌无形资产的重要价值。对于品牌来说，如果能找到一个好的支点，有效借助外部资源，就可以事半功倍地创建起强势品牌。例如，1984年至1999年之间，耐克与国际篮球球星迈克尔·乔丹两度签约，乔丹出任耐克的品牌代言人，将耐克从一家"挫败的、内部士气低落的二流制造企业"，提升为与索尼、可口可乐等齐名的全球知名品牌。在此，耐克公司借助品牌代言人"乔丹"这个恰当的支点，成功地提升了品牌形象。

---

① 有关品牌杠杆这一新的品牌战略理念的进一步论述，请参考本书作者的另一本著作：王海忠. 品牌杠杆——赢得品牌领导的资源整合战略[M]. 北京：人民邮电出版社，2009.

品牌杠杆是指通过整合品牌的外部资源，以达到借力、省力来创建品牌资产的效果，它是品牌战略的新模式。传统的品牌资产创建模式主要依赖公司内部资源，坚持内部导向，而品牌杠杆战略通过与外部实体建立联系，将人们对外部实体的积极态度、印象、评价等转移到品牌上来以增强品牌实力。因此，品牌杠杆可以通俗地称为"借势"或"借力"的战略。

2. 品牌杠杆的理论依据

品牌杠杆理论最初源于国际品牌权威学者凯勒于 2003 年的一篇回顾性研究论文，但他并未将这一理论系统化。本书作者、品牌战略管理学者王海忠教授在其专著《品牌杠杆：赢得品牌领导的资源整合战略》中首次系统构建了品牌杠杆的框架。品牌杠杆的作用机制建立在四大理论基础之上。

（1）信息源可信度理论。

信息源是指信息传播的起点。信息源可信度（Source credibility）是指信息发出的源头（人或物）在人们心目中所具有的专业性、客观性、可靠性等方面的感知。信息源可信度对信息是否被接受有很大的影响。而信息源可信度的两大重要维度是专有能力与诚信。凯勒和阿克证实了专有能力和诚信影响消费者对延伸产品的评价，且专有能力具有更大的正面影响效应。品牌的来源国、品牌所属的公司、品牌的零售终端等都是品牌是否可信的信息源，它们都是品牌可以借助的重要杠杆。

（2）情感迁移模型。

情感迁移模型（Affect transfer model）认为，消费者会将对外部实体的情感转移到品牌上来。外部实体的情感转移有两条路径。第一条路径：直接迁移。当外部实体与品牌之间关联度很紧密时，直接迁移模式发挥作用。例如，当外部实体是延伸品牌的母品牌时，消费者对延伸品牌的态度就可能通过直接迁移模式发挥作用。第二条路径：间接迁移。多数情形下，外部实体的态度和情感并不能直接转移到品牌上来。因为这种转移要受到外部实体与品牌之间匹配度的影响。当外部实体与品牌之间匹配度高时，消费者对外部实体的好感能顺利地迁移到品牌上；当外部实体与品牌之间匹配度低时，消费者对实体的好感不能顺利迁移到品牌上来。

（3）认知一致理论。

认知一致理论（Cognitive consistency theories）认为，人的信念或态度如果与其观点或行为发生矛盾，就会倾向于自我调整，以达到或恢复认知上的相符、一致状态。20 世纪 50 年代就产生的认知一致性理论至今仍有很大影响力。该理论认为，人对周围的人、事物会产生相同或相异态度，这些态度原本是相互独立的。

认知一致理论有助于解释品牌与外部实体之间的杠杆作用机制。当品牌与外部实体相联时，如果外部实体的形象、个性、态度与品牌不一致，很可能的结果就是改变品牌的形象、个性、态度，这就会使品牌形象、个性变得模糊，最终稀释品牌资产。例如，当吉利汽车并购沃尔沃汽车品牌之后，欧美国家的消费者一开始会认为，吉利和沃尔沃之间的品牌形象是不一致的，担心沃尔沃品牌的无形资产会受到稀释。但是，营销者的任务是要通过科学的策略规划，来改变消费者的这种认知。吉利创始人李书福发表"吉利是吉利，沃尔沃是沃尔沃"的并购承诺，力求使沃尔沃继续维持其高端、安全的品牌形象。但正如本章开篇案例所展示的，吉利汽车通过这种并购，在消费者心目中潜移默化地提升了其创建的吉利汽车品牌的档次和形象。

（4）分类理论。

分类理论（Categorization model）认为，当人们注意到一个新成员时，会在已有类别知识基础上推断新成员未知的特质。人们判断一个客体是否是一个类别的成员要经历两个阶段。第一步是把新客体与现有类别相匹配。如果匹配成功，与类别相联系的情感就会转移到新客体上去，评价过程就完成了。如果新客体和现有类别之间匹配性较差，精细加工就被唤醒，消费者会将新客体的特征与现有类别的特征进行一对一比较，根据特征对类别的不同重要性程度，采用加权求和的计算方式来决定新客体与现有类别相似的程度，从而决定情感迁移的多少。这就是第二步。

在品牌杠杆情形下，当消费者最初接触到外部实体时，如果外部实体与品牌明显匹配，则可以借用这些实体的情感、联想来强化现有品牌的联想。如果匹配度较差，消费者则会根据实体与品牌的相似程度，进行进一步精细加工，决定是否进行情感迁移。

二、品牌杠杆的作用条件

品牌杠杆效应如何才能产生？消费者对外部实体的认知、感觉、想法、态度、体验等优质资产如何才能转移到品牌上来？外部实体的资产要转移给品牌，需要具备三个条件。

1. 实体的知名度和影响力

首先，品牌所要借力的外部实体必须是消费者所熟悉的。如果消费者不熟悉或不了解该实体，该实体即使拥有无形资产也无法转移到品牌上来。理想的外部实体具有的特征有：①消费者熟悉该实体；②消费者对该实体具有强烈的、正面的、独特的联想，对该实体持有正面判断和感觉。例如，奥运会是全球知名度最高、影响力最大的体育品牌盛会。赞助奥运会，品牌可以从中借用其声誉和影响力，增进品牌自身的无形资产。例如，自1988年汉城奥运会以来，三星品牌一直通过赞助奥运会来提升其品牌的国际地位。今天，三星品牌已进入全球最有价值品牌的前列。但对于某些特殊行业的品牌而言，奥运会也许并非是值得资助的最佳体育赛事。例如，法拉利跑车更愿意赞助 F1 国际赛事比赛；阿迪达斯更热衷赞助世界杯足球赛……因为这些赛事与他们的品牌关联性更强，赞助能激起消费者更强烈的、更独特的品牌联想。

2. 实体的相关性和寓意丰富性

实体不仅要能启发正面的联想、判断、感觉，还要与消费者相关，且寓意丰富。例如，很多品牌在聘请代言人时，往往只注重代言人的名气，不注重代言人在个性、气质上是否与品牌相匹配。如果代言人与品牌之间的关联性很弱，那么代言人的正面资产就无法转移到品牌上来；相反，还可能遭到消费者的负面评价。例如，2003 年 8 月，西班牙足球甲级联赛著名球队皇家马德里俱乐部来华。在国内媒体大炒"皇马中国之行"的时候，各大公司纷纷邀请皇马的巨星为其品牌代言拍广告片。其中，金嗓子喉宝重金邀请了有"外星人"之称的足球球星罗纳尔多担任品牌形象代言人，并用不到一小时的时间匆匆打造了一支罗纳尔多主演的广告片。9月上旬，金嗓子的新广告片开始在央视等媒体大规模投放，金嗓子喉宝原来的户外广告也被相继换成罗纳尔多的头像。电视广告一播出，就在消费者中间引起了巨大的负面反响。足球巨星的足球天赋、技术与嗓子之间缺少内在关联，广告画面上罗纳尔多右手生硬地拿着一盒金嗓子喉宝，脸上笑容僵持又莫名其妙。这样，消费者很难把足球与金嗓子喉宝联系在一起。

3. 实体知识的可转移性

外部实体本身已建立起寓意丰富的联想、判断、感觉，这些联想、判断、感觉在多大程度上能够转移到品牌上来呢？理论上看，任何品牌知识都可以从实体转移给品牌。但通常来说，象征性的联想、感觉等比功能性的效用、属性更容易转移到品牌上来。实体所拥有的特定知识可能和品牌不相关，或者和实体联系过于紧密而难以转移到品牌上来。例如，美国以生产工程机械和矿山设备而闻名的卡特匹勒（Caterpilliar）推出CAT品牌的工装皮鞋和服装时，获得了意外的成功。原来，公司母品牌卡特匹勒建立了能应对最恶劣环境的品质形象，而CAT皮鞋和服装也正需要以耐磨、防水、安全舒适为基础确立品牌调性，母品牌的知识就这样转移到延伸品牌上来。1994年CAT在美国一上市，立即受到蓝领工人群体的喜爱，1995年底就实现全球销量320万双（批发价值1.4亿美元）。后来，CAT不只是受到工人群体的喜爱，大批年轻消费群也非常喜爱。在中国香港，刘德华、杜德伟等影视明星也成为CAT的粉丝；在美国，前总统小布什2004年参加总统大选期间，也专门穿了一批CAT经典工装鞋。时至今日，CAT鞋帽和服装生意的年销售收入已超过10亿美元。

▶ 三、品牌杠杆组合框架

品牌可以借力的外部实体主要可分为八种（如图8-1所示）。这八种外部实体又分为两大类型。

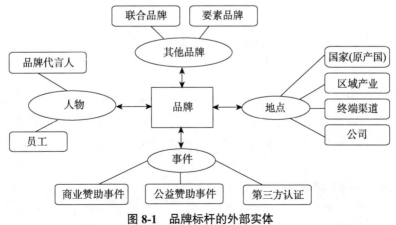

图 8-1　品牌标杆的外部实体

资料来源：Keller（2003）；王海忠（2009）

1. 作为品牌来源渠道的外部实体

以下四种外部实体反映了品牌的来源渠道（Source）。这些"源头"影响品牌资产，品牌需要从中"借力"。

第一，公司。产品品牌如何与公司层面的品牌形象建立联系或共享。公司层品牌能够启发共同的产品属性、利益、价值观等方面的联想，为旗下所有的产品品牌增加资产。上述卡特匹勒母品牌的形象确实为其 CAT 品牌的工装鞋、帽等转移了品牌核心资产。

第二，终端渠道。终端与品牌形象匹配会增进品牌资产；否则会稀释品牌资产。

第三，区域产业。某一地理区域因特定产业上的集聚，形成区域品牌。区域品牌在特定产业上具有强烈的品牌影响力或声誉，产业内单个企业则可从区域产品的品牌资产中获益。

第四，原产国。产品原产于或来源于哪个国家会影响国际市场消费者的品牌感知。国家形象积极正面，其品牌在世界市场也能借势热销。相反，负面或消极的原产国形象，会严重限制其品牌的营销。政府可以通过常规营销活动，或在关键时刻，通过公关事件营销，有效提升"××制造"的形象。

2. 作为相关人物、事件、物体的外部实体

与品牌相关的事件（体育、文化、慈善公益等）、人物（品牌代言人等）、物体（第三方认证等）、其他品牌（合作品牌等），也可以借力给品牌，弥补品牌所缺少的认知度、形象，使品牌创建具有"事半功倍"之效。

第一，赞助事件。具有正面形象的体育、文化、公益等事件，品牌通过科学的赞助营销，从中借力有助于创建品牌资产。

第二，联盟品牌。通过联盟其他品牌，或租赁获得其他品牌的授权，或并购其他品牌等等方式，主品牌均可以从联盟品牌借力，将联盟品牌的优质资产转移到主品牌上来。

第三，品牌代言人。好的品牌代言人可以将"名气"和"印象"借给品牌，提高品牌认知，强化积极联想。但品牌代言人选择不当，也会让品牌形象受损。

第四，第三方认证。通过获得权威的、中立的第三方认证，品牌可以获得有说服力的背书，从而增强在消费者心目中的正面联想和影响力。

第二节 国家与区域杠杆

世界上，一些国家总是与积极形象联系在一起，而另一些国家却负面形象缠身，还有的国家存在模糊不清或自相矛盾的形象。让一个国家（或地区）的积极形象转移给公司或产品品牌，这对于品牌在国际市场的营销具有重大意义。

一、国家的杠杆作用

国家形象是人们对该国各地区、各方面所持有的信念和印象的总和，它代表了人们心目中与某国联结在一起的大量信息片断和联想记忆的总和。消费者将产品与其原产国联系在一起，并由此产生情感价值，我们称之为"国家品牌资产（Country equity）"。

在国际市场，国家作为原产国，其品牌形象影响消费者的品牌评价和购买。国家品牌形象形成一个固定的模式，并左右着人们对该国产品的好恶。在国内市场，国家对品牌的作用表现在如何影响国内消费者的"国货意识"。国货意识简而言之就是消费者对国产货的信念、态度、情感。

产品品牌都带有国籍标签，因为品牌总是有一个出生、生长的地方。例如，索尼总部即使搬到美国之后，国际市场的消费者仍然认为它源自日本，它是日本品牌。市场上的绝大多数品牌都存在一个特定的原产国，原产国本身的形象影响品牌评价和购买。

1. 国家形象影响消费者的品牌购买行为

产品原产国形象，如同价格、品牌名、包装等信息一样，是一种重要的外在线索，影响消费者的品牌购买行为。当国际市场上的消费者缺少内在线索（如使用的材料、功能等）时，或者消费者对内在线索的处理能力有限时，产品原产国这种外在线索的影响尤其明显。如果某个国家，长期向市场传播、灌输某种形象，消费者就会对该国形成某种固有的思维模式，且这种思维模式短期内难以改变。Peterson 和 Jolibert 发现，国家形象能够解释产品品质评价的 30%；能够解释产品购买意向的 19%。

2. 国家形象是一种刻板思维定式

受一国地理、历史、艺术、音乐、精英人物等多方面因素的长期影响，人们对某国如果一旦形成了固有的负面印象，即使该国出产的产品或服务的质量有了实质改进之后，短期内，国际市场上的消费者仍然沿用那套刻板的思维定式来认识或评判该国出产的产品。可见，国家形象和产品形象的改变要落后于事实本身。例如，来自发达国家的产品总是被认为质量优于来自发展中国家的产品；相反，发展中国家出产的产品却常常引起消费者的怀疑，因为这些国家的国家品牌资产低。本书作者针对 2001 年的中国家电市场的调查研究发现，虽然当时中国的国产家电品牌在国内市场的占有率已远远超过了外国品牌，但中国消费者对外国家电品牌的质量评价仍然高于国产品牌。可见，对国家的固有印象是一种极端简化的刻板思维方式，并非完全客观真实。

3. 国家形象存在产品类别的差异

一项调查表明，全球消费者最喜欢的"日本制造"是：汽车（73%）、音响设备（72%）、照相机（72%），而最不喜欢的"日本制造"是：电影和音乐（40%）、奢侈品（36%）、动画片（35%）。人们总是把某国与特定的产品类别联系在一起。例如，法国香水、意大利时装、德国汽车、瑞士钟表等。这些固有形象反复地、强有力地与某些地区联系在一起，给消费者形成一套刻板的印象。

▶ 二、提升国家品牌形象的国际营销战略

虽然一国负面形象对国际市场上的消费者具有持续消极影响，且短期内难以改变。但

政府仍可以主动地实施科学的营销战略，打造所期望的国家形象。一旦消费者把某些产品与某个国家联系在一起，并建立起积极印象，国家品牌形象对企业或产品品牌就会发挥背书作用，国家品牌的无形资产就表现出来了。

本书着重从"中国制造"角度讨论国家品牌形象或国家形象。所谓"中国制造"的国际形象是指中国作为国际市场产品或服务的供给方，在满足全球消费者的物质需求和精神享乐需求方面的能力、品行等给人形成的认知、感觉等的总和。国家品牌无形资产的结果表现为一国经济及其产业、企业产品的国际知名度、美誉度、国际市场溢价。

以下是在国际上提升中国制造视角的国家品牌形象的几条基本原则。

1. 把握关键时刻，加大力度推广国家品牌形象

在关键时刻推广、提升国家品牌形象，将起到事半功倍之效。如何把握关键时刻？国家建立领先科技、产业经济、军事等起"硬实力"之后，提升国家品牌"软形象"就显得尤为迫切。此时，争取承办国际知名的经济、体育、文化等方面的盛事，并在这些重大事件中推广国家品牌形象就能起到事半功倍的效果。例如，韩国政府以1988年汉城奥运会为契机，把泡菜作为韩国文化推销给了世界各地，进而一鼓作气掌握了泡菜的国际标准（见品牌案例8.1）。不要小看一包泡菜，掌握国际标准也就意味着在国际市场上，泡菜是否符合市场规范、是否可以进出口贸易就得按韩国制定的标准来判断。更重要的是，泡菜是东方饮食文化的代表之一，韩国掌握泡菜的国际标准也意味着韩国是东方饮食文化的重要代表。

品牌案例8.1　　　　　借汉城奥运会，韩国泡菜"一炮走红"

今天一说到泡菜，世界各地的人们首先想到的是韩国泡菜。虽然韩国泡菜有很长历史，但真正确立其泡菜国际地位却始于1988年汉城奥运会。韩国政府在奥运会期间大打统一的"韩国牌"泡菜，把泡菜推销给了111个参赛的国家和地区。

1988年汉城奥运会之前，韩国泡菜不过是家家必备的家常小菜。欧美消费者对之却躲闪不及（因为不习惯其味道），更别提什么国际影响力了。一切转变始于1988年汉城奥运会。就是在这次奥运会上，韩国泡菜产业界以统一的"韩国牌"泡菜一炮打响，而这，又是经过精心准备的。

韩国有识之士认为，奥运会是推广韩国传统文化的绝好机会。于是，政府通过各种渠道把泡菜这种韩国饮食文化加以推广。奥运会期间，政府出资在奥运会各大比赛场馆周围和汉城（今首尔）最热闹的市中心张贴关于泡菜的五颜六色的海报宣传，并设立了许多小摊，免费让各国游客和观众品尝韩国泡菜。很多商家也配合活动进行促销。正是1988年汉城奥运会期间的泡菜推广，韩国泡菜此后开始风行世界各地。

这之后，每年在韩国首都首尔举办泡菜节。1996年国际奥委会正式将泡菜列入运动员的菜单里，使泡菜得到了世界的认可。2004年韩国泡菜还参加了东京博览会等国际性推广活动。同一年，韩国还牵头起草了有关泡菜的国际标准并获国际食品法典委员会（简称 CAC）通过。进入 20 世纪 90 年代以来，韩国泡菜的年产值始终保持着 25%~30% 的增长速度，韩国泡菜一半以上销往日本，其余销往欧美各地。

资料来源：
1. 根据《广州日报》2008 年 3 月 30 日"韩国泡菜跻身'奥运菜谱'"整理而成。
2. 王海忠. 品牌杠杆——赢得品牌领导的资源整合战略[M]. 北京：人民邮电出版社，2009.

2. 制定常规性营销计划，将国家品牌形象推广列入中央政府的工作日程

要打造国家品牌，设立国家品牌形象推广的常规性机构，它负责制定、执行相应的国际营销规划。国家品牌营销规划系统一般包括三个基本问题：谁来营销？营销什么？向谁营销？

（1）谁来营销。

在国家品牌营销中，政府（公共部门）、商业公司、民间组织（协会，联盟会）、居民共同构成了品牌营销的主体。他们的协调合作对打造国家品牌形象起到增效的作用。其中，政府在国家品牌营销中居于主导地位。企业在国家品牌形象的建立过程中具有主体地位。而公众则是国家品牌形象工作的参与者、受益者，演艺明星、体育明星、科学家、政治家等社会公众人物是营销国家（或地区）品牌的关键人物，他们因其高知名度，常常用来代言或代表国家品牌。

（2）营销什么。

国家品牌营销的客体有很多，包括地区环境（投资环境、旅游环境、人居环境等）、公共产品或基础设施（土地、水、矿藏等，城市基础设施等）、企业产品、人物、历史与文化等。"中国制造"角度的国家品牌形象，其客体就是中国供应给国际市场的产品、服务等。

（3）向谁营销。

国家品牌营销的目的众多，如吸引国际旅游、投资、定居，或促进对外贸易。因此，它的目标顾客群体一般有以下几类。其一，商务游客。包括商业会议代表、贸易展等。要打造商务旅游高端形象，需要具备良好的城市基础设施、接待业服务质量、政府政务管理、商务环境等。其二，休闲旅游。包括休闲、游憩、旅游等方面的游客。要打造休闲旅游高端形象，需要在天然旅游资源、城市环境、客户个性化服务等方面具备相应条件。其三，居民和雇员。技术专才、外来定居者是该国或地区持续繁荣的重要条件。为此，需要在生活条件、经济发展与就业机会、基础设施、教育质素、文化氛围、消费成本等方面具备相应要求。其四，投资者。

3. 培育声望品牌并发挥其示范作用

目前，世界市场的高档消费群已被欧美知名品牌占据，因而国际消费者对发达国家产品存在心理上的偏袒。因此，后起国家的企业产品要想有所作为，需要找准切入点，好钢用在刀刃上。常见做法是通过对个别有竞争优势的行业或企业加以重点扶持，从中打造出国际一流企业，这些企业在国际市场获得的正面反响，会溢出给整个国家的产业，以此提升国家品牌形象。比如，韩国政府刻意扶持大企业集团，三星、现代、LG、大宇等才得以在不长的时间内走向全球，成为国际知名企业；同时，这些少数几家韩国大企业集团也帮助韩国提升了"韩国制造"的整体形象。此外，特定的企业也需要采用好钢用在刀刃上的策略，通过打造标志性的产品品牌来提升整个公司的品质形象。例如，丰田汽车通过打造声望品牌雷克萨斯的战略，结果大大提升了整个丰田集团的汽车制造形象。

关于如何利用声望品牌来引导人们扭转对整个国家制造的产品的负面刻板印象，有学者研究发现，国家可以在对外传播策略中，有效引导国际消费者启用合适的心理加工方式来实现（详见品牌前沿 9.1）。从这一经验看来，中国政府需要扶持少数几家企业，让它们成为真正的世界名牌。这些代表性的中国企业又需要着力打造一个高档品牌。这样中国拥有了几个真正成功的全球知名品牌之后，就能提升整个"中国制造"的形象。一味强调中国企业"物美价廉"，既是不符合科学原理，又无助于提升中国品牌的国际形象。

品牌前沿 8.1　　提升新兴国家制造的国际形象：如何撬动世界冠军品牌的力量

新兴国家涌现了个别与传统负面原产国刻板印象不一致的世界冠军。例如，中国华为已经连续多年荣登 Interbrand 全球品牌价值百强榜。新兴国家如何巧妙利用涌现出的这些个别的杰出品牌的积极形象，来引导国际市场改变对整个国家制造的负面刻板印象呢？中国学者团队持续多年的研究发现，可以通过引导国际市场消费者（如欧美消费者）对这些数量虽然极少但确实是世界冠军品牌的积极线索进行合适的心理加工，就可以让世界冠军品牌对新兴国家的"××制造"形象产生"星火燎原"的带动效应，最终提升整个"××制造"的正面形象。

1. 亚群化心理加工有助于提升整个国家制造的正面形象

有中国学者研究发现，当人们看到新兴国家出现与传统负面印象极不一致的世界冠军品牌时，有可能采取两种心理加工模式。一种叫亚型化（Sub-typing）加工。此时，人们把这类世界冠军品牌归于一个独立的子类别，视之为新兴国家的"例外""另类"，因而，将其与刻板认知一致的新兴国家区分开来。而另一种心理加工模式叫作亚群化（Sub-grouping）加工。此时，人们将所有与刻板印象一致、不一致的成员作为一个整体，按照相似点和相异点来做尽可能多的分组。消费行为学者采取了实验诱导的方法。在诱导人们采取亚型化心理加工时，研究人员要求实验参与者把呈现的刺激线索（包括某个知名品牌的正面线索）分成两类，"请您根据每个品牌与整个品牌集合的匹配性，将整个品牌集合划分为两大组"。在诱导亚群化心理加工时，研究人员引导实验参与者把线索分成尽可能多的组别，"请您根据品牌之间的相似性和相异性，将整个品牌集合划分出尽可能多的组别"。实验结果发现，当人们采取亚群化心理加工模式时，对来自新兴国家的世界冠军品牌和其他品牌根据相似性标准细分为更详尽的组别，从而对这个新兴国家的整个制造形象的评价提高了，进而发生了品牌原产国负面刻板印象的逆转。

2. 局部心理加工有助于提升整个国家制造的正面形象

与上述研究相近，另一个研究小组发现，当诱导消费者对新兴国家具有正面形象的产品进行整体心理加工模式（Global processing mindset）时，消费者产品评价时会产生负面原产国效应；但当诱导消费者采用局部心理加工模式（Local processing mindset）时，消费者产品评价时的负面原产国效应削弱。应用于具体的营销情境，当研究者们呈现给消费者的产品采用利益分类方式时（如同诱导整体心理加工模式），负面原产国效应产生了；但当呈现给消费者的产品采用属性分类方式时（如同诱导局部心理加工模式），负面原产国效应得到削弱。

资料来源：
1. 江红艳，王海忠，陈增祥. 心理加工模式对品牌原产国刻板印象逆转的影响[J]. 中山大学学报，2013（3）.
2. 杨晨，王海忠，王静一. 树木还是森林——消费者思维模式对新兴国家负面原产国效应的影响机制研究[J]. 南开管理评论，2016（2）.

4. 政府要在采购和消费方面发挥表率作用

美国国防部和财政部常常采购比外国货价格高50%的美国国产货；英国限定政府在采购通信设备和电子计算机要向本国公司采购；日本一些省（部）规定，政府机构的办公设备、汽车、计算机、电缆、导线、机床等不得采购外国制造的产品。韩国高科技产业成功的经验在于，把扶持与发展本土高科技企业当成使命，纳入到国家和地方经济的评价体系。

一国的各级政府部门在办公用品采购方面优先惠顾国产货已成为世界通例，并不违背WTO原则。可见，政府有条件、有理由在购买国产货方面率先示范，用行动引导消费者偏爱国产货。政府还可以运用营销手段劝说公众偏爱国产货，支持民族经济。

在采购国产货、提升国家制造的国际形象方面，国家和政府领导人的表率作用尤其具有明显效果。2013年3月，中国国家主席习近平担任国家元首以来首次出访，到俄罗斯、南非、坦桑尼亚、刚果四国访问，国家主席夫人彭丽媛穿戴国产品牌服装，向各国赠送的国礼是国产品牌化妆品、刺绣等。这有助于对外表明我们对本国产品的信心，对外能有助于提升中国品牌的国际形象，对内有助于增强国内消费者消费国货的信念和信心。

三、区域产业的杠杆作用

将区域内的某个产业打造成为区域产业品牌，就能让区域内的每个企业从中受益，从而发挥区域产业的品牌杠杆作用。区域产业品牌是某区域内因某个特色产业的集聚而产生的市场声誉和影响力，是特定区域在特定产业的众多企业品牌基础上形成的整体产业形象。它表现为市场上的消费者对该区域特定产业的企业或产品品牌的整体评价和印象。区域产业表现为"区域+产业"的形式，例如"景德镇瓷器""顺德家电""巴黎香水"等等。区域产业品牌的形成以产业集聚为基础，又为产业内各企业或产品品牌的发展提供强大的保护伞。

1. 区域产业品牌的特征

（1）区域产业品牌的主权归属。

产品品牌、公司品牌是由企业自己创造并自主拥有的，在所有权上具有排他性。但是，区域产业品牌并非为特定的某个企业所有，而是由区域内多家企业共同拥有，是广大成员企业共同享有的品牌无形资产，是该地区特定产业的公共品牌，是区域内各企业开拓市场的共有平台。

（2）区域产业品牌的管理主体。

产品品牌、公司品牌的管理主体是创造并拥有品牌的企业。区域产业品牌的管理主体则更多是所在地方的政府或行业协会。政府在制定公共政策、保护知识产权、推动区域产业营销等方面具有不可替代的作用。行业协会在促进企业间合作、强化区域内部的企业自律、实现有序竞争、协调成员企业利益、代表企业与外部沟通等方面具有突出的作用。

（3）区域产业品牌具有"株连"效应。

区域产业品牌实质上是一种统一品牌，区域内所有成员企业及其所有产品都统一在该品牌名称之下。区域产业品牌表明了区域内该产业所有企业共同向市场上的购买者提供的价值、利益与承诺。区域产业品牌旗下的每个成员企业都能从区域产业品牌的声誉中获益。但是，每个成员企业的行为也会影响区域产业品牌的声誉。一旦个别企业的产品出现质量事故，市场可能对区域产业内所有企业产生负面印象，甚至抵制行为，最终破坏区域产业品牌的整体形象。这就是区域产业品牌的"株连"效应。为了维护区域产业品牌的无形资产，地方政府或行业协会必须对区域产业的整体生产、运作、质量、服务等实施标准化管理。金华火腿就是一个典型案例。拥有 1200 年历史的浙江金华火腿，可算是"活文物"了，享有"世界火腿之冠"的美誉。然而，据中央电视台报道，在浙江金华，专门有人收死猪、母猪、公猪来做火腿，特别是为了驱赶苍蝇，防止火腿生虫生蛆，金华火腿在炮制过程中竟大量使用敌敌畏，使"金华火腿"这张"名片"不再"纯白"。这一恶劣事件对整个金华地区的火腿产业的品牌声誉具有极其负面的影响，相当长时间内，金华地区没有一家火腿企业的产品能够重获市场的信任。

（4）区域产业品牌必须具备产业优势。

具有较高市场份额和影响力的产业集群是区域产业品牌形成的物质基础，离开这一基础，区域产业品牌就是空中楼阁。在实际购买中，顾客对区域产业品牌的联想是该区域内优势产业的核心竞争力。

2. 区域产业品牌的作用

（1）为单个企业提供品牌担保。

区域产业品牌是购买者对区域产业内部的所有产品的形象和价值的总体认知。这种认知的基本源泉是该区域产业在行业竞争中的地位、特性，说到底是该区域产业因集群优势而为购买者创造的价值。当特定区域的某一产业获得较大的竞争优势和较高的市场声誉以后，区域产业品牌就会成为某一产业的代名词。这时，区域产业品牌可以展示区域产业的专家形象，为区域内的企业提供品牌背书，成为企业产品的品质担保，赢得更多的市场认可，并为企业品牌的成长创造了区域差异化优势。

（2）为中小企业提供经济保护伞。

中小企业资金实力有限，难以用巨额资金投入广告以提高品牌影响力。区域产业品牌具有正向的外部效应，集群内的所有企业都能从区域产业共同的品牌声誉和形象中分享到无形收益。

（3）区域产业品牌的整合效应。

区域产业品牌作为本产业所有企业的共同资产，构成了集群中所有企业的"品牌伞"。一方面，集群内中小企业在区域产业品牌的大伞荫蔽下推出新产品，其市场开拓成本更低，风险更小。另一方面，以区域产业品牌为媒介可以实现对市场、客户、技术等资源的整合配置，推动企业结成营销联盟，形成柔性的品牌价值链，提升企业整体的市场竞争力。

▶ 四、打造区域产业品牌的营销战略

正因为区域产业品牌对区域内各企业的战略价值，打造区域产业品牌近年来受到越来越多的重视。政府或产业中介在打造区域产业品牌时，通常应该考虑实施以下战略。

1. 提高知识产权意识，把区域产业品牌注册成为集体商标

区域产业品牌属于区域内全体企业的共同资产，影响着所有企业的利益，需要加强保护。为此，地方政府或产业中介组织必须出面为区域产业申请注册集体商标，采取强有力的手段确保相关企业合法使用区域产业品牌，通过法律手段打击侵权行为。比如，"寿光蔬菜""澄海玩具""长白山人参"等集体商标均已注册。只有这样才具备推动本地区产业品牌发展的法律基础。

此外，对使用区域产业品牌的企业要进行严格的认证，保障区域产业品牌只归区域内认证过的企业使用。市场监督管理部门要通过原产地认证或者地理标志认证等手段，来维护区域产业品牌的合法权益。

2. 实施标准化工程，提升产品的整体质量

集群内中小企业数量多，技术、管理水平参差不齐，要切实维护区域产业品牌的声誉，就需要实施产品制造、包装、分级等方面的标准化工程，来维护和提升产品的整体质量水平。行业协会或者地方政府管理部门应该组织制定一系列的生产管理、质量控制、技术保障等标准化规则或流程，来规范企业的生产与经营行为，切实保证产品的整体质量，避免出现"株连"效应。

3. 推动产业升级，不断提升区域产业品牌的竞争优势

在经济全球化、国际性产业转移和产业升级的趋势下，世界上同一产业会出现多个区域产业品牌。但是，不同的区域产业品牌在产业层次上有很大差异。例如，法国卢瓦尔A区、意大利的马尔凯、西班牙的巴伦西亚和中国温州都在争夺世界"皮鞋之都"的声誉。但意大利、西班牙的皮鞋是高档品牌，温州皮鞋在世界范围内还只是中低档形象。要提升区域产业品牌形象，就必须在产业链条中获得更高的位置，通过产品创新、技术创新、商业模式创新、区域产业治理方式创新等手段，推动实现区域产业品牌从低端走向高端。

4. 努力提升公共服务水平，打造中小企业合作的平台

（1）建设企业共享的技术研发中心，为中小企业提供技术支持。产品创新和技术创新

是不断提高区域产业品牌声誉的根本保证。但是，由于单个企业在人才、资金和信息等方面实力有限，往往无力开展产品和技术创新。地方政府应当架起官、产、学、研之间合作的桥梁，出面建企业共享的技术研发中心，使科研成果通过研发中心向企业推广，形成支持每个企业发展的科技创新平台。

（2）组织成员企业共同开拓市场。单个企业资金实力有限，产品品种较少，在产品的市场推广方面力量薄弱。为了打造区域产业的共同影响力，行业协会可以以营销联盟的形式组织成员企业共同参加营销推广活动，如发布整体的产业形象广告、组团参加有关的产品交易会或博览会等，这样既可以形成统一的品牌形象，又能节约营销推广费用。

（3）集中采购或分销，增强议价能力。为了克服单个企业采购量小和产品品种少等劣势，在采购方面，行业协会可以把成员企业组织起来，建立企业采购信息库和采购中心，协会出面集中采购，提高与供应商的谈判地位；在销售方面，行业协会为成员企业建立统一的产品销售中心，形成统一的对外销售政策，增强与中间商的议价能力，同时还可以建立共同的产品专卖店或者连锁销售机构，节约开发市场的费用。

（4）加强对外沟通与协调，维护区域产业品牌声誉。一方面，由于地方政府和行业协会的联系面更广、影响力更大，因此通过地方政府或者行业协会开展与有关政府部门或其他机构的沟通与协调，可以为企业发展获得更多的支持；另一方面，由于区域产业品牌声誉与区域或城市形象、地方优势产业发展前景和地方经济发展环境等密切相关，因此，当发生区域产业品牌信誉危机时，政府和行业协会必须通过开展有效的公关活动，来消除对区域产业品牌不利的社会舆论、创造产业发展的良好环境，从而维护区域产业品牌的声誉。

第三节　代言人与赞助杠杆

上一节我们介绍了国家与地区作为杠杆为企业或产品品牌借力的含义、策略等。本节着重介绍代言人与赞助事件给企业或产品品牌带来的杠杆效应，以及应用和管理这些杠杆的策略。

一、品牌代言人的杠杆作用

名人（Celebrity）是指因其在自身领域所取得的成就而被公众所熟知和认可的公众人士，他们一般包括演员、运动员、政府官员、学者、商人等。品牌的名人代言（Celebrity endorser）是指品牌商以付费方式，利用公众中有高知名度和美誉度的名人，在广告中以消费者身份对某个品牌加以赞誉的营销战略。名人代言能够增进品牌资产。其一，名人代言可以提升品牌的认知度、显著度。名人为消费者所广泛熟悉和喜爱，他们代言某个品牌就能吸引消费者对此品牌的关注，这有助于迅速建立起品牌知名度，提升品牌显著度。其二，丰富品牌联想，提升品牌美誉度。当名人以消费者身份为品牌"说话"时，名人就和品牌联系在一起。通过代言，消费者会把对名人的相关感受、记忆、想像等转移到所代言的品牌上。因此，名人代言会把名人为人所知、为人所喜爱的个性、气质转移给品牌，丰富品牌联想，提升品牌美誉度。以上这两方面的共同作用，使得名人代言品牌能够提升品牌的无形资产。

不过，事物总有两面性。形象积极、正面的名人代言可以迅速扩大品牌知名度和提高美誉度。但名人一旦负面新闻缠身，品牌就会受到牵连，最终损害品牌资产。因此，理解、遵循名人代言品牌的基本原则就很重要。

1. 选择品牌代言人的基本原则

（1）关联原则。

名人必须在某一方面与所代言的品牌具有某种共同点，从而让消费者在名人和品牌之间容易建立关联。关联有助于使名人代言显得真实可信。迈克尔·乔丹是位杰出的篮球运动员，他为耐克品牌代言，大大提升了耐克品牌的无形资产。耐克 CEO 菲尔·耐特曾经说："在 60 秒内我们不可能解释太多，但只要乔丹一出现，什么解释都是多余的。"

（2）连贯性原则。

连贯性原则是指品牌在不同时代的代言人之间应该在个人形象、内涵、个性等方面存在契合性、连贯性。品牌代言人的形象契合性、连贯性有助于使品牌形象、内涵、个性也能前后连贯，这更有助于强化品牌的无形资产。例如，美国歌坛的兄妹迈克尔·杰克逊和珍妮·杰克逊先后都代言了百事可乐，他们在气质、个性特征上都代表了美国"新一代"消费者，都能体现百事可乐品牌渴望无限、独立、创新、进取的精神气质。

（3）匹配性原则。

匹配性原则是指品牌代言人与品牌本身在个性上的匹配度和一致性。品牌代言人与品牌在个性上匹配和一致就有助于将名人的名气与气质转移给品牌，从而提升品牌资产。例如，在移动通信的 2G 时代，周杰伦代言中国移动旗下的动感地带、葛优代言中国移动旗下的神州行，这两位代言人的个性与他们各自所代言的品牌的个性都十分吻合，因而对这两个通信服务品牌当时建立起来的牢固市场地位和品牌资产发挥了积极贡献。相反，如果明星个性与其所代言的品牌的个性不吻合，则代言人所反映的气质，难以转移到品牌上去，这就不利于提升品牌无形资产，反而还会损害品牌资产。例如，法国著名奢侈品牌香奈儿（Chanel）启用华人女歌手李玟担任亚洲区的品牌代言人，就惹来了中国香港上流社会消费者的不满。多年来香奈儿品牌从珠宝到服装几乎成了高贵的淑女形象的代名词。香奈尔品牌代表了"高贵、优雅"，而李玟的个性则是"活力、性感、大胆"，两者在个性、形象等方面都不吻合。李玟代言香奈儿的广告推出之后，有人甚至怀疑香奈儿品牌是不是要改走大众路线。

（4）对接原则。

明星在不同消费者群体心目中的魅力是存在差异的。品牌的代言人的人口统计特征（年龄等）、心理个性特征等方面，要与品牌瞄准的核心目标消费群具有一致性，对他们有号召力。这就是对接原则。

（5）品牌为主的原则。

品牌为主的原则是指名人在广告中要突出品牌，以品牌为核心，而不是以代言人为中心。要达到好的传播效果，把名人融入品牌之中才是上策。但市场上常见的品牌广告现象却是镜头在代言人身上聚焦的时间远远长于品牌，代言人在广告中的光芒掩盖住了品牌。其结果是，消费者看完广告之后，只记住了名人，却不记得品牌。这样的名人代言品牌，让名人把风头占尽了，而代言的品牌在广告中却备受冷落。

（6）避免"一女多嫁"原则。

名人广告长久以来存在"一女多嫁"的问题，即一个明星同时为几个品牌作商业代言。此时，这个名人就有可能承担传递多个不同的，有时甚至是相互矛盾的品牌价值观或主题。其结果，这会使被代言的品牌之间互相削弱，从而模糊、淡化品牌形象。这样的品牌商业代言就失去了独特性。

（7）本土化原则。

尽管全球市场正在趋向一体化，但品牌经营管理者在广告代言人方面，却倾向于选择对本土市场的消费者具有亲和力的当地名人。这有助于培养当地消费者对品牌的情感认同。例如，百事可乐为开辟中国市场时，就相继邀请张国荣、刘德华、郭富城、王菲、陈慧琳等为百事代言，他们也成为"百事巨星"。这些巨星们在音乐演唱方面中西合璧的风采、魅力，让百事可乐既彰显其国际品牌形象，又收获了中国市场的销售业绩。

（8）多渠道名人代言原则。

品牌聘请名人代言时，最常使用的名人来自演艺界和体育界。除此之外，品牌还可以根据自身所处的产业和品牌个性，拓宽代言人的来源渠道，除了使用演艺、体育等领域的名人代言之外，还可以聘请来自政界、学术界、企业界、舆论界等的名人代言。

2. 品牌代言人的管理

品牌代言人对品牌资产有加法效应，也有减法效应。因而，管理品牌代言人的策略变得十分重要。以下是管理品牌代言人的几点通行做法。

（1）对品牌代言人进行整合营销规划。

很多代言人只在广告片中出现短暂的几秒钟时间，便再也没有为品牌做任何宣传推广活动。品牌经理人应该为品牌代言人制定相应的长期规划，将代言人运用于品牌的整合营销活动之中，最大化发挥代言人对品牌资产的贡献。除广告之外，代言人还应该在品牌公关、事件营销、包装、促销甚至终端推广活动发挥作用。多传播渠道使用同一代言人，能够在代言人与品牌之间建立关联，促进代言人的无形资产最大程度地转移给品牌。

（2）对品牌代言人进行适时的更换、更新。

为防止消费者"审美疲劳"，也防止品牌代言人的"老化"，公司需要适时为品牌更换或更新品牌代言人。更换品牌代言人时，需要坚持如上所述的连贯性原则，新的代言人要在形象、气质、个性等方面，与原有的品牌代言人保持整体上的一致性。一般而言，公司在推出新产品、产品新包装、产品新配方、新营销策略等情形下，均可能会更新品牌代言人。相对于更新品牌名、标识、标语等等品牌元素，更新品牌代言人可能相对更为频繁。

（3）品牌代言人的危机预警与管理。

明星是一群长期生活在镁光灯下的特殊人群，强大的曝光率决定了他们代言的品牌很可能突然面临意料之外的负面新闻或丑闻。因此，品牌经理人应该建立一套防范品牌代言人危机的预警机制，尤其要防范涉及明星道德方面的危机。精心计划的品牌代言人危机预警管理，便于在代言人出现危机时，品牌能快速做出科学应对，将可能带来的负面影响最小化。

▶ 二、品牌赞助事件的杠杆作用

1. 赞助营销的内涵

赞助营销是指企业或品牌通过资助某些公益性、慈善性、娱乐性、大众性的社会活动和文化活动，来让企业或品牌曝光，从而宣传、塑造企业或品牌的形象，促进产品或服务、观念等的销售。一般来讲，赞助营销兼容了公共关系和销售促进两类营销策略的目的或用意。近年来，越来越多的中国企业或品牌热衷于赞助营销活动。除了赞助体育赛事之外，企业还赞助文化教育、慈善公益等活动。

赞助营销对品牌产生短期和长期两方面的效果。短期效果体现在赞助营销活动带来的社会对企业或品牌的关注度、品牌知名度、品牌销售量。但很多赞助营销活动并不能在短期内收效，企业或品牌声誉需要长期积累。总的来说，赞助营销的效果体现以下三方面。

（1）提高企业声誉。

在公司丑闻不断的当今社会，公众不断呼唤良好企业公民的出现。因此，赞助营销有助于改善企业或品牌声誉。据分析，企业赞助奥运会对提高品牌声誉的效应是普通商业广告的3~10倍。韩国三星1997年以4000万美元首次成为奥运会全球合作伙伴，其后品牌价值一年增长近20亿美元，从那以后，三星品牌赞助了历届奥运会，而且每一届都是奥运会的全球合作伙伴。

（2）吸引雇员。

参与赞助活动不仅能为企业树立良好公司公民形象，还能向现有员工或潜在雇员传达一个积极信号，即：自己所在的企业是负责任的、可以信赖的。这一点可以增强员工对公司的认同感。据美国Cone/Roper的企业公民调查发现，熟悉公司公益事业项目的员工，超过88%的人对企业表现出"强烈的忠诚"；53%的员工之所以选择为目前的公司工作，部分原因在于看重公司对各种公益事业的承诺。

（3）促进销售。

消费者的公益意识也在不断提高，他们在决定购买或向其他人推荐某种产品时，会考虑选择那些对社会公益事业做出了贡献的公司。所以，赞助活动有利于提高公司产品或服务的销售业绩。

2. 品牌赞助营销的原则

如何才能提高赞助营销对品牌资产的贡献？在此提出提升赞助营销效果的四大原则。

（1）门当户对。

第一个基本原则就是要找到与公司或品牌的核心价值相匹配的赞助对象。品牌经理人只有找到在核心价值上，与品牌一致或匹配的赞助对象，赞助营销活动才能发挥强化品牌形象、增加品牌资产的作用。为此，品牌经理人在寻找、遴选、评估品牌的赞助对象时，可以参考是否满足三个条件。其一，赞助对象要有足够高的品质形象或品味标准；其二，赞助对象要与品牌拥有相似的精神内核；其三，赞助对象与品牌之间的关系可以通过赞助得到强化。例如，阿迪达斯始终将赞助奥运会作为其重要战略，最终奥运与体育成为阿迪达斯的品牌 DNA。据不完全统计，从 1920 年诞生一直到现在，阿迪达斯几乎从来没有错过赞助奥运。

（2）聚焦目标市场。

赞助作为一种营销活动，它有自己的目标市场。品牌的目标市场必须和赞助活动的目标受众一致。例如，雅芳化妆品品牌在全球范围内成立了抗乳腺癌基金会，为 30 岁以上患有乳腺癌的中年女性提供资助。这里，雅芳的主要客户群是 30 岁以上的中年女性；雅芳的独立销售代表也多属于这个年龄段。这些女性很清楚乳腺癌对自己以及所有女性的潜在威胁。雅芳全球范围内的抗乳腺癌赞助活动深得其潜在目标顾客群和独立销售代表的好评，这一赞助营销既体现了公司的社会责任，又激励了自己的销售代表，还扩大了品牌在目标顾客中的影响力和销售量。无疑，雅芳赞助抗乳腺癌基金会提升了雅芳品牌资产。

（3）整合营销。

要让赞助营销对品牌贡献最大价值，企业就必须充分利用赞助，开发出更多与消费者沟通、互动的机会。因为赞助给了企业营销开发权（Marketing rights），最大程度地利用这些权利才能给品牌带来最大回报。具体而言，赞助营销活动需要综合实现四方面的目标：吸引顾客广泛参与、吸引员工积极参与、高强度媒体覆盖、促销执行落地。

（4）平衡赢利性和公益性。

企业一方面有追逐利润的本性；另一方面作为社会公民，企业也有履行社会责任的义务。理想的赞助营销活动要既能为企业创造经济价值，又能实现社会公益。哈佛商学院战略管理权威学者迈克尔·波特教授称赞雀巢公司对印度小型种植户的扶持活动，认为这种公益活动和企业价值创造很好地结合起来，达到了赢利性和公益性的战略平衡。1962 年，雀巢进入印度市场，经政府审批后在莫加（Moga）北部建立了奶牛场。针对莫加当时的落后状况，雀巢在每个镇都建立了配备冷藏设备的牛奶站，派车上门向农户收购鲜奶。随车而至的还有兽医、营养师、农艺专家和奶品质量保证专家等。他们及时为患病奶牛治病和补充营养。雀巢公司还每月为当地养牛农户举行培训。针对奶牛饮食条件差的状况，公司还为农户提供资金和技术以改进养殖条件。雀巢公司"扶贫帮困"活动既帮助了印度当地的农户，又确保了自己获得稳定高质的奶源。公司刚进入时，莫加地区只有 180 家农户为其供奶，到后来供奶户已超过 7.5 万家；雀巢有了稳定而优质的牛奶供应。同时，农户的牛犊死亡率下降了 75%，牛奶产量提高了 50 倍。然而，当今很多品牌的赞助营销活动，要么太过于商业性、盈利性，失去了赞助的社会责任担当；要么完全与公司业务和发展战略严重脱节，赞助带有随意性，难以长期可持续。这两种情形都会使赞助难以为继。

第四节　品牌联盟杠杆

品牌联盟已成为公司的重大品牌战略。我们需要了解品牌联盟的主要形式，以及通过品牌联盟提高品牌资产的主要战略。

一、品牌联盟的形式

品牌联盟是指两个或两个以上的品牌进行商业合作的一种方式，并在合作过程中将所有参与合作的品牌名字都被保留下来。市场上品牌联盟的形式多种多样，主要存在四种品牌联盟形式。

1. 联合促销

联合促销是两个或多个品牌一起投入某种促销或广告活动。联合促销提高了双方品牌的销量，扩大了双方品牌的宣传推广范围。这种品牌联盟属于参与度最低和价值增值度最低的品牌联盟形式。

2. 商业联盟

商业联盟主要是两个品牌在营销的地理或服务内容范围上的相互联合。很多世界顶尖航空公司签约寰宇一家（One world）或星空联盟（Star Alliance）。这样的联盟使各家航空公司的客户可以在联盟内的所有航班之间签转，提高了联盟内部的上座率和利润，也提高了乘客飞乘服务的便利性、满意感、忠诚度。

3. 品牌合作营销

品牌合作营销是把两个或更多品牌融入同一个营销活动中，从而说服消费者这种产品具有独特的品牌属性，以扩大产品推广力度，增加销售，并最终为参加品牌合作营销的企业增加品牌价值。品牌合作营销一般是中长期商业安排，有别于联合促销的短期特征。

4. 合资企业

品牌联盟的极端是合资企业，它是指双方或多方品牌共同创造一个全新的产品/服务。合资企业对参与各方的品牌核心资源能力等有形或无形资产的匹配性提出了更高要求。合作双方或多方希望从合资企业中追求更高层次的价值创造。

二、品牌联盟的收益

品牌联盟可以借用对方品牌的知名度、形象、记忆等为自身服务，消除或弱化消费者心头对自身品牌可能存在的疑虑，使消费者对自身产品的品质增加信任感。品牌联盟能实现品牌之间优势互补与资源共享。品牌案例 8.2 记载了 2017 年感恩节杜蕾斯品牌和一系列品牌的合作营销，使这个在公开场合谈起来略显尴尬的品牌，撩起了一波又一波的话题，被誉为教科书式的品牌合作营销案例。

品牌案例 8.2　　　　　　　　杜蕾斯：从单牌自嗨到多牌狂欢

2017年11月25日感恩节那天，杜蕾斯在微博上发起了一波广告文案，它用致谢其他品牌的方式，勾搭其他品牌参与讨论，一口气调戏了十几个品牌。这一天，杜蕾斯每小时推送一张海报，从上午10点开始，一直持续到晚上10点。杜蕾斯这次感恩节的微博营销堪称品牌合作营销教科书式的典范。

上午10点，杜蕾斯发布第一张借势海报并@绿箭口香糖。感谢绿箭口香糖的掩护。"亲爱的绿箭口香糖：感谢你。这么多年，感谢你在我左边，成为购买我的借口。你的老朋友杜蕾斯。"在便利店或者超市里面，安全套与口香糖一直是紧邻摆放，这个文案含蓄、点到即止。

3个小时后，下午13点，绿箭口香糖开始回复，回复内容同样经典。"亲爱的杜蕾斯：不用谢。有我尽管开口。你的老朋友绿箭。"

在绿箭还没有回复杜蕾斯的时候，上午11点钟杜蕾斯发布了第二波广告，致谢了德芙。巧克力是恋人间常用的礼物，而德芙有知名的"纵享丝滑"广告语。"亲爱的德芙巧克力：因为你的怦然心动，才有了我的初次登场。你的老朋友杜蕾斯。"

德芙反应比绿箭还慢，回复的时候已经是晚上22点30分了。文案内容同样具有超级水平。关键是时间点选得好。"亲爱的杜蕾斯：不用谢。此刻尽丝滑。你的老朋友德芙"。

中午12点，杜蕾斯致谢士力架，这次这个比较浅显。"亲爱的力士架：感谢你。感谢你的490cal，让我能够加时一场。你的老朋友杜蕾斯。"

士力架的回复也比较直白，抛出的是一个问题："亲爱的杜蕾斯：不用谢。一条够么？你的老朋友力士架。"

后来杜蕾斯在微博上做了回答："12片装，6条就够了。考虑来个组合装吗？"

下午13点，杜蕾斯感谢了Jeep（吉普）。完全是两个老司机之间的对话感觉。"亲爱的Jeep：感谢你。让我在翻山越岭之后，依然可以穿山越岭。你的老朋友杜蕾斯。"

下午18点03分，Jeep恢复了一个超级经典的广告。"我杜，真男人，'活'彻底，不说'套'话。Jeep"。

下午14点，杜蕾斯感谢了Levi's，一个牛仔裤品牌。"亲爱的Levi's：感谢你。自从第一条牛仔裤起，就为我预留了位置。你的老朋友杜蕾斯"。

晚上19点29分，Levis也回复了。"亲爱的杜蕾斯：不客气。毕竟今晚我们可能还要接力。你的老朋友Levi's。"

……整个下午，杜蕾斯通过微博还感谢了美的电饭煲（"让生米煮成熟饭"）、宜家（会议椅"扶手的角度"）、山西老陈醋（"打开的醋意"）、老板电器（"让厨房舒适得像床"）……

19点的时候，杜蕾斯感谢了飞亚达表。这个时间点选得非常好，非常到位，因为19点是新闻联播播出的时间，新闻联播播出前，飞亚达表长期投放"为您报时"的广告，家喻户晓。"亲爱的飞亚达：感谢你。感谢你为所有人报时，让他们知道是时候开始准备了。你的老朋友杜蕾斯"。

　　更关键的是，飞亚达的回复更妙不可言。"亲爱的杜蕾斯：不客气。飞亚达为你报时：22点，整！Enjoy your time.你的老朋友飞亚达"。关键就是那个"整"字用得好。

　　这之后，整个晚上，杜蕾斯通过微博还感谢了HBO（英文名Home Box Office的简称，总部位于美国纽约，是有线电视网络媒体公司，母公司为时代华纳集团。HBO以全天候播出电影、音乐、纪录片、体育赛事等娱乐节目而著称）、百威、NASA（美国国家航空航天局）等。

　　从最开始杜蕾斯去调戏别人，陆续有品牌主动勾搭杜蕾斯了。俗话说得好，就是来主动蹭个热点。999皮炎平这波节奏，踩的很准。"亲爱的杜蕾斯：感谢你。在我无法碰撞的止痒范围，还好有你。你的新朋友999皮炎平。"

　　总之，杜蕾斯的此次营销可谓是借势营销的标杆。2017年的感恩节，在此前没有任何征兆的情形下，杜蕾斯忽然通过官方微博连发14封感谢信，感谢了总共13个品牌。这13个品牌，全是势能极高的，各个品牌相继"回信"。这种"互撩式"的传播手段，让无数营销及广告策划人员大跌眼镜。杜蕾斯微博营销文案在基础逻辑、文案、设计等方面，无不表达"诚意""爱"等感恩节主题；又凸显了其"有点调皮""有点坏""显得可爱"等杜蕾斯品牌个性。杜蕾斯借势传播从以往的单个品牌自嗨，递进到多品牌联合狂欢，把借势传播和品牌杠杆营销玩出了一个新的高度。

以下谈谈品牌联盟的几点收益。

1. 获得独特而显著的定位

当品牌联盟双方都具备独特且出色的顾客认知时，品牌联盟可以使联盟后推出的产品获得区别于竞争者的属性，从而获得独特而显著的优势。

2. 提升品牌档次，丰富品牌形象

品牌经理人更乐于寻找、利用知名品牌来进行品牌联盟。借助其他知名品牌，将自身品牌与知名品牌的积极形象建立联结，这样的品牌联盟可以提升自身品牌的无形资产，增强品牌价值。例如，华为在迈向世界一流电信设备供应商过程中，与3COM、西门子、摩托罗拉、Global Marine、赛门铁克等国际知名品牌进行过品牌联盟，每一起品牌联盟都无疑为成就华为的国际知名品牌作出了有益的贡献。

3. 传递高品质形象，降低感知风险

通过与高品质品牌的联盟，可以向市场传递品牌自身也是高品质的信号。要素品牌联盟最能说明了这方面的收益。例如，在运动汽车领域，多家品牌制造商都对外表明使用Recaro品牌的可调式赛车座椅，Recaro品牌的座椅意味着品质卓著，使用它作为座椅，其品牌形象能有效提升整车品牌的积极形象和竞争地位。

4. 为品牌注入"第二春"

对于想要重新定位的知名品牌，利用品牌联盟的方式可以给自己注入新的品牌基因，使品牌重新焕发活力。因此，不少很有知名度的百年品牌，通过与新兴产业的新锐品牌进行联盟，来实现其品牌重新定位。例如，2005年4月15日，可口可乐（中国）与网络游戏开发商及运营商第九城市（九城）在上海宣布建立战略伙伴关系，可口可乐可以进入《魔兽世界》多达120台机器以上的主题网吧。可口可乐赞助其九城形象装修，提供宣传物料，提供冰箱。这一品牌联盟中，可口可乐这个百年老字号顺利进入了九城魔兽世界代表的网络游戏新兴渠道。这样九城网络游戏弥补了可口可乐在新兴渠道的不足，增进了可口可乐的品牌资产。

5. 减少进入新市场的风险

品牌要进入新市场需要耗费很多的资源和营销努力，一不小心还会全军覆没。品牌联盟有助于弱化新市场的消费者对新进入的品牌及其产品的怀疑，降低了品牌进入新市场的风险。

6. 增加销量，获取额外收益

通过品牌联盟来进行营销互动，能有效地吸引消费者目光，刺激消费者需求，增加销量。这样的品牌联盟需要两个联盟品牌在主流业务中增加一小笔成本，但可以有效增加销量，获得额外的收益。

▶ 三、品牌联盟成功的原则

品牌联盟要想取得成功呢，需要遵循以下四个原则。

1. 品牌 DNA 匹配

品牌联盟营销所选择的合作品牌必须符合"品牌匹配"的前提条件，即双方在品牌内核、品牌形象、品牌个性等方面必须是匹配的。只有双方具备高度匹配性，品牌联盟才能最大程度上发挥效用，产生 1+1>2 的传播效果。具体包括三方面的匹配。其一，品牌内涵匹配。这是指联盟各方的品牌定位、品牌核心价值要匹配；品牌个性是吻合的；联盟各方在企业文化、价值观等方面没有冲突。其二，渠道资源匹配。这主要是针对终端渠道特别重要的消费品品牌而言的。双方渠道资源符合彼此的品牌定位；对方终端渠道的优势能为我方所用；双方终端渠道资源能协调整合；等等。其三，目标消费群匹配。这是指联盟双方品牌的目标消费群体的人口统计特征是一致的；各自能有效地接触到对方的目标消费群体；等等。

2. 资源共生

品牌联盟"资源共生"原则要求联盟营销的品牌之间必须拥有共同的、直接或间接的市场营销资源共享。例如，上述可口可乐与魔兽世界的品牌联盟之所以成功，最重要的基础是目标消费群高度一致。他们共享了目标消费群这一最重要的资源，可口可乐借助魔兽世界进入了新的终端渠道，而魔兽世界借助可口可乐满足了网络游戏玩家对可乐的消费需求。

3. 利益一致

品牌之间开展联盟也是为了聚合资源共同作用于市场，以便获取品牌各自的收益。没有一致的利益作为推动力，品牌联盟就难以持久。

4. 机会均等

品牌联盟双方必须获得均等机会。品牌选择联盟营销，无论哪一方内心深处都希望能够"借东风"，利用合作伙伴的资源获得更多的品牌利益。但市场没有"傻瓜"，对于利益的争取谁也不会懈怠。"机会均等"是联盟营销的重要保障，是开展联合营销的心理底线。

第五节　品牌杠杆战略的创新意义

品牌杠杆展示了一种新的品牌战略视野。传统的品牌管理模式始于1931年，当时美国宝洁公司的基层营销经理尼尔·麦克尔罗伊（Neil McElroy）担任卡美香皂（Camay Soap）品牌经理。他当年写下的"品牌管理备忘录"，勾画出以品牌为核心的营销管理模式，从此以宝洁为参照的品牌管理模式长期被奉为经典。但传统品牌管理模式到1990年代以来遇到越来越多的挑战。公司的品牌多元化、联盟营销、品牌延伸等使品牌结构变得复杂化，品牌与原产国形象、与同业竞争者、与终端渠道等的联系越来越紧密……凡此种种，呼吁公司要引入更为创新的品牌管理模式。品牌杠杆模式就是其中突出的一种创新模式。下面本节主要从七个方面分析品牌杠杆模式相对于传统品牌管理模式的创新之处。

▶ 一、从内向战略到外向战略

传统品牌模式多依赖公司内部资源打造品牌。传统的品牌责任人把创建品牌总结为一套流程：确定品牌定位和核心价值；设计品牌名称、标语、标识、包装等品牌要素；实施广告、促销、价格、渠道等营销组合策略；定期评估品牌等。这个系统固然没错，但却远远不够。

品牌杠杆模式强调借助外部资源创建品牌资产。例如，通过对体育、文化、慈善公益等事件的赞助，将这些事件的积极形象转移到品牌上来。或者，通过与其他品牌的联盟，取长补短，从中增加自身的品牌无形资产。又或者，借助区域产业集群品牌的效应，可以避免单个中小企业打造品牌面临的资源或经验不足的问题。又如，政府如果做好战略规划，切实提升"中国制造"的国际品牌形象，那么每家中国企业都将从中受益，在国际市场获得更高溢价……可见，品牌杠杆模式注重整合外部资源，是一种外向战略，也是一种借力省力的战略。

二、从关注消费者到关注重大利益相关者

传统品牌模式重点关注消费者。了解消费者需求，传递优质产品或服务，满足和超越消费者需求，成为指导品牌创建活动的准则。品牌杠杆模式除了关注消费者之外，还关注其他重大利益相关者。消费者、员工、股东、同业或异业合作伙伴、渠道成员、政府等都是品牌的重大利益相关者。各重大利益相关者对于维护品牌无形资产和声誉至关重要。要保持品牌的吸引力和领导力，就需要了解这些重大利益相关者的需求，向他们传递优异价值，努力获取他们的支持。可见，品牌杠杆模式关注的范畴更广。

三、从战术营销到战略统筹

传统品牌模式多是对市场的被动反应，是一种战术思维。例如，为品牌设计标识或包装、设计广告创意、选择广告投放媒体等等。品牌杠杆模式要处理好品牌和关键利益相关者的关系，因而在这种模式下的品牌营销活动涉及公司长远利益，需要战略性思维。例如，说到泡菜，国际市场消费者首先就会想到"韩国"。韩国泡菜确立其国际领导地位始于1988年汉城奥运会期间政府主导的营销推广。善于营销推广的韩国政府在汉城奥运会期间没有让众多中小泡菜企业各自分散推广，而是打出统一的"韩国牌"泡菜，把泡菜当饮食文化推销给参赛的111个国家和地区的体育代表团、教练员、裁判、运动员。进而，2004年韩国政府又推动了其本国泡菜产业主导发起、制定泡菜的国际标准。这种借重大体育赛事打造"韩国牌"泡菜的做法，显然超越了传统意义的企业营销战术，而是一种战略思维。事实上，中国才是世界泡菜的原产国，但韩国却掌握了泡菜这种东方饮食文化产品的国际话语权。

四、从中低层管理者，到高层管理者

传统品牌模式下，品牌责任人多由中低层职位经理人担任，他们管理的资历较浅，经验相对不足。品牌杠杆模式下，品牌责任人转向了中高层经理人甚至于首席执行官。例如，提升品牌的原产国形象，要说服政府介入品牌推广活动，离不开公司高层的游说。要充分发挥品牌杠杆功效，品牌管理职责越来越需要高层管理者担当或参与。

五、从单一品牌结构，到多元品牌结构

传统品牌模式下，公司往往只有单一的品牌，品牌营销活动主要是单一品牌的促销、广告、市场调研等方面。但是，今天，绝大多数公司覆盖了多个产品和市场，超出单个品牌的范畴。例如，雀巢公司（Nestle）1996年在190个国家经营了8000多个品牌，其中55个是全球性品牌（Worldwide Brands），140多个是区域性品牌（Regional Brands），其余

7800 多个是地方性品牌（Local Brands），如何处理好公司内部这么多品牌之间的关系，这显然已成为公司重大战略议题。传统的产品或品牌经理无法管理这么多品牌及其它们之间的关系。

六、从本地意识，到全球视野

传统品牌管理模式主要限于在国内市场管理品牌的营销活动。以宝洁为代表的企业，其传统管理模式成形的时期，市场的全球化趋势还并不明显，因此，传统品牌管理模式也主要以国内市场为背景。但 20 世纪 80 年代以来，以宝洁为首的一大批国际知名品牌，其传统品牌管理模式受到严峻挑战，随后宝洁公司开始了大规模的品牌管理变革创新。

品牌杠杆模式就是其中一种创新理念，它主张在全球范围内整合内外部资源。越来越多公司的重视品牌杠杆战略。雀巢、宝洁、联合利华等老牌的跨国公司和品牌先驱，在近 30 年来的全球扩张中形成了多元的和复杂的品牌架构，品牌杠杆思想有助于它们理顺品牌关系，维持全球领导地位。同样，来自于新兴市场的品牌属于全球市场后来者，它们要想在国际竞争中占有一席之地，必须借助国家这只"无形的手"。可见，品牌杠杆模式同时受到老牌跨国公司和新兴国际企业的青睐。

七、从品牌资产，到品牌领导

品牌杠杆模式要求品牌不能只是具备资产，更要具备领导力。根据物理学的杠杆原理，品牌与外部实体的距离相对较远。若要成功从外部实体"借力"，品牌必须能够辐射和影响这些实体。没有品牌领导力，品牌就无法影响和辐射这些外部实体。因此，品牌杠杆模式要求品牌要确立自身的领导力。

表 8-1 总结了传统品牌模式与品牌杠杆模式的上述主要区别点。

表 8-1　品牌杠杆模式与传统品牌模式的比较

传统品牌模式	品牌杠杆模式
①内向战略 依赖公司内部资源创建品牌的无形资产，视野相对狭隘	①外向战略 除了利用公司内部资源外，还强调借助多种外部资源创建品牌的无形资产，强调"借力"，视野相对开阔
②关注消费者 把调查了解、满足、超越消费者需求作为品牌创建的准则；置消费者为品牌的被动接受者	②关注利益相关者 关注合作品牌、渠道、政府等重大利益相关者，向他们传递价值；而消费者仅是最重要的利益相关者；把消费者视为品牌创建活动的主动参与者与合作者
③战术反应 对市场、竞争品牌的营销活动做出被动的、临时性的反应	③战略思维 对市场、竞争品牌及其外部实体均实施战略规划，对品牌利益相关者的关系实施战略管理
④中低层经理 品牌责任人多为中低层经理，他们资历浅、经验少、决策范围有限	④高层经理 品牌责任人多为高层经理，他们资历丰富，有权决策重大、长远的品牌活动

续表

传统品牌模式	品牌杠杆模式
⑤单一结构 管理单一品牌、单一市场，很少考虑公司内部的品牌之间，以及品牌与关联品牌之间的关系	⑤多元结构 管理多元品牌、多元市场，重视管理公司品牌与产品品牌，产品品牌之间，品牌与关联品牌之间的多元关系
⑥本地视野 在本国市场管理品牌，认为品牌塑造与国家形象无关	⑥全球视野 在全球市场管理品牌，深知品牌受国家形象影响，强调企业品牌战略与国家形象战略之间相互关联
⑦品牌资产 品牌建设的最终目标是为增进品牌的无形资产	⑦品牌领导 品牌建设的最终目标是谋求品牌的全球领导力，以品牌魅力和影响力辐射、管理各种利益相关者

资料来源：王海忠. 品牌杠杆[M]. 北京：人民邮电出版社，2009.

总结起来，品牌杠杆模式更能整合外部资源；视野更长远、更开阔；更重视战略而非战术；不只关注单一品牌，而是关注管理多品牌及其它们之间的关系；更有全球视野。品牌杠杆模式呼吁构建品牌领导力（Brand leadership），包括品牌魅力和品牌影响力。其一，品牌魅力。品牌若能提出卓越的价值主张，超越产品本身建立与顾客的情感关系。同时，品牌所在公司又拥有独特的管理模式、领导风格、CEO个性鲜明、公司在公众中的形象好等，都可以让品牌魅力倍增。而具有魅力的品牌会吸引众多优秀的利益相关者加盟，他们会自愿将其优质资产转移给品牌。可见，品牌魅力是品牌领导力的重要维度。其二，品牌影响力。通过建立技术和产品创新方面的领先地位，品牌能够大大增强其影响力。开发最前沿的新技术，拥有广为人知的专利及研发，掌握技术标准的话语权，企业就能发挥品牌影响力。掌握行业标准的品牌，就是世界领导品牌。此外，履行社会责任，担当优秀的企业公民，也能增强品牌影响力。

品牌前沿 8.1　　品牌联盟的风险

品牌联盟不是包治百病的济世良药。品牌联盟失败带给品牌带来的风险主要表现在以下几方面。

1. 失去控制

当公司同意了品牌联盟，相当于要将部分的控制权交给联盟方。比如，终端渠道的促销决策需要联盟双方共同制定。如果你的公司更倾向于对一个商业投资具有完全控制权，那么品牌的产品线延伸和多样化经营的战略可能会比品牌联盟更适合。

2. 损害品牌资产

选择了错误的品牌联盟伙伴可能损害品牌的无形资产。当合作品牌的形象不佳时，很难避免消费者对你的品牌产生负面联想。在消费者心目中，品牌联盟使双方品牌产生联想，当对方品牌表现不佳的时候很难阻止负面的联想蔓延到自身品牌上面。对方品牌不佳的市场表现导致的消极效果，会造成自身品牌无形资产的受损。

3. 丧失品牌聚焦

品牌联盟会让品牌含义可能变得过于宽泛，让品牌泛化，丧失了品牌聚焦。迪士尼曾经过分扩大品牌特许，其商标和人物形象在众多不同产品范畴滥用（从糖果至手机），使得人们对迪士尼的品牌认知产生了模糊，过度的品牌曝光也容易让消费者产生厌倦感。幸而迪士尼及时发现了这一问题，将其品牌定位拓展为"为消费者提供最好最特别的娱乐体验"，并有效的调整了品牌特许战略（即适度收缩了特许范畴）。

4. 品牌个性水火不容

当品牌联盟双方在价值观、态度、个性等方面产生冲突时，品牌联盟带来的往往是两败俱伤。品牌联盟毕竟是多个品牌之间的合作，而各自的战略目标、企业文化的差异难免会导致冲突，不能低估这种分歧造成摩擦的潜在损失。因此，选择品牌联盟合作伙伴时，需要彻底了解对方，考察对方的企业背景、价值观是非常有好处且十分必要的。

资料来源：汤姆·布莱科特，鲍勃·博德. 品牌联合[M]. 北京：中国铁道出版社，2006.

【本章小结】

1. 品牌杠杆是指品牌经营管理者通过营销活动，从品牌的外部实体嫁接其所拥有的知名度和美誉度，以借力、省力的方式来创建品牌无形资产的品牌管理模式。品牌杠杆战略又可以通俗地称为"借势""借力"的战略。

2. 品牌杠杆作用的四大理论依据是：信息源可信度理论、情感迁移模型、认知一致理论和分类理论。品牌杠杆发挥作用的条件包括：外部实体要具备足够的知名度和影响力；要与消费者相关；其品牌资产可以转移到品牌上来。

3. 品牌杠杆的渠道主要有以下八个：公司品牌、终端渠道、区域产业集群、原产国、赞助事件、联盟品牌、品牌代言人、第三方认证。

4. 品牌杠杆模式是对传统品牌管理模式的创新，主要体现在：从内向到外向的转变、从关注消费者到关注多个重大利益相关者的转变、品牌经营管理责任人从中低层管理者到高层管理者的转变、公司从单一品牌结构到多元品牌结构的转变、品牌战略从本地视野到全球视野的转变、从培育品牌资产到同时培育品牌资产和品牌领导力的转变。

【术语（中英文对照）】

------------------------------【即测即练】------------------------------

扫描此码 自学自测

------------------------------【思考与讨论】------------------------------

1. 分析讨论中国企业应该挖掘国家层面的哪些优质无形资产，以提升中国品牌在全球市场的影响力。

2. 收集中国市场上从代言人获取品牌杠杆的2～3个品牌案例，分析它们的营销战略创新。

3. 收集中国企业在品牌命名、品牌故事挖掘等方面，与欧美地区建立关联、期望从中借力的2～3个失败案例，分析总结中国企业在实施这种战略时需要吸取的教训。

------------------------------【实战模拟】------------------------------

案例讨论：

1. 利用本章的品牌杠杆理论，分析讨论运动服饰品牌耐克成功从代言人乔丹借力创建品牌无形资产遵循的原则。

2. 利用本章的品牌杠杆理论，查找文献，分析讨论乔丹退出NBA后，运动服饰品牌耐克在品牌杠杆战略方面需要进行哪些创新？

第四篇　品牌扩展

(Scaling-up of brand)

第九章　品牌延伸战略

第十章　品牌组合战略

第九章
品牌延伸战略

　　品牌延伸是公司利用声誉寻求增长的常见战略；但错误的延伸决策可能带来战略性的损害。

——大卫·阿克（品牌管理全球权威学者）

学习目的

学习本章之后，读者将对以下品牌问题有更清晰、准确和透彻的理解：
- 品牌延伸的内涵是什么？
- 品牌延伸对公司的战略意义何在？
- 如果品牌延伸成功，其正面效果有哪些？
- 如果品牌延伸失败，其负面结果有哪些？
- 品牌延伸应该遵循哪些原则？
- 品牌的垂直延伸与水平延伸各自适用于哪些情景？

本章案例

- 云南白药牙膏品牌：中药核心资产如何成功外溢
- 雷克萨斯：星火何以照亮丰田？
- 万宝龙：坚守造就的书写艺术

开篇案例　　　　云南白药牙膏品牌：中药核心资产如何成功外溢

云南白药集团于2004年推出了以"防治牙龈出血"为主要诉求点的云南白药牙膏，仅用三年时间云南白药的销售额就实现了从3000万元到3亿元的跳跃。而到2012年，云南白药牙膏已经完成了累积66亿元销售额，成为功能性牙膏高端市场的领导品牌。从药剂类产品到牙膏产品的成功延伸，云南白药的秘籍有哪些？

1. 依托白药核心属性

"云南白药"品牌是我国民族品牌，拥有国家保密配方。2000年以来，云南白药品牌得到了快速发展。在百年云南白药散剂的基础上，公司先后开发了胶囊剂、酊剂、膏剂、气雾剂等多系列产品。当云南白药旗下的中药类产品结构趋于丰富和稳定时，全公司如果再仅仅依赖传统白药产品的增长空间就越来越有限。在此情景之下，云南白药集团必须寻找新的重要的利润增长点。然而，药品的开发周期长，审批非常严格。恰巧此时，在牙膏产品领域，国家针对功能性牙膏还没有固定的国家标准。云南白药集团从中洞察到发展机遇。于是，2003年云南白药组建了自己的健康产品事业部，通过充分利用公司品牌、白药的品种优势，在健康产品领域打造出新的经济增长点，有效延伸到白药的天然药物产业链。

我国牙周病发病率高居不下，而且市场缺乏有效防治牙周疾病的药品。云南白药延伸开发的牙膏，主要使用白药成分。由于白药具有止血、组织修复、活血化瘀的优质中药无形资产，因此云南白药定位于防止牙龈出血、预防溃疡等口腔疾病的功能，深得消费者认可。云南白药牙膏和其他牙膏品牌在产品属性上形成了非常明显的差异化。

云南白药牙膏这项产品专利从思路产生到产品定型，耗时仅一年多。以前云南白药集团曾开发针对牙龈出血的云南白药易可贴，但患者使用起来觉得很不方便。于是，公司研发人员把白药的有效成分从植物中提取出来做成牙膏，以牙膏为载体，利用患者一天多次刷牙的机会对口腔进行保健护理。这样，云南白药牙膏得到了消费者的认可，深受消费者喜欢。由此可见，云南白药牙膏产品的延伸源于云南白药集团的核心产品优势。

2. 洞察行业机遇

我国牙膏产品的产量以平均每年13%的速度递增，目前已成为全球牙膏消费量最大的国家。2005年牙膏产量高达52亿支，整个口腔清洁用品市场的规模则接近78亿元。但是，据调研，城市人群中仍有三分之一不刷牙，而农村人群中则有57%不刷牙。可见，我国牙膏市场具有很大的增长空间。另外，从当时的竞争态势来看，中草药牙膏的市场占有率有不断扩大的趋势，中草药牙膏以其绿色天然、功效独特的优势吸引了众多消费者的目光。与此同时，不少日化企业都相继加入到中草药牙膏的生产行列。一直以生产含氟牙膏为主的国际知名牙膏品牌高露洁也开始推出中草药概念的牙膏。正是看到深具发展潜力的牙膏市场以及拥有巨大成长空间的中草药牙膏产品细分市场，云南白药集团决定进入中草药牙膏细分产品领域。

3. 精细化营销运作

云南白药集团在推出牙膏产品时，专门成立了健康产品事业部，由它负责牙膏及其他日化消费品的经营管理。云南白药健康产品事业部经过深入的市场调研和策略分析，为云南白药牙膏的营销运作制定了一套行之有效的策略。

（1）云南白药牙膏的巧妙定位。

在高露洁、佳洁士、黑人、中华等中国市场上知名牙膏品牌群雄争霸的市场，云南白药牙膏作为一个新品牌，如何被消费者快速认可呢？这就要求其营销运作要打破传统思维模式。为此，云南白药牙膏跳出普通牙膏阵营，不让云南白药牙膏"姓牙"，而是要将云南白药牙膏作为"口腔护理保健牙膏"，让它承担综合改善成年人口腔问题、给大众带来真正口腔健康的"非传统牙膏"。为此，在产品战略方向上，云南白药如何才能做到"非传统牙膏"呢？与普通日化牙膏相比，云南白药牙膏"非传统"表现在对牙齿健康问题"更专业"的解决之道。为此，云南白药牙膏将自己定位在更有效解决牙龈出血、肿痛、口腔溃疡等口腔问题。与一些草本汉方牙膏相比，云南白药牙膏运用"国家保密配方"强调独含云南白药六大活性因子。因而"功效更强"的诉求逻辑上成立，容易对消费者形成产品偏好。总之，云南白药牙膏"非传统牙膏"的定位，创出了一个区别于传统牙膏的新品类，开创了中国市场的"第三代牙膏"。

（2）云南白药牙膏的营销策略配合。

为了让云南白药牙膏的上述定位得以实现，定价、渠道、传播等营销运作上，公司也下足了功夫。考虑到当时牙膏市场已经有比较成熟的三大品牌（高露洁、佳洁士、中华），单靠低价已难以攻占市场，而且云南白药牙膏的开发生产成本本身就比较高。因此，为了匹配"非传统牙膏"的定位，再依赖对消费者的深度洞察，云南白药牙膏最终定价 20 元左右。如此高端定价策略，让云南白药牙膏在品牌林立的市场上，显得很突出，很容易引起消费者的关注。

在产品销售渠道上，云南白药牙膏采用了医药渠道、日化渠道并举的策略。云南白药牙膏没有苦等渠道的缓慢建设，首先从自己已有深厚基础的药店入手，让消费者首先可以到药店买得到；同时，营销团队逐步开发现代化超市等日化产品主打的零售终端渠道。等到云南白药牙膏在现代超市等日化产品主打的渠道也占稳脚跟之后，营销团队再对渠道进行全面理顺，实现对不同形态的终端渠道的深度覆盖。

在品牌传播方面，云南白药牙膏采取了"诉求多段化、形式多样化、媒介多位化"的传播策略。传播诉求上，围绕"口腔保健专家"的产品核心诉求，云南白药牙膏全面上市后，展开了一系列的"活动软文炒作"。通过媒体让消费者对这支牙膏产生了较高关注度。为了确保媒体声音在零售终端落地，更好地收割销售战果，云南白药牙膏迅速展开了一系列零售终端的陈列生动化设计、制作，通过终端的宣传海报、跳卡等简洁有效的终端物料,将媒体上的传播声势继续在零售终端执行落地,并收获销售战果。

总之,利用云南白药传统的白药产品核心属性优势,加之科学严密而又创新的营销策略相配合,云南白药牙膏在市场已被知名品牌占据的情景下,成功创造出新的牙膏品类,赢得消费者的喜爱,建立起品牌领导地位。这可以称得上品牌延伸的经典案例。

资料来源:
1. 赵临风. "云南白药"牙膏品牌延伸的效果评价及启示[J]. 企业经济,2009(10):108-111.
2. 佚名. 从3000万元到66亿元——云南白药牙膏从医药向日化的跨产业崛起[J]. 销售与市场(管理版),2013(3).

与云南白药相似,许多企业凭借在原有领域已经建立起来的品牌资产,期望在其他产品或服务领域获得市场份额。然而,并非所有的企业都拥有云南白药同样的品牌无形资产或声誉优势来帮助公司进行战略性产业延伸。在企业决定是否进行品牌延伸之前,需要仔细评估自身的优势是否能够在新的产品或业务领域发挥作用,以及品牌延伸是否会伤害已经建立起来的品牌资产。盲目的品牌延伸不仅难以使新产品获得成功,还可能使已有的品牌定位越来越模糊。本章将学习企业进行品牌延伸的正确路线,规避可能遇到的陷阱,帮助企业识别正确的品牌延伸机会,制定可行的延伸策略,利用好品牌延伸这把双刃剑。

第一节 品牌延伸的内涵与意义

一、品牌延伸的内涵

(一)品牌延伸的界定

品牌延伸(Brand extension)是指利用现有品牌名进入新的产品类别,推出新产品的做法。品牌延伸能够让企业以较低的成本推出新产品,因而它成为企业推出新产品的主要手段。在美国,每年通过品牌延伸推出的新产品占市场上新产品总量的90%左右。越强势的品牌,越能够利用品牌延伸推出新产品。

根据公司在新产品上使用的品牌名和原有品牌名的关系,企业延伸产品的品牌命名一般采用三种策略。其一,公司单独为新产品开发一个新的品牌名,新品牌与原有品牌相互独立。此时,企业需要进行多品牌的管理。其二,新产品完全使用已有的品牌名。其三,新产品具有自己相对独立的品牌名,但新的品牌名与原来的品牌名有某种关联。公司通过以第二、第三种策略推出新产品时,不同程度地利用了已有的品牌及其无形资产,都称之为品牌延伸。例如,丰田公司推出高端品牌雷克萨斯可以看作是运用了第一种策略,这不是品牌延伸。阿迪达斯推出男性化妆品可以看作是运用了第二种策略。卡西欧推出重金属系列EF手表,两个品牌名称卡西欧与EDIFICE同时呈现在产品上,可以看作是运用了第三种策略。从这三个例子可以看出,丰田希望雷克萨斯完全独立于已有丰田产品系列,而阿迪达斯与卡西欧则不同程度地利用了已有的品牌资产。

（二）与品牌延伸相关的概念

母品牌（Parent brand），是指实施品牌延伸的现有品牌。上述例子中的阿迪达斯、卡西欧都是母品牌。延伸产品（Extension product）是指通过品牌延伸推出的新产品。子品牌（Sub-brand）是指公司进行品牌延伸时，使用的具有相对独立的品牌名，但新品牌名与现有品牌名同时使用，则新的品牌名被称为子品牌。新品牌与母品牌之间类似于母子关系。现在通过一个例子来进一步理解三个概念之间的含义。为了满足消费者对低热量饮料的需求，可口可乐公司推出"健怡可乐"，此时"可口可乐"是母品牌，"低糖可乐"则是延伸产品，"健怡可乐"即子品牌。健怡可乐例子使用了母子品牌策略。

按照延伸产品与已有产品是否属于同一产品类别，品牌延伸可以分为两大类。

（1）产品线延伸（Line extension）。它是指利用母品牌，在原有产品类别中，生产更多丰富的和不同的产品。延伸产品与已有产品的不同之处体现在成分、口味、形式、大小或用途等方面。产品线延伸是品牌延伸的主要形式，每年80%~90%的品牌延伸属于产品线延伸。像高露洁推出的天然茶香口味的牙膏就是高露洁品牌的产品线延伸。

（2）品类延伸（Category extension）。它是指品牌延伸到不同的产品品类。例如，百事运动鞋，就是百事可乐这个品牌向新的品类运动鞋的延伸。运动鞋与可乐属于不同的产品类别。品类延伸虽然没有产品线延伸那么常见，但有时却能达到很好的效果。奢侈品品牌LV正是通过推出不同产品品类的奢侈品——皮包、皮鞋、手表，等等，来诠释其奢侈品品牌理念的。

▶ 二、品牌延伸的积极作用

合理使用品牌延伸，公司可以从中获得多重的积极收益，兹分析如下。

（一）品牌延伸的基础性作用

1. 降低消费者对新产品的感知风险

使用新的品牌名称推出新产品往往会让消费者有不确定感和一定购买风险。相反，采用一个知名的和有正面形象的已有品牌名推出新产品则不会出现这样的问题。消费者会根据对已有品牌的认识和产品知识来形成对新产品的品质预期。此时，消费者对新产品的风险感知更低。

2. 提高延伸产品的质量认知

知名的与受欢迎的已有品牌的一个明显优势是消费者对其品质有更高的评价。对于延伸产品而言，消费者会根据他们对于母品牌的认知，以及延伸产品与母品牌的关联程度，来形成对于延伸产品质量的判断。例如，阿迪达斯推出一款新的徒步鞋，消费者就会根据他们对于阿迪达斯的了解，以及徒步鞋与阿迪达斯的相关程度，来推断阿迪达斯徒步鞋的质量。显然，这款徒步鞋沿用阿迪达斯的品牌名比取一个全新的品牌名，更容易获得消费者的质量认可和积极反应。

3. 满足消费者的多样化需求

当消费者对已有产品系列感到厌倦时，往往希望更换它们。如果品牌在同一产品类别中提供多种具有差异化的产品供消费者选择，就可以使顾客不用寻求其他品牌也能解决购买问题。品牌延伸中的产品线延伸就能够填充已有品牌名下的产品线。例如，可口可乐公司在碳酸饮料产品领域，就有健怡可乐（1982）、樱桃可乐（1986）、香草味可乐（2002）、青柠味健怡可乐（2004）、零度可乐（2005）等产品，它们共同填充了碳酸饮料产品线，使可口可乐成为提供最齐全的碳酸饮料产品的品牌，满足了消费者在需要可乐时的多样化选择。

4. 提高营销效率

采用相同的品牌名、包装、标签，在分销渠道和终端渠道、各种传播媒体、赞助事件或联合营销等活动中，企业可以更有效率地促进新产品推广。不仅如此，以相同的品牌名推出系列延伸产品，也更容易说服零售商接受延伸产品，知名品牌名下的系列产品是公司增加与零售商议价能力的重要筹码。从营销传播的角度看，品牌延伸具有明显的优势。产品生命周期有导入期、成长期、成熟期、衰退期等。在导入阶段，如果新产品以知名品牌冠名推出，营销传播只需帮助消费者建立延伸产品与母品牌之间的关联性就可以了。企业仅需要通过较少的广告支出就可以达到同样好的效果。由于延伸产品与母品牌旗下的其他产品是一个整体，其广告传播效率会得到提高。如果企业选择创建新品牌名的方式来推出新产品，仅在市场调研和品牌名、标识、包装等设计方面，就需要投入巨额费用。

（二）品牌延伸对市场的拓宽作用

品牌延伸可以为品牌及其所有者带来战略层面的积极结果，主要表现在以下几方面。

1. 拓宽市场

品牌延伸使公司接触到新顾客，增加了品牌的市场覆盖，从而使公司的收入增加。例如，高露洁通过产品线延伸，不断推出各种款式、香味的牙膏，提高了品牌的市场份额。又如，强生（Johnson & Johnson）传统上是一家医药企业，但通过品牌延伸，它进入了快速消费品领域，2011年其整个公司650亿美元销售额中，皮肤护理、口腔护理、女性护理和婴儿护理等消费品销售额已达到149亿美元，占公司销售收入的23%。

2. 深化市场

通过品牌延伸还可以将市场做深、做透，提高顾客份额（Share of customer）。也就是说，品牌延伸能够让同一个消费者购买相同品牌名下的更多不同种类的产品，占据了该消费者更大的购物支出份额。例如，商业银行通过品牌延伸从传统的零售银行业务，拓展到个人理财、信用卡、住房信贷等业务，那么，商业银行通过交叉销售（向同一消费者销售多种业务），就能够提高品牌的顾客份额。同样，互联网企业腾讯通过QQ品牌黏住了用户，产生了巨大的用户流量，然后通过品牌延伸，向相同顾客群推出了腾讯的门户、搜索、社交、音乐、电子商务等服务项目，这样腾讯的品牌延伸起到了很好的深化市场作用，大大提高了自己的顾客份额。

（三）品牌延伸对母品牌的反哺作用

品牌延伸的最佳效果是能够为母品牌带来反哺利益，包括：丰富母品牌含义、提升母品牌形象、拓宽母品牌的宽度等。

1. 丰富母品牌含义

品牌延伸得当，可以丰富母品牌含义，进而强化母品牌的特色和定位。例如，范思哲（Versace）旗下副品牌 Versus 推出咖啡店品牌 Versus Caffe。其设计理念完全秉承 Versace 的风格，无论是咖啡店的设计还是店内的家具陈设皆来自意大利，其色调搭配能即刻让人联想到 Versace 品牌极尽夸张的时尚风格，就是服务台背后的 LED 屏幕循环播放的 Versace 最新时装秀也能会让人意识到这家咖啡店与时尚的紧密关联。为了与范思哲主体产品匹配，Versus Caffe 店内咖啡的售价也高于星巴克（中国定价是 40~50 元一杯），店内的食物和饮料的原料均来自欧洲。当初，Versus 副品牌曾是范思哲创始人詹尼·范思哲 1989 年为了给妹妹多纳泰拉·范思哲送礼而创立的副线品牌，受众更为年轻，被詹尼·范思哲描述为"具有强烈的艺术感并引领着当前时尚和预测新的流行"。范思哲品牌向餐饮领域的延伸，丰富了母品牌 Versace 的内涵。

2. 提升母品牌形象

如果延伸产品具备更高品质，就能提升母品牌的形象。成功的品牌延伸有助于提升消费者对母品牌所在企业的信誉感知，包括企业的专业程度、可信度、吸引力等。例如，耐克从跑步鞋延伸到专业的篮球鞋、运动服、运动器材，由于这些延伸产品卓越的产品品质，因而强化了耐克品牌"卓越表现"与"运动时尚"的形象与定位。

3. 拓宽母品牌用途

企业成立之初往往聚焦于某个细分市场，消费者容易将品牌与该细分市场画等号。随着企业的扩张，最初狭窄的品牌定位使产品的使用范围受到限制，企业需要更为宽泛的品牌定位，需要拓宽品牌的使用情景。如果企业能够选择合适的品牌延伸，就能够拓宽品牌的应用边界。

例如，强生公司在消费用品领域，最初专注于婴儿清洁、沐浴等产品系列。强生婴儿护肤品聚焦于温和护理。然而，强生公司要不断发展壮大，其消费品战略业务聚焦于婴儿护理用品细分市场的战略，到了一定时候也必须要调整。因此，强生消费用品仍然从其具有优势的利益点（如温和、不刺激等）出发，向成人细分市场延伸。2005 年秋冬季，强生婴儿牛奶润肤露的广告主角悄然由传统的婴幼儿目标市场拓宽到成年女性，推出的成年女性护肤品，照样获得了消费者好评。强生延伸到成人护肤品市场拓宽了品牌的使用情景或场合。

▶ 三、品牌延伸不当引起的负面效果

（一）延伸的新产品不成功

1. 母品牌的联想不能转嫁给延伸产品

如果延伸产品与母品牌的品牌联想存在较大的差异，消费者就难以将母品牌积极正面的联想、记忆、印象等转移给延伸产品。企业进行品牌延伸的目的是希望借助母品牌的知名度与美誉度，但这能否使延伸产品受益还要取决于延伸产品与母品牌之间的匹配性。例

如,李维牛仔裤品牌让人联想的是休闲的生活方式,它使用质朴但耐用的原材料。可以想象,如果李维延伸至高档服饰,已有的品牌联想就造成延伸成功的巨大障碍,因为延伸产品与母品牌已建立的联想或留给消费者的印象,显得格格不入。

2. 产生不合时宜的品质联想

如果母品牌的品牌联想根深蒂固,而品牌延伸目标品类的特点与母品牌又截然不同,消费者就可能对延伸产品产生怪异的品质联想。例如,999 本是胃药领域的知名品牌,在胃药领域建立起很强的品牌知名度和联想,以至于 999 成为胃药的代名词。但当三九集团收购石家庄市一家啤酒企业之后,就将原来的啤酒品牌名"嘉禾"更换为 999,并投放广告词"九九九冰啤酒,四季伴君好享受。"这让消费者产生很怪异的感觉。消费者在饮用 999 啤酒时会联想到胃药;999 胃泰的功效在于护胃,而饮酒过量却伤胃,999 牌啤酒与 999 牌胃泰存在认知冲突。直到 2004 年三九集团资产重组时,啤酒业务彻底"国退民进",石家庄三九啤酒有限责任公司更名为"石家庄市嘉禾啤酒有限责任公司",后来又使用先前的"嘉禾"品牌名。

(二)延伸产品对母品牌形成伤害

如果品牌延伸没有为延伸品带来益处,反而对母品牌造成伤害,这将是最糟糕的结果。

1. 模糊母品牌定位

如果延伸产品与母品牌难以找到共同点,就会使母品牌的定位更加模糊。延伸产品与母品牌之间的差异不仅仅体现在产品类别与用途方面,同样可能表现为品牌形象的差异。如果延伸产品与母品牌的差异体现在品牌形象方面,与产品类别和用途方面的差异相比,更有可能模糊母品牌的定位。

2. 损害母品牌形象

失败的品牌延伸会损害母品牌的形象。研究表明,如果母品牌旗下的产品与延伸产品越相似,母品牌就越有可能受到延伸产品的伤害。例如,奥迪 5000 是 20 世纪 80 年代为完善奥迪汽车产品线所开发的一款车型。然而,从 1986 年开始,奥迪 5000 在美国市场屡次被指责存在"突然加速"的安全隐患。面对指控,奥迪公司将由此引发的交通事故归咎于美国人糟糕的驾驶技术,公关危机放大了其质量事故。延伸产品失败所造成的伤害随即波及奥迪整个产品线。奥迪在美国的销量从 1985 年的 74000 辆锐减至 1989 年的 21000 辆。其中,受影响最大的是奥迪 5000,第二位是奥迪 4000。相反,奥迪公司采取单独品牌命名的 Quattro 系列的车型受到的影响相对较小。由此可见,受品牌延伸失败负面影响最大的是相似程度更高的产品,相对于 Quattro,奥迪 4000 与奥迪 5000 具有相似的品牌名和广告策略。

第二节　品牌延伸策略

成功品牌延伸的前提是:母品牌先要具备较高的知名度,以及清晰和丰富的品牌联想。

如果消费者头脑中还没对母品牌形成好印象，那么消费者就不可能对延伸产品形成好的预期。因此，母品牌的优质品牌资产是品牌延伸的最重要前提或基础。以下谈谈品牌延伸取得成功的营销策略问题。

一、品牌延伸应以匹配性为基础

品牌延伸的匹配性是指延伸产品与母品牌之间的相似程度。匹配性被认为是决定品牌延伸成败的最重要因素。如果延伸产品与母品牌是匹配的，消费者越有可能将母品牌的无形资产转移给延伸产品。同时，延伸产品与母品牌越匹配，消费者越相信企业具有生产延伸产品的能力。

由于消费者对于产品的认识是通过大脑中的记忆节点相互联系在一起的，如果大脑中两个记忆节点是紧密相连的，那么激活其中一个节点就会波及另一个节点。如果延伸产品与母品牌是匹配的，那么延伸产品与母品牌之间就具有紧密的联系，消费者对于母品牌的认知与联想（如高质量的）就可以转移给延伸产品。然而，如果延伸产品与母品牌之间不具备匹配性，那么母品牌积极正面的品牌联想将难以转嫁给延伸产品。

匹配性是一个复杂的概念，它包含多个维度。总体来看，匹配性可以区分为"抽象"和"具体"两个维度。以品牌形象、使用情境、目标客户为基础的匹配性被认为是抽象的匹配性，与产品功能属性、技术工艺为基础的匹配被认为是更为具体的匹配。公司可以根据自身情况，决定是从"抽象"角度，还是从"具体"角度将已有品牌的无形资产延伸到新的产品类别，以及由此要采取的相应的市场营销策略。以下重点介绍几种品牌延伸中的匹配性类型。

（一）基于品牌形象的匹配性

品牌形象反映一种较为抽象的品牌联想（如较高的社会地位）。例如，Elle（中文含义是"她"）于1945年由Helene Lazareff在巴黎创立。最初Elle是一本关于女性的时装、美容、生活方面的周刊。这本周刊准确地瞄准年轻时尚的职业女性，引导了女性的服饰、美容和生活潮流。几十年的营销实践将Elle打造成为一个以时尚为导向，建立起女性的、现代的、积极的、亲切的、潮流而又充满生气的品牌内涵，其品牌形象可概括为：时尚、朝气、优雅、活力。

1980年，以Elle命名的服饰品牌诞生了。今天，Elle品牌的服装覆盖了女装、童装等。后来，Elle品牌又延伸到皮鞋、手表、装饰品、床单、杯子甚至奶嘴等。这些产品的使用属性既有特制礼品，也有一般意义上的商品。Elle的延伸，是典型的以形象匹配性为原则的延伸，是基于母品牌"抽象"属性维度的延伸。所有冠有Elle品牌名的延伸产品永远都代表着高质量及品位，具有亲和力、国际化、现代、朝气、优雅、活力、创造性、可接近性等美好形象。同时，Elle也秉着这样的经营原则——无论延伸或特许商品的销量有多大，但都只是Elle的附属产业，Elle作为时尚杂志的水平永远处于最高地位，让Elle作为一个文化与时尚的品牌概念永远引领着这些实体产业发展。

(二)基于使用情境的匹配性

产品使用情境或场合的一致性也可以作为品牌延伸的依据。消费者对于使用情境一致的品牌延伸一般会给予较高的评价。例如,大连万达集团将自己定位于"城市综合体"而非商业地产。现已形成商业地产、高级酒店、旅游投资、文化产业、连锁百货等五大产业。截至 2008 年,在全国范围内拥有 280 座万达广场、93 家酒店、5279 块电影银幕。你会发现,万达自己的百货、影院、KTV、酒店以及入住万达广场的餐厅等,它们具有使用情境的匹配性,共同构成一个城市消费者的生活链。难怪有媒体把万达集团形容为"消费王国"而不仅仅是"地产公司"——万达建立起了以消费者需求为中心,以需求层次(生活必须、社交或自我享受等)为半径的大型企业集团。万达集团 2018 年的企业资产规模达 6257 亿元,营业收入达 2143 亿元,是一家不折不扣的消费帝国。

(三)基于特殊品牌属性联想的匹配性

即使延伸产品与母品牌的产品类别并不相似,只要母品牌具有特殊的品牌联想,同样可以成功地延伸到相似程度低的产品类别。

例如,悍马是大家熟知的美国越野汽车品牌。如果告诉你悍马也生产笔记本电脑,乍一听你可能会觉得奇怪。然而,如果进一步告诉你,悍马所推出的笔记本电脑面向的客户群是那些经常在户外工作,对笔记本电脑的耐用性和坚固性要求很高的人群,那么,你不仅会觉得悍马推出这款笔记本电脑顺其自然,而且会认为这款笔记本电脑和悍马越野车一样,能够轻松应付各种恶劣的户外环境。的确,这款笔记本电脑以制造军用级笔记本的标准和工艺进行研制,一经推出便受到了客户和发烧友的热烈追捧。"悍马"品牌正是认识到自身累积起来的"户外的""坚固的"等方面的优势品牌联想,与笔记本电脑在"户外的"特殊使用场合对产品有着共同的品牌关联。这一品牌延伸案例取得了正面的收益。类似的看起来似乎有些不合常理,但又切合人们心理的品牌延伸案例还有很多。

(四)基于技术可转移性的匹配性

生产工艺的可转移性可以作为品牌延伸的基础。与产品在功能属性方面的匹配性相类似,许多企业将技术的可转移性看作是进行品牌延伸的重要依据。例如,谷歌凭借其强大的网络技术成功地推出了谷歌手机。国美大势进入电商领域,推广在线 App"真快乐",究竟国美有哪些专有技术可供其延伸至电商呢?国美在电器零售领域积累的线下业务、连锁网络、物流仓储系统等是可以转移给电商业务的关键技术与能力。

大量案例与学术研究表明,"抽象"的匹配性和"具体"的匹配性对于品牌延伸的成功,各有其重要影响。虽然悍马汽车与笔记本电脑、Elle 杂志与服装、阿迪达斯运动鞋与护肤品……这些母品牌与延伸品之间在生产工艺上完全没有联系,它们之间似乎难以建立具体的联系,但消费者能够在抽象的层面上建立母品牌与延伸产品之间的关系。但同时,惠普利用其已有品牌名,不断渗透办公设备领域的各个产品,从而建立起办公设备产品的系统供应商。可见,基于具体属性的品牌延伸也能赢得市场的认同和偏爱。总之,成功的品牌延伸不仅使新产品在市场份额和销售上取得了成功,还能进一步强化了母品牌已确立的品牌定位,使母品牌的形象更加突出和显著。一句话,品牌延伸还会起到提升母品牌的资产的作用。

（五）匹配性的例外情形

匹配性这一原则并非适用于任何情形。Sood 和 Dreze 研究发现，对于体验品牌而言，人们更倾向于发现与原有品牌不一样的基因，延伸产品如果没有足够的差异点就会让人觉得枯燥乏味。例如，电影的续集并不是品牌延伸在电影产业里的简单应用，它是品牌延伸匹配性的例外。电影公司一般采用两种策略为其续集命名：一种策略为序数方式。例如，《无间道》在 2002 贺岁档取得了巨大成功之后，又拍摄了《无间道Ⅱ》和《无间道Ⅲ》。另一种策略是母子品牌命名方式。例如，《007：皇家赌场》《007：量子危机》、《007：天降杀机》等就是典型的母子品牌命名策略。Sood 和 Dreze（2006）研究发现，如果电影公司采用第一种策略，电影观众更容易去比较续集与首部之间的异同，更多的差异点会使续集获得更高评价；如果电影公司采用第二种策略，续集中差异点的多寡对影片评价不起显著作用。可见，第二种命名策略中，续集具有更大的独立性效果。有关电影续集的命名策略，请参见品牌前沿 9.1。

品牌前沿 9.1　　续集电影片名策略及其市场效应研究

文化产业在为消费者提供高品质文化产品方面发挥主体作用，电影行业在其中具有重要影响。中国研究团队以续集电影为研究情境，探讨电影制作经营方如何通过科学的电影续集片名策略，来提升观众的观影意愿和提高电影的市场表现。通过中国市场的两个消费者实验和美国电影市场 1960—2017 年间共 57 年的电影市场票房数据，研究发现，续集电影采用文字片名策略比采用数字片名策略会促使消费者有更高的观影意愿，想象可达性发挥中介作用。但是这一关系受到电影题材的调节，当不突出电影题材的时间导向时，续集电影采用文字片名策略会促使消费者产生更高的观影意愿、更容易取得票房市场成功。但当提及电影题材的时间导向时，前瞻性题材使用文字片名能取得更积极的市场表现，而回溯性题材使用数字片名能取得更积极的市场表现。具体来说，对美国电影市场 58 年的数据分析表明，前瞻性题材的电影，采用文字片名的电影中高达 87%的影片成功的推出了续集，而采用数字片名的电影中只有 19%的影片成功的推出了续集。相反，对于回溯性题材的电影，采用文字片名的电影中只有 48%的影片成功推出了续集，而采用数字片名的电影中有 64%的影片成功推出了续集。

中国学者团队的这一研究结论，对于范畴更广泛的整个文化产业均具有重要的理论价值和战略意义。因为续集或续篇的产品系列形式，广泛存在于文学、影视作品等文化产业之中（英文为 sequel）。续集作品的命名之所以重要，在于它高度提炼了故事题材和要表达的价值观，它是文化产品的精粹所在。因此，中国学者从电影续集片名这一独特视角研究所得到的结论，适用于广泛的文化产业的品牌打造与市场营销，具有突出的理论价值和战略意义。

> 资料来源：
> 王海忠，欧阳建颖，陈宣臻. 续集电影的片名策略及其市场效应研究[J]. 管理科学学报，2019（6）.

二、越优质的品牌，越能够进行品牌延伸

品牌的品质形象（Perceived quality）是品牌成功延伸的前提。母品牌越具有优质形象，消费者对于延伸产品的评价就会越高。阿迪达斯延伸而生产的男性护肤用品获得了不错的市场反应，原因之一是阿迪达斯作为运动鞋或运动服装的质量是优异的；Elle 坚持将其品牌发家的产品——周刊作为核心，将其品质做到极致，这确保了随后以 Elle 品牌名延伸的很宽的产品线能够获得市场的高度认可。

三、品牌定位越抽象，越有利于进行品牌延伸

如果母品牌的定位是一个较为抽象、宽泛的概念，则更有利于进行品牌延伸。一般来说，从个性、生活方式、用户形象进行定位的母品牌具有更抽象的品牌形象，更有利于品牌延伸。与此对应，如果母品牌的定位是较为具体的物理性质的概念，如技术工艺、功能等，则会减弱进行品牌延伸的能力。例如，强生品牌最初定位为适合于婴幼儿的护肤用品，显然这个品牌定位比较狭窄，着眼于特定的消费者年龄群，且物理属性突出。强生日用品初期的定位使其进行品牌延伸的能力较弱。后来，强生将自身定位拓展为柔和的、无伤害的（更为抽象）之后，其品牌延伸的能力得到增强。所以，今天强生面向成年人的护肤和清洁用品也照样使用这一诉求，取得了相当不错的市场业绩。

这一原则同样可以解释为何与功能品牌相比，奢侈品更容易进行品牌延伸。由于奢侈品并不定位于特定的、具体的功能属性，而是定位于某种生活方式。这种宽泛的、更富有弹性的品牌定位有助于进行品牌延伸。如果延伸产品同样具有相同的品牌定位，宣传的生活方式或价值观相似，就能够与母品牌建立起联系。例如，奢侈品品牌路易斯威登成功地延伸到高档手表、高档皮鞋等产品领域，而许多功能性品牌（如大众汽车）则不具备这样的能力。

四、品牌代表的产品线越宽，越有利于品牌延伸

如果母品牌已具备宽广的产品线，消费者就会相信该公司能够再次进行品牌延伸。同样，延伸产品所覆盖的领域越宽，母品牌的内涵越是能够得以丰富和拓宽。例如，美的品牌起源于小家电业务，后来进入空调领域，较长时间内美的品牌只覆盖这两个产品领域；后来，美的品牌相继推出了冰箱、洗衣机；这样，人们就不再将美的品牌仅仅与小家电、空调画等号了，而是将其与更为宽广的白色家电概念等同起来。当然，这一原则需要以延伸产品的成功作为基础，如果以往的延伸产品与主打产品的品质存在较大差距，消费者就

难以相信母品牌具备品牌延伸的能力。

▶ 五、延伸品类的市场竞争越激烈，越不利于品牌延伸

仅仅考虑延伸产品与母品牌的相似度是不够的，品牌延伸还需要考虑延伸的目标产品品类的竞争强度。如果目标品类的竞争非常激烈，进行品牌延伸一般来说是不明智的。有学者认为这一原则比匹配性更为重要，轻视这一因素，企业可能会制定错误的延伸战略决策。研究证实，消费者在对产品进行评价时也会考虑竞争因素，如果延伸品类中存在强有力竞争对手，消费者会将延伸产品与竞争产品相比较，从而弱化了匹配性的重要程度。

综上，在影响品牌延伸成功的众多因素当中，母品牌特征（尤其是品质）被证明是最重要的因素。因此，公司首先要致力于在顾客心目中打造出拥有巨大的、正面的、独特的无形影响力的品牌。这是成功品牌延伸的基础。有学者研究认为，母品牌众多特征中，感知能力具有概括性，切实影响消费者对品牌是否具备延伸基础、能够延伸多远的认识。品牌前沿 9.2 介绍了有关品牌能力感知影响品牌延伸产品评价的新近研究结论。

品牌前沿 9.2　　　　母品牌感知能力形象如何影响延伸产品的市场反应

有学者团队关注公司品牌的能力或实力形象（Competence）如何影响人们对其品牌延伸及其延伸产品的反应。该研究团队将母品牌的感知能力划分为两种类型，即：感知运作能力和感知概念能力。运作型能力形象（Operational competence）偏重于品牌在具体的、程序化的能力维度，通常指母品牌在加工/制造、营运等方面的熟练性、精确度等方面的表现，是品牌有效地生产、传递高质量产品的能力形象。而概念型能力形象（Conceptual competence）则偏重于品牌在抽象的、更为宽泛的属性方面的能力特征，通常它并不与生产/制造或营运等产品具体属性特征相联系，而是表现为提出新概念、新理念等方面的能力形象。总起来看，相对于远距离的品类，母品牌在近距离品类里的延伸产品能够获得更积极的评价。该团队进一步研究指出，在品牌的近距离延伸情景下，运作型能力形象突出的母品牌更容易赢得市场对延伸产品的好评，其机制是通过影响消费者的感知可转移性（Perceived transferability）来提升对延伸产品的评价。研究团队通过抓取某大型 2C 电商平台某个月的化妆品数据，发现在近延伸的产品类别里，运作型能力形象突出的母品牌在延伸品类的销售件数达到 4000 件，而概念型能力形象突出的母品牌在延伸品类的销售件数只有 1300 件；与此不同，在远延伸的产品类别里，概念型能力形象突出的母品牌在延伸品类的销售件数达到 900 件，但运作型能力形象突出的母品牌在延伸品类的销售件数只有 810 件。但是，在品牌实施远距离延伸的情景下，概念型能力形象突出的母品牌更容易赢得市场对延伸产品的好评，其作用机制是通过影响

消费者的感知概念一致性（Perceived concept consistency）来提升对延伸产品的评价。但是，母品牌要建立起概念型能力形象并不容易，那么，如果是精于运作的母品牌如何赢得远距离延伸的成功呢？该研究团队认为，当不施加营销干预时，消费者一般难以搭建起相距较远的两个产品之间的关联性，但是，两个产品之间的距离远近也存在主观性、相对性。如果通过科学的营销策略干预能够缩短消费者心目中对远距离延伸产品的距离感知，就能帮助消费者建立起母品牌与延伸产品之间的关联性。因此，该研究团队通过品牌的广告语让被调研对象心中的距离缩短，以此刺激被调研对象改变对距离的感知。结果显示，缩短被调研对象的心理距离（Psychological distance）能提高他们对延伸产品的距离感知，进而能提高对运作型能力形象的母品牌的远距离延伸产品的评价。

资料来源：
Haizhong Wang and Di Liu. The Differentiated Impact of Perceived Brand Competence Type on Brand Extension Evaluation[J]. Journal of Business Research, 2020, 117：400-410.

第三节 品牌延伸的实施步骤

公司进行品牌延伸时，首先要明确品牌的定位；然后评估延伸的机会，并在可能的延伸范围中做出选择；最后还要对延伸产品进行营销推广，并监测延伸结果。

一、明确品牌定位

品牌定位指明了品牌与其他竞争对手之间的差异点与共同点。企业进行品牌延伸时，同样需要明确延伸产品与母品牌之间的差异点与共同点。延伸产品与母品牌之间的差异点能使消费者建立对延伸产品形成某种特殊的品牌联想，而延伸产品与母品牌之间的共同点则有助于反映延伸产品与母品牌相同的品牌联结。

二、识别延伸机会

企业需要根据市场环境的竞争激烈程度和自身竞争优势，来选择合适的产品品类进行品类延伸，或是选择原有产品品类的某一子类来进行产品线延伸。这需要管理人员的经验以及市场调研。如果母品牌具有清晰的品牌定位，那么接下来，企业要做的就是挑选与该品牌定位相联系的产品品类。例如，对于家电零售商来说，它需要聪明地预见到电子商务将给传统的家电零售带来的冲击，因而，在家电零售企业中成立自己的电商品牌，以争夺新的电子商务市场。当时专业的家电电子商务公司只有京东商城，国美商城涉入家电电商存在着许多商业机会。

有时候，母品牌的定位即使与某一产品品类之间不具备匹配性，但有可能与该品类中的某一子类具备某种匹配性，此时照样存在延伸机会。例如，悍马越野车与普通消费者使用的笔记本电脑之间缺少匹配性，没有延伸机会；但悍马品牌形象与户外笔记本电脑之间具有让人信服的匹配性，因而悍马品牌在个人笔记本电脑领域存在延伸机会。

评估品牌延伸机会时，既要考虑母品牌能力、品牌延伸匹配性，又要考虑目标品类、目标子类的竞争环境。评估备选方案时，需要进行消费者调研。对于市场因素，企业则需要充分考虑目标品类的竞争环境，以及行业内的现行竞争对手可能采取的反应，等等。

三、设计营销方案，推广延伸产品

许多公司将品牌延伸看作是推出新产品的捷径，但对新产品的营销支持却不够，这往往会使品牌延伸难以取得成功。企业需要对延伸产品设计合适的品牌元素，既体现延伸产品的自身特色，又反映出与母品牌相同的渊源。还要制订营销计划，延伸产品的定价策略、渠道策略应以消费者感知为指导原则。在延伸产品的整合营销传播方面，如果是品类延伸（Category extension），则要更多地突出延伸产品与母品牌之间共同点；如果是产品线延伸（Line extension），则要更多地强调延伸产品与母品牌之间的差异点。

四、评估延伸结果

监测品牌延伸的结果就是要对品牌延伸的效果进行评估。这里重点介绍评估品牌延伸效果的两种方式。

第一种方式，将消费者对于品牌延伸的评价直接作为延伸效果的评估指标。这些消费者评价主要包括延伸匹配性、对延伸产品的态度、对延伸产品的购买意向、对延伸产品的信念（与特殊的功能属性的联系），等等。

第二种方式，将企业的营销绩效作为评估指标。其中，评估的数据来源有两种途径：一是通过管理人员的调查，获得对于品牌延伸回报的估计；二是将延伸产品的销售额、为企业带来的现金流等财务数据作为评估依据。

第四节　垂直品牌延伸

一、垂直品牌延伸的定义

垂直品牌延伸（Vertical extension），是指品牌从原来的产品档次，向上延伸至更高端的产品档次，或向下延伸至更低端的产品档次。垂直延伸的主要目的在于通过延伸产品扩大市场覆盖面，接触更多的目标消费群。通过垂直延伸，品牌可以进入更低端或更高端的市场。而水平延伸主要是用于覆盖更多不同的产品业务领域。垂直延伸分为向上延伸和向下延伸两类。垂直延伸时，无论是向上延伸还是向下延伸，延伸产品要取得成功但同时又不会对母品牌构成负面影响，此时往往需要启用一个新的品牌名。因此，一般意义上讲，垂直延伸的母品牌通常是公司品牌。

（一）向上延伸

1. 向上延伸

向上延伸是指公司推出新的、更高端的产品品牌，以此提升公司原有的形象。如果企业推出高端品牌的做法是为了改变原有的更为低端的品牌形象，此时向上延伸又称之为"品牌升级"。品牌向上延伸时，需要启用一个新的品牌名才更有助于延伸取得成功。例如，海尔以卡萨帝进军高端家电市场。福田汽车最早生产农用车，使用"福田"品牌名。后来，福田生产轻客，继续沿用"福田"，但销售业绩不理想。原因在于市场对"福田"的品牌印记与"农"有关。因此，2003年福田实施不同品类产品运用不同品牌名的市场区隔战略，对重卡就采用"欧曼"品牌名。

2. 声望品牌

公司品牌向上延伸时，如果品牌升级所推出的延伸产品主要用于满足顾客的身份、社会地位、形象等方面的动机需求，则此类延伸产品称之为声望品牌。声望品牌更关注顾客的自我概念和形象表达；而功能品牌更关注顾客对产品功能方面的需求。声望品牌具有高卷入度，可以给消费者带来社会认可、感官满足和思维激励。声望品牌更能向多种不相关的产品领域延伸。

声望品牌往往具有带领母品牌实现品牌升级的重任。例如，雷克萨斯就是丰田汽车的声望品牌，它提升了整个丰田汽车的形象（见品牌案例9.1）。声望品牌因此要与母品牌之间在定位、品质、定价、形象等方面保持足够远的距离，在视觉识别系统上要保持尽可能大的差异。同时，还需视产品类别的不同，在营销、销售、研发、生产、物流等营运上保持尽可能大的独立性。

品牌案例9.1　　　　　雷克萨斯：星火何以照亮丰田？

雷克萨斯就是丰田公司典型的声望品牌，也是推动"日本制造"劣质形象脱变的"星星之火"。虽然日本制造汽车的销售量在20世纪70年代不断挑战欧美汽车，但日本汽车仍然被认为是"廉价低档"车。1983年8月，丰田汽车会长丰田英二召集日本汽车业界的代表开会。丰田英二提出了"创造出足以傲视当今车坛的顶级轿车"的想法。但是，丰田旗下的众多品牌如花冠、皇冠、佳美等在消费者心目中已形成根深蒂固的"低档、省油、廉价"形象。如何让丰田品牌形象升级？为了占领高档车市场，丰田推出了全新的声望品牌雷克萨斯。雷克萨斯车上故意隐去丰田名称和标志，不让消费者将丰田固有的"低档、省油、廉价"形象与雷克萨斯联系在一起。为了让品牌名传递高档形象，丰田聘请美国一家品牌命名公司作顾问。"雷克萨斯"（Lexus）的英文发音有"豪华""奢侈"之意，能让人产生"豪华轿车"的联想。雷克萨斯充当了"星星之火"，它不只是让丰田公司成功实现品牌升级，也照亮了整个日本汽车业。

（二）向下延伸

向下延伸是指公司在原来生产的高知名度、高价品牌的基础上，转而增加生产价格更低、包装更简易的产品。向下延伸时，公司往往也采取启用一个新的品牌名的方法。今天，从日用品、服装到家用电器、电脑等，消费者倾向于购买低价格产品的趋势越来越普遍。为何公司需要在适当时候实施品牌向下延伸战略？总的看来，公司实施品牌向下延伸的情境分为如下几种。

其一，竞争者竞相投放低价产品。这些竞争者有可能是商店品牌，也有可能是制造商品牌，还有可能是来自成本更低的国家或地区的外国品牌。在这种背景下，制造商投放开发新的低价产品就更有必要，这是为了防御竞争者通过低价产品侵蚀自己的市场份额。

其二，新型零售环境迫使制造商品牌向下延伸。过去的仓储式零售商（如沃尔玛）、直销商（如戴尔）等零售变革推动了产品价格的下降；今天，电子商务和网上销售再次把目标瞄准在降低价格上。因此，制造商需要推出低价格的产品以应对零售环境带来的挑战。

其三，技术演变。新技术变得成熟之后，成本自然会降低，产品也变得更简单和更容易。

向下延伸时，公司通常推出独立的、价格更低的新品牌名，此时的延伸品牌又称为"侧翼品牌"（Flank）。拥有侧翼品牌，公司固有的高知名度和美誉度的高端品牌就不会受到伤害。和处理声望品牌的方式一样，公司对侧翼品牌也要采取最大差异化的品牌名称和视觉识别系统，以便公司原有的正面品牌资产不受侵蚀。很多公司成立一家新公司来经营侧翼品牌。

▶ 二、垂直品牌延伸的结果

垂直延伸存在许多有利或有害的结果，具体表现为以下几点。

（一）向上延伸与提升母品牌形象

品牌向上延伸能提升母品牌的形象，因为品牌高端版本通常能带来积极的品牌联想。例如，雪佛兰与大众都推出了高端 SUV 车型，以此来提高目标客户的母品牌评价。但是，这样的品牌延伸也可能会模糊消费者对母品牌定位的认知，从而带来负面效应。如果高端定位与固有品牌定位冲突，沿用现有品牌名向高端延伸往往难以成功，就正是雪佛兰与大众的高端车型没能获得积极市场反应的原因。

（二）垂直延伸与品牌定位

无论是品牌向上或向下延伸都可能给消费者带来困惑，从而模糊母品牌定位。由于消费者对母品牌存在一定范围的价格预期，品牌的高端版本因为超出了消费者的价格预期而被拒绝，而品牌的低端版本则因为劣质的联想而损害母品牌的形象。

(三)向下延伸不当会损害母品牌形象

高端消费者希望品牌是"独享"的，他们一旦认可了高端品牌，就不希望和自己不是一个档次的消费者享用同样的品牌。例如，五粮液本来是浓香型白酒的代表，是高档酒的代名词，而目前五粮液的品牌延伸却是一味向下的低档化策略，从一百多元的五粮春、到几十元的五粮醇、再到几元钱的东方龙，让消费者已经弄不清楚，五粮液究竟是高档酒的代表，还是低档酒的象征。品牌案例 9.2 介绍了万宝龙在困境中坚守自身的高端定位而不是选择走低端路线，其结果是再次提升了品牌形象，造就了"书写艺术"的卓越品牌形象。

品牌案例 9.2　　　　　　　　　万宝龙：坚守造就的书写艺术

在书写习惯已成小众的今天，万宝龙（Montblanc）从来都没有放弃书写工具这一核心产品，并坚持产品的高品质和品牌的高端定位，赋予品牌精致慢调的生活品位，成为权力和经典的象征。一款顶级限量版的万宝龙签字笔价值 300 多万元人民币左右，令威迪文（Waterman）、派克（Parker）等同类品牌望尘莫及。

现在万宝龙书写工具已经销售到全球 70 多个国家，在全球设立近 400 家专卖店，近五年时间内销售 200 多万支钢笔、签字笔等书写工具，并保持每年 10%以上的销售增长率。在高档笔市场中，万宝龙始终占有 60%~80%的市场份额。

但万宝龙的百年历史也并非一帆风顺。20 世纪 70 年代之后，电脑的快速崛起使钢笔的销售受到很大的打击。万宝龙为了拓展业务，开始扩充墨水笔的产品线，尝试生产中低价位的钢笔，而这次错误的向下延伸严重损害了万宝龙的品牌价值，一向坚持高端定价的万宝龙墨水笔遭遇在文具店清仓处理的窘境。直到 1987 年，历峰集团收购万宝龙之后，具有工程师背景的前 CEO 诺伯特（Norbert A. Platt）开始对万宝龙进行品牌再造。首先，回归万宝龙的固有品牌定位。诺伯特在坚持品质的同时融入艺术元素；把全部精力集中在高端产品线上，将中低价位产品全部砍掉；将钢笔价格提高一倍以上，以高价位策略拯救品牌形象。正是这次"把技术变艺术、把量产变限量"的品牌改造挽救了万宝龙，自此万宝龙的业绩开始持续上升。

其次，开拓新的细分市场。万宝龙 2005 年尝试开拓女性市场，先后推出葛丽泰·嘉宝系列、玛琳·黛德丽系列、英格丽·褒曼系列等女性书写工具系列。当然，以一个男性形象鲜明的品牌开拓女性市场，万宝龙设计师同样关注女性的需求。在产品设计方面，女性系列墨水笔会选择玫瑰金笔嘴，镂空心形开口等适合女性的设计元素。每一个系列都具有各自的特质，比如英格丽·褒曼系列的笔夹饰以紫水晶，以象征冷静、清晰、包容的个性。

再者，万宝龙进行了品牌延伸。万宝龙现已不再局限于书写工具，而是围绕品牌核心理念不断进行品牌延伸。如今，万宝龙已成为包括钢笔、皮具、腕表、珠宝配饰、香水等多个产品领域的高档品牌。

资料来源：

刘媚琪. 万宝龙：小众产品的大价值[J]. 商业价值, 2012.

（四）侵蚀母品牌的销售

虽然垂直延伸可以吸引新顾客，但也许会从已有的顾客群体中抢走很大部分。品牌向下延伸时，这个问题尤为突出。例如，当莫里斯公司推出更低端的烟草品牌——万宝路 Basic，来与 Monarch 品牌竞争时，万宝路的旗舰品牌的顾客遭遇大量流失，转而购买万宝路的低端品牌，结果，整个公司的烟草营业利润直线下滑了 46%。同样，柯达公司在推出其折扣品牌柯达 Funtime 之后，其旗舰品牌柯达 Gold 的市场份额大幅下滑。

为了有效应对垂直延伸可能带来的负面结果，企业往往将延伸产品与母品牌的定位有效地、最大程度地区分开来，采取不同的品牌名称与营销渠道是较为普遍的策略。不论是向上延伸，还是向下延伸，开发一个新品牌名，撇开延伸产品与现有品牌名之间的联系，对现有品牌和新品牌而言，都是更为合适的战略。例如，上海家化推出的高端品牌双妹，不仅具有独立的品牌名称，其营销渠道也是独立的。

------------------------------【本章小结】------------------------------

1. 品牌延伸是指利用现有品牌名推出新产品的做法。品牌延伸是公司从品牌资产创建中享受到的回报；也是公司寻求业务成长的战略之一。

2. 品牌延伸最基本的正面效应表现在消费者层面和企业层面。在消费者层面，品牌延伸的基本作用包括：降低消费者对新产品的感知风险；提高市场对新产品的质量认知；满足消费者多样化需求。在企业层面，品牌延伸能提高公司的营销效率。

3. 品牌延伸是公司拓展市场、推动业务成长和增收的主要战略之一。

4. 品牌延伸的更大意义表现在能为母品牌提供反哺作用。品牌延伸能够丰富母品牌的含义、提升母品牌的形象、拓宽母品牌的宽度等。

5. 若品牌延伸不遵循科学规律，就会带来系列负面效果，主要表现在：母品牌正面联想不能转嫁给延伸产品，甚至对延伸产品产生负面联想；对母品牌已建立起的资产构成伤害。

6. 母品牌的品质是延伸取得成功的前提。在此前提之下，品牌延伸还应遵循一系列原则，主要有：要以匹配性作为延伸基础；越优质的品牌，越能够进行品牌延伸；象征性的、抽象的品牌定位，更有利于品牌延伸；产品线越宽，越有利于品牌延伸；拟延伸的品类竞争环境越激烈，越不利于品牌延伸。

7. 品牌延伸要遵循科学的实施步骤，主要包括：明确品牌定位；评估延伸机会；评估延伸方案；设计营销组合，推广延伸产品；对延伸结果进行评估、监测。

8. 垂直品牌延伸是品牌延伸的特例，是品牌延伸领域的新课题，它包括向上延伸和向下延伸。垂直品牌延伸一般属于公司层次的品牌战略，往往采取启用新品牌名的方法。

----------------------【术语（中英文对照）】----------------------

----------------------【即测即练】----------------------

自学自测　扫描此码

----------------------【思考与讨论】----------------------

1. 收集中国市场上品牌延伸成功的 2~3 个案例，分析讨论品牌延伸对母品牌、对公司的战略意义表现在哪些方面。

2. 分析比较产品线延伸、品类延伸、垂直延伸、水平延伸等概念的差异性和关联性。

----------------------【实战模拟】----------------------

案例讨论：

1. 利用本章品牌延伸的分类，选取上述案例材料中的三个品牌，分析说明它们属于哪种类型的品牌延伸。

2. 利用本书第一章品牌内涵、第三章品牌的顾客本位和本章品牌延伸的理论，分析说明上述案例中，欧洲奢侈品牌古驰（Gucci）、爱马仕（Hermes）、Prada 等跨界咖啡、酒吧等，母品牌的哪些无形资产促使它们采取这样的延伸战略？

第十章
品牌组合战略

> 只有公司的每个品牌都履行自身明确的职能,才能产生决定性的竞争合力。这就像一支美式橄榄球队,几十个人分别打不同位置,每个人都有自己的角色。
>
> ——大卫·阿克(品牌管理全球权威学者)

学习目的

学习本章之后,读者将对以下品牌问题有更清晰、准确和透彻的理解:
- 什么是品牌组合战略?
- 品牌组合战略对公司有何重要价值?
- 管理品牌组合的两大模块是什么?
- 如何实施品牌纵向组合战略?
- 如何实施品牌横行组合战略?
- 公司如何建立应对动态和多变环境下的品牌纵横架构?

本章案例

- 海尔集团的品牌组合战略

开篇案例　　　　　　　　海尔集团的品牌组合战略

从全球市场来看，中国家电企业正以昂扬向上的姿态，不断加快走向世界知名品牌的步伐。其中，处于行业领先位置的当属海尔。2017年3月8日，海尔首次向世界发布海尔、美国GE Appliances、新西兰Fisher & Paykel、日本AQUA、卡萨帝、统帅一共六大家电品牌的全球化战略。海尔集团副总裁、中国区总经理李华刚接受《家用电器》记者采访时表示："中国家电代表着世界家电行业的趋势，海尔六大家电品牌构建的核心竞争力领先于全球。"2017年1月，世界权威市场调查机构欧睿国际发布了一组亮眼的数据：中国海尔以10.3%的全球市场份额，第八次蝉联全球大型白电第一。可以说，海尔是中国家电品牌的骄傲。海尔六大家电品牌全球化战略的发布，标志着海尔完成了从"世界第一白电品牌"到"世界第一家电品牌集群"的布局。

1. 单一品牌全球化

海尔集团董事局主席兼首席执行官张瑞敏对海尔的品牌之路有一个简洁的概括："有中国客户资源，就是一个中国品牌；有全球客户资源，就是一个全球品牌；有了高端客户资源，就是一个高端品牌。"

曾几何时，中国人买电视买冰箱的理想选择是日本货、德国货，虽然价格不菲，但高端大气上档次。而国产家电，基本上被视为价廉质次大路货。"海尔砸毁76台有缺陷冰箱"的故事，就是在这样的时代背景下出现的。当时，张瑞敏的逻辑很简单，只有砸醒海尔人的质量意识，才有产品和企业的未来。张瑞敏认为，海尔必须出口创牌，而不是出口创汇。

在20世纪90年代，海尔开始实施国际化战略。"下棋找高手"。海尔首先进入发达国家创名牌，再以高屋建瓴之势进入发展中国家。海尔打造国际化品牌就是按照"走出去、走进去、走上去"的"三步走"思路。"走出去"阶段，海尔以缝隙产品进入国外主流市场；"走进去"阶段，海尔以主流产品进入当地主流渠道；"走上去"阶段，海尔以高端产品成为当地主流品牌。"三步走"的顺利实施，使海尔得以实现八次蝉联全球大型白电销量第一，并成功地完成从"跟跑者"向"领跑者"的转变。2004年，海尔冰箱在欧洲的畅销型号售价才99欧元，10年间海尔冰箱在当地的平均单价增幅达465%。目前，海尔全球最大容积728升法式1米宽冰箱，在欧洲卖场已达到最高售价2990欧元。海尔的法式对开门冰箱得到了国际品牌界同行的高度认可，上市后，美国GE、德国利勃海尔、韩国三星和LG等公司，也相继推出与海尔集团的法式对开门冰箱类似的产品。

2. 国内市场的品牌组合

1991年开始，海尔进入多元化战略阶段。借着邓小平南方谈话的机遇，海尔兼并了18家亏损企业，从只生产冰箱一种产品发展到生产多样化产品，包括洗衣机、空调、热水器等。那时，舆论称"海尔走上了不规则之路"，行业也认为企业要做专业化，而不是"百货商场"。而海尔则认为"东方亮了再亮西方"，海尔冰箱已做到第一，在管理、企业文化方面有了可移植的模式。另外，不管是专业化还是多元化，本质在于有没有高质量的产品和服务体系。

除了业务上的多元化，海尔也开始推出细分品牌。1998 年，海尔旗下统帅品牌上市，起初主要针对海外市场研发简约家电，2008 年借由国家家电下乡等多个利好政策，统帅开始布局国内市场并成功中标国家家电下乡，实现倍速发展。2011 年，伴随互联网时代的到来，统帅与时俱进，将用户定位在以"85 后"为主，既想拥有品质生活，又不愿支付过多成本的白领，重新确定品牌定位"轻时尚家电开创者"。轻时尚代表着一种简单精致、回归本质的文化，不是标新立异、夸张色彩，而是真正有内涵的时尚。统帅电器的"轻时尚"，是让家电化繁为简，把简单做到极致，却又无比认真细致地照顾到生活点滴所需，与年轻群体的消费诉求不谋而合。

与统帅不同，卡萨帝诞生之初便定位于海尔集团的高端子品牌。从 2007 年 9 月上市至今，卡萨帝发展迅速、成绩凸显，凭借其出色的设计创意频频摘得国际大奖，包括美国《商业周刊》的"年度设计奖"、德国的"Plus X 大奖"、德国的"IF 设计大奖"及德国的"红点至尊奖"等设计大奖等。在 2009 年 12 月的 IPSOS 品牌资产调查报告中显示，卡萨帝在中国一线城市高端人群中的品牌提及率已经达到了 29%。目前，卡萨帝产品已经自豪地进入中国近百万个高端家庭，为中国的高端人群带去了品质生活。

海尔、统帅、卡萨帝三个定位鲜明的子品牌组合在一起覆盖了不同年龄段、不同消费层次的消费者，为巩固海尔集团在白电市场中的品牌领先地位起到了重要的作用。

3. 全球市场的品牌组合

从 2005 年开始，海尔进入全球化品牌战略阶段。全球化品牌战略推动海尔的海外市场发展驶入了快车道，不仅依靠品牌自身力量逐年开拓海外市场的销售网络、研发和制造基地，更是通过差异化的国际并购，实现了海外资源的快速扩展和整合。

2011 年 10 月，海尔宣布收购三洋电机在日本和东南亚部分地区的白色家电业务。这一次具有里程碑意义的多国并购不仅进一步完善了海尔在东南亚市场的布局，更是通过差异化的文化融合和机制创新模式，将海尔"创业创新"的品牌文化基因成功输送给并购来的组织和员工，实现了 Haier 和 Aqua 双品牌在日本和东南亚市场的融合发展。仅仅一年后，海尔再次成功收购新西兰国宝级家电品牌 Fisher&Paykel，有力夯实了高端家电产品的研发、制造能力。2016 年 6 月 7 日，由海尔集团控股 41%的青岛海尔股份有限公司与美国通用电气共同宣布双方已就青岛海尔整合通用电气家电公司的交易签署所需的交易交割文件，这标志着具有百年历史的美国家电标志性品牌——GE 家电正式成为青岛海尔的一员。

> 至此，海尔已在全球拥有 10 大研发基地（其中海外 8 个）、24 个工业园、108 个制造中心、66 个营销中心。目前海尔在全球范围内已实现了设计、制造、营销"三位一体"的网络布局。海尔完成了从"世界第一白电品牌"到全球拥有品牌最多、产品最全、最具国际化特质的"世界第一家电品牌集群"的转变，将实现由海尔单一品牌的全球化到多品牌全球化，以及由单一品牌覆盖全球每一个本土市场，到多品牌协同满足全球每一个本土市场不同需求的跃升。
>
> 资料来源：
> 1. 苏亮，李华刚．海尔正在构建全球家电的未来[J]．家用电器，2017（4）：60-61．
> 2. 陈莉．海尔发布六大品牌战略 协同打造"世界第一家电品牌集群"[J]．电器，2017（4）：26-26．
> 3. 张麒麟．从单一品牌全球化到多品牌全球化[N]．人民日报，2017-05-19．

如上所述，海尔通过不同品牌来占领不同顾客细分市场，从而在家电行业取得全球总体市场份额领先的优势。所有公司在发展过程中一定会走到多品牌阶段，一定要面临多品牌的关系管理问题。本章旨在为公司发展过程中遇到的品牌横向和纵向组合关系管理提供战略性指引。

第一节　品牌组合的内涵及意义

每家公司都会在发展、成长的过程中，进入拥有多个品牌的阶段。多品牌阶段的到来让公司在管理品牌组合方面，面临更多挑战和考验。如何科学地管理好公司旗下众多品牌之间关系，成为品牌战略管理的重中之重。

一、品牌组合的内涵

品牌组合英文名为"Brand portfolio"。其中，"Portfolio"一词原用于定义金融领域的投资组合。品牌组合是指公司出售的每一特定品类产品所包含的品牌和品牌线的集合。品牌组合战略（Brand portfolio strategy）是指公司运用一套系统方法，对多个品牌进行系统化和精细化管理的过程，它便于公司理顺和解决现有的、将来的品牌关系问题。品牌组合战略是品牌管理的核心内容之一，其目的是对有限资源进行合理分配，取得多品牌协同价值最大化。

品牌组合有狭义与广义两种内涵。狭义的品牌组合是指公司多个自有品牌之间的内部关系管理问题。广义的品牌组合在狭义的品牌组合基础上，还涉及公司自有品牌与外部品牌（如联盟品牌、租赁品牌、授权品牌、第三方品牌等）之间的关系管理问题。

（一）狭义的品牌组合

在描述狭义的品牌组合时，我们介绍一下品牌架构这一常用管理工具。品牌架构（Brand

architecture）旨在回答一个企业需要多少个品牌以及品牌之间是什么关系的问题。品牌架构是个有用的图形工具，通过展示公司的产品拥有的共同和特殊品牌元素的数量及种类，以此来描绘出公司的品牌战略，并清晰地展现品牌元素的次序。品牌架构的基本前提是：可以通过多种不同的方式对品牌进行塑造，这取决于有多少新的和既有的品牌元素可以利用，以及如何组合的问题。

以通用汽车为例，其品牌架构如图10-1所示，它们分为品牌纵向组合和品牌横向组合（也称为纵向品牌关系和横向品牌关系）。通用汽车和悍马处于同一个品牌纵向组合中，即处于纵向组合中的不同品牌层级上。而凯迪拉克、别克和悍马处于同一个品牌横向组合中，即处于同一横向品牌层级上。品牌纵向组合和品牌横向组合相互交错，形成了一个二维平面的品牌架构。

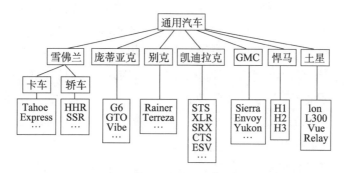

图10-1　2005年通用汽车的品牌架构

品牌组合主要回答三个问题：组织向市场提供哪些品牌；这些品牌在标识产品时扮演什么角色；各个品牌的市场跨度有多大。根据公司品牌与下属各产品或各业务品牌之间协同程度的不同，品牌组合基本可以划分为四种模式。

1. 单一品牌组合模式

单一品牌组合是指公司与公司下属产品业务都采用公司品牌名（又称为集团品牌名，英文为Corporate brand）作为统一的品牌名称。例如，美国通用电气集团，主要采用单一品牌组合模式。公司品牌名覆盖公司下属所有产品业务，每个业务或产品的品牌都采用与公司品牌相一致的品牌名称和品牌标识，在各个业务层级都显示相同的品牌形象，并与公司品牌名醒目地关联在一起。采用单一品牌组合模式后，由于一个公司跨越不同的产品业务领域并在多种产品业务中只使用一个单一的公司品牌名，此时如何充分利用公司品牌，集中营销力量，使得品牌规模最大化成为非常重要的市场决策问题。与此同时，该模式的风险表现为多个产品业务或多个项目很容易给市场传递混乱的定位，并存在束缚各业务或产品领域的营销创新的可能性。因此，采取单一品牌组合模式的公司尤其要重视品牌危机与风险防范管理。

2. 担保品牌组合模式

担保品牌组合是指公司品牌为公司旗下的产品或业务品牌进行品牌背书（Brand endorsement）。在集团公司中，担保品牌组合表现为集团品牌为下属业务品牌提供信誉和组织担保，而下属产品或业务品牌又为公司品牌的整体发展增值。担保品牌起到的是信号作用，特别是为产品质量提供担保，能够显著影响产品的质量和独特性感知。担保品牌组合又可以分为强势担保（如英特尔（Intel）为旗下各处理器系列产品的担保）、名字关联（如麦当劳通过 Mc 为各个产品品牌的担保）和影子担保（如欧莱雅为旗下各细分市场品牌的担保）。担保品牌组合模式可以使集团下属品牌更好地与消费者接触，增加消费者的信任度，切入多个不同细分市场，从而成功推出各产品或业务品牌。但下属品牌的失败也可能导致集团品牌受损。

3. 互不关联品牌组合模式

互不关联品牌组合是指公司品牌与旗下的产品或业务品牌相互独立，不产生关联性。采用这种品牌组合模式的结果是，消费者不能从产品或业务品牌中，明显地看到集团品牌的符号或痕迹。这种模式有利于公司内部各产品或各业务的品牌与目标顾客实现更有效的沟通，并通过对各业务品牌的区隔管理来获得各业务或产品之间的差异最大化。但相互独立的产品或业务品牌运作模式会导致集团公司的整体营销成本偏高，各个产品或业务品牌之间也可能产生恶性竞争，处理不当的话，会不利于形成整体品牌组合的最优绩效。当集团公司下属各业务领域互不关联且各业务品牌之间的共性很小时，采用单一的集团品牌难以协调存在巨大差异的各产品或业务领域，此时，集团公司在各业务或产品领域，往往倾向于采用互不关联的品牌组合模式。

4. 刻意回避品牌组合模式

刻意回避品牌组合是指集团公司刻意回避与下属各业务或各产品品牌之间的联系。采用这种品牌组合模式的用意，主要是为了回避母品牌对各产品或业务品牌造成负面影响。

综上，根据公司内部集团层面（或公司层面）在品牌识别系统上，与公司内各产品或各业务之间共享程度的不同，分成了以上四种模式。这四种模式反映绝大多数的公司品牌组合现象，但也不能穷尽每个公司在处理集团层面和产品或业务层面的品牌识别方面的协同情况。泰伯特在品牌组合模式方面，提出了品牌之屋模式（Houses of brands）和品牌化结构模式（Branded structure）的理论，这一理论中，品牌化结构模式更接近于单一品牌组合战略，而品牌之屋模式则代表的是另外三种品牌组合模式。这一理论反映出品牌组合模式的两个极端，现实中的公司要么属于两种模式之中的一种，但更多的情形是偏向于却并不完全等于其中的一种。例如，宝洁是典型的品牌之屋模型，它拥有许多不同的品牌，即使在同一产品领域也拥有多个品牌。而戴尔（Dell）和维珍集团（Virgin）则是典型的品牌化结构模型，它们在多种产品或业务领域使用单一的主品牌即公司品牌。

（二）广义的品牌组合

广义的品牌组合在狭义的品牌组合基础上，还涉及公司自有品牌与外部品牌之间的关系管理。在企业的品牌组合中，有的是自创品牌，有的是并购的、租用的或与外部联盟的品牌，企业对这些品牌在感情上可能不同，但实际应用中应摒弃感情因素，而从实用角度去管理不同来源的品牌。首先，要明确外部品牌的作用。公司使用外部品牌是为了进入新市场，还是为了市场防御？是为了利用外部资源还是为了消除竞争？对外部品牌的不同角色定位，决定了公司应该如何处理公司内部品牌与外部品牌之间的关系。其次，要明白外部品牌和自有品牌之间是互补关系还是竞争关系。若是互补关系则应充分利用相互资源，挖掘品牌潜力；若是竞争关系则要进行评估，进行选择性发展。

在广义的品牌组合中，品牌联合（Band alliance）所创造的合作品牌（Ally brand）发挥着重要作用。消费者对品牌联合之前的原品牌评价越好，联合之后的合作品牌所得到的评价也就越正面。品牌联合涉及将不同公司的品牌结合起来以实施有效的战略性或战术性品牌计划。当来自不同组织（或在同一组织中完全不同的业务领域）的品牌联合起来创造一种新产品时，就形成了合作品牌。本书重点关注公司内部的自有品牌及其品牌组合问题，即狭义品牌组合。如果需要进一步了解广义品牌组合，可以参考其他相关文献。

二、品牌组合战略对公司的重要意义

为什么公司要关注品牌组合问题？品牌组合战略能够保证企业形成强大的竞争优势，使得竞争对手无法通过模仿对企业造成威胁。零售商在产品陈列中，制造商的品牌组合还能影响零售商对制造商如何分配陈列空间面积，品牌组合越强的制造商，更能从零售商获得陈列空间方面的议价优势。总体来看，成功的品牌组合战略能够在以下五个方面推动公司的整体发展。

（一）拥有强大的规模效应

统筹合理的品牌组合有利于公司在广告、分销、促销等方面获得规模经济效应，能够在公司内部促进良性竞争。同时，能够提高公司产品在零售终端的铺货率，从而提高对零售商的吸引力和议价力。

（二）有利于业务创新

开发新的地理市场或新的顾客细分市场，以及推出新产品或新业务时，公司需要面临品牌组合的决策问题，到底是启用新品牌还是沿用现有品牌？现有品牌可以延伸到哪些产品或业务领域？这些都是公司战略层面的品牌问题。

（三）合理的品牌角色有利于覆盖不同的细分市场

品牌组合中的各个品牌分别具有自身的角色。例如，侧翼品牌一般是低价位品牌，目的是用来对抗竞争者的低价竞争，侧翼品牌可以起到保护旗舰品牌的作用。又如，品牌组合中的声望品牌，一般是指更为高端的品牌，其作用是象征性地表明公司具有生产高档产品的能力，其作用在于增加整个公司的威望和信誉。得体的品牌组合，让公司通过不同品牌行使相应的角色，这有利于公司有效实施差异化营销策略。

总之，合理的品牌组合战略能促使品牌组合中的任何一个品牌发挥应有的功效。为了设计最佳品牌组合，营销者一般需要对市场覆盖率以及成本、利润等财务方面进行权衡。最佳品牌组合能够使组合中每个品牌与该组合中其他品牌一起推动公司总的品牌资产最大化。品牌组合中品牌数量是否得当，可以通过如下简单方法衡量：如果删减品牌数目能够增加利润的话，那么品牌组合中的品牌数量就太大了；如果增加品牌数目能够增加利润的话，那么品牌组合中的品牌数量就还不够。品牌组合战略的目的是充分利用品牌资产，发展和提升强势品牌，促进品牌间的互补协同，促进多个品牌产生的合力增效最大化。

第二节 管理品牌组合

管理品牌组合主要有两方面的内容，即：建立品牌组合、优化品牌组合。而优化品牌组合又包括扩大品牌组合和精简品牌组合。

一、建立品牌组合

品牌组合管理的前提是公司实施了多品牌战略。多品牌战略（Multi-brands strategy）是指一个企业发展到一定阶段后，在同一产品类别之内或不同产品类别之间，产生发展出多个品牌。公司产生多品牌的背景主要有以下三种。

（一）品牌并购

品牌并购是公司进入新的产品类别或新的目标市场的快捷途径，并购能直接获得产品类别中的专有技术、管理经验与营销渠道，能够获得供应商网络、客户资源等资源与能力。例如，2005年，家用消费品日化巨头宝洁支付570亿美元将男士用品领域的知名品牌吉列公司收归旗下。这起品牌并购，让宝洁多了一个知名品牌，以此在新的业务领域获取新增长点。宝洁在公司层面就需要管理好吉列与宝洁公司品牌及其业务品牌之间的关系。

（二）内部进入

公司可以在现有产品类别里，或在新的产品类别中，开发和投放新的品牌。例如，宝洁公司1975年推出"专业去屑"的洗发水品牌海飞丝；1986年推出"柔顺体验"的洗发水品牌飘柔；1992年再推出"潘婷"洗发水品牌，强调"健康秀发的护理与营养"理念。至此，宝洁公司自主开发投放的洗发水品牌就多达三个，它们各自有其独特的品牌定位。可见，公司内部推出新品牌，让公司战略业务（Strategic business）的目标落实到具体的品牌上，有助于公司实现战略业务增长。

（三）战略联盟进入

公司可能通过战略联盟的途径进入到多品牌组合。战略联盟进入又分为两种形式。其一是合作。企业为了实现特定的战略目标采取独立治理结构的共担风险、共享利益的相对长期的合作协议，没有涉及股权和股权安排。其二是合资。企业各方共同投资兴建合资企业，共同拥有品牌权益，这需要涉及股权安排。

二、优化品牌组合

品牌组合在处理多个品牌间的关系时，需要对品牌组合进行动态优化。品牌组合的动态优化包括扩大品牌组合和精简品牌组合。

（一）扩大品牌组合

扩大品牌组合又俗称为"品牌加法"，是指在原有的品牌组合中增加多一个新的品牌，包括在相同的业务领域增加一个新品牌名，或增加一个新的产品或业务及其品牌名。品牌加法通常适合扩大公司规模或者创新业务发展的情形。例如，华龙集团自创"今麦郎"品牌，以在方便面市场推出价格更高的产品，区别于最初投放到市场的中低档价格的方便面品牌"华龙"。在今麦郎进入市场后利用短短一年时间，销售额就达到 1 亿元，逐渐在中国高价格的方便面市场占据重要地位。

（二）精简品牌组合

精简品牌组合又俗称为"品牌减法"，是指砍掉品牌或者清理品牌，它是一种"以守为攻"的品牌战略，包括减少现有品牌数量、业务领域、品牌层级；也包括品牌元素的优化。当品牌组合中的品牌数量已经多到影响企业资源利用、绩效产出，超出其管理能力时，适当的品牌减法势在必行。例如，联合利华 1999 年有 1600 个品牌，业务遍及 150 多个国家。公司 90%的利润却来自于其中的 400 个品牌，其余 1200 个品牌大多数都处于亏损之中或者只有微薄的利润。于是，联合利华于 2000 年 2 月启动了 5 年品牌战略规划——命名为"增长之路"。该计划的核心是将旗下 1600 个品牌压缩大约 1/4，而把精力集中在那些拥有持续的客户吸引力、具有市场领导地位、具有相当销量和发展前景的 400 个核心品牌。

品牌减法的重要背景是多品牌战略所天生具有的缺陷，即：规模不经济。一家企业在同一个市场引入多个品牌时，会出现隐性成本，隐性成本一般表现为以下四种情况。

1. 内部恶性竞争

如果品牌之间没有足够差异化，品牌定位没有独特性，那么公司在同一产品或业务领域实施多品牌的营销举措，可能会给公司带来内部品牌之间的恶性竞争。例如，2003 年，通用汽车撤销了旗下连续 10 年亏损的奥兹莫比尔。由于没有及时地进行品牌减法，奥兹莫比尔多年来不得不在夹缝中生存。

2. 品牌组合效率低下，收效甚微

如果公司盲目追求对市场的全面覆盖，导致过多的小品牌，而其中的重要品牌又得不到有效管理，就会导致整个品牌组合的效率低下。维持数量众多的小品牌，比销售几个大品牌更费钱，因为在工厂中制造大量不同的产品会产生巨额的生产成本。同时，在终端渠道也需要使用更多营销投入，营销力量分散到了大部分效益较低的小品牌上对于公司的经济最优化来说是不划算的。

3. 不利于提高与零售商的议价能力

像沃尔玛和家乐福，往往只会在每一类商品中挑选市场份额排名前二或三的品牌进入店中销售。如果公司想将所有商品放在终端货架上，就需要支付巨额的商品上架费。可见，如果公司在同一产品类别中，拥有一些并不畅销的小品牌，要想进入知名的零售终端，就得给零售商支付巨额费用，这就不利于自身的成本控制。

当然，公司很多时候不会使用纯粹的品牌加法或减法，而是将两者结合起来。将品牌的某种定位或特征转移到另外一个品牌上，同时实现加法和减法。例如，1999年联合利华停用了Radion品牌，并将Radion原有的香味（品牌元素）转移到Surf品牌上，从而充实丰富了Surf品牌的产品线。

从品牌架构的纵横两个方向来看，品牌加法和减法分别同时适合于品牌纵向组合的加减法，以及品牌横向组合的加减法。品牌纵向组合的加减法分别指品牌层级的增加或减少。品牌横向组合的加减法指某一层级上品牌数量的增加或减少。品牌纵向组合的加减法需要保证品牌层级的增加或减少有利于品牌长期发展。品牌横向组合的加减法需要考虑增加或撤销品牌时引起的上下级品牌的变动。

什么时候公司的品牌组合会出问题呢？在本节的最后，我们列举出公司品牌组合出现问题的八大信号。这八大信号是公司用来诊断品牌组合管控问题的极有价值的工具指南。

①有潜力的品牌缺乏资源，老而过时的品牌却占有太多资源；
②品牌之间难以显示差异化，利润空间变小；
③关键品牌平淡无奇、老化，急需改变形象；
④一些正面的品牌资产没有得到充分利用；
⑤产品混乱，消费者甚至员工也分不清楚其品牌归属；
⑥过多的品牌和产品分散了本已不足的营销资源；
⑦市场上出现了新的产品类别和子类别，本公司产品的市场份额在缩小；
⑧当核心市场正变得不利时，出现极具盈利性和生命力的子市场，但公司目前却没有品牌适合参与这个子市场。

第三节　实施品牌纵向组合

一、建立品牌纵向组合

品牌纵向组合体现了品牌组合中的层级关系，它清晰地体现公司目前的品牌层次和组织架构。品牌纵向关系一般分为四个层级。

（一）公司品牌

公司品牌（Corporate brand）为最高层次的品牌。当一个公司旗下拥有众多的子公司或事业部，此时的公司品牌就是指集团品牌。集团品牌之下可以有多个公司品牌。但在品牌理论上，通常只用公司品牌这一称呼。因此，未特别说明的情况下，集团品牌和公司品牌可能会交替使用，属于品牌架构最高层级。公司品牌的下一级有多个品牌家族或战略性品牌。

公司品牌是代表一个公司或组织的品牌。公司品牌资产定义为公司品牌名及其联想，在其多重利益相关者心目中带来的差异化反应。具体来说，公司品牌资产是指公司的顾客、员工、股东、商业合作伙伴、竞争者、政府等利益相关者，对公司品牌积累的联想、记忆、印象等（远景、行为、产品和服务等）给利益相关者针对公司行动所产生的差异化反应。

使用多品牌战略的公司，其品牌数量多且杂；而仅使用公司品牌的公司，其品牌层级相对更为简单，因此合理利用"与生俱来"的公司品牌就成为品牌管理的重中之重。关于如何打造公司层次的品牌，品牌前沿 10.1 摘选了《哈佛商业评论》上有关公司品牌"三颗星"战略的思维逻辑。

品牌前沿 10.1　　集团公司品牌三颗星战略

要从集团公司品牌战略中获得最大收益，三个基本要素需要得到整合，那就是：远景、文化和形象。我们在此称之为集团公司品牌的"三颗星"战略。要整合好这三颗"战略之星"，集团公司管理层要集中管理艺术和意愿。因为，每一颗星都是受不同的管理治理驱动。要打造出优异的集团公司品牌，三颗星之间必须要有机融合，每两两之间不能发生理解或思维逻辑上的断层或冲突。

（1）远景。远景表明高层管理者对公司充满的创想和激情。如何才能填补远景和文化，以及远景和形象之间的断层或冲突呢？要打造好集团公司品牌，董事会及高层管理者要常常思考和关注几个与远景有关的问题：①哪些人或机构是你的利益攸关者？②这些利益攸关者期待从公司获得什么？③公司是否将远景向这些利益攸关者有效地沟通？

（2）文化。文化表明了集团公司作为一个组织的价值观、行为取向和态度。换言之，文化意指公司各阶层的员工是如何感受、感知他们为之工作的公司的。如何才能填补文化和远景，以及文化和形象之间的断层呢？要打造好集团公司品牌，董事会及高层管理者要常常思考和关注这样一些与文化有关的问题：①你的公司践行了你常常宣扬的价值观吗？②公司远景是否能激发内部的各种亚文化？③你的公司的远景和文化是否与你的竞争对手公司的远景和文化有显著的差异化？

（3）形象。形象是指公司的外部世界对公司的整体感受或印象。这些外部世界包括了公司的各种利益攸关者，如顾客、股东、媒介、公众，等等。如何才能填补形象和文化，以及形象和远景之间的断层呢？要打造好集团公司品牌三颗星，董事会及高层管理者要常常思考和关注几个与形象有关问题：①你的所有利益攸关方将你的公司想象成什么样的形象？②公司的员工和利益攸关方是如何互动的？③员工会介意利益攸关方所思所想的问题吗？

越来越多的公司看到打造集团公司层面的品牌无形资产的益处。但要想从打造集团公司品牌中获得更多收获，以上三个本质要素（远景、文化和形象）必须要恰到好处地融合起来。任何断层或冲突，都会让集团公司品牌战略事倍功半。

资料来源：Mary Jo Hatch and Majken Schultz, Are the Strategic Stars Aligned for Your Corporate Brand?[J]. Harvard Business Review, 2001(2): 128-134.

公司品牌是最终的品牌集合体，它拥有很多产品品牌无法比拟的优势。首先，在不同产品和市场中使用公司品牌将使品牌管理更加容易和高效。其次，公司品牌能为旗下产品品牌的顾客传递一种更为可靠和宝贵的品牌联想。再者，公司品牌能够支持与利益相关者之间的沟通。最后，在进行国际扩张时，公司品牌背书能够节约成本，产品可信度会因公司品牌的强大而更易被消费者认同。

但并非所有的公司或业务都可以使用公司品牌来进行其营销活动。碰到以下三种情况时，产品或业务品牌要弱化自身与公司品牌的关联：

①如果公司品牌仅使人联想到了某些特定产品类别时，使用公司品牌就会使品牌范围过于狭窄，于是公司品牌的作用就受到限制；

②如果公司品牌缺乏相关的价值主张，这时就需要一个新品牌来阐明更细致的定位和消费者需求，而不能盲目地使用公司品牌；

③当公司品牌具有负面联想时，不要使用公司品牌，以免造成更大的风险。

（二）家族品牌

由于公司规模扩张或业务发展，在公司品牌下有必要增加一个品牌层次，从而诞生了家族品牌（Family brand）。例如，在海尔集团，海尔是公司品牌，卡萨帝（Casarte）就是海尔旗下的一个家族品牌，代表了高端家电品牌。卡萨帝于2006年成立，源自意式生活灵感，卡萨帝秉持"创艺家电，格调生活"的品牌理念，产品设计原则是"汲取精致生活的灵感，缔造永恒的艺术品质"。卡萨帝从产品范围来看，和其公司品牌海尔有很大的重叠，旗下拥有冰箱、酒柜、空调、洗衣机、热水器、厨房电器（抽油烟机、灶具、消毒柜、烤箱、蒸炉、微波炉、洗碗机等）、生活小家电（咖啡机、面包机、榨汁机、搅拌机、柳橙机、暖杯碟机、电水煲等）、电视机以及整体橱柜等9大品类的众多产品。这个家族品牌致力于为都市精英人群打造优雅精致的格调生活。

家族品牌除了来自于自创之外，另一个重要来源是公司的品牌兼并和收购。例如，通用汽车就是通过收购和重组获得了凯迪拉克、别克、雪佛兰等家族品牌。中国联想通过收购，获得了个人电脑领域的全球知名家族品牌ThinkPad。ThinkPad原来是IBM个人电脑事业部旗下创立的便携式计算机品牌，凭借坚固和可靠的特性在业界享有很高声誉。2005年被联想（Lenovo）收购，ThinkPad商标归联想所有。ThinkPad自问世以来一直保持着黑色的经典外观并对技术有着自己独到的见解。家族品牌在食品行业中非常常见（如亨氏等），在化妆品行业也被广泛应用（如欧莱雅等）。家族品牌与多个产品品牌相联系，是单个产品品牌的上一级品牌（母品牌）。家族品牌是为多种相互独立的产品建立共同联想的有效手段。采用家族品牌作为新产品的品牌名称，可以降低新产品的市场导入成本，提高市场接受的可能性。但另一方面，家族品牌也容易受到失败的子品牌或产品品牌的牵连。因此，公司必须仔细考虑使用量身定制的家族品牌战略。

（三）单个品牌

单个品牌（Individual brand）是指在产品层次上每个产品品类或战略业务都采用独立的品牌名的战略。虽然单个品牌只限于在某个产品类别或业务类别中使用，但这个品牌名下可以包含不同型号、不同包装或不同风格的多种产品系列。例如，飘柔洗发水作为单个产品品牌，它本着为人们升级柔顺体验的信念，名下推出的产品系列就包括了精华护理系列、家庭护理系列、倍瑞丝系列等产品线。一家公司使用单个品牌战略的主要优点是通过品牌个性化来满足具有不同特定需求的多个顾客群体。由于单个品牌一般都有特定的目标市场，因此当品牌失败时带给其他品牌的风险相对最小。但对于整个公司来说，如果每个产品或业务都有自身的品牌，要为不同产品或业务打造各自的品牌，这无疑会提高营销成本；而且，要将多个品牌打造的富有个性和资产，其营销活动的管理也相对复杂。关于公司层品牌如何影响产品层评价，品牌前沿10.2进行了详细的阐释。

品牌前沿10.2　　　　公司信息的纵向与横向溢出效应

有学者将公司层品牌形象分为公司能力和公司社会责任两个维度，而产品层品牌又分为旗舰型产品和非旗舰型产品两种地位。中国学者研究后发现，公司层品牌形象对产品层不同地位的品牌的影响是不同的，也就是说，公司层品牌信息影响产品层品牌评价的纵向溢出存在非对称效应。其中，旗舰产品（与公司名联结更强的产品，属于公司的代表性产品）受公司社会责任形象（履行对社会、对员工、对顾客、对合作伙伴的责任及道义等方面的形象）的影响效应更大；而非旗舰型产品（与公司名联结较弱的产品，不属于公司的代表性产品）受公司品牌的能力形象（实力、规模等）的影响效应更大。

此外，在公司内部不同产品业务品牌相互之间也存在不对称的影响效应。旗舰型产品业务品牌能够发挥对非旗舰产品业务品牌评价的正面影响；但不存在非旗舰产品业务品牌对旗舰型产品业务品牌的显著影响。

资料来源：王海忠，陈增祥，尹露. 公司信息的纵向与横向溢出效应：公司品牌与产品品牌组合视角[J]. 南开管理评论，2009（1）：84-89.

（四）品牌修饰层

品牌修饰层（Brand modifier）是指在某个品牌名下，为了区分不同的产品系列，将产品要素进行品牌化的品牌经营方法。多数情况下，品牌修饰层是对单个品牌的某一具体产品款式、型号、特殊版本或产品进行品牌化处理的方法。不管是否已经使用了公司品牌、家族品牌还是单个品牌，都有必要根据产品款式或型号的不同类型进一步作品牌化区分。增加一个修饰成分，往往可以达到让品牌在某些方面加以区别的目的。例如，世界著名的苏格兰威士忌品牌尊尼获加（Johnnie Walker）通过其威士忌酒的五个色彩（红、黑、绿、金、蓝），来共同构成了其五彩斑斓的"永不停步"（Keep Walking）的梦想阶梯，五种色彩构成尊尼获加色彩浓烈的品牌个性标签。通过颜色修饰或区别的尊尼获加品牌的不同产品，反映了不同的品质。又如，历史上曾经辉煌的柯达胶卷品牌，通过100、200、400以及APS等系统，来传达胶卷的不同功能。凡此等等，可见，品牌修饰层的作用就是在单个品牌或家族品牌中展现其内部不同产品的微小但有意义的差异点。

不同公司可以根据自身特点，探索出适合自身的最佳品牌纵向组合关系管理模式。例如，世界知名的食品生产商雀巢就结合产品业务和全球地理区域来梳理其品牌纵向组合关系。雀巢公司从公司层品牌、战略业务层（Strategic business unit）品牌、区域层品牌（Regional brand）和当地层品牌（Local brand）等四个层次，构建了明晰的品牌纵向组合。这家瑞士食品跨国公司在全世界拥有接近 8000 个不同的品牌。图 10-2 展现了雀巢的全球品牌管理架构。雀巢的品牌经过搭配后就像一棵层次分明且布局完整的品牌树。位于根部的是十大世界级公司品牌，如康乃馨和雀巢等耳熟能详的品牌。这些品牌是公司发展至今的根基，每个品牌的影响力是覆盖全球的。树干部分则代表战略业务单元层，它负责管理 45 个战略业务品牌，如奇巧和谷利克等。这些品牌则是构成公司业务的主体或核心，是公司销售收入和利润的主要来源。再往上延伸至树枝部分，可以看到由全球区域管理分部负责管理的 140 种区域性战略品牌。这些品牌在世界各主要区域，具有广泛的影响力，其贡献给公司的销售收入和利润也是巨大的。最后在树梢上的则是由地方分支机构负责管理的 7500 种当地化品牌。这些品牌在地理上的辐射范畴主要是当地。雀巢公司的品牌管理架构，反映了欧洲老牌跨国公司全球品牌组合关系的典型特征。众多其他欧洲老牌跨国公司（如联合利华、达能、飞利浦等）也具有类似的品牌组合架构。但是，美国的跨国公司的全球品牌组合架构则不同于欧洲，总体上表现为更少的纵向管理层级和更少的品牌数量。

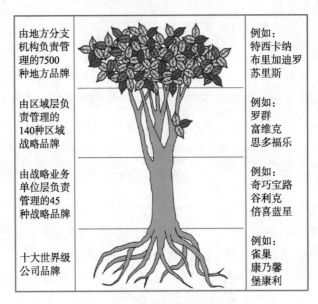

图 10-2　雀巢品牌管理架构

二、优化品牌纵向组合

优化品牌纵向组合包括扩大品牌纵向组合和精简品牌纵向组合，即品牌纵向组合的加法和减法。扩大品牌纵向组合指的是当品牌架构比较简陋时，通过增加品牌纵向层级来管理部分品牌的方法，是在组织架构进行最为直接的"添砖加瓦"。精简品牌纵向组合指的是当品牌架构比较复杂时，通过减少品牌层级来简化管理流程的方法。两者都会对组织架构产生影响，均以提高品牌管理效率为目的。

一个公司从诞生之日起,其品牌纵向组合相对稳定。品牌纵向层级一般控制在 2~5 层。由此可见,品牌纵向组合的加减法相对简单,在增减时一般考虑以下三种情况。

1. 公司的发展壮大需要扩大品牌纵向组合

公司品牌"与生俱来"。单个品牌一般来源于公司发展初期的产品品牌或主营业务。到了公司快速成长期,多个单个品牌由某个家族品牌统领,之前的有些单个品牌划归到某个家族品牌之中。可见,此时增加了品牌纵向组合的一个层级。到了公司发展成熟期,则会出现更多的家族品牌(如吉利汽车公司并购沃尔沃之后,就产生了沃尔沃这个家族品牌)、单个品牌和品牌修饰层。可见,随着公司的发展壮大,公司需要扩展产品或业务领域,也可能会进行品牌并购等战略举措,这些都会增加品牌管理的纵向层级,都会扩大品牌纵向组合。

2. 公司全球化进程会扩大品牌纵向组合

全球性公司通过设置区域品牌(Regional brands)和当地化品牌(Local brands)等层级对全球各地的不同品牌进行分层次运营。区域品牌和当地品牌也可能是通过投资或并购产生的。例如,1994 年,欧洲老牌跨国公司联合利华采用技术投资、租用等方式拥有中华牙膏,这使得中华牙膏这个老字号品牌成为联合利华跨国公司重要的区域性战略品牌。又如,2011 年 8 月,雀巢通过战略性投资中国知名食品饮料品牌银鹭,使银鹭在雀巢的全球品牌架构中,成为"当地化品牌"的一员。

3. 公司一般较少精简纵向品牌组合

那是因为 2~5 层的品牌层级在公司渐进的发展过程中具有较高的合理性和普遍性,因此公司很少一次性撤销品牌架构中的某一层级,这牵涉这一层级中所有的品牌。品牌减法更多运用于品牌横向组合关系中。

第四节 实施品牌横向组合

一、品牌横向组合的角色

品牌横向组合指的是在同一品牌层级上不同品牌形成的集合,这些品牌有各自的身份和角色。一般而言,在品牌横向组合中存在以下几种品牌角色。

1. 旗舰品牌

旗舰品牌(Flagship brand)一般又称为主品牌,它是公司当前及未来一段时间内业务发展的核心支撑。旗舰品牌在每一个品牌层级并非只有一个,有些公司会出现"多辆马车并驾齐驱"的品牌现象。例如,在联合利华个人护理的香皂类产品中,力士和多芬都具有旗舰品牌的作用,但各自的定位或形象存在差异。

2. 侧翼品牌

侧翼品牌(Flanker brand)通常为旗舰品牌保驾护航,它通过创造与竞争品牌更多的相似之处，使更重要的（或者更容易盈利的）旗舰品牌保持其理想的竞争地位。当侧翼品牌被定位为低价位品牌时，它就能够降低品牌认知的门槛，吸引看重价格的顾客群体。如果将侧翼品牌定位为高端品牌，它就能提高公司的整体信誉，更有利于旗舰品牌从中借力。例如，嘉里粮油推出专注于中低端价格的"元宝油"，在市场上既能吸引一定规模的消费群体，同时还可以发挥保护旗舰品牌"金龙鱼"的作用。当竞争对手以低价格进行市场渗透时，元宝油可以通过价格调整来与对手在中低端市场周旋，从而在侧面为金龙鱼做了掩护，稳住了旗舰品牌的市场地位。

3. 现金牛品牌

此类品牌的销售额可能停滞不前或缓慢下滑，但仍有一批忠实的消费者，能产生可观的现金流。一个公司如果拥有一定数量的现金牛品牌，就能确保拥有可观的当前收益或利润。

4. 弱势品牌

弱势品牌是指在发展过程中遗留下来的问题品牌或不再受消费者青睐的品牌。企业应该对此类型品牌做出精简处理，以便提高整个品牌组合的效益。

▶ 二、优化品牌横向组合的加法策略

优化品牌横向组合包括扩大品牌横向组合和精简品牌横向组合，即品牌横向组合的加法和减法。相对于品牌纵向组合的加法和减法来说，品牌横向组合的加法和减法更为常见，它指的是在同一品牌层级中对一个品牌的元素进行调整或者增删一些品牌。

品牌横向组合的加法可以通过一个坐标图进行解读和分析。如图10-3所示，图中纵轴代表业务或市场领域的新旧程度，横轴代表新品牌与已有品牌的直接关联程度。品牌横向组合中增加一个品牌时可以考虑采取以下四种战略。

	与已有品牌的关联程度高	与已有品牌的关联程度低
新业务或市场	用公司品牌或名称关联程度高的品牌进入新的业务领域	用一个全新的独立品牌进入新的业务领域
原业务或市场	开发子品牌在原领域深耕细作或者保持现有的品牌组合	在原有市场使用一个全新品牌，使其与原品牌有明显区分，以便应对市场竞争

图 10-3　品牌横向组合的加法

1. 用一个全新的独立品牌进入新的业务领域

单独为公司的新业务或新产品领域开发一个全新品牌，即通过创造一个新品牌来进入新市场（图10-3的右上象限）。当公司决定用一个新品牌进入一个新业务或市场时，需要

考虑有关品牌联想和市场规模的问题。例如，1989 年，丰田创造一个全新品牌雷克萨斯来争夺高档豪华车市场。在此之前，丰田旗下的品牌如花冠、皇冠、佳美等在消费者心目中"低档、省油、廉价车"的形象已根深蒂固。在无法改变丰田业已形成的品牌形象这一情形下，丰田启用一个新品牌来代表高端品牌，已成为整个公司的共识。因此，雷克萨斯车上故意隐去了与丰田公司或产品品牌的名称、标志、符号等关联性显著的要素，目的是不让消费者对雷克萨斯产生与丰田的固有形象相关的联想。

那么，公司在哪种情况下，需要使用全新品牌进入新业务或新产品？以下是我们总结出的使用新品牌进入新业务的一般性情形或条件，品牌营销高层管理者应该将此作为战略参考指南。

①所有现有品牌所具有的品牌联想与新产品定位不符；
②该产品将损害原有品牌的形象；
③需要一个新品牌才能创造出全新的品牌联想；
④只有一个新名字才能说明产品的新颖性；
⑤并购的品牌拥有很高的忠诚度，如果改变品牌名就有损害顾客忠诚度的危险；
⑥渠道冲突或专利问题要求建立新的、独立的品牌名；
⑦该业务具有相当大的规模和时效，值得投资创建一个新的品牌；
⑧新品牌在品牌组合中不会产生负面效应。

2. 用公司品牌或关联度高的产品品牌进入新的业务领域

将公司品牌应用在一个新业务或新产品领域；或者将关联度高的某产品品牌运用到新的产品或业务领域（图 10-3 的左上象限）。此时，我们往往又称这样的品牌战略为品牌延伸战略。它可以是完全运用现有品牌进入新的产品或业务领域，也可以是在原有品牌基础上推出关联度极高的子品牌（又称为母子品牌战略）进军新的业务或产品领域。有关这一战略，可以参考本书第九章"品牌延伸战略"的相关内容。

3. 保持原有品牌组合在原有的业务或市场上深耕细作

将母品牌应用于原有的业务或产品领域，多指在原有市场深耕细作（图 10-3 的左下象限）。此时，可以通过品牌修饰层来区别投入到市场的新产品，以此丰富产品线，来渗透原有市场。这种战略保持了现有的品牌横向组合。

4. 在原有产品或业务领域使用一个全新品牌

这种战略包括在原有业务或产品领域创建一个侧翼品牌，以达到保护旗舰品牌，打击竞争对手的目的；也可以包括在原有业务或产品领域创建一个声望品牌，以无形地向现有的旗舰品牌借力，提升整个公司的品牌形象；也可以创建一个并不强调在档次与价格上和现有品牌存在差异的新品牌，但需要有着不同的形象、定位或传递不同的利益点。这种战略表现在图 10-3 的右下象限。这种战略的关键是新创建的品牌要与原品牌有明显的区分。这种战略带来的管理上的重要变化是多品牌管理。

在了解了品牌纵向组合及其优化和品牌横向组合及其优化之后，本书尝试将公司的品牌组合中所有品牌涵盖的范围和相关业务，用图 10-4 品牌组合纵横图来展示。品牌组合纵横图有 4 个品牌层级，每个层级中有 4 种品牌角色。需要注意的是，每一个层级不止一个品牌，每一个角色也可以由多个品牌来担任。

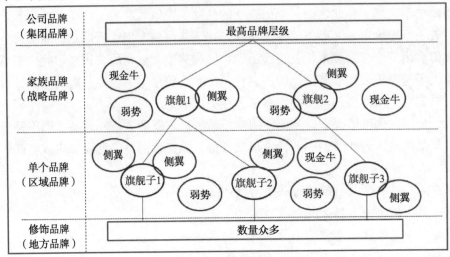

图 10-4　品牌组合纵横图

▶ 三、优化品牌横向组合的减法策略

品牌横向组合的减法是指在品牌过多的情况下对品牌组合中的品牌进行撤销和清理的过程。当公司开始进行减法时，需遵循以下步骤。

1. 品牌审计

对现有品牌横向组合中的每个品牌进行审计，列出每个品牌在顾客心目中的影响力、市场份额、年销售额等相关指标，以此确定各个品牌的现在及未来的市场地位、盈利能力等。这些信息是公司管理层实施简化品牌组合的决策共识。

2. 品牌撤销

品牌审计后，企业必须决定需要保留和撤销多少品牌。企业一般采用品牌组合法和市场细分法来解决这一问题。品牌组合法一般只保留那些达到某些主要指标的品牌，是一种自上而下的方法，往往能把品牌的数量减少。而市场细分法则是企业根据市场中各个客户细分群体的需求来决定品牌的去留。这两种方法可以综合使用，一开始企业可能运用细分方法按照类别逐一确定如何精简品牌组合。当品牌还是太多的时候，再使用品牌组合法来再次精简品牌数量。

3. 品牌清理

品牌撤消后，企业必须决定以怎样的形式来处理被撤销的品牌或保留下来的品牌。品牌清理的形式，按照由难到易分别包括：合并、出售、榨取和放弃。

4. 打造核心品牌

在撤销一些品牌的同时，公司必须对保留下来的品牌加大投资，促使它们进一步发展、成长。品牌减法从多个方面节约出来的资源，应该重点投向保留下来的几个有潜力的品牌上，这样可以使公司在供应链、市场和销售活动方面获得更大的规模经济。由于生产线的精简和更大程度的库存优化，成本也会随之下降。通过合并市场和销售队伍，公司可以削减销售和行政管理费用，而更为集中的市场宣传和广告还能以同样的营销支出使保留下来的品牌获得更大的无形资产、影响力和市场收益。

如何发现公司存在品牌数量过多的问题？以下是全球知名的品牌战略学者库马尔教授建议向公司品牌营销高层管理者提出的一些问题，这些问题能够用来检验公司是否存在品牌数量过多的问题。这对于公司品牌营销高层管理者具有战略指导价值。

①品牌中是否有 50%以上的品牌在各自的产品类别中属于落后者或落败者？
②是否有很多品牌在市场营销和广告方面的表现不敌竞争对手？
③小品牌是否在亏损？
④是否在不同国家存在以不同品牌销售本质上是相同产品的现象？
⑤在品牌组合中，是否有品牌在细分市场、产品线、价格或者分销渠道方面与其他品牌存在很大的重合度？
⑥客户是否认为我们的品牌在互相竞争？
⑦在品牌组合中，零售商是否只采购其中的一部分？
⑧增加某一个品牌的广告支出是否会使公司的另一个品牌的销售下降？
⑨是否要花费过多的时间讨论品牌间的资源分配问题？
⑩品牌经理们是否视彼此为最大的竞争对手？

库马尔教授建议，根据公司回答"是"的次数的多少，可以检验公司存在品牌数量过多的程度有多严重。他提供的参考答案是：①"是"的数量在 0~2 次，表明公司的品牌数量是合理的。②"是"的数量在 3~6 次，表明公司有必要撤销部分品牌。③"是"的数量在 7~10 次，表明公司需要立即对品牌组合进行全面简化。库马尔教授提供的方法简捷有效，对公司的品牌组合诊断具有实用价值。

2000 年 2 月联合利华宣布了一个时长 5 年的品牌战略规划，这个规划命名为"增长之路"，目的是加快销量增长和提高营业利润。该计划的一个核心内容就是公司只保留数量更少但更强有力的品牌。公司计划将旗下 1600 个品牌压缩大约 1/4，而把营销资源或精力集中在那些拥有持续的客户吸引力、具有市场领导地位、具有销量和发展前景的 400 个核心品牌。联合利华然后将原来用于 1200 个非核心品牌的预算重新分配到了这 400 个核心品牌上，同时重组了供应链，在 2003 年 1 月之前关闭了 130 个工厂并将保留的 400 个核心品牌的采购活动集中化。这一改革运动的效果是显著的，2000 年联合利华公司的核心品牌占整个公司业务的比例达 75%；改革之后，2002 年这一数字提高到 90%，2004 年这一数字上升为 95%。本质上，核心品牌（或称主导品牌）的投资收益率更高。

------------------------------【本章小结】------------------------------

1. 品牌组合是指公司出售的每一特定品类产品所包含的所有品牌和品牌线的集合。
2. 根据是否与公司以外的品牌相关，品牌组合区分为狭义和广义两种范畴。
3. 品牌组合战略对公司营销的五大作用是：促成规模效应，有利于市场细分，便于业务创新，平衡品牌间利益以及驱动市场。

4. 建立品牌组合和优化品牌组合是品牌组合管理的两大内容模块。品牌纵向组合管理要处理好公司品牌、家族品牌、单个品牌和品牌修饰层之间的关系。

5. 实施品牌横向组合需要准确定位和识别不同品牌的角色。实施品牌横向组合加法需要重点关注产品/业务领域的新旧程度以及品牌间关联程度这两大维度。实施品牌横向组合减法需遵循品牌审计、品牌撤销、品牌清理以及打造核心品牌这一流程。

6. 管理与优化品牌组合是一种重要的动态艺术。

---------------------------【术语（中英文对照）】---------------------------

---------------------------【即测即练】---------------------------

自学自测　　扫描此码

---------------------------【思考与讨论】---------------------------

1. 处理公司品牌与产品品牌之间关系的品牌组合策略有哪些？
2. 分析哪些条件下需要精简品牌的横向组合。
3. 分析哪些条件下需要增加品牌的纵向组合。

---------------------------【实战模拟】---------------------------

自学自测　　扫描此码

案例讨论

利用本章公司层和产品层之间的品牌组合关系理论，分析英特尔在推出新产品时，是如何处理公司层和产品层之间的品牌组合关系的？

------------------------------【延伸阅读】------------------------------

扫码阅读《砍掉品牌，留住客户》一文（《哈佛商业评论》（中文版）2004 年 3 月，作者：库马尔），思考并讨论以下问题：

1. 请举例说明品牌泛滥给公司带来的负面影响。
2. 选择一间公司进行调研，收集公司撤销不必要品牌、集中发展核心品牌的案例素材，讨论合理化品牌组合对公司发展的意义。

第四篇 品牌长青
(Sustaining of Brand)

第十一章 品牌文化

第十二章 品牌管理体系

第十三章 品牌评估

第十一章
品牌文化

不要变得邪恶。

——谷歌

学习目的

学习本章之后，读者将对以下品牌问题有更清晰、准确和透彻的理解：
- 什么是品牌文化？
- 品牌文化具有哪些功能？
- 品牌文化与企业文化之间是什么关系？
- 塑造品牌文化的主要途径有哪些？
- 品牌文化建设对企业提出哪些挑战？

本章案例

- 全聚德品牌的中华美食文化
- 圣诞老人——赋予可口可乐品牌的文化符号

开篇案例　　　　　　　　全聚德品牌的中华美食文化

2017年5月15日,第一届"一带一路"国际合作高峰论坛在北京落下帷幕,当日午宴上,"全聚德"烤鸭诱人的色泽成了一道亮丽的风景线。每逢盛事,似乎总少不了"全聚德"烤鸭的身影。2016年第31届里约夏季奥运会前夕,"全聚德"派遣了十余名顶级大厨,为400多名奥运健儿带去了近百只香喷喷的烤鸭,此外还有奶油龙须饼、小鸭酥面点等特色菜品,丰盛的美食令中国女排主帅郎平都直呼:"这回又要吃多了。"

1864年(清同治三年),以贩卖鸡鸭为业的杨全仁倾其所有,盘下了一家濒临倒闭的干鲜果品店,改名为"全聚德",取"全仁聚德,财源茂生"之意,做起是"挂炉烤鸭"生意。经过数代人的苦心经营,"全聚德"的百年炉火至今仍在熊熊燃烧。以烤鸭为龙头的"中华第一吃"——"全聚德"菜系已成为中华民族的饮食文化符号之一。周恩来总理曾将"全聚德"这块金字招牌精辟地诠释为"全而无缺,聚而不散,仁德至上"。这十二字箴言如今已被"全聚德"集团定为企业精神与文化,渗透到了品牌的方方面面。

1. "全而无缺"的菜品

除了饮誉海内外的烤鸭,"全聚德"的全鸭宴也是名扬天下。在"全聚德"厨师的手中,鸭子全身都成了宝贝,经过煎蒸煮炒,成了一道道美味佳肴,芥末鸭掌、火燎鸭心、烩鸭四宝、芙蓉梅花鸭舌、鸭包鱼翅……曾有一次在全国人大王光英副委员长的提点下,全聚德在菜谱中补充了以鸭蛋为原料的"水晶鸭宝",真真正正地"全"了全鸭宴。

"清廷御膳"是满菜和汉菜相结合而成的精华,是中国宴席的集大成者。"全聚德"的仿膳饭庄在几十年的经营中,不断挖掘和整理,共推出清廷御膳菜肴800余种。代表宴席——"满汉全席"选用山八珍、海八珍、禽八珍、草八珍等名贵原材料,采用满族的烧烤和汉族的炖焖煮等技法,汇聚南北风味之精粹,完整的一席需要四至六餐才可用完。

此外,还有名人宴、创新菜、特色菜等"全聚德"精品菜系。广纳鲁、川、淮、粤之味,菜品丰富,而质量上乘无缺憾。

2. "聚而不散"的情意

作为起源店,"全聚德"的前门店至今已有153年的历史。建店初期的铺面老墙被原封不动地移至大厅内,墙后设有旧式八仙桌、青色地砖、木制阁楼、留声机、黑漆柜台,再加上青衣小帽伙计的吆喝,精致的青瓷茶碗,"原汁原味"的老北京风情。这种历史传承是联系"全聚德"与宾客间最深的情感纽带。

和平门店作为宴请国内外政要首脑的重要场所,汇聚了天下名流,是"全聚德"名流高雅品牌特色的集中体现。店内的"名人苑"设计以歌颂中国领导人为主题,表现龙凤呈祥,群贤毕至的意境。由元首用餐照片组成的"名人墙"和"百名大使签字墙"常引得顾客驻足赞叹。据统计,截至目前,"全聚德"所有门店已累计接待了200多个国家和地区的元首和政要。其中,周总理光临"全聚德"高达27次,被周总理在"全聚德"宴请过的基辛格博士,卸任后每次访华都必到"全聚德""解馋"。此外,英国前首相希思、德国前总理科尔、日本前首相海部俊树等都光顾过"全聚德",并对其美食和服务赞赏有加。

"全聚时刻当然要在全聚德"。在中国人根深于心的家文化上,"全聚德"亦是不可或缺的。"全聚德"的三元桥店多年来一直致力于中式婚寿宴的推广。现场可以看到精致的中式婚宴布景和华贵的寿宴布景。年终岁末,尤其是除夕夜和春节期间,是"全聚德"师傅全年最忙碌的时候,常常要工作到下午三四点才吃得上午饭。"全聚德"奥运村店的烤鸭师傅郭晓东虽然是北京人,却好几年都没有在家过春节,为了让顾客享受满意的春节宴,他放弃了和家人团聚的时光。2017年的春节,为了方便广大民众预定春节宴,"全聚德"集团还新增了扫码预订渠道、一键预订咨询电话和大众点评等网络渠道。

3. "仁德至上"的服务

"全聚德"的和平门店历来有"十个一"工作法,它具体包括:说好第一句话、倒好第一杯茶、上好第一条热毛巾、倒好第一杯酒、布好第一道菜、卷好第一卷烤鸭、坚持好一个站姿、用好一只托盘、备好一辆撤台车、送走最后一位客人。这份细致入微,在"一带一路"国际合作高峰论坛的工作午宴上就可见一斑。最具特色的烤鸭,为了迎合会议需求,取消了葱,保留了瓜条,再用香菜梗把面饼卷起,美观又方便食用。为了最大保留菜品的原汁原味,从出锅到上桌,时间精确到秒,温度枪随时测温,仿佛一场大型的化学实验。2015年11月的首届两岸媒体人联席会晚宴,"全聚德"亦将海峡两岸一家亲的美好愿景贯彻到餐台主题、菜品设计、片鸭表演等方方面面,特别是在了解到台湾客人喜食北方鲜桃后,宴会服务人员连夜到市场寻找,精挑细选了50枚又大又红的鲜桃,待宴会结束后给台湾客人精心打包带走。

为了保证"全聚德"菜品质量和风味的统一,"全聚德"还首创了中餐的标准化制作。由具有丰富经验的老技师和具备现代科技知识的技术人员组成的技术攻关小组,通过反复试验和测试,对"全聚德"传统特色菜品的主料、辅料和调料进行了具体到毫克的量化,制定了精确的投料标准。目前完成了烤鸭、冷菜、热菜、面点在内传统特色菜的标准化,已经标准化的菜肴的数量占比超过50%。

社会服务方面,"全聚德"的身影也时常可见。例如,一年两次的北京餐饮品牌进社区活动,全聚德从不缺席。2017年,这一活动在牛街街道法源寺社区文化广场热闹开锣时,平时需要198元才能买到的"全聚德""仿膳匠心御礼礼盒月饼"仅售98元。2011年,"全聚德"还获得了"首都慈善奖",表彰其对扶老救孤、新助教学等慈善公益事业的热心参与和支持。

总之,由一炉烤鸭延伸出来的品牌文化,已成为"全聚德"集团和其广大顾客的共同精神财富。为记录这源远流长的百年历史,"全聚德"集团已编辑出版了《全聚德史话》《全聚德今昔》《全聚德与天下第一楼》等多本企业文化书籍,还编印了《全聚德特色菜谱》《全聚德与国际名人》等大型画册。2005 年 5 月，全聚德展览馆于北京顺利开馆，大量的文献和实物，展现着"全聚德"悠长的历史和文化。2011 年，"仿膳（清廷御膳）制作技艺"被正式列为国家级非物质文化遗产名录。至此，"全聚德"已拥有"挂炉烤鸭制作技艺"和"仿膳（清廷御膳）制作技艺"两项国家级非物质文化遗产。

从民间小吃到中华第一名菜，从家族作坊到大型跨国连锁集团，"全聚德"实现了历史性的跨跃。今后，其深厚独特的中华美食文化也将作为"全聚德"的制胜法宝，继续延续这百年炉火。

资料来源：
1. 彭程. 传承百年文化的"全聚德"[J]. 中外企业文化，2006（9）.
2. 金维. 全聚德：仿膳制作技艺列入国家级非物质文化遗产名录[J]. 时代经贸，2011（216）：49.
3. 柳志刚. 全聚德——百年炉火铸真情[J]. 中外食品，2002（6）：62-64.
4. 潘福达. 北京企业亮出高规格"中国服务"[N]. 北京日报，2017-05-17.

这个案例向我们展示了一个对其消费者心智和行为产生了重大影响的中华饮食品牌的文化魅力。如果一个品牌能让消费者以消费或购买它为荣，那么，这个品牌就被赋予了象征性意义；品牌使用者之间就存在共享的情感和价值观，他们就愿意不断地讲述着这个品牌的历史或故事……市场上确实存在着一种具有独特魔力的"品牌文化"。

通过本章学习，企业家和经理人会认识到，品牌文化并不是抽象的概念，而是可以看得见、摸得着的，实实在在的品牌培育成果。因而，品牌文化建设可以落实到企业的品牌管理活动之中。

第一节　品牌文化的内涵与意义

一、品牌文化

（一）文化

在社会科学领域，如果存在一些重要但却难以界定的概念的话，那么"文化"一定是排位相当靠前的一个概念。即使增加限定或缩小范围，对文化的定义仍然困难重重。Robbins 和 Judge 在其《组织行为学》中谈及"组织文化"概念时，不无调侃地说："一位高级经理被问及他所认为的组织文化，他的回答与最高法院的一位法官对色情文学的定义如出一辙，他说：'我没法界定它，但当我看到它时我就会认出来。'"

依据人类学对文化的理解，文化是作为社会成员的人们习得的复杂整体，包括知识、信仰、艺术、道德、法律、习俗以及其他的能力和习性。功能主义学派认为文化包含了物质和精神两个方面，既包括了道德及价值观等抽象的概念，也包括具体的物质实体。在现代语境中，通常将文化（Culture）视作组织或社会成员间共有的意义、仪式、规范和传统的集合。而亚文化（Subculture）则指某一文化群体中的次级群体成员共有的独特信念、价值观。

（二）品牌文化

品牌文化是基于某一品牌对社会成员的影响、聚合而产生的亚文化现象。品牌文化（Brand culture）是某一品牌的拥有者、购买者、使用者或向往者之间共同拥有的、与此品牌相关的独特信念、价值观、仪式、规范和传统等的总和。

从这个基础性的定义中，我们可以判断，品牌文化与品牌对消费者行为的影响有密切关系。属于某种品牌文化群体中的消费者，他的身份、情感、价值观、行为习惯中的一部分已经与这种品牌紧密联系在一起。在营销人员的思维中，文化通常是被视作无法忽视也难以改变的背景。所罗门在其著作《消费者行为学》中强调"离开文化背景就很难理解消费"。但像哈雷·戴维森、苹果、星巴克、香奈儿等文化内涵十分丰富的品牌，它们的成功经验向我们证明，营销人员有机会"创造"属于这个品牌的独特文化，并通过这种文化持久地影响品牌的目标消费者和利益相关者，甚至整个社会。可见，品牌文化虽然难以界定，但却表现为"可以识别"，而品牌经理在创造和管理品牌文化方面却是能够有所作为的。品牌案例11.1表明，可口可乐的品牌经理是如何创造可口可乐的文化元素或文化符号的。

品牌案例 11.1　　　　圣诞老人——赋予可口可乐品牌的文化符号

1931年，可口可乐公司雇用了著名的广告画家Haddon Sundblom来创造有利于公司形象的圣诞广告画。Sundblom根据1865年《哈珀斯》上一幅著名的黑白圣诞老人画像，画出了一个穿着可口可乐招牌的鲜艳的红白两色、挺着发胖的肚子、白胡子白头发的老祖父模样的老人。这也就是世人今日心目中的圣诞老人。可见，可口可乐公司的广告对塑造今天的圣诞老人形象功不可没。因为，在此之前，圣诞老人的形象变化多端，时而瘦小，时而高大，有时甚至以一个小精灵的怪诞形象出现在人们面前。

时至2021年，著名的可口可乐圣诞老人形象已经诞生90周年了。

人们如此热爱可口可乐公司创造的圣诞老人形象并且密切关注着这个形象，以至于有任何改变，他们就会写信给可口可乐公司。有一年，圣诞老人的大皮带方向反了（也许是因为插画家Haddon Sundblom把他自己当作模特儿照着镜子画的这个图）。又有一年，圣诞老人没有戴着婚戒出现，很多粉丝纷纷写信给可口可乐公司询问"圣诞老太太"发生了什么事。由此可见，这样一个文化符号，是由可口可乐品牌创造的。

在美国，很多人甚至误以为圣诞老人穿着红色是因为那是可口可乐的颜色。但实际上，在可口可乐将圣诞老人应用于广告之前，已经有画家将圣诞老人的服饰画为红色。

资料来源：
1. 可口可乐公司官网（www.thecoca-colacompany.com）；
2. 根据熊子云（译），Cola & Santa Claus（原作者），《圣诞老人也爱可口可乐》（译言网，www.yeeyan.org）改编。

品牌文化和企业文化存在着差别。品牌文化是以品牌为基点，因而它的促成要素中少不了消费者，它是由消费者和品牌持有者共有的价值体系。企业文化（Corporate culture）是企业的组织文化（Organization culture），是企业组织成员共有的一套意义共享体系，它使组织独具特色，区别于其他组织。Robbins 和 Judge 认为，制度化是形成组织文化的前提。哈佛大学的两位教授 Deal 和 Kennedy 认为杰出的企业都有强有力的文化，企业应当主动创建和规划其组织文化，而塑造的途径可以是正式规范的力量（如制服、行为、会议中的仪式化内容等）。但品牌文化的塑造则很难通过具有强制力的正式规范来获得，企业必须取得目标消费者的自主认同，让消费者自发地参与品牌活动、遵循品牌理念。

二、品牌文化的作用

在消费者心智中成功塑造品牌文化的公司大多获得了持久稳健的成功（如迪士尼、麦当劳、哈雷、香奈儿、苹果等）。品牌文化对消费者个体和群体的影响作用主要体现在内化、象征、传承、聚合、导向等几个方面。

1. 内化

品牌文化能够使目标消费者将品牌内化为持久一致的态度和行为。内化是巩固和植入信念、态度和价值观的过程。内化使得消费者将品牌所持有和主张的观点、信念与自己原有的观点、信念结合在一起，构成统一的态度体系。比如，消费者已经完全认可可口可乐公司塑造的圣诞老人的模样。

2. 象征

品牌文化能够使消费者主动将该品牌的产品及形象作为其身份、社会阶层或者生活态度的积极象征物。在中国内地，许多城市年轻人喜欢使用星巴克咖啡出品的保温杯，这家咖啡店意味着休闲的时光和美式生活的乐趣，而使用星巴克杯子的年轻人希望外显自己的生活态度。但并不是所有的品牌都能成为积极意义的象征。例如，2010 年"宝马女"马某和 2011 年郭某某事件中的玛莎拉蒂使得这两个品牌在很多消费者心中成了"拜金"的负面文化符号。在宾夕法尼亚大学教授、文化批评家保罗·福塞尔所著的《格调》一书中，作者将许多品牌视作美国文化中低下格调的象征。品牌文化的塑造者需要从强化积极文化和回避消极文化两方面来不断丰富品牌的象征性内涵。

3. 传承

品牌文化的形成需要时间的沉淀，而业已形成的品牌文化具有时间的持续性，能够将品牌对消费者的影响长效化，甚至代代传承。例如，法国波尔多红酒的口味和品质是无须强调的，因为这个地区从 12 世纪开始就已经为整个欧洲的贵族提供葡萄酒。这样的品牌故事让今天的消费者继续认同这个产区的红酒，而无须通过不断地测试、对比来形成新的品牌认知。

4. 聚合

品牌文化是一群社会成员共有的一套理念和价值观。而人作为社会性动物都有从其他社会成员获取身份认同的心理需求。因此，品牌文化使得品牌社区的形成成为可能。例如，HOG（哈雷车主会）在各地的分会总是持续不断地开展各种活动。当众多哈雷车主汇聚、马达轰鸣引来旁人瞩目时，哈雷车主们一方面宣示了这个群体与他人不同的生活主张；另一方面也得到了"吾道不孤"的群体支持。这样的品牌社区活动强化了参与者的品牌忠诚。

5. 导向

品牌文化可以对消费者的判断和行动提供标准。品牌文化的导向功能是指品牌可以为人们的行动提供方向。例如，苹果公司以"极简"的工业设计和用户体验设计著称，简洁的设计已经成为"果粉"们认同的"苹果文化"的一部分。他们对苹果电脑专用鼠标的单键设计津津乐道。当2006年苹果公司推出新的四键加滚动球鼠标，他们仍然认为四键产品比普通的两键产品要"简洁"。事实上，强大的"苹果文化"已经主导了果粉自己的想法。

第二节　塑造品牌文化

一个企业如何塑造出它所希望的品牌文化呢？如上所述，塑造企业文化的重心是在组织内部塑造一种共享的价值观，而品牌文化是由企业的外部利益相关者共享的一套价值体系。因此，相对而言，企业在塑造品牌文化方面，需要考虑的外部因素更为多元化。以下几点塑造品牌文化的战略为企业家或经理人塑造品牌文化提供了行动指南。

一、创造象征符号

文化是通过庞大无比的象征体系深植在人类的思维体系中的。塑造品牌文化就需要将品牌元素根植于消费者心智中，并成为某种象征符号。许多品牌元素都能够被赋予象征意义。

1. 品牌名称

Google成功地将自己的名称演变成为动词。动词google是互联网时代常用动作搜索的象征。在中国，不少用户已使用"google一下"而不用"搜索一下"。可见，日常用语使用google来表达，就说明谷歌的英文品牌名具有象征意义。

2. 品牌标识

哈雷的品牌标识设计对品牌的追随者来说，就是美国文化中自由不羁的现代骑士象征。

3. 产品包装

瑞典绝对伏特加将产品包装的符号象征意义做到极致。从1978年，美国TBWA广告公司为绝对伏特加重新制定了以酒瓶包装为核心的广告创意以来，绝对伏特加的酒瓶已经成为40多年来波普艺术的看板。从画家Andy Warhol率先为绝对伏特加的酒瓶作画开始，迄今为止，已经有300多位艺术家与该品牌签约，而他们的画面主体只有一个酒瓶。包装瓶仿佛已经成为绝对伏特加品牌的文身了。

4. 产品形象

迪士尼的品牌形象为一大两小三个圆圈构成的简笔米老鼠形象。这已经成为欢乐天真的象征符号。而米老鼠作为公司的产品在迪士尼的任何影片和图片中出现。无论米老鼠形象的姿态和动作如何，它的两只耳朵都是正面、完整呈现两个圆形。这样的规则已写进迪士尼的 VI 手册和产品手册当中。多年的积累也使得仅仅是三个圆圈就能够形成品牌识别，引发消费者的文化联想。

5. 代言人

大都会保险公司使用史努比卡通形象作为品牌代言人已经接近 30 年了。这个公司不断使用史努比漫画中的形象来建立与消费者的关系，并不断对外传播史努比的作者是品牌的忠实用户等信息。

6. 声音识别

英特尔的经典四音符旋律不仅出现在自己产品的广告中，也出现在所有使用英特尔处理器的电脑产品的广告中。有的用户甚至认为这个声音代表着个人电脑不断发展的一个时代。

二、营造仪式化气氛

仪式是一套综合的象征性行为。这些行为有固定的发生顺序，而且常常需要定期重复进行。首先，品牌可以将消费者对产品的使用与特定的使用场合及其寓意紧密联系在一起。比如，百事可乐在中国春节期间的广告语"祝你百事可乐"，意在将产品名称与中国人在节庆中注重的"好意头"联系在一起。这就使得百事可乐产品不仅仅被当作普通饮料，还可以被看作是对新年或其他重大场合（婚嫁、庆典等）的美好祝福。

其次，品牌还可以将产品的使用过程本身仪式化。比如，奥利奥饼干总是强调吃奥利奥的最美味的方法是"扭一扭，泡一泡，舔一舔"，这个由制造商臆造出来的"仪式化吃法"成为奥利奥饼干一以贯之的广告主题。

再次，有些品牌本身（如城市品牌）就是通过定期的、具有文化传统的仪式来进行塑造和传播的。比如，巴西里约热内卢一年一度的狂欢节巡游，是里约热内卢城市品牌的一部分；而西班牙潘普洛纳的奔牛节，也是西班牙文化的必须载体。类似例子举不胜举。

三、塑造英雄人物

与品牌密不可分的人物是品牌文化的重要载体。许多品牌将其品牌的创始人塑造成为品牌的精神象征。品牌创始人的行为、言论和个人魅力很容易被消费者嫁接到对品牌的认知中，而品牌创始人往往同时也是企业领袖，他们可以通过传播理念、讲述故事、确立承诺、表达主张、彰显个性等多种人性化的方式帮助品牌建立文化认同。本书提出以下可以塑造品牌英雄人物的主要途径。

1. 企业创始人或 CEO 作为品牌英雄人物

通过塑造英雄人物来塑造品牌文化的例子举不胜举。比如，万科的王石被塑造成为不断挑战极限、积极向社会输出商业正能量的代表，他的形象和言论长年不断出现在各种商业媒体、时尚期刊、个人传记甚至是其他品牌的广告中。王石作为英雄人物已成为万科的品牌名片。

2. 企业普通员工成为品牌英雄人物

公司普通员工也可以被塑造成为品牌的英雄人物。不同的品牌可以根据自身的实际情况，决定将哪些角色的员工塑造成为英雄。科技公司可能会把产品经理塑造成为英雄人物，服务行业则可能把顾客接触人员塑造成为英雄人物。例如，新加坡航空公司将空乘人员塑造成为英雄人物，这大大地丰富了新加坡航空公司的品牌文化内涵，也有助于新加坡国家品牌形象的打造与传播。迄今，新加坡航空公司已有以两位空姐为模特的新航空姐蜡像入驻世界知名的杜莎夫人蜡像馆。新航在甄选空姐作为模特原型制作蜡像的过程中考虑的主要因素是模特必须能全面体现新航空姐的特色，包括亚洲式的优雅与好客、无懈可击的服务、个人风度和自信等。身着特色纱笼卡巴雅制服的新航空姐已经成为新航享誉全球的名片，是最具识别性的标志之一。得益于新航空姐的代表性形象，乘客与新航品牌之间建立了牢固的情感纽带，可见，新航空姐对新航品牌的贡献非凡。而新航空姐蜡像进驻杜莎夫人蜡像馆的整个构思及遴选过程，是新航锻造品牌文化的关键战略。

3. 商业代言人作为品牌英雄人物

有一些品牌通过为其代言的名人（"英雄人物"）来塑造品牌文化。例如玛丽莲·梦露的一句"我只穿香奈儿 5 号入睡"使得这款香水长盛不衰。而迈克尔·乔丹作为有史以来最伟大的篮球明星也帮助耐克塑造了拼搏争胜文化意涵。

▶ 四、创建品牌社区

品牌社区着重是指使用同一品牌的一群消费者聚合连结而成的、以该品牌为关系基础的社会群体。品牌社区概念强调以品牌为基础、以成员之间的社会关系等为核心元素。例如，Muniz 和 O'Guinn 首次提出品牌社区概念时，将品牌社区定义为：品牌社区是以使用同样品牌产品的消费者的社会关系为基础，以专门的、非地缘关系为纽带所组成的群体。品牌社区成员对于品牌及其他使用者有相当程度的了解，他们知道自己属于以某个品牌为中心的社会群体，在这个群体中他们会分享与品牌相关的各种知识和社会关系。这一观点较早期的消费社区的概念不同，消费社区概念仅强调消费者与品牌或产品的关系。

McAlexander 等人进一步认为，品牌社区是由欣赏同一个品牌的消费者群体组成的，他们考察了美国吉普车团队活动，发现品牌社区的力量明显地影响所有参与品牌活动成员的行为。与此同时，他们认为在品牌社区中存在一些核心消费者，他们对品牌有更高的熟悉度和忠诚度，企业需要强化与这些核心消费者的关系，因为他们对社区的其他成员拥有非同小可的影响力。

随着互联网技术的普及，社交网站、即时通信等技术手段使得消费者建立和参与品牌社区越来越容易，汽车、消费电子产品、软件、母婴用品等成为品牌社区存在的主要品类，当消费者需要获取关于产品使用的信息、分享品牌体验、获得其他消费者帮助的时候，品牌社区成为日益重要的场所。因此，创建和经营品牌社区成为打造品牌文化内涵的重要内容。

▶ 五、挖掘品牌故事、传播品牌传记

文化的形成需要历史的沉淀。希望塑造品牌文化的公司无一不重视积累品牌成长的历史素材。对历史素材的叙事梳理形成了品牌传记（Brand biography）。讲述和传播自己的品牌故事是非常重要的品牌文化塑造手段。例如，来自欧洲的依云矿泉水品牌就将其水源刻画成经数千万年时间形成的大自然的馈赠，同时也强调依云镇之所以名扬天下是因为其神奇的温泉疗效；曾经在法国大革命时期使得一位受伤的将军得到痊愈。这些品牌的传记故事具有历史感，并且其他品牌难以仿效。利用品牌传记塑造的唯一性，使依云成功成为高端矿泉水品牌中的佼佼者。如何提炼品牌素材，撰写富有文化魅力的品牌传记呢？本书提出两点基本原则。

1. 面临艰难但仍永葆激情和韧性的精神，是励志品牌传记必不可少的内容

Avery 等学者建议成功的品牌需要策略性地使用品牌传记。成功的品牌往往意味着拥有规模和权势，他们很可能认为应对外更多地彰显自己的辉煌历史，避免谈及自己经过的艰难旅程。但事实上，消费者会对成功品牌所拥有的规模和权力产生距离感，以致"赢家的诅咒"会使得成功品牌难以获得持续的成功。Avery 等学者通过实证研究发现，如果品牌通过向消费者讲述自己曾经的弱小，以及成长过程中的艰辛，则将可以成功获得消费者的认同，从而缓解"赢家的诅咒"。例如，惠普在其官方的品牌历史的讲述中，一定会提及这个公司由两个斯坦福大学的学生在一间破旧的车库成立，他们第一台产品就诞生在这个车库中，是一台音频振荡器，用于电子测试。尽管惠普已经是全球顶尖的超级公司，但是他们依然会告诉自己的客户，自己只是诞生于一间车库而已。惠普深知这样的品牌传记不会让客户怀疑自己的能力，反而可以拉近和他们的距离，同时也向客户展现了这个品牌所拥有的创业激情。

2. 品牌传记的娱乐性展示、传播

品牌传记除了官方的陈述和出版物之外，还可以通过其他更具娱乐性和传播力的载体来展示和传播（如影视、文学作品、脱口秀，等等）。例如，《少女香奈儿》是一部讲述香奈儿品牌创始人可可·香奈儿少女时代的传记电影，该片由法国最炙手可热的女星奥黛丽·塔图担任主演，讲述了香奈儿从懵懂少女到初露锋芒的早年经历。导演希望表现品牌创始人"超乎寻常的个性和引领时代的使命感"，这部影片于 2009 年上映，结果大获成功，获得了一项奥斯卡提名。这部电影对于香奈儿品牌而言显然绝不仅仅具有提升其品牌知名

度的广告价值；更重要的是，消费者通过这部影片，能够深切感受到这个看起来高不可攀的奢侈品品牌的创始人其实和许多人一样，是从底层开始点滴积累和奋斗的，这就架起了香奈儿品牌和普通消费者之间的情感桥梁。作为一个塑造女性之梦的奢侈品牌，香奈儿在广告等品牌传播中，必然会持续营造华丽但有距离感的梦境。通过品牌传记，它又能够成功地拉近和消费者之间的情感距离，并且不会对其唯美形象带来伤害。

▶ 六、建立品牌博物馆

对品牌发展过程中留存的实物的整理、展示、传播，就使得"品牌博物馆"的文化功能得以发挥。塑造品牌文化，需要使得在时间长河中沉淀的品牌文化传统以实物形式可视、可读、可触。实物的陈列往往比语言的描述更具可信性和震撼力。2012年初，历史上最负盛名的汽车工厂之一——法拉利摩德纳工厂正式作为法拉利品牌博物馆对公众开放。意大利的摩德纳是法拉利创始人恩佐法拉利的故乡，这座新建的博物馆被命名为恩佐法拉利博物馆（Museo Casa Enzo Ferrari）。这座博物馆花费了近1800万欧元建成，它将成为摩德纳新的旅游景点。这间全新的恩佐法拉利博物馆的外观造型采用了赛车发动机盖的设计，亮黄色色彩让这间博物馆从上空俯视下来时极具动感。而除了这个形象的"发动机盖"，法拉利也还原了恩佐·法拉利1898年出生时的房子和他的工作车间。博物馆里面有大量的展品，包括法拉利历史上的经典车型实物，图片和文字资料。另外，博物馆还专门辟出了一处地方来呈现恩佐·法拉利曾经的生活之物（如从未公开的文件和设计手稿等）。

品牌博物馆的建立需要有历史眼光的品牌管理者在品牌创立之初就有意识地对资料和具有历史价值的各类实物、文字、图片等进行保留。比如，第一款产品、第一笔合同、第一批员工名录、每一代新产品，甚至第一次实验数据和未能成功上市的样品，等等，都是品牌博物馆里至为珍贵的物件。Swatch的第一块手表诞生于1983年，与很多瑞士悠久的手表品牌相比，它算不上具有历史价值，但是这个以时尚、轻便、现代设计取胜的手表品牌，在日内瓦建立了自己的品牌博物馆，并成为很多游客的必游景点。Swatch博物馆的设计大量运用齿轮，这是手表必备的设计元素之一。呆板单一的齿轮在这里变得形状多变、色彩斑斓，它的演示资料也重点讲述了这个品牌如何改变了整个世界对于手表的刻板理解。Swatch博物馆里，通过其第一款手表到最新款的限量版手表的逐一展示，很丰富地阐述了自己的品牌文化，在这里：手表绝不仅仅为了计时。

第三节 品牌文化对企业的挑战

如同硬币总会有两面，塑造品牌文化能够为企业带来消费者的忠诚、免费的传播机会、口碑效应和溢价，但同时消费者对品牌的非货币投入（如情感卷入和时间投入）也对企业提出了挑战。

一、品牌文化对消费者的影响力不能脱离产品质量底线

拥有强大品牌文化的企业可能会产生一种错觉，认为文化赋予品牌的超凡魅力可以让消费者为它做出任何改变。这其实是一种错觉。必须承认，品牌文化对消费者的影响力是有限度的，企业需要小心翼翼地培养和使用这种影响力，并且品牌文化对消费者的影响力不能脱离产品质量的底线。

苹果公司 iPhone 4 产品在推出后不久被发现因为天线设计问题而导致信号接收不佳影响通话质量。但首席执行官乔布斯为此事召开新闻发布会，却宣称 iPhone 4 的设计没有缺陷，反而说用户应该采用另一种握持手机的方式来使用 iPhone 4 以确保自己的手不会影响信号接收。据美国媒体报道，这次新闻发布会后，一部分"果粉"表达了对这个品牌的失望。有学者研究发现，当消费者将品牌所具有的特质和文化理解为一种品牌质量承诺的时候，产品质量的失败将让品牌付出难以弥补的代价。

二、企业行为有时与消费者所感知的品牌文化不能保持一致

具有品牌文化力量的企业与消费者分享了一套共有的价值观。尽管这些品牌价值观是企业主动创造的，但它一经成为消费者珍视的价值观的组成部分，消费者就会随时依此来检视企业行为。这样，企业自己塑造的品牌文化将对品牌的市场行为就形成了约束力。如果企业的行为不能与消费者所感知或理解的品牌文化保持一致，那么最忠实的拥护者可能会突然变成最激烈的反对者。

比如，2010 年，美国媒体曝光谷歌公司和通讯运营商 Verizon 可能已经达成内部协议，Verizon 将允许某些网站支付更高的接入费用以换得用户浏览速度的提升。《纽约时报》的记者举例说，谷歌旗下的视频网站 YouTube 可以支付金钱让消费者在 Verizon 网络上更快地观看其视频，那么其他的视频网站将会失去公平竞争的机会。消息一经公布立刻引起轩然大波。对谷歌发起最猛烈抨击的恰恰是谷歌的铁杆支持者们。他们写公开的抗议信给谷歌的创始人谢尔盖·布林（Sergey Brin）和拉里·佩奇（Larry Page），信的开头是这样的："作为谷歌的创始人，你们打造了谷歌公司的座右铭：'不要变得邪恶。'而我作为谷歌的用户，也一直践行你们的座右铭，没有变得邪恶。但是，谷歌与 Verizon 的交易非常邪恶。这种交易意味着你们将共同对互联网进行控制，而且还会阻止谷歌的未来发展。"

三、品牌文化使品牌成为不同种族文化冲突的受害者

经济全球化背景下的文化融合和文化冲突并行不悖。当品牌成功地将自己塑造成为某个国家（或民族）文化的象征符号时，它将享受消费者对这种文化的正面回报。但也不得不承担消费者对这种文化可能发泄的负面情绪。例如，麦当劳已经成为美国文化的重要符号。这一文化象征意义给麦当劳的全球化营销提供了高额回报。但是，每当针对美国的政

治抗议或文化抵制事件发生的时候，麦当劳也总是成为首当其冲的受害者。近年来，法国消费者掀起了一系列抵制美国"垃圾文化"的运动，其中有不少是指向麦当劳的。同样，当迪士尼成功地成为美国文化全球扩张的典范之后，它在巴黎的失败就已经注定了。1992年巴黎迪士尼建成后连年亏损，很大原因是许多法国人具有欧洲文化中心主义倾向，对迪士尼心存抵制。在巴黎迪士尼刚刚开始建设的时候，法国的一些知识界人士纷纷反对迪士尼，甚至把它成为美国的"文化核泄漏"，巴黎迪士尼最终为此付出了连年亏损的代价。因此，利用民族文化认同开展营销活动是一把双刃剑。

------【本章小结】------

1. 品牌文化是某一品牌的所有者、购买者、使用者或向往者之间共同拥有的、与此品牌相关的独特信念、价值观、仪式、规范和传统等。
2. 品牌文化对消费者个体和群体的影响作用主要体现在内化、象征、传承、聚合、导向等五个方面。
3. 品牌文化必须得到企业文化的支持。企业文化的外显内容是品牌文化的一部分。企业文化可以通过正式的规范塑造，而品牌文化则难以拥有强制力。
4. 塑造品牌文化的途径有：创造象征符号；营造仪式化气氛；塑造英雄人物；创建品牌社区；传播品牌传记；建立品牌博物馆。
5. 品牌文化的塑造对企业提出了挑战：企业行为有时不能与消费者所感知或理解的品牌文化保持一致；企业如果脱离产品质量标准而过分高估品牌文化对消费者的影响力，就可能做出有损消费者的行为；品牌有可能成为民族文化冲突的受害者。

------【术语（中英文对照）】------

------【即测即练】------

------------------------------【思考与讨论】------------------------------

1. 选择 2~3 个你最为熟悉和了解的中国市场上的知名品牌，以此为例，分析说明这个品牌具有哪些品牌文化？分析列举这个品牌的管理团队塑造品牌文化的方法有哪些？

2. 选择 2~3 个你最为熟悉和了解的中国市场上的知名品牌，以此为例，分析说明品牌文化的功能有哪些以及这些功能是如何发挥的？

------------------------------【实战模拟】------------------------------

案例讨论

1. 运用本章品牌文化的塑造相关理论，分析哈雷·戴维森打造其独特的"哈雷文化"的主要营销战略有哪些？

2. 运用本章消费者参与了品牌文化建设的思想观点，分析说明哈雷·戴维森的顾客赋予这个品牌文化意义的方式有哪些？

第 十 二 章
品牌管理体系

> 希腊大力神的母亲是大地，他只要一靠在大地上就力大无穷。我们的大地就是众人和制度。
>
> ——任正非（中国华为创始人）

学习目的

学习本章之后，读者将对以下品牌问题有更清晰、准确和透彻的理解：
- 什么品牌管理体系？
- 品牌管理体制对公司的品牌创建有何重要意义？
- 品牌宪章、品牌手册、品牌报告对公司品牌管理的价值何在？
- 不同层级和岗位的员工在品牌管理当中的角色有哪些？

本章案例

- 华为独特的品牌管理制度
- 韩国"国家品牌总统委员会"
- 迪士尼·沃尔特——一个反应力极强的机构

| 开篇案例 | 华为独特的品牌管理制度 |

华为成立于 1987 年。到 2019 年,华为公司销售额突破 8000 亿元人民币,海外业务占比超过 70%。最新的 Interbrand 全球品牌价值排行榜表明,华为 2020 年品牌价值位居全球第 80 位,它已连续多年在全球品牌价值百强榜名单,而且至今仍是唯一的中国品牌。

从最初的一间名不见经传的销售代理公司,发展成为全球最大的,集通信设备供应商、网络方案供应商和智能终端通信产品供应商于一体的全球知名跨国公司。华为在短短的 30 余年创造了中国民营企业发展的奇迹。华为的成功之道有很多,若从品牌管理制度上看,《华为基本法》和创始人任正非通过"讲话"产生的思想引领,成为独具特色的管理制度与文化。

1.《华为基本法》:改变中国商业史的 20 个关键事件之一

(1)背景:二次创业背景下的华为基本法。

华为在最初从事了短暂的通信设备销售代理之后,迅速转向了自主品牌的制造与研发。到 1997 年,华为成立 10 周年之际,华为年销售额已突破 40 亿元人民币。此时,世界和中国的通信行业都进入了超高速发展阶段。华为在产品技术含量方面得到大幅提高,走完了原始积累的路程,正需要向培养通信业务全面解决方案能力的过渡阶段;此外,华为已建立起覆盖全国的销售与技术服务网。华为发展到面临二次创业的关键时刻。如何建立一套科学的管理制度,使人员能够得到长期激励、形成共识和凝聚力,成为要解决的基本矛盾与问题。这就需要理顺根本制度。

创始人任正非在此萌生了起草《华为基本法》的想法。在和专家顾问团队讨论《华为基本法》的基本框架时,任正非提出希望《华为基本法》能够成为"照亮公司未来方向的法典",成为处理公司内外矛盾关系的基本法则,能体现华为的核心价值观,能指导华为未来发展。通过制定《华为基本法》,任正非和管理团队也想实现对华为未来发展方向的深入和系统性的思考。

(2)《华为基本法》的核心精神。

《华为基本法》的筹备和起草过程历时 3 年。1996 年,华为把制定出的这类制度称为"管理大纲"。之后通过上上下下的多次讨论,历经数次删改,1998 年 3 月,长达 16475 字的《华为基本法》终于定稿。以下是《华为基本法》最初版本的几点精要内容。

第一条,华为的追求是在电子信息领域实现顾客的梦想,并依靠点点滴滴、锲而不舍的艰苦追求,使我们成为世界级领先企业。为了使华为成为世界一流的设备供应商,我们将永不进入信息服务业。通过无依赖的市场压力传递,使公司内部机制永远处于激活状态。

第二条,认真负责和管理有效的员工是华为最大的财富。尊重知识、尊重个性、集体奋斗和不迁就有功的员工,是我们事业可持续成长的内在要求。

第三条,广泛吸收世界电子信息领域的最新研究成果,虚心向国内外优秀企业学习,在独立自主的基础上,开放合作地发展领先的核心技术体系,用我们卓越的产品自主自立于世界通信列强之林。

第四条,爱祖国、爱人民、爱事业和爱生活是我们凝聚力的源泉。责任意识、创新精神、敬业精神与团结合作精神是我们企业文化的精髓。实事求是是我们行为的准则。

第五条,华为主张在顾客、员工与合作者之间结成利益共同体。努力探索按生产要素分配的内部动力机制。我们决不让雷锋吃亏,奉献者定当得到合理的回报。

第六条,资源是会枯竭的,唯有文化才会生生不息。一切工业产品都是人类智慧创造的。华为没有可以依存的自然资源,唯有在人的头脑中挖掘出大油田、大森林、大煤矿……精神是可以转化成物质的,物质文明有助于巩固精神文明。我们坚持以精神文明促进物质文明的方针。这里的文化,不仅仅包含知识、技术、管理、情操……也包含了一切促进生产力发展的无形因素。

第七条,华为以产业报国和科教兴国为己任,以公司的发展为所在社区作出贡献。为伟大祖国的繁荣昌盛,为中华民族的振兴,为自己和家人的幸福而不懈努力。

《华为基本法》是中国民营企业中第一次面向未来作出的全面的思考。华为制定《华为基本法》已成为改变中国商业史的 20 个关键事件之一。《华为基本法》是一种符号。对华为来讲,《华为基本法》至少有三方面的作用。首先,将高层的思想真正转化为全公司看得见、摸得着的东西,使公司各管理层级之间对未来发展方向形成共识。《华为基本法》在统一全公司思想、凝聚全公司员工等方面的作用不可估量。其次,《华为基本法》成为国内企业竞相追捧的范本,这增加了客户和合作伙伴对华为的认同感。第三,《华为基本法》为华为培养了一支领导团队。这是将个人智慧转化为公司领导团队智慧的过程。

《华为基本法》确定了华为二次创业的理念、战略、方针和政策,为华为从一个成长型的企业,迈向世界级企业,指明了基本方向和发展道路。

2. 任正非讲话:华为的非正式管理制度

《华为基本法》具有相对固定的特性。除此之外,华为创始人任正非也不断通过内部讲话、新年献词等形式,用思想引领华为。这种有形条款和无形思想相结合,大大丰富了华为的治理制度。

任正非 2009 年初在《谁来呼唤炮火?如何及时提供炮火支援》一文中,就针对华为营销体系强调了放权的管理思想。这篇文章提到,华为发展到今天,怕出现大企业病,怕出现官僚主义,而官僚主义往往是从总部开始的。华为过去强调集权,任正非在这篇文章里思考如何改变这种中央集权,如何充分放权,他提出要真正让听得见炮火的人(指一线营销人员）去作决策。这不能不说是华为和任正非的一次重要转型。

又如，2008年9月22日，任正非在华为中央平台研发部发表了《从汶川特大地震一片瓦砾中一座百年前建的教堂不倒所想到的》的内部讲话。这篇讲话提到，汶川特大地震让人们想到这座深山里的一座教堂，记起了一百多年前为这座教堂奠基的人们。他的讲话的核心思想是强调在基础平台研发的员工的价值。"我司的基础平台，要历几代人的智慧不断累积、优化，谁说百年后我们不是第一……我们拥有这样巨大的优质资源，是任何新公司不具备的，这就是一个大公司制胜的法宝。否则大公司在创新方面不如小公司，干劲又不如小公司足，为什么胜的多半还是大公司。相信百年之后，我们的基础平台还会更有竞争力，能为客户提供更加丰富多彩的服务……我们已经走了一条成功的平台道路，为什么不走下去，为什么不一代一代地走下去……当你回首往事，不因虚度年华而悔恨，也不因碌碌无为而羞耻。你可以自豪地对儿孙说，我参与的平台，数十年了还在全世界运转"。

2019年2月12日，在华为受到空前外部挤压的极端恶劣环境下，任正非在运营商BG（事业部）组织变革方向汇报会上发表的重要讲话，为华为应对挑战注入了精神支持。讲话的核心内容就是：对准联接领域绝对领先、不断激活组织、改变作战方式、提升作战能力和效率。激励这个部门开展改革要有一股勇气，就像在刀尖上跳舞，除了世界第一，就是死亡。坚决的意志，不动摇的决心，是必胜的基础。改革是有风险的，但不改革就会腐化死亡。为了成为世界领袖企业，何不潇洒走一回呢？

总之，《华为基本法》阐明了华为存在的意义、价值观，为华为的发展指明了方向和目标。这是华为能够顺利从成长型企业、大企业，迈向世界级知名企业的重要管理制度基础。与此同时，华为创始人、领导人任正非的内部讲话释放的精神力量，也作为非正式的管理制度，发挥了思想引领的作用，不断校准华为前进的方向，不断激励华为团队和整个公司。可见，有形制度的条条框框和无形的思想引领的有机结合，是驱动华为不断取得成功的独具特色的管理制度与文化。

资料来源：
1. 梁瑞丽.《华为基本法》的变革之道——访原华为专家顾问小组组长彭剑锋[J]. 东方企业文化, 2011（7）：21-23.
2. 张卓筠. 华为基本法十年之反思[J]. 企业文化, 2008（9）：55-57.

华为品牌管理的历史经验表明，有形的《华为基本法》和创始人任正非的讲话释放的无形思想引领，都发挥了重要的不可替代的制度治理的作用，驱动了华为成就世界级领袖企业。一个公司建立品牌管理相应的机构，制定相关的品牌管理规章，以此规范品牌相关活动，是十分必要的。本章将重点讲解品牌管理体系的主要类型、品牌管理规章制度的主要形式和内涵、品牌管理的主要岗位及人员职责等。通过本章的学习，企业能从中了解建立、完善内部品牌管理体系的最佳实践经验和科学依据。

第一节 品牌管理体系的内涵和形态

一、品牌管理体系的内涵

理论界和实践界迄今还没有对品牌管理体系（Brand management system）给出明确的定义。品牌管理体系属于公司内部管理的一个组成部分，因而它具备"管理制度"的一般内容。本书将品牌管理体系定义为：公司内部对履行品牌管理相关职责的岗位设置及其人员配备，以及履行品牌管理职责应该遵循的相关规章制度、执行品牌活动需要遵照的工作流程或细则的总称。可见，品牌管理体系既包括创建品牌应该遵循的纲领性和方向性的总纲，也包括实施某项具体品牌活动的工作细则。在有的教材或专著中，把统领公司品牌创建的方向性指针，尊崇地称为"品牌宪章"；而把那些为具体品牌活动提供工作指南的规则叫作"品牌细则"。可见，品牌管理体系的内涵是制度、规章、岗位与人员职责的总称，其内涵非常丰富。

为了更好地理解品牌管理体系的内涵，兹以中国绿城集团为例，来加以阐释。绿城集团是中国知名地产品牌，是中国香港上市公司——绿城中国控股有限公司（股票代码03900）的全资子公司。2010年由其下属的浙江绿城房产营销策划有限公司负责制定了《品牌管理标准化手册》，这是整个集团品牌营销活动的纲领性指南。绿城集团的品牌管理标准化手册由八大部分构成，分别为：第一部分品牌内涵与品牌管理组织架构、第二部分品牌形象建设、第三部分品牌活动管理、第四部分媒体关系管理与危机处理、第五部分项目网站管理、第六部分绿城会建设与品牌忠诚度培养、第七部分项目品牌管理考评办法、第八部分辅助文件。显然，绿城集团制定的这份《品牌管理标准化手册》既包括品牌调性、个性或形象等涉及品牌方向性的总纲，也包括具体的品牌活动或品牌建设内容等的执行细则。

构建良好的品牌管理体系有助于对公司品牌活动的标准化和规范化管理，以便让不同岗位上的员工，对品牌建设工作各司其职、各负其责，在品牌建设上具有清晰的方向感和目标感。此外，品牌管理体系对品牌建设工作配备文书性指导意见，可以让不同岗位或工作经验的员工，在品牌建设方面有学习咨询的渠道，便于提升全公司的品牌建设水平。品牌管理体系也规定了公司外部营销服务机构（如广告公司、咨询公司、市场调查公司等），在协助公司创建品牌的活动中应该遵循的原则，这是公司选择和评估营销外部合作机构的前提。

二、品牌管理体系的主要形态

随着经营的产品与服务的范围的不断扩大，经营规模的扩张，公司管理品牌的方式也会发生变化。因此，品牌的管理责任人及其遵循的规章制度也会随之发生变化。在公司的发展过程中，品牌管理体系大致经历了以下几种形式。本书重点讲解品牌经理制。品牌经理制是迄今对品牌经营管理历史，发挥最大贡献的品牌管理制度。世界知名消费品公司的品牌管理制度也多以品牌经理制为基础范本再经过不同程度的调整而形成。所以，以品牌经理制作为突破口和重点内容来解析品牌管理体系的形态，具有科学性，实践借鉴意义显著。

（一）业主或公司经理负责制

业主或公司经理负责制是指品牌（或产品）层次的战略决策以及具体的品牌活动的规划和组织实施，均由企业主、创始人或公司高层经理自己负责。这是一种高度集权的品牌管理制度形态。在这种形态下，品牌设计、广告、促销、渠道等品牌问题，均须经过公司高层领导参与和拍板方可执行。业主或公司经理负责制的最大优点是决策迅速，易于协调，同时企业主或创始人更能将企业家精神注入品牌之中，从而有利于奠定品牌基因、塑造品牌核心价值观。它一般适合产品种类比较少、规模不大的企业。

（二）职能管理制

职能管理制是指在公司总经理的统一领导下，品牌管理职责分派有利于公司市场营销领域的各个职能部门承担，各职能部门在各自权责范围内行使其相应的品牌营销权力、承担其相应的义务。职能管理制的主要优点是能够充分发挥品牌管理各职能的专业化水平。受过专门训练的各职能领域的品牌管理人员，从专业的视角，对品牌进行专业化管理，推动品牌扩大规模，培育品牌无形资产。例如，市场研究经理能够掌握充分的市场信息，便于给品牌适时的市场监测；促销经理负责品牌的常规性消费者促销、零售终端促销等，便于取得积极的销售刺激反应；广告经理负责品牌的广告创意与媒体传播，使品牌具有清晰的市场定位，提升品牌知名度，塑造品牌个性……这样，公司总经理作为品牌最高领导和责任人，就能从众多的品牌营销日常事务脱身，便于集中精力思考品牌发展中的重大战略决策问题。此外，职能管理制也让品牌管理从传统的凭直觉与经验管理转向以专业知识为基础的科学管理，它在培育和经营品牌的历史上发挥了重要的作用。今天多数主流的市场营销管理教材的核心内容（即 4Ps 框架）就是以品牌职能管理制为模板来设计的。

但是，随着公司提供的产品种类的增多和覆盖的市场的扩大，品牌的职能管理制模式就显示出其缺点。主要表现在两个方面。其一，品牌的各职能管理者之间的协调会使管理成本增加。品牌的各个职能管理者从自身利益出发设计相应的营销活动，从高层竞相争取营销预算和资源。但是，有时不同职能管理对品牌无形资产的作用却是相互抵消的。例如，为了实现短期销量提升的目标，促销经理可能不惜通过大量打折、降价等营销策略。但是，打折、降价等营销策略可能与广告经理希望塑造的品牌无形形象产生冲突，这就引起品牌的广告活动难以实现预期目标。这种现象非常普遍。其二，职能管理制下，新品牌难以得到应有的照看。公司发展过程中，一定会进入拥有多个品牌的阶段。此时，同一职能管理要顾及多个品牌，很容易出现职能管理者只去扶持短期内能见到销售成效的品牌。这就可能使公司对那些前途不错但眼前无销售产出的新品牌失去投资的积极性，从而限制或压制了有未来增长潜力的新品牌的发展。

（三）品牌经理制

1. 品牌经理制的内涵、引入与普及

品牌经理制是指企业为其经营的每一个产品品牌专门任命一名经理并配备一个团队，使他对该品牌的主要营销事务及产品利润负责。这些营销事务包括开发产品概念、新产品上市、广告传播、促销推广、市场研究、终端销售及售后服务等。同时，品牌经理在品牌的市场营销活动中，还要统一协调公司内部的其他非市场营销职能部门，如产品开发部门、生产部门以及销售部门。品牌经理制打破了传统上的品牌职能制分割和分散品牌各项职能管理的做法，让每个品牌经理对一个品牌的全面营销活动及其业绩负责。一般地，一个大品牌，除了一个品牌经理之外，还配备数个品牌经理助理，从而构成一个品牌经理团队。品牌经理不仅要制订品牌的发展计划，还要督导计划的执行，采取纠正行动。总之，品牌经理要对品牌的全部市场营销负责。

品牌经理制于1931年5月13日在美国的宝洁公司诞生。尼尔·麦克罗伊（Neil McElroy），一位当时在为宝洁香皂品牌"佳美"（Camay）负责广告运动的广告部员工，他向公司总经理提出系列建议，主要包括：公司应该对佳美这样的新产品给以更聚焦的关注；每个品牌都要有一个人专门负责，还应该配备一个团队以帮助品牌经理思考这个品牌营销的方方面面；这个执着的品牌团队只关注这一个品牌。当时的宝洁公司总经理采纳了这一建议，尼尔也被任命为"佳美"的品牌经理。这就是品牌经理制的诞生背景。尼尔担任佳美的品牌经理之后，这个新品牌得到了管家式的照看，市场业绩逐渐好转，短暂的2~3年之后，就成为宝洁公司内部盈利能力最好的品牌。而尼尔的职业生涯也迎来节节晋升，在宝洁公司最终就任首席执行官。

随着品牌经理制在宝洁公司的引入和正面带动效应，越来越多的美国日用消费品、食品公司最先开始仿效。可口可乐、强生、高露洁棕榄、百事可乐等很快建立起自己的品牌经理制。随后，耐用消费品品牌也寻求建立适合自身的品牌经理制。到20世纪80年代中期，在美国的消费品制造业，品牌经理制得到全面普及，品牌管理的标准也日臻成熟。20世纪80年代中期之后，品牌经理制向消费服务业领域渗透，餐饮、酒店、银行、保险、零售……，它们纷纷借鉴消费品制造业的品牌管理经验，并加以创新。今天，品牌经理制已经深入到欧美市场各种不同的工商业领域；同时，传统的以宝洁为范本的品牌经理制也在发展中加以不断调整、创新、丰富。可以说，品牌经理制是迄今为止，对品牌培育和管理发挥最大作用的品牌管理制度。

2. 品牌经理制的作用

（1）品牌经理制为公司多业务/产品的营销业绩目标提供了管理保障。

持续发展是任何企业的永恒主题。企业在不断发展过程中，必然会进入多个行业，不同行业之间以及同一行业内部必然会产生多个品牌。多个品牌的存在加大了公司内部品牌管理工作的跨度、强度和难度。品牌经理制让每个品牌都有一个专职的团队负责其市场营销活动，从而让每个品牌都能得到必要的关照。这对于有发展潜力的公司新业务和新品牌尤其重要，因为品牌经理制让这些业务和品牌也分配到相应的资源。所以，品牌经理制使

公司的多个业务的市场营销业绩目标都能落实到具体的品牌载体，这就使公司的战略目标得到了保障，从而促进了整个公司业绩不断发展壮大。

当前已很知名的大型中国企业，发展历程中从单一业务走向多样业务时，都科学有效地借鉴了品牌经理制。另外，要进一步发展壮大，中国大型企业还必须不断完善品牌经理制。例如，立白集团从洗涤剂起步，通过自创品牌和并购等方式进入多产品线和业务线，覆盖织物洗护、餐具洗涤、消杀、家居清洁、空气清新、口腔护理、身体清洁、头发护理、肌肤护理及化妆品等产品线。在口腔护理领域，立白集团就拥有蓝天和六必治两个牙膏品牌。可见，立白集团需要科学借鉴并运用好品牌经理制，经营管理好每个品牌，提升每个品牌的影响力和利润率。类似的中国企业（如美的集团、海信集团、上海家化、浙江纳爱斯、娃哈哈等），其发展历史上都借鉴了品牌经理制的某些优点，但同样还需要在未来不断丰富和完善这种品牌管理制度。

（2）品牌经理制有利于提高品牌竞争力，使公司资源得到充分应用。

在没有品牌经理制之前，企业新产品或新品牌推出的流程往往是先开发出新产品，然后再定价，最终卖给消费者。这样操作的结果很可能使新产品或新品牌与现有产品或品牌并无显著差异，产品定位趋同，造成资源浪费。品牌经理制要求每个品牌要有专门的团队负责看护；而要诞生新品牌，品牌经理必须要先向公司内部明确新产品的定位与差异化。这就减少了新产品或新品牌推出的随意性。另外，品牌经理要想为自己的品牌争取到更多的资源，就需要事先设计出差异化的、与自身品牌相匹配的产品诉求、定价、广告传播和促销方案等，这就推动了各个品牌不断营销创新。而在科学引入品牌经理制的公司，奉行哪个品牌市场业绩更优就更容易争取到公司营销支持的原则，这相当于在公司内部建立起向优势产品倾斜的机制，使有限的资源或预算得以最充分的发挥效用。例如，中国移动通信公司历史上（2G 时代）在运用品牌经理制方面属于领先地位的中国企业，它先后培育出全球通、神州行和动感地带三个有巨大影响力的业务品牌。这三个品牌各自有自身清晰的目标顾客群体，各自都取得了辉煌的营销业绩。可以说，中国移动通信公司的发展得益于类似品牌经理制这样的管理模式，它让三个品牌都得到了充分的发展，在各自细分市场占据了最大的市场份额，从而让中国移动在 2G 时代建立起市场领先地位。

（3）品牌经理制也是公司优秀管理人才的培养机制。

品牌经理制让品牌经理及其团队成员共同行使对品牌的责任。这让从大学毕业的年轻经理人一步入公司就有一种强烈的责任意识和团队意识。品牌经理团队要对品牌的市场营销负起全责，就需要与公司内部各公共的职能部门（如市场调研、财务、产品开发、生产制造、渠道生意销售等）加强沟通；而要促进品牌成长，品牌团队成员一开始接触商务便要学会制定预算、计划，并在内部争取资源和推进项目。凡此种种，均为公司培养年轻经理人的管理技能和领导艺术提供了难得的机会。难怪，在坚定奉行品牌经理制的宝洁公司，品牌经理成为步入公司总裁的必经之路。据载，宝洁历史上的第一位品牌经理尼尔后来于 1959 年从宝洁公司首席执行官的职位上，被美国政府任命为美国国防部部长。在中国，宝洁也被喻为改革开放后培养中国早期本土营销经理人的"黄埔军校"。

3. 品牌经理制的问题与改革

品牌经理制在发展和普及过程中，也出现了一些问题。

（1）内部竞争无序和伤害公司品牌的潜在问题。品牌经理制赋予每个品牌管理团队相当大的自主权，他们在公司内部为了争取资源而竞争。其结果，如果公司管理制度跟不上，很可能导致相同产品业务内部各个品牌之间的恶性竞争，造成公司内部各品牌之间的相互伤害。例如，国内不少消费品企业在发展历史上，表现出来的最常见问题是同一产品业务领域虽然拥有多个品牌，但不同品牌之间没有显著的差异化战略，结果导致品牌多但每个品牌都不强的现象。

（2）增加了内部管理成本。因为品牌经理对于品牌来说，就是"总经理"；但他们又需要与公司内部各个公共管理部门沟通，市场营销活动中需要协调的工作量很大，会降低工作效率。尤其是在权力距离大的文化环境中成长起来的公司（如中国、日本、韩国等东方国家的公司），表面上看品牌经理对品牌负全责，但又没能赋予他任何实权；在公司内部的管理沟通中，品牌经理的话语权处于弱势地位。因此，在众多中国、日本、韩国的大公司里，品牌经理制显得有名无实。

（3）品牌经理制对公司层面的业务战略带来潜在负面影响。因为品牌经理团队的考核评价体系多是短期的，品牌经理要对品牌的年度销售与利润负责，这样就很可能导致品牌经理不会去考虑品牌的长期战略议题。而同一产品业务领域的多个品牌经理都这样思维和行事，那么，公司的业务战略（Business strategy）及目标就有可能很难落到实处。公司的战略业务单元（Strategic business unit，SBU）的目标需要其下各个品牌去共同完成。

欧美工商界到了 20 世纪 80 年代中期，纷纷碰到以上问题。因此，品牌经理制自那之后经历了一系列的调整和改革。调整和改革的主要内容如下。

（1）引入品类经理的管理职位。为了避免同一产品业务领域内部的多个品牌之间恶性竞争，同时要使各品牌的营销战略符合公司战略业务单元的方向，在业务层面引入品类经理（Category manager），有助于协调好产品内部多品牌之间的矛盾。例如，宝洁公司在洗发水品类层面设计总监职位，以统领旗下各洗发水品牌（如海飞丝、飘柔、潘婷等）的营销战略。品类经理的职位在公司内部属于中高层，因此，也容易与公司内部的公共管理部门（如财务、研发、人力资源等）建立对等的沟通关系。

（2）加强公司层的品牌管理。与产品层面的品牌经理不同，公司层的品牌管理（Corporate brand management）负责以公司名义出面管理公司品牌营销活动。简单而言，公司层面的品牌管理团队负责处理与消费者、投资者、商业合作伙伴、政府与社会、内部员工等影响公司重要利益相关者的关系。很多时候，产品层面的品牌经理一旦遇到重大事务，公司层面的品牌管理团队会第一时间给予支持。例如，产品质量事故是任何产品层面的品牌经理都难以单独完成的重要任务，此时，公司层面反应过慢或反应方式不妥，会导致对整个公司产品或品牌的惨重打击。故而，当某个品牌遇到产品质量事故或道德危机时，公司层面的品牌管理团队会发挥重要作用，尤其是联结媒体、社区和政府的品牌管理职能。

（3）引入全球品牌经理。像宝洁、可口可乐、强生、高露洁棕榈等这些全球消费品领先企业，现在都不同程度地增设了全球品牌经理。全球品牌经理负责协调品牌在全球各地区的营销事务，以使品牌在全球各地区保持既统一又符合当地市场情境的形象，促进同一品牌的管理团队之间分享全球知识。

（四）品牌管理委员会制

品牌管理委员会制是一种战略性品牌管理组织模式，它适合的企业一般属于覆盖多个战略业务领域的大型企业集团，也适合于集体品牌、地区品牌或国家品牌这类受多个独立法人主体影响的品牌管理情境。就企业而言，品牌管理委员会一般设于集团总部，它已不再隶属于市场营销部门。品牌管理委员会的构成人员一般包括：集团副总、集团营销、财务、技术等职能领域的总监或以上的中高层管理者，集团下属各事业部或战略业务单元的总经理。品牌管理委员会的各参与者有其自身职责，集团高层旨在向整个公司传递一种信号，表明高层对品牌的重视和对品牌战略的信心；而集团的各个职能部门则要将集团的品牌理念向自己分管的职能领域传达和落实；而各战略业务单元或事业部的总经理则要在自己分管的产品领域，遵循集团总部的品牌战略方针。例如，中国石油天然气集团公司的品牌管理委员会由集团公司副总经理担任品牌管理委员会主任，集团公司总经理助理担任公职品牌管理委员会副主任。品牌管理委员会的行政级别一般在集团公司最高层管理者和行政、财务、生产、技术、营销等各部门负责人之间，属于典型的公司高层机构。

品牌管理委员会的职责主要包括：(1) 建立公司的整体品牌体系，确保各事业部（或战略业务单元）品牌之间的沟通与整合；(2) 制定品牌管理的战略性文件，便于各事业部在处理品牌相关的重大事务（如品牌延伸、品牌更新、品牌危机处理、新产品推出等）时，可以参考和遵循；(3) 确定品牌的核心价值，使其适应公司文化及发展战略的需要；(4) 确定品牌文化及其内含的品牌承诺；(5) 确立建立品牌评估体系，并对品牌现状优劣有更加清晰的认识，确定品牌的正确发展方向；(6) 建立与集团公司层面的重要利益相关者之间的关系，这些重要利益相关者包括：员工、顾客、投资者、商业合作伙伴、公众与媒体、政府与社区等。

品牌管理委员会管理机制除了在大型企业集团等工商企业运用之外，更体现在大学、医院、非营利性组织、地区与城市的品牌建设或管理活动中。例如，作为医疗机构，美国梅奥（Mayo）诊所于1997年成立了专门的品牌管理团队来监管品牌，该团队由主导医师和营销委员会（含营销和传播职责）构成。这一品牌管理团队主要对梅奥品牌的商标、品牌延伸和分支机构命名策略等问题进行管理，监管对象包括所有分支机构、产品和服务项目。在此基础上，梅奥诊所制定了一系列有关使用梅奥名称、合作品牌规范、广告宣传、品牌识别等方面的行为规范，保障了梅奥品牌名在各个接触点上的表现，促进了梅奥品牌在业务运行实践中与其品牌的核心价值、定位等保持一致。

品牌案例12.1展示了韩国通过国家品牌总统委员会来提升国家品牌形象的实践经验。

品牌案例 12.1　　　　　　韩国"国家品牌总统委员会"

韩剧、韩国料理、韩国三星电子、韩国明星、韩国鸟叔江南style……为什么韩国能涌出如此之多能影响世界的流行品？韩国在迈向民主、自主、富裕的现代化发达国家的同时，特别重视打造国家品牌形象，以期能影响世界和人类文明。从国家战略层面成立总统直管的国家品牌打造机构，在世界在恐怕只有韩国这一独例，尤其对世界大型经济体而言。

为了提高韩国的国家形象和国际地位，韩国于 2009 年 1 月 22 日成立"国家品牌总统委员会"（Presidential Council on Nation Branding），简称"韩国国家品牌委员会"，它是由时任总统李明博亲自设立和直接领导的直属委员会。韩国国家品牌委员会的主要任务有：通过大力开展海外服务、发展韩国尖端技术、促进韩国科学技术的世界化、开发保护韩国文化遗产和观光资源，来提高韩国的世界影响力。韩国国家品牌委员会下设企划、国际合作、企业和信息、文化观光、全球市民等 5 个分科委员会。国家品牌委员会确认国家形象塑造的五个重点领域包括：为国际社会贡献、尖端技术产品、文化与旅游、多元文化与外国人、全球市民意识。韩国国家品牌委员会就是一个打造韩国国家品牌的综合协调机构，其委员长由具有广泛社会影响力、能协调重要参与部门的知名人士担任；而成员则包括政府各部部长、知名企业总裁、首尔市长、国家旅游组织主席、国家贸易促进社社长等。

韩国国家品牌委员会非常重视国家形象的推广。这个委员会建立了国家形象总纲领，推出了代表国家形象的象征物，推出韩国国家形象标语；并借举办大型国际活动（如奥运会、亚运会、世界杯、世博会、G20 峰会等），增强韩国对世界的影响力。韩国国家品牌总统委员会还针对不同地区，采取各有侧重和差异化的国家形象推广策略：对美国，强化宣传韩美同盟；对亚洲，推广韩国流行文化——韩流；对欧洲，展示韩国作为科技强国的实力和韩国独特的文化传统；对中南美，提高韩国经济发展的知名度和美誉度；对阿拉伯地区，增进韩国与阿拉伯国家间的理解与合作，为韩国"能源外交""资源外交"服务。

遇有重大的国家品牌项目时，委员会就召集相关部门及有关企业、行业和专家学者，进行综合管理和统筹协调。遇有经费问题和特殊项目投入，委员会就向政府和国会提出申请。例如，2011 年韩国国家品牌委员会出面主办了"国家品牌展示会"（8 月 26 日在首尔三成洞 CEOX 开幕），这是 2009 年 1 月总统创办的直属国家品牌委员会举办的最大规模的活动。李培镕委员长说"此次展会不仅可以分享向世界出口的韩国企业的代表性商品，还要继承和发扬的韩国文化遗产，成为名副其实的'韩流嘉年华'"。

资料来源：李萌. 韩国国家品牌委员会的启示[J]. 对外传播，2012（11）.

第二节　品牌管理规章

不以规矩，不能成方圆。品牌管理亦是如此。本节主要讨论公司的品牌管理规章。其中，公司指导品牌管理的最高规章是品牌宪章，其次是品牌手册，最后是品牌报告。

一、品牌宪章

凯勒在其《战略品牌管理》一书中指出，品牌管理制度的第一步是以书面形式描绘出公司的品牌宪章（Brand chart）。这项工作便于为公司内部的各相关部门和公司外部的主要合作伙伴（渠道合作伙伴及营销服务代理机构等）提供品牌管理的方向指引。品牌宪章应该含有的最基本内容包括：公司如何理解品牌——品牌的内涵是什么？品牌对于公司的重要性如何？公司应该以什么样的品牌形象展示给外部社会？品牌的价值主张、远景、使用是什么？公司内部员工应该遵照哪些准则行事？品牌如何对待顾客或消费者？不过，在实践中，不同公司的品牌宪章内容会有些不同，包括上述某些部分或全部内容。总的看来，品牌宪章的特点是相对抽象，是指导企业品牌建设的原则性、方向性章程；那些具体的品牌营销活动要服从于品牌宪章。品牌宪章的最后审批者理论上是公司高层管理者（如首席执行官）。

例如，中国联想集团在定义品牌时借用了其创始人柳传志的话"品牌是一个信誉的长期积累，标志着这个企业的产品性能、服务、质量的状况，是这些东西长期积累在一起形成的。对联想来说，品牌是我们一个很大的优势，我们还要坚持去做才能保持下去"。而联想将自己的使命（Mission）界定为"四个为"——为客户，联想将提供信息技术、工具和服务，使人们的生活和工作更加简便、高效、丰富多彩；为员工，创造发展空间，提升员工价值，提高工作生活质量；为股东，回报股东长远利益，未来的联想将是"高科技的联想、服务的联想、国际化的联想；为社会，服务社会文明进步。将联想的愿景（Vision）界定为："高科技的联想、服务的联想、国际化的联想"。将联想的品牌特性界定为：诚信、创新有活力、容易、优质专业服务。

品牌宪章的内容并非一成不变。公司需要根据外部与内部环境的变化对品牌宪章适时调整与修订，从而保证品牌建设时刻沿着正确方向前进。例如，中国华为早在 1997 年就制定了《华为基本法》，在界定华为是什么、华为做什么业务时，《华为基本法》第一条明确表明："为了使华为成为世界一流的设备供应商，我们将永不进入信息服务业"。而第二十九条"华为的市场定位是业界最佳设备供应商"。而到了 2012 年，中国华为审时度势，调整了其公司发展战略，将自己的使命界定为"丰富人们的沟通和生活，提升工作效率"，而华为的战略业务重新调整为"营运商业务""企业业务""消费者业务"等三大板块，华为还第一次公开表明自己的品牌调性：以客户为中心、奋斗进取、创新、全球化、开放合作、值得信赖。

二、品牌手册

品牌手册是指导品牌实施营销策略、建立品牌识别系统等活动时的书面化操作指南。品牌手册有助于维持企业的一致性品牌形象管理。品牌手册如同企业品牌营销操作的指南。如果说品牌宪章的使用者以高层管理者居多，那么，品牌手册的使用对象以公司员工、中低层管理人员以及外部使用者居多。品牌手册的内容更多偏重于战术层次的规范和参照指南。品牌手册的内容非常丰富，它包括但远超越于企业 CI（Corporate identity——企业形象识别）系统。品牌手册覆盖了企业的品牌营销活动的方方面面。但不同企业的营销形态表现有其特殊性，因此，不同企业的品牌手册的具体内容并非千篇一律。以下是常见的品牌手册的部分内容。

1. 品牌管理组织机构

品牌手册中需要清楚说明哪些部门与品牌建设有关。例如，交通银行的广告投放及媒体管理规定（类似于品牌手册）中，将"工作职责"作为非常重要的内容。交通银行的品牌建设日常工作由总行企业文化部负责，但总行各业务线条也要肩负相关的品牌工作职责，分行在配合总行企业文化部和各业务线条部门的前提下，做好自己的品牌执行。对于总行企业文化部，交通银行又规定了其主要工作职责：企业品牌的建立、发展及维护；协助配合业务条线部门进行市场营销活动中的广告创意策划及媒体投放规划；总分行品牌共建，总行统筹规划全行品牌宣传，组织各分行协同开展总分行联动宣传活动；定期对于企业品牌进行回顾评价；管理好广告创意公司、媒体代理公司、活动执行公司、互动营销公司、小型线下广告公司及市场调研公司统筹等。又如，绿城地产建立了专门用于维护忠诚顾客关系的品牌活动（名叫"绿城会"），品牌手册对绿城会的组织架构、工作职能和品牌忠诚度培养方式也作了详细说明。

2. 视觉及其他品牌形象

品牌形象包括 CI 视觉系统但远超越 CI 系统。品牌形象还包括品牌做事的行为规范，这是行为识别（BI：Behavior Identity）的范畴。例如，在绿城地产，品牌手册中会明确房地产项目销售展示中心的布置规范、项目工地现场布置规范等。

3. 品牌活动管理

这是指在品牌活动中，应该遵循的营销活动规范。绿城地产的品牌管理手册详细说明了如何组织和管理品牌（产品）说明会、如何组织与管理新品发布会，并说明了当品牌与其他机构联合营销时，如何组织与管理联合的营销行为。

4. 媒体关系管理与危机处理

品牌手册也会为品牌管理者提供有关媒体关系管理方面的指南。绿城地产品牌手册专门就日常新闻传播管理、危机管理和媒体网络监控提供了操作指南。在网络时代，网站管理变得不可或缺，公司也需要在品牌手册中对品牌在网络的形象展示给出参照指南。

5. 品牌评估机制

品牌手册应该规定何时、多大频率进行品牌评估，评估哪些指标，结果呈交给哪些部门，有何用途等。例如，在交通银行，品牌手册指出要由总行的企业文化部定期对企业品牌进行评估，通过第三方市场调研公司，调查评估品牌知晓度、品牌美誉度、广告认知度、品牌健康度、品牌发展动力等多项指标，并长期追踪；研究竞争对手的品牌战略。总行企业文化部还要对媒体投放进行监控，并评估后续效果，得到相关指标（如到达率、覆盖率、活动影响力、舆论导向、二次传播等），分析媒体组合效率；将这些评估结果递交相关业务条线部门，为业务条线部门进行市场营销活动评估及今后媒体投放提供经验依据。业务条线部门也需要在市场营销活动结束后 3 个月内,负责完成营销活动评估,对于各项业务指标是否达标进行综合分析回顾(如项目总支出、收入回报、新客户数量、活动反应率等)。

▶ 三、品牌报告

品牌报告是企业品牌管理的每日血液循环系统,它是公司内部定期的自下而上的品牌活动进程及结果的报告。品牌权威学者凯勒教授认为,要建立品牌无形资产,必须把追踪调查到的结果及其他相关品牌业绩评估的结果以品牌无形资产报告的形式反映出来,定期(每月、每个季度或每年)分发给管理层。品牌资产报告应当说明品牌目前发生了什么,以及为什么会发生。

例如,在绿城房地产公司,集团总部制定的品牌手册中专门有对"项目公司品牌管理考评"方法,规定项目公司品牌管理考评通过四方面工作得到相关结论。这四方面的工作主要包括:项目品牌管理巡查;项目品牌工作年度考评;项目客户满意度考评;项目品牌影响力考评。四方面考评的占比分别为 20%、20%、20%和 40%。可见,项目品牌影响力是权重最大的一项。而第四项考评的结果就是凯勒所提到的品牌资产报告卡。品牌手册规定项目品牌影响力考评要通过和第三方专业调查机构合作,定期调查房地产项目在当地的品牌影响力,以获得客观公正的调查结果,为各地区/各项目分析、客户维系方面存在的问题、差距和制订提升计划提供依据,同时也为地区绩效考核提供数据。

本书在此详细介绍凯勒的品牌报告卡。凯勒提出的品牌报告卡是一种系统的品牌评估方法,可以帮助管理者思考如何给自己的品牌特性打分。品牌报告卡可以帮助公司发现品牌的哪些方面做得比较强,哪些方面还需要改进,让公司更多地了解品牌的各种特性。为竞争对手制作类似的报告卡,还可以更清楚地了解对方的优势和弱点。品牌报告卡的主要内容如下。

1. 品牌精准地向顾客传递了他们想要的利益

顾客为什么会买某个品牌的产品?这并不完全因为该品牌具有的各种物理属性,品牌形象、服务以及其他许多有形和无形因素,共同构成了一个有吸引力的品牌整体。公司需要调查顾客期望从某种产品中获得的关键利益,调查自身品牌传递这些利益的能力和表现,从而不断调整品牌自身的营销策略。例如,当海飞丝品牌经理团队发现,消费者仍然视"去屑"为洗发水的重要利益点,而认为市场上的竞争品牌在传递"去屑"利益方面接近海飞丝时,就必须通过营销创意和广告投放重新提升自身在这个核心利益点上的表现,牢牢站稳"去屑"这一品牌长期形成的利益点。

2. 品牌保持与顾客的相关性

品牌通过建立突出的"用户形象"(使用这一品牌的人的画像或类型)、"使用情境"(使用这一品牌的环境)、"品牌个性"(如真诚、激情、干练、粗犷等),以及品牌在顾客心中引起的感觉(如温暖)和品牌同顾客建立的关系(如忠诚、随意、季节性等)等,来使顾客时刻觉得品牌与他/她相关,使品牌与顾客之间永远处于活跃的互动状态。因此,品牌资产报告卡需要调查品牌与市场（目标用户）是很近、很紧密，还是很远、很松散。当一个消费品品牌远离时尚太久时，就一定会与时下的年轻消费者疏远；当越来越多的年轻消费者不再看重这个品牌时，这个品牌的无形资产就会大大缩水。当品牌渐渐远离年轻消费群时，要想重新赢得消费者的关注，就需要付出更大的营销投入，所以，与顾客的相关性异常重要。

3. 定价战略以价值为依据，而不是一味追求低价

把产品质量、设计、属性、成本和价格恰当地组合在一起很难，但是这种努力非常值得。然而，可叹的是，许多管理者不明白价格与顾客的产品质量感知有什么关系。因此，他们的定价不是太高就是太低。定价唯有以价值为依据，就为消费者的付费提供了足够的理由，消费者就会觉得品牌是"物有所值"或者"物超所值"。

4. 品牌定位恰当

恰当定位的品牌在消费者心目中会占有特别的位置。它们和竞争对手的品牌既有相似的地方，又有不同之处，而且这些异同点都是可以明确辨认的。成功的品牌在竞争对手设法取得优势的领域制造相似点，以便在这些方面赶上竞争对手；同时在竞争对手尚未关注的领域，创造自身品牌的差异点，以便在这些方面取得对竞争对手的优势。品牌定位是所有品牌管理者随时都要追踪调查的核心内容之一。

5. 品牌营销活动具有持续性和连续性

要保持品牌的优势地位，就必须保持营销活动的连续性。而品牌要保持与目标顾客的相关性，又必须对品牌适时做出改变。因此，品牌管理者随时都在维持与改变之间做出平衡。此外，连续性还指品牌在营销活动中所发出的信息不能相互冲突，或者令顾客混淆、糊涂、迷惑。如果品牌的各种营销活动发出的信息是冲突的，品牌形象一定会慢慢变得模糊不清甚至面目全非。

6. 品牌组合和品牌等级结构合理

公司发展壮大过程中要向新的产品（或行业）扩张。此时，公司往往会进入多品牌时代，要注重品牌组合管理。同时，公司发展壮大过程中，纵向层级也会增加，从产品品牌到事业部品牌，再到集团品牌（由下而上）。这种纵向品牌关系，也需要科学规划和管理。品牌是否与其所属的产品类别匹配？同一产品类别内部的多个品牌之间是否存在明显的差异化形象或目标市场与定位？品牌延伸是否合理？品牌纵向等级关系中，公司品牌、家族品牌、单个品牌和品牌修饰层之间的关系是否清晰，各自是否履行了自身的品牌角色？管理与优化品牌组合是一种重要的动态艺术，必须随着环境的变化而不断调整，但成功的品牌组合管理一定是在品牌组合的量与质上取得了平衡的管理，是提高品牌组合效益和企业市场竞争能力的管理。

7. 有效整合多种营销活动来建立品牌资产

从最基本的品牌有形要素层次来说，一个品牌由能注册登记的多种要素（包括商标、标志、口号、包装、标记等）组成。好的品牌能把这些要素进行有效组合和搭配，以便发挥品牌的有关功能（如加强消费者对品牌形象的认知，在竞争力和法律方面保护该品牌等）。品牌报告卡可以通过第三方咨询机构或公司内部相关部门，来诊断出品牌经理人是否合理运用了多种营销手段，在哪些手段上还存在欠缺。例如，随着社交媒体的崛起，各行各业的品牌都在尝试运用它从事营销活动；如果公司长期没有运用社交传媒从事营销活动，那么品牌就可能具有远离年轻消费群体的风险。同样，当中国的电子商务越来越成为重要渠道时，日用消费品品牌不得不重视这一渠道的作用，如果对此反应迟钝，也会失去年轻消费群。电商及社会化媒体都是创建品牌无形资产的重要手段。

8. 管理者要理解品牌对于消费者的含义

优秀的品牌管理者理解其品牌形象的全部含义，亦即消费者对品牌的不同看法、信念、态度和行为等，不管这些是不是该公司有意引导的。因此，管理者能充满自信地做出品牌的有关决策。如果管理者知道消费者对于某一品牌喜欢什么和不喜欢什么，知道消费者对于该品牌的核心联想，他自然也就知道所要采取的行动是有益于这一品牌还是会对这一品牌造成损害。

9. 给予品牌长期的恰当坚持

企业经理人必须非常小心地建立和管理品牌的无形资产。品牌无形资产的坚实基础在于消费者心目中对品牌拥有相当深和相当广的意识或认知，并且在消费者记忆中对品牌形成深刻的、美好的、独特的联想。然而，有时企业管理层总是希望抄捷径，把精力集中在一些华而不实的表面，忘记打造品牌的核心要义（如顾客感知的品质、核心利益和差异化等）。要维持品牌的知名度和美誉度，品牌经理人必须持续规划品牌传播，打造品牌不可能一蹴而就。但在某些关键事件节点，又必须坚持大胆投入。品牌报告卡既要审核品牌是否失去过一些难得的机遇，又是否制定了长期规划。

10. 对品牌的常规性定时审计

优秀品牌一般都会进行常规的、深入的品牌审计（Brand audit）和不间断的品牌跟踪研究。品牌审计旨在评估品牌的健康状况。一般来说，品牌审计的内容包括两方面，一方面是对品牌过去营销的实际情况所做的内容的详细描述，称为"品牌盘存"（Brand inventory）。另一方面，通过焦点小组访谈等外部的消费者调查，彻底了解该品牌对消费者的确切含义及可能的含义，以此发现未被发现的、有未来前景的机会点，这称为"品牌探测"（Brand exploratory）。定期的品牌审计特别有用。了解消费者的看法和信念常常能揭示一个品牌或一组品牌的真正含义，发现公司和消费者的看法在哪些方面存在冲突，从而告诉管理者，他们必须在哪些方面重新规划或调整品牌建设的措施以及营销活动的目标。

综上，品牌宪章、品牌手册、品牌报告卡共同构成一个公司的品牌管理规章制度。不过，不少公司并不单独制定品牌宪章，而是在品牌手册中将品牌理念、品牌使命、品牌远景、品牌核心价值等这些相对抽象的、纲领性的、总领性的内容置于开篇位置，以显示其统领作用。有的公司在公司战略规划中，列出品牌宪章，而不是单独地或在品牌手册中列出品牌宪章。同样，公司往往在品牌手册的末尾加上品牌评估的指南和细则，以规范公司什么时候、以何频率进行品牌评估，形成品牌报告卡。也有公司单独制定品牌宪章、品牌手册和品牌报告卡。总之，建立品牌宪章、品牌手册和品牌报告卡是完善品牌管理规章的重要内容，需要引起公司高层和品牌经理人的高度重视。

第三节　品牌管理岗位与人员

品牌管理体系的重要组成部分是参与品牌管理工作的岗位与人。品牌管理不是单一某个部门和某个人的事，而需要不同层级的人员各司其职。高层管理者起到品牌文化的倡导、引领角色。而中层人员则需要负责制定品牌执行的规范规章、辅导一线员工实施操作品牌活动。本节讨论品牌管理的主要岗位及角色。

一、品牌管理组织架构

参与品牌管理的岗位及人员共同构成品牌管理组织架构，它包括了从公司集团层面的组织机构到一线业务部门。例如，在雀巢公司，从集团公司到全球各地的子公司，拥有不同层级的品牌管理架构（请参见本书第十章图10-2所示）。在集团总部，品牌管理者的主要工作是规划和管理好公司 10 个世界级的公司品牌，如雀巢、康乃馨等。而集团在全球的 45 个战略性品牌，由战略业务单元（或称事业部 SBU）的总经理负责管理。分布在全球的 140 多个区域性战略品牌，则由相应地理区位的区域总经理（General region manager）负责管理。那些当地化的地方性品牌（如中国厦门的银鹭八宝粥、中国台湾的徐福记等）则由当地经理人（Local manager）负责管理。雀巢公司通常使用自上而下和自下而上并存的管理沟通方式来解决经营活动中遇到的品牌问题。战略业务单位既会将上级的指示传递给下级，也将下级的问题反映给上级。雀巢全球各地的高级经理人员每年召开一次会议，相互探讨品牌在各地各国的发展现状与面临的前景。

二、公司内部各层级品牌管理者的角色

1. 高层管理者的角色

品牌管理体系中高层领导者的存在非常必要。首先，只有高层管理者有足够的权力和动机来进行全面的品牌管理。高层管理者对整个公司的品牌活动具有全局性把握，他们是公司实行品牌战略的重要推动力和保障。其次，只有高层管理者能够进行多方资源和信息的统筹整合，包括营销、财务、生产等不同部门的信息统合，以及公司内部与外部资源的分配与使用。最后，只有高层管理人员能够与外部利益相关者进行有效的品牌方面的沟通。这包括对投资者、分销商、供应商、媒体、政府、社区等利益相关者的品牌信息沟通。总体上，高层管理人员是企业的精神领袖，通过明晰的品牌愿景和对品牌的理解与期望，他们可以自上而下地对企业员工进行引导和感染，利用个人魅力对消费者进行倡导和吸引，为公司的品牌管理提供强大的支撑作用。正如本章的开篇案例中所体会到的，华为通过其创始人任正非的有价值的"内部讲话"注入其品牌基因，这种非正式化规章管理具有强大的思想引领性和文化魅力，有时甚至比有形的规章制度更能影响公司全体员工的行为和理念。

公司上层管理者是创建以品牌为基础的企业文化的源头。公司组织结构中的高层管理者（即 C 层次——首席官之类的职务）一般包括首席执行官（CEO）、首席运营官（COO）、首席财务官（CFO）等。著名品牌背后的 CEO 们非常重视并熟知品牌之道——苹果 CEO 史蒂夫·乔布斯、英特尔 CEO 安迪·格罗夫（Andy Grove）、亚马逊 CEO 杰夫·贝佐斯（Jeff Bezos）、星巴克 CEO 霍华德·舒尔茨（Howward Schultz）、维珍 CEO 理查德·布兰森……莫不如此。在中国，华为创始人任正非、海尔 CEO 张瑞敏、招商银行原 CEO 马蔚华、中粮集团原 CEO 宁高宁、联想原 CEO 柳传志……他们都是品牌精神的缔造者。

CEO 的最终目标是要在公司中建立一种组织气氛，不断地强化以品牌为基础的企业文化，确保实现这一目标所必需的资源能够到位。他们的另一个职责是授权公司其他 C 层次的执行官们作为组织变革的代理人和推动者，以保证品牌建设能够得到公司足够的人力和财力支持。

COO 在品牌建设中是一个促进者的角色。COO 在组织中拥有对员工的影响力，通过自身的能力与魅力来引导员工在日常生活与工作中实现对公司品牌的承诺。另外，在品牌建设中 CFO 也扮演重要角色，因为 CFO 握有公司的最终财权并决定该品牌建设是否值得投资，所以他们不仅需要了解品牌经营的原理，还要懂得估算相应的投资回报率。

CMO 在品牌建设中必然拥有很大的影响力。CMO 是驱动公司向品牌导向的企业文化转变的最大促进者。公司 CMO 的主要职责有两个。其一，通过全面而完善的品牌驱动计划来帮助公司对其品牌形成正确的认知。其二，指导各部门员工对自己在品牌培育或经营中所扮演的角色进行正确的理解和配合。

要使公司高层执行官们都参与到品牌建设中，一个有效的方法是在公司内部设立品牌执行委员会（Executive Brand Council——EBC）。设立品牌执行委员会的目的是为了有效解决品牌经营过程中面临的诸多难题。品牌执行委员会是一个非常明显的信号，设立这一委员会旨在表明，打造品牌无形资产或商誉的任务，不仅仅属于市场营销部门，而是整个公司均对此负有责任。

2. 中层领导者的角色

品牌管理的中层领导负责贯彻、执行集团公司高层的品牌理念和使命，在一线员工和低层管理者面前，他们是企业形象的代表。同时，品牌管理的中层领导，还要与其他部门的领导互相配合，共同完成品牌相关的任务。在品牌决策方面，中层领导要负责向高层领导提供情报，并支持高层领导的决策。因此，品牌管理者中的中层领导起到上传下达的作用。

3. 员工的角色

员工在公司位于是培养和创建品牌的一线或前线，起着向顾客传递品牌精神和价值观的作用。员工是制造产品、服务消费者、面对消费者的终端接触者。每位员工都是企业的品牌形象大使，是品牌精神的维持者与传递者。公司要向外部传播品牌理念和精神，必须先在内部培养出这种品牌氛围，这样做有益于公司的发展。例如，星巴克对顾客创造出宾至如归的感觉，其根源在于每个员工具有强烈的品牌认同感。星巴克的每位基层员工都拥有公司股份，这决定了员工们具有更强的主人翁精神。同样，"海底捞，你学不会"的原因之一，是每位员工身上所散发的海底捞精神。休闲娱乐业的代表性企业迪士尼，其员工所散发出来的热情、投入、快乐，让游客在迪士尼乐园体验到开心愉悦。迪士尼招聘员工时最看重的是员工是否愿意服务游客、是否从骨子里愿意全情投入；此外，迪士尼公司也为员工提供了履行游客服务的专业知识和技能。因此，迪士尼始终认为 4P 的营销框架是不够的，还需要增加第 5 个 P 即"人"（People）。

品牌案例 12.2　　迪士尼·沃尔特——一个反应力极强的机构

服务性企业（如旅馆、医院、大学和银行等）逐渐认识到第 5 个 P，即人员（或员工，People）的重要性。服务性企业的员工经常同顾客接触，可能创造良好的印象，也可能为企业创造负面形象。

许多组织渴望学会如何"发动"它们的内部人员（员工）为其外部人员（顾客）服务。迪士尼公司对其员工所营销的"对顾客的积极态度"堪称世界级典范。

（1）迪士尼公司的全体员工对新员工表示特别欢迎。公司对这些新职员希望了解的情况均给予全面说明——如到何处报到、如何着装、每一次训练的时间多长，等等。

（2）第一天，新员工向迪士尼大学报到并进行一整天的有关方面问题的会议。他们 4 人坐一张桌子。领到各自的姓名卡并享用咖啡、饮料、点心。与此同时，他们相互介绍，彼此熟悉。结果，每一新员工便立即认识了 3 个人，并且感到自己是该群体中的一员。

（3）利用视听材料向新员工介绍迪士尼的经营思想和方法。他们从这个过程中了解到他们是在娱乐性企业中工作，是"戏中的角色"，理解自己在为迪士尼的"顾客"服务时，应做到满腔热忱、熟悉情况和熟练掌握专业技能。他们知道他们在"节目"中扮演什么角色。然后，他们被款待吃午餐、游览乐园，并被领去参观供员工专用的娱乐区。这个地区包括湖泊、娱乐大厅、野餐地、划船与钓鱼设施，以及一个大型图书馆。

（4）第二天，新员工便向其被分配的工作岗位报到。这些工作岗位可能包括安全员、运输员、管理员，或食品饮料招待员，等等。他们在"上台"前将再接受数天的训练，当他们掌握了技能后，便领"主题服装"上台演出。

（5）新员工接受如何回答客人经常提出的关于迪士尼乐园问题的额外训练。他们如果答不出，可拨电话给总机接线员，那里备有厚本资料簿，可回答任何问题。

（6）员工们接受一份称作《目与耳》的迪士尼报纸。这份报纸主要刊登有关活动、就业机会、特别福利、教育等方面的消息，每期均登有许多有亮眼表现的员工的照片。

（7）迪士尼公司的每个经理每年都要花一周时间用于"交叉利用"，即离开办公桌走向第一线（如收票、卖玉米花，或帮助顾客上下游览车等）。这样，管理部门便可一直亲自参与管理乐园和保持高质量的具体工作，以求做到使千百万游客感到满意。所有管理人员和员工都戴上姓名标牌，不拘于职位高低，彼此直呼其名。

（8）所有离开迪士尼公司的员工都要回答一份调查问卷。里面的问题包括他们对迪士尼工作的感觉如何以及有何不满意见。这样，迪士尼的管理部门便可评估在使员工满意并最终使顾客满意方面的成功程度。

难怪迪士尼公司的员工在使"客人"满意方面取得如此巨大的成功。管理部门对员工的关心促使员工感到自己是重要的，并且对"演出的节目"负有个人责任。员工们身上洋溢着的那种"拥有这个组织"的感觉，这种感觉也感染了他们所接待的千百万顾客。

资料来源：科特勒，凯勒，洪瑞云，等. 市场营销管理（亚洲版）[M]. 北京：中国人民大学出版社，2003.

--------------------------------【本章小结】--------------------------------

1. 品牌管理制度属于公司内部管理制度的组成部分。它是指公司内部对履行品牌管理相关职责的岗位设置及其人员配备，以及履行品牌管理职责应该遵循的相关规章制度、执行品牌活动需要遵照的工作流程或细则等方面的总称。

2. 品牌管理制度大致经历了业主或公司经理负责制、职能管理制、品牌经理制、品牌委员会制等几种形式。

3. 品牌经理制是指企业为每一个产品品牌专门配备一名经理，使他对该品牌的产品概念、新产品上市、广告传播、促销推广、市场研究、终端渠道以及产品利润负全部责任，并由他来统一协调产品开发部门、生产部门以及销售部门的工作，负责管理影响品牌市场营销结果的所有方面以及整个过程。

品牌经理制源于1931年的美国宝洁公司，第一位品牌经理是尼尔·麦克罗伊。到1980年代中期，在美国消费品制造业，品牌经理制得以全面普及，品牌管理的标准也日臻成熟。品牌经理制为拥有多个战略业务单元的大型企业，通过品牌来实现各业务单元的战略目标执行提供了保障；有利于公司内部各品牌之间的良性竞争，提高资源利用率；它更是公司培养优秀管理人才的摇篮。20世纪80年代中期以来，欧美工商界的品牌经理制经历了一系列的变革和调整，如引入了品类经理职位、加强集团公司层面的品牌管理、引入全球品牌经理等。

4. 品牌管理委员会制是一种战略性品牌管理组织模式，适合于覆盖多个战略业务的大型企业集团，也适合于大学、医院等非营利组织和地区或国家品牌。

5. 品牌管理规章包括了品牌宪章、品牌手册和品牌报告等指导公司品牌管理的文书档案。

品牌宪章对品牌的最本质方面加以规范，重点对品牌内涵、品牌意义、品牌价值观、远景、使命等做出明确表述。它们是相对抽象的、用以指导企业品牌灵魂的总纲性文档。

品牌手册是指导品牌实施营销策略、建立品牌识别系统等活动时的书面指南。品牌手册的使用对象以公司中、低层管理人员以及外部服务提供商为主，品牌手册的内容偏重于战术层面。

品牌报告相当于企业品牌管理的血液循环系统，它是公司内部定期的自下而上的品牌绩效报告。品牌报告要定期（每月、每个季度或每年）分发给管理层。品牌报告说明了品牌目前发生了什么以及为什么会发生。

6. 品牌管理体系的重要组成部分是参与品牌管理工作的岗位与人。参与品牌管理的岗位及人共同构成品牌管理组织架构，它包括了从公司集团层面的组织机构一直到一线业务部门。但不同公司的品牌管理组织架构存在差异。

公司内部各层级品牌管理者的角色也不一样。高层管理者通过创建以品牌为导向的企业文化来提高全公司的品牌意识。中层管理人员是执行品牌策略过程中的中坚力量，他们监督和控制着具体实施过程，起到承上启下的作用。基层管理者是培养和创建品牌的前线，他们身体力行地传递着品牌精神和价值观，他们是顾客经常接触的品牌形象大使。

------------------------------【术语（中英文对照）】------------------------------

------------------------------【即测即练】------------------------------

------------------------------【思考与讨论】------------------------------

1. 品牌经理制有何优点？20世纪80年代中后期以后品牌经理制又遇到哪些问题？全球领先的公司是如何解决这些问题的？

2. 品牌委员会制有何优缺点？

3. 选择中国市场上的2~3个品牌，以它们为例，分析比较品牌宪章、品牌手册、品牌报告在品牌管理制度中各自发挥的作用。

------------------【实战模拟】------------------

案例讨论

运用本章有关品牌宪章的理论,分析"雷克萨斯品牌宣言"对打造雷克萨斯品牌发挥的作用。

第十三章
品牌评估

> 如果你不能测量它，那你就不能管理它。
>
> ——彼得·德鲁克（现代管理学之父）

学习目的

学习本章之后，读者将对以下品牌问题有更清晰、准确和透彻的理解：
- 如何从顾客心智视角评估品牌吸引力？
- 如何从商品市场视角评估品牌表现力？
- 如何从金融市场视角评估品牌增值力？
- 品牌如何从顾客心智吸引力，经由商品市场表现力，转化为资本市场增值力？

本章案例

- 品牌并购，奠定美的集团国内领导地位
- 速溶咖啡不受欢迎的背后真相
- 两个鸡蛋拯救一个品牌
- 扬·罗必凯品牌评估模型及其战略应用
- 品牌评估 BrandZ 模型

开篇案例　　　　　　　品牌并购，奠定美的集团国内领导地位

美的集团在 21 世纪伊始，就制订了第三个 10 年计划（2000 年到 2010 年），目标是实现关键的世界级大公司目标，即：从 100 亿元到 1000 亿元的飞跃。2004 年前后，中国市场刮起兼并重组的风潮。美的集团创始人和时任董事局主席何享健带领美的也开始了资本并购的征程。一开始，美的野心很大，先后吞并了云南、湖南等地的客车企业，在谈的项目还有电力、高速公路、锅炉，等等。意欲进入的领域对美的来说，全都是陌生的。但很快，别人的并购失败让何享健意识到了风险的迫近，在之后的两年，美的投资并购的战线全面收缩，甚至拒绝了美泰克（美国四大家电生产之一）的盛情邀约。再后来，美的逐渐领悟并厘清了并购原则：决不盲目搞多元化，只进入与白电有关的产业。这是美的多次成功并购的根本原因。下面，我们将通过几起典型的并购，透视美的特有的并购模式；由此理解美的通过并购成就其全球白色家电品牌领导地位的独特战略。

1. 并购荣事达

成立于 1992 年的荣事达集团是一家老牌家电企业，产品包括白色家电、黑色家电、小家电等，荣事达洗衣机、冰箱在国内享有很高知名度，销量也一直稳居国内市场行业前三和前十的位置。1996 年，荣事达引入外资成立了荣事达·美泰克合资公司，荣事达占合资公司 49.5%的股份，美泰克占 50.5%的股份。因公司业绩不理想，处于亏损状态，2001 年美泰克从荣事达撤出所有经营管理人员，之后宣布转让合资公司股份。

消息传出后，国内外多家企业都与美泰克进行了接触。当时，美的在国内小家电和空调业，已居市场前列，但冰箱与洗衣机是其短板业务，而荣事达拥有国内领先的冰箱及洗衣机生产线，年产冰箱 60 万台、洗衣机 200 万台。美泰克的退出给欲大举进驻冰洗业、实现"全球白电巨头"战略的美的一个极好的契机。2004 年 11 月，美的集团通过收购美国美泰克公司多家海外子公司，曲线持有荣事达中美合资公司 50.5%的股权。此后，在 2005 年 7 月，美的集团增持荣事达集团持有的合资公司 24.5%的股权后，共持有合资公司 75%的股权，成功并购荣事达。

通过对荣事达的并购，美的填补了自身的产业空白，成功突入冰（冰箱）洗（洗衣机）产品线；得益于美的的资金支持与管理模式，荣事达在扭亏为盈后，品牌销售额持续增长。

2. 并购小天鹅

无锡小天鹅股份有限公司的前身始建于 1958 年，拥有包括冰箱、洗衣机在内的白色家电产品、小家电产品等。1978 年小天鹅生产出了中国第一台全自动洗衣机，到 2008 年其品牌价值达 130.02 亿元。同年，小天鹅洗衣机在全国同类产品销量中排名第二，毛利率达 20.98%，是国内最具影响力的洗衣机品牌之一，也是世界上极少数能同时生产全自动波轮、滚筒、搅拌式全种类洗衣机的制造商。在 2008 年与美的达成收购协议之前，无锡市国联发展（集团）有限公司是小天鹅的控股股东。

2008年1月14日，国联集团发布公告，拟将其持有的小天鹅24.01%的股份通过公开征集意向受让方的方式协议转让。除美的外，当时竞逐小天鹅的还有力图拓展洗衣机产业的四川长虹集团和意大利白电巨头默洛尼。在小天鹅的股权转让进入实质阶段后，先是四川长虹被国联集团不低于16.54亿元转让价格吓退，后来夺标呼声很高的默洛尼集团则递交了一份没有填写收购价格的"废标"。最终，2008年2月26日，美的电器与国联集团签约，以16.8亿元收购小天鹅24.01%股权。加上美的之前在B股市场购得的小天鹅4.93%股权，在此次交易完成后，美的共持有小天鹅28.94%股权，从而成为小天鹅的实际控制人。

这样，美的旗下共有美的、荣事达、小天鹅三大洗衣机品牌，它们在洗衣机市场的份额达到约15%，一跃成为洗衣机行业仅次于海尔的第二大巨头。

3. 并购重庆美通

重庆美通是于2004年8月4日设立的中外合资公司，主营业务范围为设计、制造、销售中央空调，注册资本为1250万美元。重庆美通的股东包括重庆通用工业（集团）有限责任公司、美的集团与Gold Best Worldwide Ltd.，他们分别持有重庆美通45%、30%及25%的股权。重庆美通拥有已达到国际先进水平的空调核心制冷技术——离心式制冷压缩技术，在中央空调领域拥有独特的技术优势。

2007年11月23日，美的集团与旗下上市公司美的电器签署股权转让协议，美的电器以3112.86万元的价格受让美的集团持有的重庆美通30%的股权。

2007年12月24日，美的电器旗下全资子公司MIDEA ELECTRIC INVESTMENT (BVI) LIMITED与重庆美通的另一重要股东Gold Best Worldwide Ltd.公司签订受让后者所持有的重庆美通25%股权的股权转让协议，从而使美的电器对重庆美通间接持股达到55%。这起收购让美的集团一举奠定国内中央空调行业的领先地位。

4. 美的集团的品牌并购模式

第一，合适的就是最好的。

美的在国内进行并购的初期，它的收购思路其实并不是非常清晰。事实上，收购华凌、荣事达等都并非完全是美的的刻意计划，而恰巧觉得是合适的收购对象，便一同收购了。事实上，美的在国内的并购整合过程中也不是一帆风顺的。荣事达、小天鹅等的并购事件都曾引发过工人罢工、员工对抗、企业文化不相融合等一系列问题，毕竟打破原有的利益结构，转换员工的思维，重塑企业的环境是一个痛苦的过程。但美的在这些并购中不断地学习，完善自身，不急不躁，踏踏实实地解决每一个出现的问题，并汲取经验教训，慢慢地开始形成了自己的一套并购思路。经过一个阶段的整合后，被并购的企业也都焕发出具有美的特色的新的活力，业绩也有了显著的提升。最终，美的的这些并购可以说都是成功的。

第二，并购只是开始，整合才是关键。

在美的收购小天鹅的同时，美的电器就曾承诺3年内解决与小天鹅的同业竞争问题。实际上，美的入主小天鹅后，整合计划一直在逐步实施。

2008年8月，美的电器正式成立洗衣机事业部，开始着手旗下美的、小天鹅与荣事达三大洗衣机品牌的整合计划。

2009年3月，美的电器通过受让主营冰箱业务的小天鹅（荆州）电器有限公司51%股权，首先解决了小天鹅与美的电器在冰箱领域的同业竞争，使小天鹅专注洗衣机产业的战略定位初步显现。

2009年10月20日，美的电器和小天鹅发布资产重组公告，美的电器将直接持有的荣事达洗衣设备9414.50万美元股权（占荣事达洗衣设备69.47%的股份）出售给小天鹅，并以此对价认购小天鹅向美的电器非公开发行的8340万股A股股份。交易的标的资产预估值为7.2亿元。交易完成后，荣事达洗衣机将成为小天鹅的控股子公司。可见，美的不只是单纯的并购品牌，更重视并购后的品牌整合，以便使多个品牌之间产生合力。今天，荣事达品牌专注于冰箱，小天鹅则专注于洗衣机。这些整合战略使美的的多品牌并没有产生严重的自相冲突。

第三，有效并购，成就美的大业。

直到2004年，美的的主要业务还是集中在小家电和空调，在白色家电领域尚没有实质性进入冰箱、洗衣机等产品线。但它通过收购华凌正式进入冰箱制造业，后再并购荣事达扩张了冰箱产能。同时，并购小天鹅，确立了美的在洗衣机行业的领导地位。并购整合之后，美的冰箱产能迅速上升至全国前列，2008年美的集团的冰箱产能已经达到650万台，2009年和2010年分别达到900万台、1300万台，美的旗下的荣事达、华凌和美的三大品牌的冰箱产能2010年上半年销量已达到国内行业第二。洗衣机行业，2008年的合肥生产基地产能达到1000万台，小天鹅和荣事达两个品牌本身便位居中国洗衣机市场前列。两起并购，让美的集团成为仅次于海尔的中国洗衣机第二大品牌。现在，美的拥有美的、荣事达、华凌和小天鹅四个品牌，实行了相对有序的多品牌运营。

上述数宗品牌并购获顺利交接过户，美的集团在家用空调、冰箱、洗衣机和大型中央空调领域的产能规模和技术竞争优势得到大幅提升，构建起白色家电领域的领导品牌地位。可以说，品牌并购是推动美的从2000年的100亿元营业收入的大企业，到现在的全球《财富》500强企业的关键战略决策。品牌并购，成就了美的集团在白电领域的世界级大公司目标，实现了美的集团创始人当初的宏愿。

参考资料：
1. 袁茂峰．董小华：多管齐下做强美的品牌——访美的集团品牌总监董小华[J]. TWICE CHINA消费电子商讯，2008（21）．
2. 黄培．美的公司品牌并购整合策略研究[D]. 苏州大学硕士学位论文，2009.
3. 王海忠．重构世界品牌版图——中国企业国际知名品牌战略[M]. 北京：北京大学出版社，2013．

上述多起品牌并购为美的集团迈向千亿级世界大公司，做出了功不可没的贡献。相对于完全依靠自身品牌的发展，品牌并购是公司更为快捷的业务扩张与发展战略。但是，不是每一起品牌并购都能获得成功的业务扩张和收入增长。本章重点关注应该选择什么样的品牌作为并购对象的问题，这就是品牌评估的问题。开篇案例中，美的集团正是根据自身发展战略，结合对市场上现有品牌的科学评估才做出了卓有成效的并购对象决策。因此，成功品牌评估是品牌并购的前提。

品牌评估具有重要意义。其一，**品牌评估为企业的重大品牌战略（如品牌并购）提供依据**。20世纪90年代以来，世界范围内的品牌并购潮兴起，各大跨国公司借助品牌并购，整合品牌资源，扩大市场份额。进入21世纪，又涌起了新兴市场品牌对发达国家品牌的并购。对品牌价值的科学评估是选择并购目标品牌并确定收购价格的前提。其二，**品牌评估能弥合消费者与企业之间的品牌"信息不对称"**。商品市场存在品牌"信息不对称"，相对于供给方的企业，消费者是"弱势群体"，处于信息不对称中的不利地位。品牌评估的结果是消费者评判品牌的重要依据。根据品牌评估结果，消费者在购买行动中可以降低风险。其三，**品牌评估是投资者和商业合作伙伴的重要决策依据**。品牌评估可以揭示品牌在顾客心目中的吸引力，能够反映品牌在市场的未来增长潜力。投资者可以据此决定对拥有品牌的公司是否进行投资、融资。因此，品牌评估信息是资本市场投资者，也是企业上、下游合作伙伴的重要决策参考。其四，**品牌评估有助于提高企业的营销效益**。品牌评估可以了解品牌在顾客心目中的吸引力和美誉度，这反映了企业过去营销战略、策略的质量与效益。品牌评估还可以测量品牌在商品市场上的销售与市场份额，能反映出相对于竞争者或行业整体水平的公司营销质量与效率。因此，品牌评估有利于公司管理层合理分配营销资源，改进营销质量，提高营销的投资收益。

品牌学者（如大卫·阿克、凯文·凯勒、王海忠等）对品牌评估模型进行了系统研究；品牌咨询公司（如 Interbrand、Young 和 Rubicam 等）则从应用层面开发了品牌评估模型。本章围绕品牌评估这一主线，在总结前人成果的基础上，重点介绍三种品牌评估视角。

第一节 顾客心智视角的品牌评估

凯勒（Keller）"顾客为本的品牌资产"（Customer-based brand equity）模型认为，强势品牌的力量源于顾客的心智。虽然企业营销努力的最终目标是增加销售收入，但这些营销努力必须先使得品牌在顾客心中形成清晰、积极、独特的和强有力印象，进而才能使顾客对品牌产生正面态度和评价。品牌在顾客心智的形象，是品牌在商品市场和资本市场取得理想表现的源头。本节将从定性和定量两个方面，评估品牌在顾客心智的各维度（如品牌认知、品牌联想等）的表现。

一、品牌定性评估

虽然消费者对品牌的主观感受可通过定量的、直接询问的方式进行,但定性的、间接的方法有其独特价值。这是因为,很多调查对象在面对直接提问时不愿意或者不能够表达其真实感受、想法和态度。如果调查对象觉得所提问题涉及个人隐私、令人尴尬,就更不愿意回答。例如,假设调查对象认为自己挑选名牌牛仔裤的理由只是为了增加社交场合的认可度(如性感等),让自己看起来更加时尚,那么调查对象很可能会表示沉默,或者给出其他看似合理却不真实的答案(如把理由说成是产品质量、价格和款式等)。有时,当消费者被直接问及某一问题时,他们觉得很难识别并表达真实的感受。基于上述原因,采用一些间接的定性研究方法,能够准确解释和评估消费者心智中的品牌。

定性研究方法(Qualitative research techniques)就是专门用来分析那些消费者无法直接回答但在消费者内心能够引起情感或态度反应的调查研究方法。它是一种结构相对灵活的调研方法,允许消费者有较大范围的行为反应,研究者和消费者在调研过程中都有较大自由度。下面讨论可以用于识别品牌资产来源(比如品牌认知、品牌忠诚度等)的几种常用定性研究方法。

(一)自由联想法

自由联想法是描绘品牌联想最简便、最有效的方法。它让消费者回答当他们想到某一品牌时头脑中会出现什么形象或印象。该方法的主要目的是,识别消费者心目中可能出现的品牌联想的范围,这种方法也能粗略反应品牌联想的相对强度、偏好性和独特性等。有学者采用自由联想法,研究勾画出中国消费者心中的品牌认知图,认为中国市场上的消费者表现为偏重于从品质(尤其是"安全性")、公司实力、公司来源地、社会形象或"面子"等方面构筑品牌联想;他们还倾向于从电视广告、新闻报道、轰动性事件等渠道去接触、了解和熟悉品牌。自由联想法主要分为以下几种具体方法。

1. 词语联想

这是自由联想法中较常使用的方法。一般是先列出品牌名称,然后让消费者回答心里首先想到的任何词语。他们可以说出或写出这些词语。在调查过程中,不必让消费者经过长时间或过多的思考和判断,而要让他们一旦联想到了某个词语,就马上说出来。研究人员通过分析词语联想中某些词语出现的次序、频次,就能粗略估计品牌的联想强度。例如,在评估"麦当劳餐厅"时,如果很多消费者的第一联想是"快捷、简便",那么这个联想很可能就是麦当劳品牌最强有力的联想。相反,出现次序较后或出现频次较少的词语,则表明品牌在这些方面的联想力度相对较弱。

消费者对品牌所给出的词语内涵,也可以反映出品牌联想的偏好程度。为了了解消费者品牌联想的偏好程度,可以让他们排列出对各词语的喜爱程度,或者说出他们最喜爱品牌的哪些方面。同样,也可以继续让消费者列出该品牌的独特之处。经常询问消费者有关品牌的问题包括:你最喜爱该品牌的哪一方面?它积极的方面是什么?你最不喜欢它的哪些方面？它的缺点是什么？你认为该品牌的独特之处是什么？它与其他品牌有什么区别？在哪些方面相同？通过比较同一行业内部的不同品牌在词语联想方面的差异，就可以看出各个品牌的相对独特性。

例如，图 13-1 中列出了消费者对"李维斯"（Levi's）品牌的自由联想结果。分析消费者对李维斯的词语联想，可以看到李维斯的品牌属性和带给消费者的品牌利益。李维斯的品牌联想可以通过产品属性描述（如蓝斜纹、合理伸缩性的面料等）、用户形象（蓝领、辛苦工作、美国人、男子汉气概等）、使用场合（非正式的社交场合、户外等）、品牌个性等方面来表现。而李维斯的品牌利益表现在功能性、体验性和象征性等方面（如图 13-1 所示的下方）。

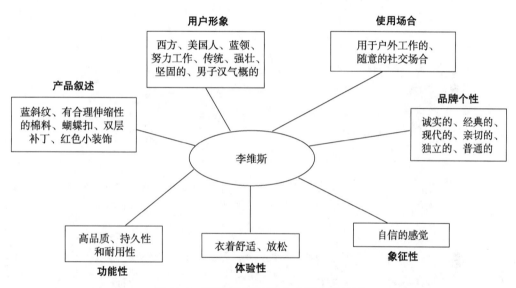

图 13-1 "李维斯"品牌自由联想的结果

2. 句子填空

词语联想也可以演变为句子填空。研究人员要求消费者对一些不完整的句子进行填空。例如，"人们喜欢马自达米埃塔跑车（Mazda Miata），是因为……"。显然，通过分析消费者对这个句子的填充内容，就可以看出马自达品牌跑车的优点有哪些。对于句子填空产生的内容，研究人员照样可以采用内容分析方法，对出现的词语频次和次序进行分析，从而产生品牌的核心联想，以及不同品牌的独特性。

（二）投射技术

投射技术（Projective methods）是用于探究那些在某些问题上消费者不愿或不便表达真实想法或感受的有效工具。投射技术的核心思路在于：绕过直接提问法的限制，给消费者一个不完整的刺激物，让其补充完整；或者给消费者一个含义模糊、本身无意义的刺激物，让消费者讲出它的含义。此种方法的逻辑是，消费者在受测试时会自动暴露出自己真实的观念和感受。

投射法主要有以下特征。第一，研究人员往往提出模糊性问题。这样，受测对象可以随意表达自己的态度和感受。第二，受测者选取的问题和程序是开放性的，没有限制。第三，研究人员与受测对象讨论的重点不是品牌本身，而是受测对象使用品牌的经历或购买决策过程。经典的投射法是通过使用不完整或者含义不清的刺激物（可以是图片，也可以是故事，还可以是购物清单等），来引发消费者内心对品牌的某些想法与感受。投射法研究中的刺激物可以根据调查对象和目的的不同，而自行设计的。品牌案例 13.1 表明，通过简便易行的投射技术就能帮助咖啡生产商消除消费者对速溶咖啡的负面态度。

品牌案例 13.1　　速溶咖啡不受欢迎的背后真相

投射技术早在 20 世纪 40 年代末就已经被营销学者应用到速溶咖啡的实验中。当时速溶咖啡作为新饮料首次出现在市场上时，令生产厂家感到困惑的是这种新产品如何才能改变人们磨咖啡的传统习惯。这种饮料容易生产，是一种大众化产品，且花费要比传统饮料少。但是，制造商花了大笔费用通过多种传播工具在全美做了广告，结果都事与愿违，速溶咖啡的销路一点也不好。

于是，生产厂商请来了心理学家，让他们找出问题究竟出在何处，以确定消费者拒绝这种节省时间的产品滞销的原因所在。心理学家首先使用问卷调查法问及一批消费者是否使用速溶咖啡，然后再问那些回答"否"的人对速溶咖啡的看法。消费者的回复显示，大部分不使用速溶咖啡的人表示不喜欢这种咖啡的味道。这是消费者内心真实的想法吗？速溶咖啡公司的老板不相信味道是真正的原因，他们怀疑排斥速溶咖啡的背后有更深层的原因。

心理学家于是再使用投射技术进一步了解消费者对速溶咖啡的态度。这次，心理学家们不再直接问消费者对速溶咖啡的看法，而是编造了两张购物清单表（如表 13-1 所示），把这两张购买清单表交给两组女性消费者看，然后让她们描绘每张购买清单中的购买主角即"主妇"的特点。这两张清单中只是咖啡不同，其他物品完全相同，消费者 A 购买了速溶咖啡，消费者 B 购买了现磨咖啡。

表 13-1　两位消费者的购物清单表

消费者 A	消费者 B
1 听朗福德焙粉	1 听朗福德焙粉
2 片沃德面包	2 片沃德面包
1 磅速溶咖啡	1 磅现磨咖啡
1 磅汉堡牛排	1 磅汉堡牛排
2 听狄尔桃	2 听狄尔桃
5 磅土豆	5 磅土豆

对受测女性消费者的描绘进行分析表明，这些妇女所描述的两个假想的"主妇"的个性特征差异很大。她们把买了速溶咖啡的主妇描述成一个喜欢"凑合的"妻子，她们

"懒""不顾家";而买了现磨咖啡的主妇则被描述成"勤快能干""明晓事理""热爱家庭""喜欢做饭"的妻子。结果很明显,购买速溶咖啡的主妇给人一个非常消极负面的印象。原来,厂家在广告所宣传的速溶咖啡有效、省时、易做的优点,被人看成"负面资产"而不是"正面资产"。原来人们不想买速溶咖啡的心理纠结是,买速溶咖啡的女人懒、喜欢凑合、不怎么顾家,否则她们会花时间调制现磨咖啡。生产速溶咖啡的厂家经过这一次投射技术研究之后,调整了自己的广告宣传策略,从此他们的广告宣传不再强调省时、易做等优点,而是强调使用速溶咖啡能让丈夫、孩子有更从容的时间用于工作、上学等。如此一来,营销宣传的创新让速溶咖啡一改过去让人联想到家庭主妇懒惰、凑合等负面特性,而变成体贴丈夫、关心孩子的正面形象。可见,投射技术在消费行为研究中具有重要价值。

资料来源:
Mason Haire. Projective Techniques in Marketing Research[J]. Journal of Marketing, 1950, 14(4): 649-656.

(三)比拟法

比拟法要求消费者将品牌比喻为某个人、动物、事件、期刊等,从而表达出他们对这些品牌的实际感受。定性研究之父欧内斯特·迪希特(Ernest Dichter)经常采用心理剧的方法将品牌比作人。在该方法中,他会要求人们去演产品:"你是象牙皂。你多大了?是男是女?有什么样的性格?"由此可以得到一张内容丰富的品牌联想图。

还有一种实用的方法,要求消费者将品牌与其他物体联系起来(如动物、汽车、期刊、树木等)。比如,可以问消费者:"假如诺基亚手机是辆汽车,它会是辆什么车?看这些图片上画的人,你认为哪个人最可能会使用诺基亚手机?"通过分析消费者对该品牌各种比拟的反应和回答,就可以逐渐形成消费者对于该品牌的联想。这种方法的好处在于能通过其他事物或产品已有的形象和定位来帮助营销人员更好地对该品牌进行调查诊断。品牌案例 13.2 是欧内斯特·迪希特经历的成功品牌广告案例,背后正是定性研究方法探测的消费现象背后的消费者动机。

品牌案例 13.2　　　　　　两个鸡蛋拯救一个品牌

1950 年美国正值二战结束后,各类商品层出不穷。其中一个著名面包品牌贝蒂妙厨(Betty Crocker)是财富 500 强企业美国通用磨坊食品公司(General Mills)旗下品牌,成立于 1921 年(2017 年授权宁波艾尔厨具制造有限公司进入中国市场)。贝蒂妙厨准备推出一款新产品"方便面包粉"(Betty Crocker Cake Mixes)。这样的面包粉顾客买回家之后,只需加水放入烤箱就可以烘焙出新鲜美味的面包,可以省却女主人很多的家务活。

但市场的销量却差强人意。于是通用磨坊公司请来了心理学家欧内斯特·迪希特"动机研究之父"解决这个难题。迪希特建议通用磨坊公司取消原有配方中的蛋黄,让消费者自己加入两颗鸡蛋。没想到经过一番调整后,蛋糕粉的销售额就得到改善了。

消费者自己"加鸡蛋"背后的逻辑是什么呢?其实今天"消费者参与"这样的时髦术语反映的本质和这个案例中让消费者自己"加鸡蛋"是一回事。试想想,如果烘焙蛋糕显得太过简单,表面上是节省了蛋糕制作的时间,但本质上,也让消费者丢失自己动手参与的乐趣。尤其是对家族主妇来说,这样失去了自身在家族中的角色和权力感。"人们对自己制造或参与制造的物品会抱有更多好感",这就是宜家家居品牌坚持用户自己组装家具(DIY)是一个道理。Betty Crocker方便面包粉也好,宜家家居的DIY也罢,这就只是现象,但众多现象出现就不是偶然事件。现象不过只是冰山一角。**真正影响消费者的,是冰山之下的消费者心理。**

比拟法之所以被广泛用来探究消费者对品牌的心理联想,背后的理论逻辑是近年来迅速发展的品牌拟人化,该理论认为,消费者具有将品牌赋予人的某些特征的心理倾向。品牌前沿 13.1 解释了品牌拟人化的理论进展。

品牌前沿 13.1　　　　　　　　　品牌拟人化

现今,越来越多的营销者开始采用拟人化手法来进行营销活动。例如,中国市场的碧浪洗衣粉通过微博将自己化身为"浪姐",将自己描绘成"世界上最火辣的洗衣界天后!不仅教你玩美洗衣,还让你乐享生活!"碧浪通过这种方式来拉近与消费者之间的距离。

拟人化是指人们的一种心理倾向,把环境中的非人个体看作类似于人,并赋予这些"物"人的某些特征。Epley 等人将拟人化定义为把人类的性格、意图、行为赋予非人类客体的心理倾向(Epley et al., 2008)。营销人员已经开始使用品牌拟人化手法来营销各种产品,从推销汽车保险,到花生酱等;工程师们则使用拟人化手法让产品变得对用户更加友好(Waytz et al., 2010)。

品牌拟人化是指品牌被消费者当作人来对待,即品牌被感知为具有某种类似于人的情绪状态、心智、灵魂,以及在社会关系履行某种有意识的行为(Puzakova et al., 2009)。学者们从不同角度对品牌拟人化进行了探索。Chandler 等人发现,当把汽车拟人化后,人们在需要买新车时不愿意更换车的品牌,拟人化让消费者的品牌忠诚度提高;并且当面临是否购买新车的决策时,"质量"在决策过程中所占的权重更小了,而汽车是否温馨(Warmth)的则影响权重变得更大了(Chandler & Schwarz, 2010)。Kim 等人则从外表形态的角度出发,研究了老虎机的不同"长相"是如何影响人们的风险感知的(Kim & McGill, 2011)。Aggarwal 等人进一步发现,拟人化的品牌会引发与这个拟人化品牌形象相似或相反的行为:当消费者把品牌当作是伙伴时,喜欢一个品牌会增加和品牌相似的模仿行为，不喜欢一个品牌则会减少和这个品牌相似的模仿行为；而当消费者把品牌当成是仆人时，人们的行为则正好相反（Aggarwal & Mcgill, 2012）。

资料来源：

Epley, N., Waytz, A., Akalis, S., & Cacioppo, J. T. When we need a human: Motivational determinants of anthropomorphism[J]. Social Cognition, 2008, 26(2): 143-155.

Waytz, A., Morewedge, C. K., Epley, N., Monteleone, G., Gao, J. H.,... Cacioppo, J. T. Making sense by making sentient: Effectance motivation increases anthropomorphism. Journal of personality and social psychology, 2010, 99(3): 410.

Puzakova, M., Kwak, H., & Roceretо, J. F. Pushing the envelope of brand and personality: antecedents and moderators of anthropomorphized brands[J]. Advances in Consumer Research, 2009, (36): 413-420.

Chandler, J., & Schwarz, N. Use does not wear ragged the fabric of friendship: Thinking of objects as alive makes people less willing to replace them[J]. Journal of Consumer Psychology, 2010, 20(2): 138.

Kim, S., & McGill, A. L. Gaming with Mr. Slot or gaming the slot machine? Power, anthropomorphism, and risk perception[J]. Journal of Consumer Research, 2011, 38(1): 94-107.

Aggarwal, P., & Mcgill, A. L. When Brands Seem Human, Do Humans Act Like Brands? Automatic Behavioral Priming Effects of Brand Anthropomorphism[J]. Journal of Consumer Research, 2012, 39(2): 307-323.

（四）扎尔特曼隐喻诱引技术

扎尔特曼隐喻诱引技术（Zaltman metaphor elicitation technique，ZMET）是一种结合非文字语言（图片）与文字语言（深入访谈）的消费者研究方法，它是哈佛商学院的扎尔特曼（Gerald Zaltman）教授于20世纪90年代研究开发出的一项专利研究技术。ZMET吸取了心理学、社会学、符号学、视觉人类学等多种学科的精华，因而具有深厚的理论基础。该技术的主要理念在于：消费者购买行为经常基于某种潜意识的动机。由于绝大多数影响我们行为和语言的东西位于意识层之下（即潜意识），因此人们需要用这一新技术去探求那些隐藏的动机与行为——那些并不为人知道的东西。ZMET方法认为，我们需要通过隐喻手法，让消费者将其对某一特定对象隐藏的思想和感觉能够充分的表达出来。在此"隐喻"是指人们用另外一种方式对事物进行定义，从而表达他们默许的、暗示的、未言明的想法。

典型ZMET研究的做法是，让一组调查对象从自己的资料库中（如装有期刊、产品目录或者家庭相册等任何东西）挑选至少12幅最能表达其对研究对象的想法和感觉的图片。然后，研究人员与调查对象针对图片进行一对一的对话，研究人员运用非常高超的谈话技巧与调查对象共同研究图片，并运用一种"引导式访谈"挖掘图片背后隐藏的含义。最后，调查对象借助计算机程序将这些图片拼成一个能代表其对研究对象想法和感觉的心智地图，这张心智地图包括认知中所组成的心智结构元素及心智结构之间的连结关系，收集所有研究对象的心智结构元素并参考个人的心智地图的结构，产生全体研究对象的共识地图，呈现对研究主题的心智模型。由此，研究人员就可以确定关键主题，然后通过对数据的定量分析就可以为品牌相关的广告、促销等活动提供决策信息。

总体而言，上述列出的四种定性研究方法都具有这样一些优点，如速度快、成本低；

有调查对象的直接参与，营销人员可以近距离接触与观察顾客；可以洞察出其他调研方法无法揭示的消费者内心的想法或情感。但是，定性研究方法的使用范围受到消费者创造性的限制。而且由于调查采用的样本量较小，结果不具有代表性。另外，由于这些数据是定性的，因此在分析时会遇到很多问题，不同的研究者对相同的现象或事实的分析、解读可能会产生不同的结论。可见，定性研究结论受研究人员的主观影响。

二、定量研究方法

虽然定性研究方法对于识别品牌联想的范围，以及品牌联想的偏好性、独特性很有帮助，但要对品牌进行更加准确的描绘，必须借助定量研究方法。定量研究方法（Quantitative research）是指应用各种量表式问题，形成对品牌的数值型描述和总结，从而对品牌知识结构进行定量评估。根据创建强势品牌的四部曲，对品牌进行定量评估的内容主要有几个方面：品牌认知的深度与广度；品牌联想的强度、偏好性、独特性；品牌反应的强度；品牌关系的性质与强度。

（一）品牌认知

品牌认知反映消费者在各种环境下识别品牌的各种有形元素的能力（如品牌名称、标识、广告语等）。品牌认知与消费者对品牌的记忆程度有关。品牌认知具体表现于两个方面。其一，品牌识别（Brand recognition），即不同情境下品牌在消费者头脑中准确辨别的可能性。其二，品牌回忆（Brand recall），即不同提示情况下品牌在大脑中出现的难易程度。

1. 品牌识别

品牌识别关系到消费者在各种不同环境条件下辨认品牌的能力，包括对各种品牌元素的辨识。最基本的品牌识别流程是：给定一些视觉、听觉、触觉、味觉等感官刺激物，然后询问消费者以前是否接触或经历过某个品牌。

有时，为了得到更灵敏的测试结果，在被选对象中还要掺杂一些"诱饵"。也就是说，研究人员故意让受测试的消费者对一些根本就没有接触或经历的刺激物进行评判。此时，消费者除了回答"是""否"之外，还要给出他们对这种识别的确信或肯定程度。

此外，还有一些方法专门将品牌的某些元素进行篡改后，来测试消费者对品牌的识别能力。可以是将品牌元素以某种方式进行人为的歪曲或者视觉掩盖，也可以是短时间的呈现，以此来测试消费者对品牌要素的识别能力。例如，在品牌名称识别测试中，研究人员可以故意遗漏某一个或几个字母，由此检验在提供不完全信息条件下人们识别品牌名称的能力。

品牌识别评估提供了消费者对品牌的潜在回忆能力的近似值。为了确定消费者对品牌元素在各种不同环境下被准确地回想起来，还需要测量品牌回忆。

2. 品牌回忆

在进行品牌回忆测量时，需要给调查对象一些相关的提示或线索，要求其必须从记忆中检索出实际的品牌元素。因此，与品牌识别相比，品牌回忆要求更多的记忆任务。根据向消费者提供的问题类型，可以采用不同的品牌回忆评估方法。其一，无提示回忆（Unaided recall）。这是在不给消费者任何线索的情境下，检测消费者对品牌的回忆能力。其二，提示性回忆（Aided recall）则是通过提供各种形式的提示帮助后，来测量得出消费者对品牌的回忆程度。提示回忆的线索，可以采取渐进收缩式的呈现顺序——产品档次、产品品类、产品型号等，从而洞察消费者的品牌知识结构。提示性回忆的线索类型很多，可以是产品类别属性（"当你想到巧克力时，会记起哪个品牌？"）、使用目的（"如果你想到健康快餐，会记起哪个品牌？"）。为了掌握品牌回忆的广度和显著度，一般有必要提供购买情境、消费场合（例如，在不同的时间、地点）等线索。如果某个品牌的联想与这些非产品要素联系越紧密，在给出这些环境提示时，消费者想到该品牌的可能性就越大。

另外，还可以根据回忆的次序以及反应时间或速度进一步区分品牌回忆。那些最先被回忆起的品牌，在消费者心智中就具有最深刻印记，占有最优地位。公司市场营销部门可以根据不同的决策需要，设计相应的品牌回忆指标（如需要多久才想到这个品牌、是第几个被想起的品牌，等等）。

（二）品牌联想

品牌联想是长时记忆中任何与品牌相联系的概念节点，可从联想内容和联想特征两个方面来分析。品牌联想的内容包含与产品或品牌有关的属性、利益等，是产品质量评价或品牌评价的依据或线索。品牌联想的特征是指联想内容的强度、偏好性和独特性等。品牌联想的内容主要是通过定性研究来获得，而品牌联想的特征主要通过定量研究方法获得。以下介绍两种定量研究方法。

1. 开放式评估法

开放式评估法包括以下三种方法。

（1）自由选择法。研究人员先提出各种可能的相关属性，让被试者逐条指出给定的品牌具有哪些属性。

（2）等级法。让被试者从"非常同意""极不同意"到"没意见"的五个（或七个）等级中选择一个，指出某个品牌与提到的各种属性之间的关联程度。例如，你觉得以下的产品特性（如"便利""提神解渴""纯正自然""味道好""适合现代生活"等）多大程度上可以描述立顿冰茶？（1＝极不同意，7＝非常同意）。

（3）排序法。让被试者根据不同品牌与某属性联系的密切程度进行排序。这些方法固然可以在一定程度上解决定性研究所无法解决的问题，但其精确性却还是略显不足，并且很难获知各品牌联想之间的关系及关系强度。

2. 反应时技术

为了解决开放式评估法精确性较低的问题，学者们开始采用反应时技术测量品牌联想。反应时技术一般是指研究人员采用双字词作为刺激材料，然后计算出消费者在品牌名与这些双字词之间建立关联做出反应所需要的时间。以测量"耐克"的品牌联想为例，研究人员先要求被试对呈现在屏幕上的品牌名"耐克"进行回忆。然后，在计算机屏幕中央会依次呈现"运动""前卫""名牌""年轻""精致""漂亮""动感""高档""优秀""耐用"等双字词。被试要尽快判断屏幕上出现的这些双字词能否用来描述或评价"耐克"这个品牌。被试反应时长短（通常以"秒"来计算时间长度）表明了被测联想词与品牌名之间的关联紧密程度。那些反应时间越短的双字词，表明了品牌名与这些词汇之间具有越紧密的联结，那么，这些双字词就可以成为消费者心智中的品牌概念节点或联想。总体而言，反应时技术的优点是结果受实验者主观意识的影响较小，因而测得的结果更精确反映事实本身，更具有客观性。

（三）品牌反应

基于顾客的品牌金字塔模型认为，评估品牌总体的、高层次的联想的目的在于，进一步发现消费者如何将有关品牌的具体的低层次的联想组合形成不同类型的品牌反应和评价。具体而言，包括品牌判断（比如，对品牌的质量、可靠性、优势等的判断）和品牌感受（比如，对品牌的温暖感、乐趣感、兴奋感等的体会）两个方面。

消费者的品牌判断和品牌感受可以通过品牌态度来衡量。品牌判断方面，举例来说，"耐克品牌的产品质量情况如何？"（7点量表，1表示"非常差"，7表示"非常好"）。品牌感受方面，举例来说，"可口可乐在多大程度上会给你带来温暖感？"（7点量表，1表示"非常低"，7表示"非常高"）。

（四）品牌关系

品牌关系是指消费者对品牌的态度和品牌对消费者的态度之间的互动。在这个关系体系中，消费者与品牌被视为同等重要的两个部分，并且彼此之间会有互动反应。品牌关系的强弱通常可以通过消费者的品牌忠诚度来体现。品牌忠诚度是品牌资产的一个基本维度。一群习惯型的购买者是公司获得长期持续收入的源泉，可以创造巨大的价值。品牌忠诚度越高，顾客流失率越低，品牌的价值就越高。

品牌忠诚度可以通过顾客的购买行为来衡量。具体指标包括消费者的购买偏好、购买态度或者购买意愿。有研究表明，当顾客区分品牌名称后，家乐氏公司（Kellogg）的玉米片的支持率从47%上升到59%。这说明，品牌名称会显著改变人们的购买偏好。品牌资产的价值可以通过品牌名称所带来的额外销量（或者额外市场份额）的边际价值来体现。比如，我们假设品牌失去名称后，销量减少30%，在这里，因失去边际销量而损失的利润即为品牌资产的价值。

判断品牌忠诚度等级的一种关键方法是衡量满意度和不满意度。顾客有哪些问题？激怒顾客的原因是什么？为什么有些顾客会转向其他产品？深层次的原因是什么？需要注意的是，对满意度的衡量必须是即时的，也就是在事件或行为发生后马上就开始测量。如果让用户自行填好满意度卡再选择一个时间返回的话，数据结果就滞后了，也就不准确了。

较高层次的品牌忠诚度涉及顾客的品牌至爱（Brand love）程度。顾客喜欢这个品牌吗？顾客对这个品牌有没有尊敬或者友好态度？对品牌是否有一种亲切感？在市场竞争中，如果品牌能够获得消费者在抽象层面的喜欢、挚爱，可能远远胜过消费者仅在物理功能上的好评。如果品牌能让人们毫无理由地喜欢，这种喜欢可能就上升到了爱。

最高等级的品牌忠诚度可以通过顾客的品牌依恋（Brand attachment）来衡量。具体指标可以是顾客参与的品牌互动与沟通程度。例如，顾客是否愿意向别人谈论该品牌？在顾客推荐方面，顾客只是随意的推荐该品牌，还是告诉别人购买该品牌的内在原因？还有，就是该品牌对购买者个人的重要性程度，是否特别有用，或者颇具趣味性？

总体而言，与定性研究方法相比，使用定量研究方法测量的结果更加客观，也更加可靠。定量研究法采用的是具有代表性的顾客样本，不容易受主观看法的影响。定性与定量两种研究方法在研究着眼点、研究人员要求、样本数量、研究结果应用性方面均存在差异。

本节聚焦在顾客心智视角的品牌评估，它的理论基础较为丰富，覆盖面也非常广泛，而且可以揭示消费者的内在心理感知，解释了品牌的无形影响力的源头是哪里。因此，这一视角的品牌评估对品牌的营销战略的诊断力较强。但是，顾客心智视角的品牌评估多建立在消费者调查的基础上，测量结果的计算比较复杂，而且无法从品牌评估结果中，对品牌的市场业绩给出一个清晰的、简明的、客观的财务对等值。因而，顾客心智的品牌评估结果，对公司高层管理者较缺少吸引力，也无法对品牌在金融市场（尤其是资本并购）的表现做出准确的预测。在本节的结尾，我们介绍获得国际广泛认可的顾客心智视角的品牌评估方法（见品牌案例 13.3）。

品牌案例 13.3　　　　　　　　　扬·罗必凯品牌评估模型及其战略应用

扬·罗必凯（Young & Rubicam）广告公司于 1923 年在美国诞生，它是美国历史最长和最大的广告代理公司之一。它也是第一家将总部设在纽约麦迪逊大街的广告公司。90 多年来，扬·罗必凯广告公司秉持的"Resist Usual（拒绝平庸）"的理念不断得到发展。1986 年，扬·罗必凯广告公司和日本电通广告公司与中国国际广告公司合资在北京成立了中国内地的第一家 4A 广告公司；它也是第一家将上海作为亚太区域总部的国际 4A 广告公司。扬·罗必凯的品牌资产估价模型（Brand Asset Valuator, 简称为 BAV）是基于顾客心智视角的品牌评估方法的典型代表。从 1993 年开始，BAV 已经对 44 个国家的将近 40 万名消费者进行了调查，2 万多个品牌的顾客品牌感知数据被收集在 72 个维度中。BAV 是迄今世界上最大的有关品牌的消费者信息数据库。

一、BAV 的两个维度和五个指标

BAV 将品牌在市场上的健康状况分解为两个维度、五个指标。维度一是品牌强度（Brand strength），它反映了品牌的未来增长潜力，决定品牌的未来财务绩效。它由品牌差异性（Brand differentiation）、品牌相关性（Brand relevance）、品牌能量（Brand energy）三个指标构成。维度二是品牌地位（Brand stature），它反映的是品牌的当前实力，它由品牌尊重度（Brand esteem）、品牌知识（Brand knowledge）两个指标构成。品牌地位是公司过去多年来对品牌的营销活动产生的绩效的"报告卡"。

扬·罗必凯（Young & Rubicam）公司将BAV的上述五个指标形容为品牌的"五根支柱"（Five pillars）。每个支柱来自消费者对品牌不同方面的评估，与消费者品牌认知的不同层面相关，共同追踪品牌的发展进程。

（1）品牌差异性。消费者认识到的某一品牌与其他品牌的差异化程度。这是品牌盈利点的必要条件，因为消费者的选择、品牌本性和潜在市场都是被差异性驱动的。差异性是品牌资产之所以产生和存在的根源。

（2）品牌相关性。测量一个品牌对于消费者的个人关联性。单独而言，相关性对于品牌成功并不重要。但是，相关性和差异性结合形成的品牌强度，是品牌未来动力和潜能的一个重要指示器。相关的差异性是所有品牌的主要竞争力来源，是品牌健康的第一指示器。如果品牌和消费者不相关，那么这个品牌就不足以吸引和维持住消费者。BAV模型表明，相关性和市场渗透之间具有明显的关系，相关性决定品牌的顾客黏性的总体规模。

（3）品牌能量。即消费者对品牌革新性和活力感的评价。它重点反映的是品牌满足市场的未来需求和吸引新顾客的能力。一个具有高能量的品牌，充满活力，具有未来发展潜力。

（4）品牌尊重度。人们认为该品牌有多好以及人们对它的尊重程度——它表明了消费者对品牌的喜爱度（感性）和评判（理性）。在构建品牌的进程中，它排在差异性和相关性之后。尊重度是消费者对于品牌构建活动的反映。

（5）品牌认知度。消费者对品牌及其身份的理解程度和认识广度。人们对品牌的认识程度越深，意味着与品牌之间的关系越亲密。

二、BAV品牌力方格模型

扬·罗必凯将品牌强度（差异性、能量、相关性）和品牌地位（尊重程度、认知度）的两个宏观方面整合到一个形象的分析工具——品牌力方格（The BAV Power Grid，图13-2）。品牌力方格在连续的象限中描绘了品牌发展周期中的不同阶段——每个阶段都有其独特的支柱模式。下面我们分析品牌力方格的四个象限。

第一，品牌通常从左下方的象限开始。这时，品牌是一个新进入者，尚未建立起自身独特的差异化形象，其品牌强度和品牌地位均处于较低位置。处于这一象限的品牌的首要任务是建立品牌差异化定位、搭建与消费者之间的关联性（奠定品牌存在的理由）。

第二，品牌的运动方向是"向上"至左上方象限。此时，随着品牌的差异性和相关性的增加，品牌能量（Energy）也增强了，品牌资产的强度得以强化。左上方象限代表两种类型的品牌。一种类型是具有新的、高的潜在竞争机会的品牌。另一种是针对某种聚焦的目标市场的利基品牌。两种类型的品牌均具有积极的、强有力的未来财务收益，只不过各自选择的发展路径不同而已。

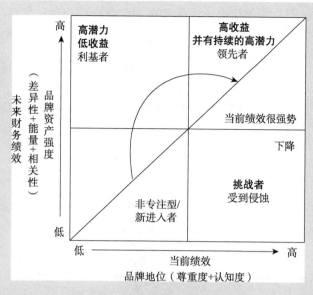

图 13-2　BAV 能量方格

第三，右上方象限，即领先者象限。这是众多品牌领先者（具有高水平品牌资产强度和品牌地位的品牌）的区域。老品牌以及相对较新的品牌都会出现在这一象限。何时进入这一象限，BAV 品牌力方格主张这要以品牌领先程度为函数，而不仅仅以品牌存在时间为函数。进入这一象限的品牌若能进行恰当的营销战略（包括产品、传播、渠道等组合），它们就能建立起长期领先优势。

第四，右下方象限。此时，品牌的领先性不再保持其强度，其相关性、差异性、能量都在减退，就会"向下"移动到右下方象限。这些品牌不仅容易受到现有竞争者的挑战，而且会受到折扣品牌（如商店品牌等）的冲击。因此，它们经常会通过大幅度、持续的降价来吸引顾客，从而维持原有的市场份额。

三、BAV 方格模型的应用

BAV 方格模型有多方面的用途。

（1）基于某一时点和某一地区，市场上的品牌在 BAV 各象限的分布，表明了当前市场上品牌的主要分布格局。任何时点上，市场上的所有品牌一定会分布于 BAV 四个象限的其中之一。例如，在中国互联网搜索市场，百度就处于右上方的领先者地位，而 360 可能处于左上方的利基者地位，而腾讯并购搜搜之后可能正处于左下方的新进入者，而先前的雅虎（右下方）则属于挑战者，其市场地位受到侵蚀。

（2）BAV 可以检测出全球性品牌在世界不同地区之间表现的差异。例如，对可口可乐的全球调查发现，其品牌形象在各地区具有一致性，都处于右上方的地位（领导者地位）。而苹果在全球不同地区的地位则有差异，在北美处于领先地位，而在有的地方则可以处于新进入者。

（3）在评估品牌延伸机会及选择延伸战略方面的应用。BAV 将品牌延伸到新产品类别的容易程度称为"品牌弹性"（Brand elasticity），并由此构建了品牌弹性模型图。品牌弹性取决于两个因素：品牌概貌相似度（Similarity of image pattern）、建立品牌强度容易度（Ease of building brand strength）。前者是指品牌在现有品类中的形象与拟延伸进入的新品类的形象所共享的相似性高低（例如云南白药与新延伸的品类牙膏所共享的形象相似性较低）；后者是指品牌在新品类中建立差异化的容易程度（云南白药在新品类牙膏中建立差异化如"止血"的容易度较高）。根据这两个指标的高低可以区分出四种不同的品牌延伸战略（四象限图）。如果品牌在现有品类中的形象与拟延伸的新品类所需形象具有高度相似性，且易于在新品类中建立差异化，那么，此时品牌就容易延伸到新品类。如果品牌在新品类中易于建立差异化，但品牌现有形象与新品类所需形象缺少相似性，此时品牌延伸可采取"潜伏"方式；如果差异化特征足以克服进入障碍并能获得信任，那么品牌延伸可以在新品类中占据一个优势地位。以云南白药延伸至牙膏为例，原有品牌形象与牙膏并不享有相似性，但云南白药突出了"止血"这一差异点，这一功能利益点足以强大并能获得消费者信任，因而，"潜伏"式延伸让云南白药建立起足够的市场地位。如果品牌形象与新延伸品类不具备相似性，且现有形象在新品类中也不易于差异化，那么，品牌延伸到新品类的成功概率较低，此时，进入这一新品类的战略是通过并购一个新品牌。如果品牌形象与准备进入的新品类的形象具有相似性，但现有品牌在新品类中不易建立差异化，此时品牌虽然容易延伸到新品类但需要对品牌进行较大投入，采用品牌联盟的方式，两个品牌的形象优势互补则有助于在新品类建立起强有力地位。

总之，BAV 模型是从顾客视角评估品牌力的比较理想的模型，它不仅测量了品牌的当前表现，对品牌的未来发展潜力也进行了预测。它的应用范围是广泛的。

资料来源：
Kevin Lane Keller. Strategic Brand Management (3rd Edition)[M]. Prentice Hall, 2007.

第二节　商品市场产出视角的品牌评估

商品市场产出（Product market performance）视角的品牌评估的逻辑是，品牌价值由品牌在商品市场上的绩效来反映。学者们在总结前人研究的基础上提出，商品市场产出视角的品牌资产衡量一般运用六类指标：①溢价。它是指顾客愿意为品牌支付额外价格的程度。②价格弹性。它是指品牌价格上升和下降引起的需求量的变化程度。③市场占有率。④品牌扩张力或延伸力。它是指品牌在支持产品线延伸、品类延伸，以及在相关品类引入新产品等方面的能力。这个指标反映品牌在提升现有收入方面的潜力。⑤成本结构。它是指因品牌在顾客心里的沉淀，从而能在减少营销费用支出的同时维持或提升营销绩效的能力。⑥品牌盈利能力。

上述指标都是可以获得的，但为了更加清晰准确地预测特定品牌在市场上的业绩表现，必须通过某种具体的方法进行评估。本书重点分析商品市场产出视角的两种品牌评估方法——比较法、整体法。比较法，主要是用于评价营销活动中消费者的感知和偏好效应；整体法，主要用于预测品牌的总体价值。

一、比较法

比较法（Comparative methods）主要用于测试消费者对于某一品牌的态度和行为，用于估计品牌资产的具体收益，这一方法可分为品牌比较法、营销比较法和联合分析法。

（一）品牌比较法

品牌比较法（Brand-based comparative approaches）的本质就是通过测量消费者对不同品牌的相同营销活动项目的反应，来评估品牌在市场上的影响力。具体而言，让一组消费者对目标品牌的营销项目要素或者一些营销活动做出反应，让另一组特征相似的消费者对竞争品牌或虚构品牌相同的营销项目要素或营销活动做出反应。这种方法对于测试消费者怎样评价一个或多个主要竞争者品牌的营销活动（如新广告活动、新促销活动以及新产品等）的效果，是有效的。

品牌溢价是品牌比较法最常测量的指标。一方面，可以通过比较市场上不同品牌的价格水平相差多少。另一方面，可以通过顾客调查来衡量，如询问顾客愿意花多少钱购买某一产品的各项功能和特征（其中一项特征为品牌名称），此种方法也称之为货币衡量法（Dollar-metric scale），它可以直接衡量品牌名称的价值。比如，美洲汽车公司（American Motors）曾用货币衡量法对某款车型（当时为雷诺豪华车，Renault Premier）进行了测试。他们把无品牌名称的车型展示给顾客，问他们愿意花多少钱购买。接着，他们又向顾客展示张贴有不同名称的汽车，并询问了相同的问题。结果显示，没有品牌名称的车型，价格在 1 万美元左右，而贴有雷诺豪华车名称的汽车，价格要高出 3000 美元，那么，这一货币衡量法的结果表明，雷诺豪华车相对于同样质量但没有品牌名的产品的溢价是 30%。

品牌比较法最主要的优点是在保持其他营销活动项目不变的情况下，在现实环境中将品牌单独分离出来，来测量品牌在市场中的价值或角色。当推出新产品、新广告、新促销、新包装时，品牌比较法尤其适用，因为此时营销活动项目是全新的，没有受到已经投放到市场的营销活动的熟悉度的影响，此时唯一起作用的就是品牌名，可以检测出品牌名在商品市场上所发挥的作用。

（二）营销比较法

营销比较法（Marketing-based comparative approaches）的本质是通过调整营销活动或营销项目来测量消费者对不同品牌的反应，由此测量出不同品牌的市场影响力。具体而言，让消费者对目标品牌或竞争品牌的营销项目要素或营销活动的变化做出反应。例如，通过在经常购买的品牌与备选品牌之间一步一步地增加价格差，可以测算出品牌承诺（Brand commitment）的货币值。假如品牌 A 现在是消费者最常购买的品牌，但通过提价后，它与品牌 B 之间的价格差变小，此时如果很多消费者从品牌 A 转移到品牌 B，而两个品牌的其他营销项目没有发生改变，那么，我们就可以推断，消费者对品牌 A 的忠诚度并不高。相反，如果品牌 A 不断提价而品牌 B 保持价格不变，如果此时消费者仍然坚持购买品牌 A，那么，我们就可以推断，消费者对品牌 A 的品牌承诺或品牌忠诚度较高，而且由此带来的品牌货币值也是可以测量出来的。

营销比较法还可以应用于很多其他的营销方面。例如，通过多个试销市场，就可以测量出消费者对不同的广告策略、广告执行和媒体计划的反应如何。有研究发现，百威啤酒在消费者心中有着强有力的形象，即使公司削减广告开支（短期内），也不会影响其销售业绩。营销比较法还可以用来评估品牌延伸。通过收集消费者对备选的品牌延伸的一系列概念的反应，可以评估得出哪种品牌延伸更具有市场潜力。营销比较法的优势是执行起来简单。品牌的几乎任何营销行动都可以比较，得出各自的效益存在的差异。

（三）联合分析法

联合分析法（Conjoint analysis）是品牌比较法和营销比较法的综合应用，它是基于调查的多元变量分析方法。具体而言，营销人员通过询问消费者的偏好，或者让其在很多精心设计的产品中作出选择，了解消费者在不同品牌的属性之间作出的权衡，从而得出消费者对这些属性的重视程度。向消费者展示的每种产品，都是由一组不同的属性标准组成的。任何一种产品选择的属性标准，都是由实验设计的原则决定的，可以满足一定的数学性质。联合分析一般由以下步骤完成，如图 13-3 所示。

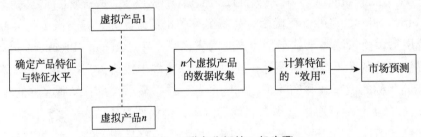

图 13-3　联合分析的一般步骤

1. 确定产品特征与特征水平

联合分析法首先对产品或服务的特征进行识别。这些特征与特征水平必须是显著影响消费者购买的因素。一个运用典型的联合分析法的产品的属性包含 6~7 个显著因素。确定了特征之后，还应该确定这些特征恰当的水平。例如，CPU 类型是电脑产品的一个特征，而目前市场上电脑品牌使用的 CPU 类型主要有：奔腾 II 450，奔腾 II 350，赛扬 300 等，这些是 CPU 的主要特征水平。特征与特征水平的个数决定了分析过程中要进行估计的参数的个数。

2. 产品模拟

联合分析将产品的所有特征与特征水平通盘考虑，并采用正交设计的方法将这些特征与特征水平进行组合，生成一系列虚拟产品。在实际应用中，通常每一种虚拟产品被分别描述在一张卡片上。

3. 数据收集

请受访者对虚拟产品进行评价，通过打分、排序等方法调查受访者对虚拟产品的喜好、购买的可能性等。

4. 计算特征的"效用"

从收集的信息中分离出消费者对每一特征以及特征水平的偏好值，这些偏好值也就是该特征的"效用"。

5. 市场预测

利用效用值来预测消费者将如何在不同产品中进行选择，从而决定应该采取的措施。

传统的分析方法假定消费者在产品评价时，对产品的不同属性评价是分开进行的。但是，消费者在进行真实购买决策时，并不是对一个个属性分开进行考虑，而是对产品的多个属性进行综合考虑。这就要在满足一些要求的前提下牺牲部分其他属性，是一种对属性的权衡与折中（Trade-off）。联合分析法正是对消费者购买决策的一种现实模拟。通过联合分析，可以了解消费者对产品各个特征的重视程度，并利用这些信息开发出具有竞争力的产品。

然而，联合分析是从呈现产品特征开始的，但在真实的市场环境中，这些信息往往不是同时发生的；而且学习、疲劳、自我认知上的偏差和任务呈现顺序的偏差也会影响到测量结果。而且，通过联合分析法向消费者介绍的营销概况也很可能违背消费者自身对品牌的认知所产生的期望。因此，在采用联合分析法时，应该注意不要让消费者对非现实的产品概况或情境进行评价。

▶ 二、整体法

整体法（Holistic methods）是通过抽象的效用来估算整个品牌的价值。整体法试图"过滤出"各种因素，以确定品牌的独特贡献。在此，我们重点介绍整体法中的剩余法。

剩余法（Residual approach）通过从消费者的品牌总偏好中减去由于产品物理属性产生的偏好，来检验品牌无形资产所带来的价值。剩余法的基本原理是，将品牌无形资产视为消费者偏好和选择减去实体产品功能价值之后的剩余值。这一方法的理论的基本理念是，人们可以通过观察消费者的偏好和选择来推断品牌的相对价值，只要尽可能多地将测得的属性价值纳入考虑范围。有研究者将品牌资产定义为相对未知品牌产品的偏好增量。根据这种观点，品牌资产的计算方法是从总体偏好中减去对客观的实体产品特征的偏好。

采用剩余法的学术研究成果非常丰富，但这种方法在品牌估价中的应用还非常有限。一个重要的原因在于，要识别并分离出与产品的物理或功能属性相关的联想，以及非物理属性相关的无形联想是困难的，而且产品类别不同，这两者的比例存在非常大的差异。

还有的研究者借鉴病理学对"健康"的定义，用"品牌健康"代表品牌的商品市场业绩。他们把"品牌健康"分解为"现行健康状况"和"抵抗力"两部分。后者反映品牌抵御新进入品牌的能力。他们应用商店扫描数据，证实当某产品引入新品牌时，抵抗力指标能够预测现有品牌可能遭受到的市场占有率的损失。抵抗力指标越高，表明品牌因新进入品牌的竞争所遭受的市场绩效方面的损失越小。

下面我们总结一下本节讨论的商品市场产出视角的品牌评估方法的优缺点。

（1）商品市场产出视角的品牌评估的优点。主要有以下两点。其一，对高层管理和金融市场很有吸引力。因为这类指标代表了品牌的货币值，可以用于公司的财务报告和资本市场的投资交易评估。其二，具有很深的理论基础，可以了解品牌如何影响消费者的反应。

（2）商品市场产出视角的品牌评估的缺点。主要有以下四点。其一，它多依赖于假设情境下顾客购买品牌的意向，而非实际的购买数据。其二，需要相当复杂的统计建模（如联合分析法），这就影响了它的推广性。其三，有的指标相互冲突。比如，短期来看降价可以提高市场占有率，因而增加了品牌资产；但从长期看，降价又降低了品牌的溢价能力，因而有损品牌资产。况且，并非每个品牌都通过溢价来实现其品牌资产（如美国西南航空、沃尔玛等）。其四，欠缺品牌诊断力，它聚焦于品牌产出而非源头，难以为改进品牌提供战略借鉴。

品牌案例 13.4 介绍了融合顾客心智视角和商品市场产出视角的一种国际知名的品牌评估模型——BrandZ 模型。

品牌案例 13.4　　品牌评估 BrandZ 模型

2006 年起，WPP 集团旗下的英国品牌咨询公司明略行（Millward Brown）开发了名为 BrandZ™ 的品牌评估模型，并于每年 4 月在英国著名财经期刊《金融时报》（*Financial Times*）上发表"BrandZ™ 全球品牌 100 强"。

一、BrandZ™ 的含义

BrandZ™ 在全球范围内通过持续、深入的消费者定量调查来了解消费者对品牌的看法，从而勾勒出一幅按行业和国别分类的全球品牌图景。中国也是 BrandZ™ 开展了大量调查研究的国家之一。BrandZ™ 调查覆盖 30 多个国家，涉及 200 万消费者及 1 万多个品牌。实地消费者调查是 BrandZ™ 估值法的特色所在，区别于单纯依赖"专家"组意见的估值法，或仅以财务数据、书面资料研究为基础的估值法。

BrandZ™ 重视品牌对于消费者的意义，它将品牌对消费者的意义定义为"品牌贡献"。在它最终评估出的品牌货币价值中，品牌贡献具有倍数效应。所谓"品牌贡献"是指品牌在消费者头脑中的独特性，以及超越竞争对手、引发购买欲望和培养顾客忠诚度的能力。具体而言，品牌贡献由三个标准来测量。其一，有意义——有意义的品牌能吸引更多顾客、创造更深层次的"爱"，并能满足个人的期望和需求。其二，差异化——差异化的品牌能够以与众不同的方式惠及消费者，能够"引领潮流"，能走在潮流前沿。其三，突出性——当消费者有需求时，品牌能第一时间自然而然地浮现在消费者脑海里。

二、BrandZ™ 的特点

BrandZ™ 评估方法与其他评估方法的不同之处主要表现在以下几个方面。第一，BrandZ™ 同时评估了来自发达国家和发展中国家的品牌的价值。而另一个国际性品牌评估方法 Interbrand 方法，只看重国际化品牌，因为品牌在国际市场的销售收入所占比例，是纳入品牌价值评估的基本门槛之一。这样，来自新兴国家的品牌因在国际市场的营销活动有限，几乎不能进入全球品牌百强榜。Interbrand 自从推出品牌价值评估结果以来，来自墨西哥的科罗娜啤酒一直连续多年入榜；中国台湾 HTC 仅在 2011 年入榜，后来又跌出榜单；华为表现突出，已连续 7 年入选百强榜单而且排序总体上不断上升；联想曾于 2015 年、2016 年、2017 年 3 年入选百强榜。但其他来自新兴市场的品牌则很少入选过全球品牌百强。

BrandZ™ 评估方法中，来自新兴国家的品牌即使在国际市场的收益占比不高，但如果其在现有消费者心目中的影响力很大，也能入榜全球品牌百强。根据 BrandZ™ 最近几年发布的全球品牌百强榜，中国品牌一般在 12～15 席，其他亚非拉发展中地区也能有 5 席左右入选，如印度占有 2 席左右（如 ICICI 银行、Airtel），拉美占有 2 席左右（如墨西哥电信 Telcel、巴西石油），非洲占 1 席左右（如南非的 MTN）。第二，BrandZ™ 品牌评估重视消费者意见。Interbrand 主要根据专家意见来推测消费者的看法。BrandZ™ 的品牌价值评估会通过与消费者不断地沟通交流以了解更多，开展的经常性深度定量调查广泛涉及 30 多个国家的 200 万消费者和 1 万多个品牌。

三、BrandZ™ 中国品牌榜

BrandZ™ 自 2011 年开始，每年专门推出中国品牌排行榜，从最开初发布 50 强榜单，发展到后来发布 100 强榜单。例如，2019 年发布的 BrandZ 中国品牌榜单前 20 强分别为：阿里巴巴集团、腾讯、中国工商银行、中国移动、贵州茅台集团、华为、平安保险、百度、中国建设银行、京东、小米、滴滴、美图、中国农业银行、海尔、顺丰快递、中国银行、中国人寿保险、中国石化集团。可见，BrandZ 评估出来的大品牌主要来源于：互联网行业、并非充分竞争的金融银行业/石化/白酒，来自实体制造业的品牌只有华为和海尔。

另外，根据 BrandZ™ 评估推出的近 10 年的中国品牌百强榜，我们分析"品牌贡献"指标的得分。品牌贡献反映的是企业品牌在消费者心目中的表现得分，它的高低说明品牌的市场导向、顾客导向和品牌的无形影响力或软实力。BrandZ™ 中的品牌贡献指标采取的是 5 分制，5 分为最高分，1 分为最低分。总的来看，品牌贡献前 20 强品牌的得分都是位于 4 分或 5 分，其中科技类品牌的品牌贡献的平均得分最高；市场机制相对更为充分的企业（如民营企业）的品牌贡献得分平均高于 3 分；其他企业的品牌贡献得分较低，一般低于 3 分。

资料来源：
Kevin Lane Keller. Strategic Brand Management[M]. 3rd Edition. Prentice Hall, 2007.

第三节 金融市场视角的品牌评估

品牌评估与金融市场及资本市场之间存在关联。品牌评估若能与金融市场及资本市场建立关联，就可以为企业兼并、品牌收购、品牌授权以及资本市场的品牌经营管理决策提供战略指引。基于金融市场产出视角的品牌评估常用指标包括品牌出售时的购买价、品牌或其所在公司的股价等。下面介绍该视角下几种常见的品牌评估方法。

一、金融市场视角的品牌评估方法

（一）根据股价走势估算品牌价值

根据股票价格来评估品牌价值是金融市场视角的品牌评估的重要方法之一。芝加哥大学的卡罗尔·西蒙（Carol J. Simon）和玛丽·沙利文（Mary W. Sullivan）两位教授都使用过此方法。这一方法背后的理论依据在于股票市场价格会伴随企业经营活动而变动，股票价格反映了资本市场对企业品牌的未来前景的看法。

这一方法要先计算出公司的资本市场价值，即股票价格与股本总数的函数；然后减去有形资产（如厂房、设备、库存、现金等）的重置成本；再将得到的差额（即无形资产）按比例一分为三：品牌的价值、非品牌因素（如研发、专利等）的价值和行业因素（如法律法规、产业集中度等）的价值。品牌的价值应为品牌年龄及上市次序（品牌越老，资产越多）、累积的广告投入（广告创造资产）、当前广告投入在行业中的比例（当前广告份额与定位优势相关）等变量的函数。

为了估算这一模型，在用股票市场对公司进行价值评估时（减去有形资产的价值），必须与3类无形资产的指标建立关联。有了模型的估算结果，即可估算各个公司的品牌价值。该模型的适用范围是在股票市场公开交易上市的公司。用该模型分析软饮料行业，结果发现，营销活动会对品牌价值产生及时的和显著的影响。例如，1982年7月可口可乐公司推出"健怡可乐"（Diet Coke）后，其品牌价值增长了65%，而百事可乐的品牌价值则没有变化。1985年可口可乐公司推出前景黯淡的"新可乐"（New Coke）后，其品牌价值下降了10%，而百事可乐的品牌价值反倒增长了45%。

（二）根据未来收益评估品牌价值

根据未来收益评估品牌价值，常用的指标是品牌未来收益的贴现值。通常采用如下估算方法。

第一，使用品牌的长期规划。我们可以通过对预期利润进行贴现。品牌的长期规划应当把品牌的优势及其对竞争环境的影响考虑在内。假如公司利用品牌规划估算品牌的价值，就需要校准生产成本，使其反映行业的平均成本，而非实际成本。原因在于，任何高于（或低于）平均效率的成本都应算作生产成本，而非品牌资产。

第二，估算当前收益，乘以收益倍数。收益估算可以是扣除了特别费用的当前收益。如果当前收益反映的是上升或下降周期，那将不具代表性，那么最好从过去几年的收益数值中取几个平均值。如果收益因为可校正问题而出现较低值或负值，那么收益可以根据行业利润标准以销量百分比进行估算。收益倍数是估算和衡量未来收益价值的一种方法。要想得到收益倍数的正常范围，必须查看本行业或临近行业企业的历史价格收益比率（即市盈率 P/E）。收益倍数范围确定之后，需要确定实际的倍数值，那么还需要对品牌的竞争优势进行估计。

总之，金融市场视角的品牌评估反映的是品牌的未来潜力。与其他两种视角的品牌评估方法相比，这一评估方法的优点是能够为高层管理者提供一个总括性的、以货币额表现的品牌价值，这种品牌评估结果便于理解和传播。然而，基于金融市场视角的品牌资产评估方法存在如下弊端。其一，品牌未来价值存在诸多不稳定性，而这一评估方法又不能涵盖太多因素。因此，其结果的可信度受到怀疑。其二，这一评估方法与市场营销的关联性不强。营销活动之外的很多复杂事件都会影响股价波动，进而影响测量结果。这也就限制了该评估方法在营销战略上的借鉴价值。

▶ 二、品牌价值链

本章介绍的基于顾客心智的、基于商品市场的和基本资本市场的三种品牌评估视角之间存在什么样的逻辑关系？这里，我们引用品牌价值链模型来揭示三种品牌评估方法在逻辑上的关联性。品牌价值链反映了品牌的市场营销活动投入如何影响品牌在商品市场和资本市场的结果[①]。品牌价值链的理论模型的逻辑如下。（1）品牌价值源于顾客心智，品牌价值创造过程始于公司针对实际的或潜在的顾客的营销策略的数量、质量、效果（阶段1）。（2）相关营销策略（数量、质量等）会影响品牌在顾客心智的影响力，即顾客对品牌的所知所感的强度和正面性（阶段2）。（3）品牌在顾客心智的影响力或无形资产（又称为品牌权益）会影响品牌在商品市场的市场销售业绩或表现。市场销售业绩或表现主要体现为品牌拥有的顾客量以及他们愿意为品牌支付的价格等（阶段3）。（4）资本市场的投资者注意到品牌在商品市场的业绩，以及其他一些置换成本、并购价格等因素，之后就会对品牌的股票表现作出评估，从而形成股价（阶段4）。这些相关因素决定了在某一阶段所创造的价值如何转移或增值到下一阶段（如图13-4所示）。下面我们对各个阶段的含义加以解释说明。

（一）营销活动的投入

营销活动的投入是品牌价值产生或形成的起点。营销活动的投入具体包括：产品开发与设计；设计品牌要素；实施营销组合；广泛的次级品牌联想渠道（Secondary source），等等。但是，仅有营销投入的数量并不能确保品牌在顾客心智中形成强有力的影响。营销质量的高低调节着营销活动投入对品牌在顾客或消费者心智的无形影响的效果。营销质量

---

① 为了更进一步了解品牌价值链的理论逻辑及其在真实市场的具体表现形式或案例，读者可研读文献：王海忠. 不同品牌资产测量模式的关联性[J]. 中山大学学报. 2008，48（1）：162-168.

```
营销活动的投入      品牌在顾客心智         品牌在商品市场         品牌在资本市场
                    的影响力              的影响力              的影响力
• 产品              • 品牌认知            • 溢价                • 股价
• 品牌要素          • 品牌联想            • 价格弹性            • 价格/收益比例
• 营销组合          • 品牌态度            • 市场份额            • 市场资本总额
• 渠道              • 品牌情感            • 品牌扩张力
                    • 品牌活动            • 成本结构
                                          • 盈利能力

        营销质量              市场动态              投资者情绪

        • 明确性              • 竞争者反应          • 市场动态
        • 相关性              • 渠道支持            • 增长潜力
        • 独特性              • 顾客规模和特征      • 风险概况
        • 稳定性                                    • 品牌贡献率
```

图 13-4　品牌价值链

作为营销活动投入影响品牌在顾客心智的权益的调节变量,具体包含以下因素。

(1)营销战略明晰度。消费者是否准确理解了企业品牌所要传达的意思。

(2)营销活动关联性。企业的品牌营销活动是否与消费者相关,是否与消费者所思所想产生联动。

(3)营销活动独特性。企业的品牌营销活动是否独特、有创意、有差异化。

(4)营销活动稳定性。企业的品牌营销活动是否稳定持续?能否产生整合效应,对顾客产生最大效果,现行营销活动与过去是否存在一致性和关联性,营销策略是否兼顾了品牌的持续性和变化性。

如果品牌的营销活动所传递的品牌信息不明晰、品牌信息与消费者需求之间没有很大的相关性、营销活动不具有独特性、营销活动前后不具有连贯性,那么营销活动就不能够被顾客认同,营销活动投入就不能使品牌在顾客心智形成强有力的印象和影响。相反,明晰的、与顾客相关的、独特的、连贯的系列营销活动就会在顾客心智产生积极印象,对品牌产生好的想法、感觉、经历、形象、认知、信念、态度等。

(二)品牌在顾客心智的影响力

一项明智的营销活动投入能够导致品牌在顾客心智的产生积极反应。作为营销活动的结果,品牌在顾客心智会产生哪些反应?如何体现?品牌在顾客心智的影响力包括品牌在顾客心智涌现出的所有事物的组合,包括人们对品牌的所思、所感、体验、形象、感知、信念、态度等的总和。品牌在顾客心智的无形影响力具体可表现为以下五个方面。

(1)品牌认知:品牌被顾客认识、记住的程度,由此顾客能够确认与品牌所关联的产品和服务的容易程度。

(2)品牌联想:顾客所感知到品牌的属性和利益的强度、正面性、独特性。品牌联想是品牌价值的主要构成来源,通过品牌联想,顾客能够感知到品牌满足他们的需求的方面和程度。

(3)品牌态度:顾客关于品牌质量和品牌满意度的总体评价。

(4)品牌忠诚:顾客对品牌的忠诚度。强烈的品牌忠诚的表现形式之一是品牌依恋

（Brand attachment），那是指顾客拒绝改变一个品牌的程度，通常可以通过顾客在品牌出现负面新闻（如产品和服务失败）后仍会坚持购买品牌的可能程度来测量。极端情况下，品牌忠诚演变成品牌嗜好（Brand indulgence）。

（5）品牌活跃：顾客使用品牌、与他人谈论品牌、寻找品牌有关信息、促销等的程度。

品牌在顾客心智的影响力的上述五个方面有着明显的层次。品牌认知支撑着品牌联想，品牌联想驱动着品牌态度，最后形成品牌忠诚和品牌活跃。当顾客有高水平的品牌认知；强有力的、偏好的、独特的品牌联想；积极的品牌态度；强烈的品牌忠诚；高水平的品牌活跃度时，品牌在顾客心智的无形影响力就产生了。这就是基于顾客心智的品牌权益（Customer based brand equity）。要构筑品牌价值，品牌在顾客心智形成积极印象是首要的和关键的。

品牌在消费者和顾客心智所取得的成功，并不一定能够转化为商品市场上的成功。这是由于，品牌在顾客心智层面的影响力要转换为商品市场的产出，还需要依赖于其他外部条件。这些外部条件称为市场状况（Market condition），主要包括：

（1）竞争反应。竞争品牌的营销投入的质与量。

（2）渠道及其他合作伙伴的支持。

（3）顾客的规模和特征。品牌能吸引多少顾客？这些顾客是否带来利润？

当企业内部环境较好，竞争对手没有能够产生一种明显的威胁，营销渠道成员和其他中间商提供了大力的支持，并且有一定数量的可盈利顾客被吸引到这个品牌中时，那么，品牌在顾客心智所创造的无形影响将会转化成为有利的商品市场业绩。

（三）品牌在商品市场的表现

如果品牌在顾客心智的影响力顺利转化为商品市场的产出，那么品牌就在商品市场的以下方面产生积极结果。

（1）溢价。它是指顾客会因某个品牌而对其名下的产品支付高价的意愿和行为。那些在市场上定高价并能吸引顾客购买的品牌，就能享受正面的溢价效应。拥有这类品牌的公司就能享受高盈利。

（2）价格弹性。它是指品牌涨价而引起购买量降低的幅度或因降价而引起购买量增加的幅度。那些涨价并不引起销量显著降低，或降价引起销量大幅提升的品牌，便拥有正面的价格弹性效应，就会带来更正面的市场收益。

（3）市场份额。它是指一定时期内，企业产品销售量（额）占市场同类产品的销售总量（额）的比率。这一指标反映了企业在行业内的竞争地位，市场份额大小能影响企业的盈利能力和竞争优势。

上述三个维度决定了品牌在商品市场的直接收入。品牌在商品市场的价值会由于更高的市场份额、更大的价格溢价，以及对价格下降更富有弹性和对价格上升更缺乏弹性而得以创造。

（4）品牌延伸成功率。它是指一个品牌能够在辅助性产品线、相同产品大类、其他相关或不相关产品类别中能够成功推出新产品的概率。这个维度反映了品牌在拓展到新产品、新业务等发展方面的能力。

（5）成本结构。它是指因品牌在顾客心智的影响力而引起公司在营销项目上的费用支出相应可节省的程度。换句话说，由于顾客已经对一个品牌具有了相当的熟悉、认知，公司在任何营销项目的支出即使保持在与同行相等或更低的水平，其营销效果都会更佳或效率更高。例如，同样的广告费用投入，在顾客心智影响力强大的品牌的广告更易被记住，更易提升销售额。这就是为何一旦品牌建立起在顾客心智的影响力之后，即使降低广告支出，也照样能维持甚至提升市场份额的内在原因之所在。

（6）营利性。当上述五个维度共同发挥作用时，就产生了品牌在商品市场表现的第六个维度——营利性。总而言之，这个阶段的所有上述维度共同作用，就会创建有利可图的销售量，品牌价值就由此产生。

商品市场表现视角的品牌表现是否能转化为金融市场上的品牌价值？如果能够转换，我们就称之为品牌增值。这要取决于一系列的外部因素，我们将其称之为投资者情绪（Investor sentiment）。它包括以下因素：

（1）市场动态性（Market dynamics）。金融市场上的整体动态如何？利率、投资者情绪（高涨还是低落）、资本供给率等决定了金融市场动态。

（2）增长潜力。品牌及其所处产业的增长潜力如何？经济、社会、法律等环境因素是否有助于品牌增长？

（3）风险概况。品牌的风险概况如何？面对环境中的障碍性因素，品牌是否很脆弱？

（4）品牌贡献率。公司品牌组合中，该品牌角色如何？对公司收入及利润的贡献率多大？

如果品牌所处行业健康，行业对品牌没有明显的阻碍；当品牌对公司收入贡献率很大且发展前景很好时，品牌在商品市场上的表现力就能够顺利转移到金融市场的品牌增值。由此，公司股价、价格/收益比、资本市值等指标就很好。但是，如果金融市场疲软、行业成长速度缓慢、行业面临高风险以及该品牌对公司整体的贡献不大，那么这个品牌在商品市场上的表现，就无法在金融股票市场价值中反映出来。例如，2008年全球性的金融危机，致使各行各业的品牌在商品市场中所创造的价值不能完全反映在股票价值中。

（四）品牌的资本市值

基于品牌的可利用和可预测信息以及其他许多因素，金融市场的投资者能够对品牌形成意见并做出对品牌价值有直接财务含义的各种评估。品牌资本市值的主要指标包括股价、价格/收益比例、资本市值总额等。

（五）三种品牌评估视角的逻辑关联性

上述品牌价值链为我们提供了从总体上理解品牌价值产生和转化的逻辑。企业最有价值的资产是以品牌为代表的无形资产，因而对品牌及其资产价值的评估和管理显得尤为重要。品牌价值产生于各种品牌活动（营销活动等），这些活动的效果首先反映在顾客心智层面，这就形成消费者心智的品牌知识。但这并不是企业品牌经营的终极目标。企业希望在顾客心智层面累积起来的品牌知识，能转化为商品市场上的表现，并进而有助于品牌在金融或资本市场上的增值（市值）。由此，我们可以得出，品牌评估的三种视角（顾客心智、商品市场表现、金融市场增值）之间具有相关性，而且在逻辑上具有前后相承的关系。其中，公司营销活动首先决定了品牌在顾客心智的印象或影响力。当品牌在顾客心智的影响力传递到商品市场和金融市场时（尤其是后者），针对消费者的市场营销活动的作用力就逐渐减弱。品牌在商品市场和金融市场上的表现，更多地受到消费者营销之外的因素的影响(如竞争者的营销活动、行业发展动态、投资者情绪等)。这些因素都处于品牌经理传统上的职权范畴之外。但是，随着公司高层管理者越来越多地关心品牌无形资产，优秀的品牌经理人未来在思考品牌的营销活动时，需要学会"前向"思维，即：把金融或资本市场、商品市场上对品牌的关注与热点，纳入自己权责范围内的品牌概念测试、品牌定位、品牌组合、品牌延伸、品牌更新等战略决策之中，这样的品牌经理人必将练就其决策的前瞻性和战略观，这就为其走上公司 CEO 的领导岗位奠定了基础。所以，品牌价值链对品牌及其品牌经理人具有深远的战略意义。

品牌资产（或品牌权益）是 20 世纪 80 年代出现以来最重要的营销概念之一。到目前为止，有关品牌的评估方法在实业界和学术界均未达成共识。而且，无论采用什么具体的评估方法，品牌价值评估都只能是相对合理而无法做到绝对准确。本章所列的评估方法多数是国际产业界在长期实践基础上提出来的。在中国，有待学术界、实业界进一步地深入研究去形成能体现中国特色的、有说服力的品牌评估方法。

--------------------------------【本章小结】--------------------------------

1. 品牌评估具有重要意义。它是品牌估价的前提。有效的品牌评估有助于科学的品牌并购。此外，它能协调消费者与企业之间的"信息不对称"。还有利于激励企业员工和投资者，品牌评估还能促进企业提高内部管理效率。

2. 品牌评估的方法有多种。本书将品牌评估分为三种视角——顾客心智视角、商品市场视角、金融或资本市场增值视角。顾客心智视角的品牌评估分为定性研究法和定量研究法；商品市场产出视角的品牌评估分为比较法、整体法、联合分析法；金融或资本市场增值视角的评估包括根据股价走势估算品牌价值和根据未来收益评估品牌价值。

3. 品牌价值链模型有助于品牌经理人理解企业品牌价值的生成逻辑。品牌价值源于公司的营销活动（阶段 1），它先作用于顾客，促进品牌在顾客心智产生影响力（阶段 2），进而在商品市场上表现为营销与销售绩效（阶段 3），并反映在资本市场上的增值（阶段 4）。营销活动的质量、市场结构状况、投资者情绪等分别影响上述四个价值生成阶段的顺利转移或过渡。

--------------------------------【术语（中英文对照）】--------------------------------

------------------------------【即测即练】------------------------------

------------------------------【思考与讨论】------------------------------

1. 分析讨论本章介绍的扬·罗必凯的品牌资产估价模型（Brand Asset Valuator, BAV）中两维度五要素的含义以及对打造品牌无形资产所发挥的作用。

2. 理解品牌价值链模型相邻链条之间关系的含义。以中国市场上 2-3 个品牌为例，分析前一个链条顺利影响后一个链条的各因素及其作用。

------------------------------【实战模拟】------------------------------

案例讨论

运用本章品牌评估的相关理论与方法，分析讨论开篇中美的集团品牌并购战略对公司业务增长与实现发展壮大目标所做出的贡献。

------------------------------【延伸阅读】------------------------------

扫码阅读《中国品牌国际市场新定位研究》一文（《中山大学学报》2010（3）：175-183，作者：王海忠，陈增祥），思考并讨论以下问题：

1. 解释国际知名品牌的内涵并分析这一内涵对中国企业创建国际知名品牌的启示;
2. 为什么一部分领先的中国企业需要将品牌从"低质低价"再定位为"质优价高"?
3. 选择 2~3 家中国企业作为案例,分析讨论创国际知名品牌的几点营销战略的启示与借鉴。

附录一 新华社专访 打造卓越品牌需要"四项修炼"——访中国品牌研究中心主任王海忠

扫码阅读

附录二 中国社会科学网专访
创建成功品牌的四项"修炼"——访中山大学管理学院教授王海忠

扫码阅读

附录三 经济观察报专访
对话王海忠：中国品牌的全球坐标

扫码阅读

参 考 文 献

Aaker D., Building Strong Brands[M]. The Free Press, 1998.

Aaker, D. & Keller K. L., Consumer Evaluations of Brand Extensions[J]. The Journal of Marketing, 1990: 27-41.

Aaker, D., Managing Brand Equity: Capitalizing on the Value of a Brand Name[M]. Free Press, 1991.

Aaker, D. and R. Jacobson, The Financial Information Content of Perceived Quality[J]. Journal of Marketing Research, 1994, 38(11): 191-201.

Aaker, J., Benet-Martinez, V., & Garolera, J. Consumption Symbols as Carriers of Culture: A Study of Japanese and Spanish Brand Personality Constructs[J]. Journal of Personality and Social Psychology, 2001, 81(3): 492.

Aaker, J., Dimensions of Brand Personality[J]. Journal of Marketing Research, 1997, 34(3): 347-356.

Aaker, J., Fournier, S. & Brasel, S., When Good Brands Do Bad[J]. Journal of Consumer Research, 2004, 31(1): 1-16.

Aggarwal P. & McGill A., When Brands Seem Human, Do Humans Act Like Brands? Automatic Behavioral Priming Effects of Brand Anthropomorphism[J]. Journal of Consumer Research, 2012, 39(2): 307-323.

Ahluwalia, R., Burnkrant, R. E., & Unnava, H. R, Consumer Response to Negative Publicity: The Moderating Role of Commitment[J]. Journal of Marketing Research, 2000: 203-214.

Ahluwalia. R. &Z. Gürhan, The Effects of Extensions on the Family Brand Name: An Accessibility-Diagnosticity Perspective[J]. Journal of Consumer Research, 2000, 27(11): 371-381.

Ajzen, I., The Theory of Planned Behavior[J]. Organizational Behavior and Human Decision Processes, 1991, 50(2): 179-211.

Akshary R., Rao, Qu L. & Ruekert R., Signaling Unobservable Product Quality Through a Brand Ally[J]. Journal of Marketing Research, 1999, 30(6): 258-268.

Anderson J., Narus J. & Narayandas D., Business Market Management: Understanding, Creating, and Delivering Value[M]. Prentice Hall Upper Saddle River, NJ, 1999.

Anderson, J. R., The Architecture of Cognition (Vol. 5)[M]. Lawrence Erlbaum, 1995.

Andrews, Rick L & Ansari A., Hierarchical Bayes Versus Finite Mixture Conjoint Analysis Models: A Comparison of Fit, Prediction, and Partworth Recovery[J]. Journal of Marketing Research, 2002(39): 87-98

ANSI/ASQC A3-1978, Quality Systems Terminology (Milwaukee, WI: American Society for Quality Control, 1978)

Argo J. J., Dahl D. W. & Andrea C., Consumer Contamination: How Consumers React to Products Touched by Others[J]. Journal of Marketing, 2006, 70(2): 81-94.

Argo J. J., Dahl D. W. & Andrea C., Positive Consumer Contagion: Responses to Attractive Others in A

Retail Context[J]. Journal of Marketing Research, 2008, 45(6): 690-701.

Avery, J., Paharia, N., Keinan, A. & Schor, J. B., The Strategic Use of Brand Biographies[J]. Research in Consumer Behavior, 2010(12): 213-229.

Barnett, M. L., Jermier, J. M. & Lafferty, B. A., Corporate Reputation: The Definitional Landscape[J]. Corporate Reputation Review, 2006, 9(1): 26-38.

Barwise, P., Brand Equity: Snark or Boojum?[J]. International Journal of Research in Marketing, 1993(3): 93-104.

Batra R., Ramaswamy V., Alden L., Steenkamp J.B. & Ramachander S., Effects of Brand Local and Nonlocal Origin on Consumer Attitudes in Developing Countries[J]. Journal of Consumer Psychology, 2000, 9(2): 83-85.

Batra, R., Ahuvia, A., & Bagozzi, R. P., Brand Love[J]. Journal of Marketing, 2012, 76(2): 1-16.

Bernd H. S., Experiential Marketing: How to Get Customers to Sense, Feel, Think, Act and Relate to Your Company and Brand[M]. New York, 1999.

Berry L.L., Cultivating Service Brand Equity[J]. Journal of the Academy of Marketing Science, 2000, 28(1): 128-137.

Bhattacharya, C. & Lodish L. M., Towards a System for Monitoring Brand Health from Store Scanner Data[M]. Cambridge, Mass: Marketing Science Institute, 2000.

Boorstin, D., Welcome to the Consumption Community[J]. The Decline of Radicalism: Reflections on America Today, 1967: 20-39.

Bosmans A., Scents and Sensibility: When do (In)Congruent Ambient Scents Influence Product Evaluations?[J]. Journal of Marketing, 2006, 70(3): 32-43.

Bottomley P. A. & Doyle R., The Interactive Effects of Colors and Products on Perceptions of Brand Logo Appropriateness[J]. Marketing Theory, 2006(6): 63-83.

Boush, D. M. & Loken B., A Process-Tracing Study of Brand Extension Evaluation[J]. Journal of Marketing Research, 1991: 16-28.

Brucks M., Zeithaml V. & Naylor G., Price and Brand Name as Indicators of Quality Dimensions for Consumer Durables[J]. Journal of the Academy of Marketing Science, 2000, 28(3): 359-374.

Buzzell R. & Gale B., The PIMS Principles[M]. New York: The Free Press, 1987.

Carol A. R.& Bednar A., Defining Quality: Alternatives and Implications[J]. Academy of Management Review, 1994, 19(4): 419-445.

Carol S. & Sullivan M., the Measurement and Determinants of Brand Equity: A Financial Approach[J]. Marketing Science, 1993, 12(1): 28-52.

Carpenter, G. S., Glazer, R. & Nakamoto, K., Meaningful Brands From Meaningless Differentiation: The Dependence On Irrelevant Attributes[J]. Journal of Marketing Research, 1994, 31(3): 339-350.

Chan K., Huang Y., Principles for brand naming in Chinese: The Case of Drinks[J]. Marketing Intelligence & Planning, 2001, 19(5): 309-318.

Crawford, C. M., A New Positioning Typology[J]. Journal of Product Innovation Management, 1985, 2, (4): 243-253.

Cutright M., The Beauty of Boundaries: When and Why We Seek Structure in Consumption[J]. Journal of Consumer Research, 2012, 38(5): 775-790.

Dahlén M. & Rosengren S., Brands Affect Slogans Affect Brands? Competitive Interference, Brand Equity and The Brand-slogan Link[J]. Journal of Brand Management, 2005(12): 151-164.

Dan K. & Janiszewski C., Affect-gating[J]. The Journal of Consumer Research, 2011, 38(4): 697-711.

Dawar, N. & Parker, P., Marketing Universals: Consumers' Use of Brand Name, Price, Physical Appearance, and Retailer Reputation as Signals of Product Quality[J]. Journal of Marketing, 1994,

58(2):81-95.

Day, G. S. & Wensley, R., Assessing Advantage:a Framework for Diagnosing Competitive Superiority[J]. Journal of Marketing, 1988, 52(2): 1-20.

Deal, T. E., & Kennedy, A. A., Culture: A New Look Through Old Lenses[J]. The Journal of Applied Behavioral Science, 1983, 19(4): 498-505.

Deng, X., & Kahn, B. E., Is Your Product on The Right Side? The "Location Effect" on Perceived Product Heaviness and Package Evaluation[J]. Journal of Marketing Research, 2009: 725-738.

Desai, P. S., Kalra, A., & Murthi, B., When Old Is Gold: The Role of Business Longevity in Risky Situations [J]. Journal of Marketing, 2008, 72(1): 95-107.

Dobni, D. & Zinkhan, G. M., In Search of Brand Image:a Foundationanalysis[J]. Advances in Consumer Research, 1990, 17: 110-119.

Douglas, S. P. & Craig, C., The Changing Dynamic of Consumer Behavior: Implications for Cross-Cultural Research[J]. International Journal of Research in Marketing, 1997, 14(4): 379-395.

Douglas, S., Craig S. & Nijssen E., Executive Insights: Integrating Branding Strategy Across Markets: Building International Brand Architecture[J]. Journal of International Marketing, 2001, 9(2):97-p114.

Dubois D., Rucker D. & Galinsky D., Super Size Me: Product Size as A Signal of Status[J]. Journal of Consumer Research, 2012, 38(6): 1047-1062.

DuBose, C.N., Cardello, A. V. & Maller, O., Effects of Colorants and Flavorants on Identification, Perceived Flavor Intensity, and Hedonic Quality of Fluit-Flavored Beverages and Cake[J]. Journal of Food Science, 1980, 45(5): 1393–1399.

Durgee J. & Stuart R., Advertising Symbols and Brand Names That Best Represent Key Product Meaning[J]. Journal of Consumer Marketing, 1987, 4(3): 15-24.

Dwane D., Brand Endorsement, Popularity, and Event Sponsorship as Advertising Cues Affecting Consumer Pre-Purchase Attitudes[J]. Journal of Advertising, 1999, 37(3): 1-12.

Erdem, T., Swait, J. & Valenzuela, A., Brands as Signals: A Cross-Country Validation Study[J]. Journal of Marketing, 2006, 70(1): 34-49.

Escalas, J. E., Narrative Processing: Building Consumer Connections to Brands[J]. Journal of Consumer Psychology, 2004, 14(1-2): 168-180.

Estes, G., A Dual-Process Model of Brand Extension: Taxonomic Feature-Based and Thematic Relation-Based Similarity Independently Drive Brand Extension Evaluation[J]. Journal of Consumer Psychology, 2012, 22(1): 86-101.

Fang, X., Singh, S., & Ahluwalia, R., An Examination of Different Explanations for The Mere Exposure Effect [J]. Journal of Consumer Research, 2007, 34(1): 97-103.

Fournier S. & Alvarez C., Brands As Relationship Partners: Warmth, Competence, and In-between[J]. Journal of Consumer Psychology, 2012(22): 177-185.

Fournier, S., Consumers and Their Brands: Developing Relationship Theory in Consumer Research[J]. Journal of Consumer Research, 1997, 24(3): 343-373.

Garvin D., Product Quality: An Important Strategic Weapon[J]. Business Horizons, 1984(27): 40-43.

Gourville T., Eager Sellers and Stony Buyers: Understanding The Psychology of New-Product Adoption [J]. Harvard Business Review, 2006(84): 98-106.

Herr, P. M., Farquhar, P. H., & Fazio, H., Impact of Dominance and Relatedness on Brand Extensions[J]. Journal of Consumer Psychology, 1996, 5(2): 135-159.

Hofstede, G., An American in Paris: The Influence of Nationality On Organization Theories[J]. Organization Studies, 1996, 17(3): 525-538.

Hofstede,G., Culture's Consequences:International Differences in Work-Related Value[M]. Sage

Publications, 1980.

Huang Y. & Chan K., Chinese Brand Naming: From General Principles to Specific Rules[J]. International Journal of Advertising, 1997, 16(4): 320-335.

Hughes, E. & Ahearne, M., Energizing the Reseller's Sales Force: The Power of Brand Identification[J]. Journal of Marketing, 2010, 7(4): 81-96.

Hung H., Gu F. & Yim K., A Social Institutional Approach to Identifying Generation Cohorts in China with A Comparison with American Consumers[J]. Journal of International Business Studies, 2007(38): 836-853.

Johansson, J. K., Douglas, S. P., & Nonaka, I., Assessing The Impact of Country of Origin on Product Evaluations: A New Methodological Perspective[J]. Journal of Marketing Research, 1985: 388-396.

John, D. R., Loken, B., & Joiner, C., The Negative Impact of Extensions: Can Flagship Products Be Diluted?[J]. Journal of Marketing, 1998: 19-32.

Kahneman, D., Slovic, P., & Tversky, A.(Eds.), Judgment Under Uncertainty: Heuristics and Biases[M]. Cambridge University Press, 1982.

Keller L. & Aaker D., The Effects of Sequential Introduction of Brand Extensions[J]. Journal of Marketing Research, 1992, 29(1): 35-60.

Keller, L., Strategic Brand Management: Building, Measureing, And Managing Brand Equity[M]. Pearson, 2008.

Keller, L., Brand synthesis: the multidimensionality of brand knowledge[J]. Journal of Consumer Research, 2003, 29(4).

Keller, L., Building Customer-Based Brand Equity[J]. Marketing Management, 2001, 10(2): 14-20.

Keller, L., Conceptualizing, Measuring, and Managing Customer-Based Brand Equity[J]. Journal of Marketing, 1993: 1-22.

Kevin L. & Sood S., Brand Equity Dilution[J]. MIT Sloan Management Review, 2003, 45(1): 12-15.

Kevin L., Brand Report Card[J]. Harvard Business Review, 2000(1/2).

Kotler, P. & Keller, L., Marketing Management[M]. Upper Saddle River, NJ: Prentice-Hall, 2006.

Krishna A., Interaction of Senses: The Effect of Vision Versus Touch on The Elongation Bias[J]. Journal of Consumer Research, 2006, 32(4): 557-566.

Kumar N., Kill a Brand, Keep a Customer[J]. Harvard Business Review, 2003.

Lam, D., Cultural Influence On Proneness to Brand Loyalty[J]. Journal of International Consumer Marketing, 2007, 19 (3): 7-21.

Laroche, Kim & Zhou L., Brand Familiarity and Confidence as Determinants of Purchase Intention: An Empirical Test in A Multiple Brand Context[J]. Journal of Business Research. 1996, 37(2): 115-120.

Levitt, T., Marketing Myopia, Harvard Business Review, 1960(7/8): 45-56.

Loken B. & John R., Diluting Brand Beliefs: When do Brand Extensions Have A Negative Impact?[J]. Journal of Marketing,1993, 57(3): 71-84.

Low, S. & Fullerton R., Brands, Brand Management, and The Brand Manager System: A Critical-Historical Evaluation[J]. Journal of Marketing Research, 1994, 31(3): 173-190.

Mao, H. & Krishnan H., Effects of Prototype and Exemplar Fit on Brand Extension Evaluations: A Two-Process Contingency Model[J]. Journal of Consumer Research: An Interdisciplinary Quarterly, 2006, 33 (1): 41-49.

McAlexander, H., Schouten, W., & Koenig, F., Building Brand Community[J]. Journal of Marketing, 2002: 38-54.

McCabe, D.B. & Nowlis, S. M., The Effect of Examing Actual Products or Product Descriptions on Consumer Preference[J]. Journal of Consumer Psychology, 2003, 13 (4): 431-439.

Milberg, J., Sinn F. & Goodstein R., Consumer Reactions to Brand Extensions in a Competitive Context: Does Fit Still Matter?[J]. Journal of Consumer Research, 2010(37): 543-53.

Miles, J.& Mangold, G., A Conceptualization of The Employee Branding Process[J]. Journal of Relationship Marketing, 2004, 3(2-3): 65-87.

Miller, A., The Magical Number Seven, Plus Or Minus Two: Some Limits On Our Capacity for Processing Information[J]. The Psychological Review, 1956(63): 81-97.

Monga, B. & John, R., When Does Negative Brand Publicity Hurt? The Moderating Influence of Analytic Versus Holistic Thinking[J]. Journal of Consumer Psychology, 2008, 18(4): 320-332.

Morrin M. & Chebat C., Person-Place Congruency: The Interactive Effects of Shopper Style and Atmospherics on Consumer Expenditure[J]. Journal of Service Research, 2005, 8(2): 181-191.

Morrin M., Lee, L. & Allenby G., Determinants of Trademark Dilution[J]. Journal of Consumer Research, 2006, 31(2): 248-259.

Muniz M., & O'guinn,C., Brand Community[J]. Journal of Consumer Research, 2001, 27(4): 412-432.

Nevins, J. L., Bearden, W. O. & Money, B., Ethical Values and Long-Term Orientation[J]. Journal of Business Ethics, 2007, 71(3): 261-274.

Newman J., Motivation Research and Marketing Management[M]. Boston: Harvard University Press, 1957.

Nisbett, R., Peng, K., Choi, I. & Norenzayan, A., Culture and Systems of Thought: Holistic Versus Analytic Cognition[J]. Psychological Review, 2001, 108(2): 291-310.

Norton M., Mochon D. & Ariely D., The IKEA Fffect: When Labor Leads To Love[J]. Journal of Consumer Psychology, 2012, 22: 453-460.

Noseworthy T. & Trudel R., Looks Interesting, but What Does It Do? Evaluation of Incongruent Product Form Depends on Positioning[J]. Journal of Marketing Research, 2011: 1008–1019.

Osgood E. &Tannenbaum H., The Principle of Congruity in The Prediction of Attitude Change[J]. Psychological Review, 1955, 62(1): 42-55.

Parasuraman A., Zeithaml A. & Berry L., A Conceptual Model of Service Quality and Its Implications for Future Research[J]. Journal of Marketing, 1985: 41-50.

Park, W. & Milberg S., Evaluation of Brand Extensions: The Role of Product Feature Similarity and Brand Concept Consistency[J]. Journal of Consumer Research, 1991, 18(2): 185-193.

Park, W., MacInnis, D., Priester, J., Eisingerich, A. & Iacobucci, D., Brand Attachment and Brand Attitude Strength: Conceptual and Empirical Differentiation of Two Critical Brand Equity Drivers [J]. Journal of Marketing, 2010, 74(6): 1-17.

Peck J. & Shu B., The Effect of Mere Touch on Perceived Ownership[J]. Journal of Consumer Research, 2009, 36(3): 434-447.

Peterson, A., & Jolibert, P., A Meta-Analysis of Country-of-Origin Effects[J]. Journal of International Business Studies, 1995, 26(4): 883-900.

Porter, M., How Competitive Forces Shape Strategy[J]. Harvard Business Review, 1979, 57(2).

Pullig C., Simmons C. & Netemeyer R., Brand Dilution:When Do New Brands Hurt Existing Brand?[J]. Journal of Marketing, 2006, 70(2): 52-66.

Reber, R., Winkielman, P. & Schwarz, N., Effects of Perceptual Fluency on Affective Judgments[J]. Psychological Science, 1998, 9(1): 45-48.

Richard T., Mental Accounting and Consumer Choice[J]. Marketing Science, 1985, 4(3): 199-214.

Ries, A. The 22 Immutable Laws of Marketing: Violate Them at Your Own Risk![M]. HarperCollins, 1994.

Roehm, L., & Tybout, M.,When Will A Brand Scandal Spill Over, and How Should Competitors

Respond?"[J]. Journal of Marketing Research, 2006: 366-373.

Roth, M. S. The Effect of Culture and Socioeconomics On the Performance of Global Brand Image Strategies[J]. Journal of Marketing Research, 1995, 32(2): 163-175.

Saporito B., Has Been Brands Go Back to Work[J]. Fortune, 1986, 4(28): 123-124.

Schmitt, B., Zarantonello, L., & Brakus, J. Brand experience: What Is It? How Is It Measured? Does It Affect Loyalty?[J]. Journal of Marketing, 2009. 73(3): 52-68.

Shanker H., Characteristics of Memory Associations: A Consumer-Based Brand Equity Perspective[J]. International Journal of Research in Marketing, 1996, 10: 389-405.

Sharon, N., & Michael, J., Exemplars Or Beliefs? The Impact of Self-View On the Nature and Relative Influence of Brand Associations[J]. Journal of Consumer Research, 2006, 32(4): 519-529.

Shine, B. C. & Park, J., Brand Synergy Effects in Multiple Brand Extensions[J]. Journal of Marketing Research, 2007, 44(4): 663-670.

Shostack, G. L., Breaking Free from Product Marketing[J]. Journal of Marketing, 1977(4), 41: 73-80.

Simmons C., Bickart B. & Nebuchanan L., Leveraging Equity Across the Brand Portfolio[J]. Marketing Letters, 2000, 11(3): 210-220.

Simon & Sullivan, The Measurement and Determinants of Brand Equity: A Financial Approach[J]. Marketing Science, 1993, 12(1): 28-52.

Solomon M., Consumer Behavior: Buying, Having and Being[M]. 8th Edition. 2008.

Srinivasan V., Network Models for Estimating Brand-Specific Effects in Multi-Attribute Marketing Models[J]. Management Science, 1979, 25(1): 11-21.

Steenkamp J., Batra R. & Alden D., How Perceived Brand Globalness Creates Brand Value[J]. Journal of International Business Studies, 2003, 33(1): 35-47.

Stephen P. & Timothy A., Judge: Organizational Behavior[M]. 12th Edition. 2006.

Völckner, F. & Sattler H., Drivers of Brand Extension Success[J]. Journal of Marketing, 2006, 70 (2): 18-34.

Wagner, T., Lutz, R. & Weitz, B. Corporate Hypocrisy: Overcoming The Threat of Inconsistent Corporate Social Responsibility Perceptions[J].Journal of Marketing, 2009, 73(6): 77-91.

Wright, P., Consumer Choice Strategies: Simplifying vs. Optimizing[J]. Journal of Marketing Research, 1975: 60-67.

Zaltman G.,& Higie R., Seeing the Voice of The Customer: Metaphor-Based Advertising Research[J]. Journal of Advertising Research, 1995(7/8): 35-51.

Zhou Ll, & Hui M., Symbolic Value of Foreign Products in The People's Republic of China[J]. Journal of International Marketing, 2003, 11(2): 36-58.

阿里·里斯，杰克·特劳特. 定位[M]. 北京：机械工业出版社，2011.

艾丽丝·M. 泰伯特，蒂姆·卡尔金斯. 凯洛格品牌论[M]. 北京：人民邮电出版社，2006.

安妮·T. 科兰，等. 营销渠道[M]. 7. 北京：中国人民大学出版社，2008,

保罗·福塞尔. 梁丽真，乐涛，石涛，译. 格调：社会等级与生活品味[M]. 北京：中国社会科学出版社. 1998.

曾朝晖. 影响：企业家品牌运作经典实录[M]. 北京：机械工业出版社，2005.

常怀生. 环境心理学与室内设计[M]. 北京：中国建筑工业出版社，2003.

程东升. 李彦宏的百度世界[M]. 北京：中信出版社，2009.

大卫·艾克. 品牌领导[M]. 北京：新华出版社，2001.

戴国良. 品牌行销与管理[M]. 五南图书出版股份有限公司（中国台湾），2010 年 3 月（第二版），第 7 页.

戴维·阿克. 管理品牌资产[M]. 北京：机械工业出版社，2012.
戴维·阿克. 品牌组合战略[M]. 北京：中国劳动社会保障出版社，2005.
格鲁诺斯. 韦福祥译. 服务管理与营销：服务竞争中的顾客管理[M]. 北京：电子工业出版社，2008.
郭修申. 企业商标战略[M]. 北京：人民出版社，2006.
海德里希. 香奈儿的传奇一生：时尚先锋香奈儿[M]. 北京：中信出版社，2009.
黄胜兵，卢泰宏. 品牌个性化维度的本土化研究[J]. 南开管理评论，2003（1）：4-9.
季萌. 韩国国家品牌委员会的启示[J]. 对外传播，2012（11）.
江红艳，王海忠，何云，朱力，公司形象和产品属性超越的协同效应：基于刻板印象内容模型[J]. 心理学报，2016，48（1）：95-105.
荆林波. 阿里巴巴集团考察：阿里巴巴业务模式分析[M]. 北京：经济管理出版社，2009.
凯文·莱恩·凯勒. 战略品牌管理[M]. 三版. 北京：中国人民大学出版社，2009.
寇非. 广告. 中国[M]. 中国工商出版社，2003.
雷莉，樊春雷，王詠，等. 反应时技术在品牌联想测查中的应用[J]. 心理学报，2004，36(5): 608-613.
林军，张宇宙. 马化腾的腾讯帝国[M]. 北京：中信出版社，2009.
刘笛，王海忠. 基于人性本真性的拟人化广告的负面情绪与态度——愧疚感的中介作用[J].心理学报，2017，49（1）：128-137.
刘红艳，李爱梅，王海忠，等. 不同促销方式对产品购买决策的影响：基于解释水平理论视角的研究[J]. 心理学报，2012，44（8）：1100-1113.
刘红艳，王海忠，郑毓煌. 微小属性对品牌评价的放大效应[J]. 中国工业经济，2008（12）：103-112.
刘阳著. 自媒体终极秘诀[M]. 哈尔滨：哈尔滨出版社，2016.10
柳武妹，王海忠，何浏，人之将尽，消费国货？死亡暴露增加国货选择的现象、中介和边界解析[J]. 心理学报，2014，46（11）：1748-1759
罗斌. 网络传播中的自媒体研究[J]. 新闻世界，2009（2）：85.
骆光林，方长青. 包装与销售心理[M]. 北京：印刷工业出版社，2005.
马萨基·科塔比，克里斯蒂安·赫尔森. 全球营销管理（第三版）[M]. 中国人民大学出版社，2005.
迈克尔·波特，马克·克雷默，战略与社会：竞争优势与企业社会责任的联系[J]. 哈佛商业评论（中文版），2007（11）.
毛蕴诗，姜岳新，莫伟杰. 制度环境、企业能力与加工企业升级战略[J]. 管理世界，2009（6）.
尼尔马利亚·库马尔. 砍掉品牌[J]. 哈佛商业评论（中文版），2004.
施密特. 体验营销：如何增强公司及品牌的亲和力[M]. 北京：清华大学出版社，2004.
苏勇，林展圣. 中小企业品牌战略[J]. 当代财经，2006（6）.
泰伯特，卡尔金斯. 凯洛格品牌论[M]. 北京：人民邮电出版社，2006.
汤姆·布莱科特，鲍勃·博德. 品牌联合[M]. 北京：中国铁道出版社，2006.
田阳，王海忠，柳武妹，等. 品牌承诺能抵御负面信息吗？[J]. 心理学报，2014，46（6）：864-875.
王海忠，陈增祥. 若即？若离——公司品牌与产品品牌相关[J]. 北大商业评论，2008.
王海忠，陈增祥. 中国品牌国际市场新定位研究[J]. 中山大学学报，2010（3）：175-183.
王海忠，范孝雯，欧阳建颖. 消费者自我构念、独特性需求与品牌标识形状偏好[J]. 心理学报，2017，8：1113-1124.
王海忠，江红艳. 民族身份营销双刃剑[J]. 中欧商业评论，2012，47（3）：53-55.
王海忠，李骊熹. 提升"中国制造"国际品牌形象的国家战略[J]. 中山大学学报，2017（3）：194-208.
王海忠，刘红艳. 品牌杠杆[J]. 外国经济与管理，2009（5）：23-29.
王海忠，欧阳建颖，陈宣臻. 续集电影片名策略及其市场效应研究[J]. 管理科学学报，2019(6).
王海忠，秦深，刘笛. 奢侈品品牌标识显著度决策：张扬还是低调[J]. 中国工业经济，2012（11）.
王海忠，秦深. "声望品牌"，可以燎原[J]. 中欧商业评论，2011(5).

王海忠，王子. 欧洲品牌演进研究[J]. 中山大学学报，2012（6）.
王海忠，闫怡. 消费者参与新产品构思对自我——品牌联结的正面溢出效应[J]. 南开管理评论，2018，（1）：132-145.
王海忠，于春玲，赵平. 品牌资产的消费者模式与产品市场产出模式的关系[J]. 管理世界，2006（1）：106-119.
王海忠，赵平. 品牌原产地效应及其市场策略建议——基于欧、美、日、中四地品牌形象调查分析[J]. 中国工业经济，2004（1）：78-86.
王海忠，重构世界品牌版图[M]. 北京：北京大学出版社，2013.
王海忠. 不同品牌资产测量模式的关联性[J]. 中山大学学报. 2008，48（1）：162-168.
王海忠. 多品牌病症——以科龙为例[J]. 北大商业评论，2008.
王海忠. 国产奢侈品牌三原则：有故事，有内涵，守得住[J]. 中欧商业评论，2013（3）.
王海忠. 品牌测量与提升[M]. 北京：清华大学大学出版社，2006.
王海忠. 品牌杠杆——赢得品牌领导的资源整合战略[M]. 北京：人民邮电出版社，2009.
王海忠. 完全品牌定位的中国经验[J]. 经济管理，2007（21）：49-52.
王海忠. 中国品牌历史演进阶段的划分及其公共政策借鉴[J]. 中山大学学报，2015(3).
王海忠. 中国消费者品牌知识结构图及其营销管理内涵[J]. 财经问题研究，2006（12）：59-66.
王翔. 老商标的故事[M]. 北京：民主与建设出版社，2003.
吴新辉，袁登华. 消费者品牌联想的建立与测量[J]. 心理科学进展，2009（2）：451-459.
亚当·摩根. 小鱼吃大鱼：战胜一线品牌的八大法则[M]. 北京：中国财政经济出版社，2004.
杨晨，王海忠，王静一，树木还是森林——消费者思维模式对新兴国家负面原产国效应的影响机制研究[J]. 南开管理评论，2016，19（2）：157-169.
杨晨，王海忠，钟科. "示弱"品牌传记在"蛇吞象"跨国并购中的正面效应[J]. 中国工业经济，2013（2）.
杨海军. 中外广告史[M]. 武汉：武汉大学出版社，2006.
于春玲，赵平. 品牌资产及其测量中的概念解析[J]. 南开管理评论，2003（1）：10-13.
于军胜，王海忠，何浏，奋斗者符号的营销价值及其作用机制研究[J]. 中国软科学，2013，12：185-192.
袁真富，苏和秦. 商标战略管理[M]. 北京：知识产权出版社，2007.
约瑟夫·派恩，詹姆斯·H. 吉尔摩. 体验经济[M]. 毕崇毅，译. 北京：机械工业出版社，2012.
詹姆斯·R. 埃文斯，威廉·M 林赛[著]. 焦叔斌[译]. 质量管理与质量控制[M]. 7版. 北京：中国人民大学出版社，2010.
钟科，王海忠，杨晨. 感官营销研究综述与展望[J]. 外国经济与管理，2016（5）.
钟科，王海忠，杨晨. 人们为何支持弱者：劣势者将就及其营销应用研究述评[J]. 外国经济与和管理，2014（11）.
钟科，王海忠. 品牌拉伸效应：标识形状对产品时间属性评估和品牌评价的影响[J]. 南开管理评论，2015，18（1）：64-76.
周昂. 奢侈病——疯狂消费的隐秘逻辑[J]. 中国周刊，2011(10).
周涧. 企业沟通—企业公关刊物传播运作研究[M]. 武汉：武汉出版社，2006.
左旭初. 中国近代商标简史[M]. 上海：学林出版社，2003

教师服务

感谢您选用清华大学出版社的教材！为了更好地服务教学，我们为授课教师提供本书的教学辅助资源，以及本学科重点教材信息。请您扫码获取。

▶ 教辅获取

本书教辅资源，授课教师扫码获取

▶ 样书赠送

市场营销类重点教材，教师扫码获取样书

 清华大学出版社

E-mail: tupfuwu@163.com
电话: 010-83470332 / 83470142
地址: 北京市海淀区双清路学研大厦 B 座 509

网址: http://www.tup.com.cn/
传真: 8610-83470107
邮编: 100084